中国改革智库丛书
China Reform Think Tank's Book Series

改革智库33年的追求与探索

ADVISING ON REFORM:
REFORM THINK TANK'S 33 YEARS OF PURSUIT AND EXPLORATION

迟福林 ◎ 主编

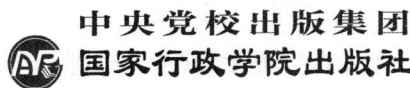

中央党校出版集团
国家行政学院出版社

·北京·

图书在版编目（CIP）数据

建言改革：改革智库33年的追求与探索/迟福林主编. -- 北京：国家行政学院出版社，2024.10.
ISBN 978-7-5150-2946-7

I.D61

中国国家版本馆CIP数据核字第2024VD8263号

书　　名	建言改革——改革智库33年的追求与探索
	JIANYAN GAIGE——GAIGE ZHIKU 33 NIAN DE ZHUIQIU YU TANSUO
作　　者	迟福林　主编
统筹策划	胡　敏　王　莹
责任编辑	马文涛　孔令慧　王　朔　马　跃
责任校对	许海利
责任印制	吴　霞
出版发行	国家行政学院出版社
	（北京市海淀区长春桥路6号　100089）
综 合 办	（010）68928887
发 行 部	（010）68928866
经　　销	新华书店
印　　刷	中煤（北京）印务有限公司
版　　次	2024年10月北京第1版
印　　次	2024年10月北京第1次印刷
开　　本	185毫米×260毫米　16开
印　　张	37.75
字　　数	522千字
定　　价	130.00元

本书如有印装质量问题，可随时调换，联系电话：（010）68929022

序言

在改革开放大潮中诞生的中国（海南）改革发展研究院（简称中改院），自1991年11月1日成立以来，始终恪守知识分子的时代责任，始终坚持以建言改革为己任的责任担当，始终坚持服务全局，始终坚持以问题为导向的行动研究，始终秉持"家国情怀、执着精神"的价值追求。

33年来，中改院提交改革政策和立法建议报告380余份；发表改革研究论文2400余篇；承担国家社会科学基金课题23项（2012年始）；出版改革研究专著390余部；完成改革政策咨询与企业咨询课题300余项；举办中国改革国际论坛89次。这些数字的背后，是中改院人服务改革的使命感和责任感，是中改院人奉献自我的拼搏精神。这些研究成果，有些直接为中央决策采纳，有些被用作制定政策和法规的重要参考，并产生广泛的社会影响，获得国家"五个一工程"奖、"孙冶方经济科学奖"、"中国发展研究奖"等多个奖项。

在建院33周年之际，我们把过去33年一部分改革研究建议汇编成册，作为纪念中改院33岁生日的一份礼物，奉献给关心中国改革开放、关注和支持中改院成长的各界朋友和广大读者。

"改革开放只有进行时，没有完成时。"面对新形势、新任务，开创中国式现代化建设新局面，仍然要靠改革开放。进一步全面深化改革，我们这一代人有责任，青年一代的责任更大。我们将不忘初心，竭心尽力，以更多、更好的改革研究成果奉献全面深化改革开放这一伟大事业。

我的同事张飞、方栓喜、陈所华、刘铁奇、陈玮男等为本书的整理做了具体细致的工作，国家行政学院出版社对本书的出版给予大力支持，在此一并表示感谢！

迟福林

2024年8月16日

目 录
CONTENTS

绪论　以建言改革为己任 ························· 001

—— 上编 ——
坚持以人民为中心的改革观

第一章　树立以人为本的改革观 ··················· 017

树立以人为本的改革观若干建议（14条）··············· 018
尽快制定并实施国民收入倍增计划（12条建议）·········· 030
从国富优先走向民富优先（8条建议）·················· 036
民富优先的二次转型与改革（9条建议）················ 049

第二章　建立和完善惠及13亿人的基本公共服务体制 ········ 071

为农民提供基本而有保障的公共产品，推进城乡
　　协调发展（12条建议）·························· 072
加快建立社会主义公共服务体制（18条建议）············ 083
以基本公共服务均等化为重点调整和改革中央地方关系（9条建议）··· 094
让基本公共服务惠及13亿人（32条建议）··············· 103

第三章　赋予农民长期而有保障的土地使用权 ……………… 123

赋予农民长期而有保障的土地使用权（18条建议）…………… 124
尽快制定农村土地使用权法（15条建议）……………………… 142

第四章　让农民工成为历史 …………………………………… 157

让农民工成为历史（9条建议）…………………………………… 158
推进人口城镇化的政策与体制创新（8条建议）………………… 163
以居住证制取代城乡二元户籍制度（16条建议）……………… 169

—— 中编 ——
坚持社会主义市场经济改革方向

第五章　从"经济建设型政府"转向"公共服务型政府" …… 181

从"经济建设型政府"转向"公共服务型政府"（14条建议）…… 182
加快建设公共服务型政府（24条建议）………………………… 189
推进以政府转型为主线的行政管理体制改革（10条建议）…… 203
推动简政放权改革向纵深发展（15条建议）…………………… 223

第六章　从国有企业转向国有资本 …………………………… 239

从国有企业向国有资本过渡（8条建议）………………………… 240
从整体上搞活国有经济（20条建议）…………………………… 244
完善公司治理结构，加快建立现代企业制度（30条建议）…… 261
以公益性为重点调整优化国有资本配置（16条建议）………… 280

第七章　完善市场经济基础制度　更好发挥市场机制作用 …… 287

市场机制作用在经济快速增长中有效抑制通货膨胀（50条建议）…… 288

以解决不良债务为重点加快商业银行体制改革（30条建议）⋯⋯⋯306

打破垄断：引入竞争的基础领域改革（22条建议）⋯⋯⋯⋯326

由物质型向服务型消费转型（15条建议）⋯⋯⋯⋯⋯⋯⋯⋯348

推进消费导向的经济转型（9条建议）⋯⋯⋯⋯⋯⋯⋯⋯⋯358

赢在2020转折点的改革行动（30条建议）⋯⋯⋯⋯⋯⋯⋯⋯364

以扩大内需为导向完善社会主义市场经济（24条建议）⋯⋯⋯374

"十四五"深化要素市场化配置改革的重大任务（15条建议）⋯⋯388

以理顺政府与市场关系为重点构建高水平社会主义市场
经济体制（9条建议）⋯⋯⋯⋯⋯⋯⋯⋯⋯⋯⋯⋯⋯⋯394

— 下编 —
坚持以开放促改革

第八章　以高水平开放赢得未来⋯⋯⋯⋯⋯⋯⋯⋯⋯⋯⋯401

以服务贸易为重点形成对外开放新格局（9条建议）⋯⋯⋯403

中国走向"二次开放"的战略选择（11条建议）⋯⋯⋯⋯⋯412

以高水平开放形成改革发展新布局（16条建议）⋯⋯⋯⋯⋯424

以高水平开放赢得未来（16条建议）⋯⋯⋯⋯⋯⋯⋯⋯⋯431

以制度型开放深化体制机制改革（6条建议）⋯⋯⋯⋯⋯⋯442

第九章　优化高水平开放新布局⋯⋯⋯⋯⋯⋯⋯⋯⋯⋯⋯447

"一带一路"为经济全球化开新局（17条建议）⋯⋯⋯⋯⋯448

合力建设全球最大自由贸易区（15条建议）⋯⋯⋯⋯⋯⋯458

坚定推进开放共享的RCEP进程（14条建议）⋯⋯⋯⋯⋯⋯464

单边开放——实现中国-东盟自由贸易的重大突破（22条建议）⋯471

第十章　对标世界最高水平开放形态的海南自由贸易港 ……… 481

建立海南自由港方案选择与行动建议（20条）……………… 483

《海南自由贸易港法》立法的思路性建议（19条）…………… 506

海南自由贸易港着力建设"两个总部基地"（16条建议）……… 517

打造制度型开放新前沿（20条建议）………………………… 524

"双港"经贸合作交流协议（18条建议）……………………… 547

以产业一体化为重点实现港湾"相向发展"的重要
　　突破（12条建议）………………………………………… 557

实现高水平开放的突破（16条建议）………………………… 562

专　题 …………………………………………………………… 567

改革跑赢危机的行动路线（30条建议）……………………… 569

附　录 …………………………………………………………… 581

中国（海南）改革发展研究院政策研究建议 ………………… 581

绪论
以建言改革为己任

党的二十届三中全会通过的《中共中央关于进一步全面深化改革 推进中国式现代化的决定》（以下简称《决定》）强调，"以经济体制改革为牵引，以促进社会公平正义、增进人民福祉为出发点和落脚点，更加注重系统集成，更加注重突出重点，更加注重改革实效，推动生产关系和生产力、上层建筑和经济基础、国家治理和社会发展更好相适应，为中国式现代化提供强大动力和制度保障"。《决定》彰显了将改革进行到底的坚强决心和强烈使命担当。40多年的实践一再告诉我们，"改革开放只有进行时，没有完成时"，"中国式现代化是在改革开放中不断推进的，也必将在改革开放中开辟广阔前景"。

为进一步学习理解《决定》精神，中改院把33年的部分研究成果编纂成此书，相信它会对增强全面深化改革的历史主动和行动自觉有重要参考价值。第一，这部分研究建议具有一定的代表性，比较客观地反映了中改院33年来建言改革的执着追求。第二，这部分研究建议虽有其时代的特定背景，但对下一步全面深化改革仍有一定的研究价值。第三，这部分研究建议的有些提法虽然在今天看来有些不合时宜，但是我们仍原封不动地将其加以呈现，供读者客观了解中改院33年来建言改革的基本历程。

2024年11月1日是中改院成立33周年。33年来，中改院以建言改革为己任，共举办89次中国改革国际论坛，向中央及有关部门提交改革政策和立法建议报告380余份，发表论文2400余篇，公开出版改革研究专著390余部。这些政策研究建议，有些直接被中央决策采纳，有些被用作出台改革政策和法规的重要参考，获得包括"五个一工程"奖、"孙冶方经济科学奖"、"中国发展研究奖"等在内的多个国家级奖项。

33年来，中改院围绕"坚持以人民为中心的改革观""坚持社会主义市场经济改革方向""坚持以开放促改革"等方面形成不少"首倡"。比如"赋予农民长期而有保障的土地使用权""建设公共服务型政府""惠及13亿人的基本公共服务""以经济转型为主线的结构性改革""改革跑赢危机""建设新型开放大国"等建议。今天看，这些研究建议对于学习落实党的二十届三中全会《决定》仍有一定的参考价值。

一、建言改革的责任担当

中改院成立于1991年11月1日，因改革而生、与改革同行。顺应时代需求，自建院之日起，中改院就以研究改革、推动改革为责任和使命。

1. 坚持以人民为中心的改革观

我国的改革开放伴随着深刻复杂的利益关系调整，改革要惠及多数人的利益，符合多数人的利益，这是我国改革开放能够赢得广泛社会共识和社会支持的关键。33年来，紧紧围绕"使改革发展成果更多惠及广大人民群众"建言改革，是中改院建设改革智库的鲜明特征。

（1）**建言赋予农民长期而有保障的土地使用权，让农民工成为历史**。20世纪90年代初，在全国大部分土地承包期限15年即将到期的背景下，从维护广大农民权益出发，中改院在20世纪90年代中后期提出"赋予农民长期而有保障的土地使用权"，被党的十五届三中全会《中共中央关于农业和农村工作若干重大问题的决定》直接采用。后来，中改院开始呼吁"让农民工成为历史"，并提出"让城乡二元户籍制度退出历史舞台""全面实施居住证制度"等。

（2）**建言确立以人为本的改革观**。基于改革为了谁、改革如何不断地使大多数人获益的问题，2004年初，中改院形成《树立以人为本的改革观若干建议（14条）》，主张"改革要逐步满足人的基本需求和基本权利，使多数人能够不断分享改革的成果,以实现经济社会和人的全面发展"。

(3)**建言适应社会矛盾变化,加快建立社会主义公共服务体制**。2003年,严重急性呼吸综合征(SARS)危机之后,中改院建议要"在完善社会主义市场经济体制的同时,加快建立社会主义公共服务体制"。中改院认为,经过20多年的改革开放,社会主要矛盾开始发生深刻变化,公共需求的全面快速增长与公共服务不到位、基本公共产品短缺成为我国新阶段面临的突出矛盾。2007年,中改院在撰写的《中国人类发展报告2007/08》中,鲜明提出"惠及13亿人的基本公共服务",多次提出基本公共服务均等化的研究建议。

(4)**建言推进民富优先的收入分配改革,实现中等收入群体倍增**。2008年国际金融危机之后,中改院建议"尽快制定并实施国民收入倍增计划""民富优先的二次转型与改革"等。2012年,首次提出我国新时代的中等收入群体倍增计划,主张"努力形成6亿中等收入群体"。

党的二十届三中全会《决定》强调,"坚持以人民为中心,尊重人民主体地位和首创精神,人民有所呼、改革有所应,做到改革为了人民、改革依靠人民、改革成果由人民共享"。回过头看,坚持以人民为中心的改革理念,对于自觉坚持改革、激发改革激情具有重大意义。

2.坚持社会主义市场经济改革方向,建言构建高水平社会主义市场经济体制

处理好政府与市场关系,是我国从建立社会主义市场经济到构建高水平社会主义市场经济体制的一条主线。中改院始终坚持把处理好政府与市场关系作为建言社会主义市场经济体制的重点。

(1)**建言坚持用市场化的办法解决发展中的问题**。20世纪90年代,针对价格改革、金融改革、垄断行业改革中的一些问题,中改院坚定主张用放开市场、搞活市场的思路解决问题。1994—1999年,陆续形成《市场机制作用在经济快速增长中有效抑制通货膨胀(50条建议)》《以解决不良债务为重点加快商业银行体制改革(30条建议)》《打破垄断:引入竞争的基础领域

改革（22条建议）》等。

（2）建言从"经济建设型政府"转向"公共服务型政府"。2003年，中改院相继形成《从"经济建设型政府"转向"公共服务型政府"（14条建议）》《加快建设公共服务型政府（24条建议）》，首次提出市场经济条件下政府应当行使经济性公共服务、社会性公共服务、制度性公共服务的主要职能。2008年国际金融危机之后，中改院首次提出以发展方式转型为主线的"十二五"改革思路，并提出掣肘经济发展方式转型的突出矛盾在于政府转型滞后。基于此，中改院形成《推进以政府转型为主线的行政管理体制改革（10条建议）》，系统提出我国行政管理体制改革的重大任务。回头来看，这些建议对于今天处理好政府与市场关系、深化行政管理体制改革仍有参考价值。

（3）建言从国有企业转向国有资本。中改院在20世纪90年代初就提出"国有资本"的国企改革方向，并先后发表《把国有资本推向市场》《从国有企业到国有资本——关于建立现代企业制度的一种主张》等文章，相继形成《从整体上搞活国有经济（20条建议）》《完善公司治理结构，加快建立现代企业制度（30条建议）》等。2012年，又形成《以公益性为重点调整优化国有资本配置（16条建议）》，提出我国新时代调整优化国有经济结构的战略目标和实施路径。

（4）建言以扩大内需为导向完善社会主义市场经济体制。2018年，中改院提交《释放内需的巨大增长潜力——加快完善社会主义市场经济体制的建议》，首倡"把充分释放内需潜力作为完善社会主义市场经济体制的战略基点"。这个建议对我国逐步形成以国内大循环为主体、国内国际双循环相互促进的新发展格局，对我国构建高水平社会主义市场经济体制仍具有参考价值。

3. 坚持以开放促改革，建言建设更高水平开放型经济新体制

中改院诞生于全国最大经济特区海南。33年来，中改院始终将以开放促改革作为研究和建言的重点，积极建言以开放促改革、促发展，积极服务于国家扩大对外开放的政策决策。

（1）建言海南经济特区大开放：从特别关税区到海南自由贸易港。33年来，从研讨特别关税区到建言海南自由贸易港，中改院立足海南，坚持为海南走向大开放鼓与呼。1991年建院当天，中改院就以"海南对外开放战略"为主题研讨设立海南特别关税区。2018年4月13日，习近平总书记宣布"支持海南逐步探索、稳步推进中国特色自由贸易港建设"[①]以来，中改院先后形成《建立海南自由港方案选择与行动建议（20条）》《海南自由贸易港总体设想的研究建议（60条）》《赋予海南充分的经济自主权——推进海南自由贸易港立法的总体思路（16条建议）》《把海南打造成为中国与东盟全面战略合作的重要枢纽（18条建议）》《海南自由贸易港着力建设"两个总部基地"（16条建议）》等建议报告。这些研究建议，在建设海南自由贸易港的实践中产生了积极影响。

（2）建言以高水平开放赢得未来。中美贸易摩擦以来，面对世界百年未有之大变局和错综复杂的国际形势，中改院相继提出"从'一次开放'到'二次开放'""以高水平开放赢得未来""以制度型开放为重点的高水平开放""开放与改革直接融合，开放倒逼改革，开放是最大发展、最大改革、最大安全"等观点和主张，产生了广泛影响。

（3）建言优化高水平开放新布局。近年来，中改院先后形成《抓住机遇，加快构建"泛南海经济合作区圈"（50条建议）》《"一带一路"为经济全球化开新局（17条建议）》《以高水平开放形成改革发展新布局（16条建议）》《合力建设全球最大自由贸易区（15条建议）》等研究建议，2023年，中改院形成《单边开放——实现中国-东盟自由贸易的重大突破（22条建议）》，这些建议对相关决策产生了多方面影响。

二、建言改革的突出特点

33年来，中改院之所以能够提出诸多凝聚改革共识、服务国家改革决

[①] 习近平：《在庆祝海南省办经济特区30周年大会上的讲话》，人民出版社2018年版，第11页。

策的政策建议，重要在于探索形成了一套符合我国改革时代特征和需求、行之有效的智库研究方法。

1. 服务全局的前瞻性、战略性研究

（1）服务国家重大改革决策，及时提出相关建议。每到改革发展的重要关头，中改院便主动、适时提出相关建议。例如，1995年，面对国有银行日益上升的债务风险，建议通过债务托管解决不良债务，进而推进银行商业化、股份化改革。这对后来商业银行的改革产生了重要影响。

（2）服务重大发展战略，提出前瞻性对策建议。中改院把握经济社会发展的中长期趋势，主动提出前瞻性、战略性、储备性的政策主张和相关建议。赢在转折点，是在改革发展新阶段中改院对发展全局作出的基本判断。2013年5月，提交了《改革跑赢危机的行动路线（30条建议）》报告，作出"经济转型到了关节点、社会转型处于临界点、治理转型到了关键点"的重要判断，建议以全面深化改革跑赢可能出现的危机。这份建议报告被用作党的十八届三中全会《决定》起草的重要参阅件。

（3）服务重大政策需求，积极开展政策咨询。33年来，中改院承担了国家相关部委和地方委托的多项政策咨询课题。例如，2008年完成的广东和珠三角基本公共服务均等化规划；2010年7月完成《"十二五"基本公共服务均等化政策研究》，提出了"十二五"我国基本公共服务均等化的政策目标与重点任务；2010年12月完成《"十二五"教育公共服务体系建设：突出矛盾与主要任务》，提出了"教育二次改革"的理念；2011年9月完成《以调整利益关系为主线推进公立医院的改革攻坚——公立医院改革顶层设计的建议报告》；2015年8月完成《推动简政放权改革向纵深发展（15条建议）》，这是社会智库首次参与国事评估；2019年7月完成《以健康中国为目标重构公共卫生体系（30条建议）》；2020年12月完成《关于实行"选择性退休"（14条建议）》。这些咨询报告在推动相关政策决策中发挥了重要的参考作用。

2. 问题导向的行动研究

（1）适应社会发展趋势。33年来，中改院一直坚持以理论研究为基础，

注重解决实际问题，不作批判性研究。例如，面对社会公共需求全面快速增长的态势，建言建设公共服务型政府，并建议加大公共服务支出规模与比例，特别是要逐年加大社会性公共服务的比重，政府要担当起公共服务方面的责任，加快推进政府转型。

（2）**直面重大现实问题**。保持相对的客观性、独立性，不回避矛盾，及时提出供决策参考的政策建议，是中改院智库研究方法的突出特点。例如，1998年提出的《完善公司治理结构，加快建立现代企业制度》，受到国家有关部委的重视。1999年，党的十五届四中全会《关于国有企业改革和发展若干重大问题的决定》起草组调用中改院撰写的《中国公司治理结构》研究报告50份，作为参考资料。1999—2000年，对土地立法问题进行研究时提出应把"土地使用权真正交给农民"纳入立法，形成系列"农村土地使用权立法的建议"。这些建议，在我国《农村土地承包法》[①]的起草过程中起到重要参考作用。

（3）**深入调查研究**。中改院相关改革政策建议，都是在调研的基础上形成的。例如，中改院提出的"让农民工成为历史""以城乡统一的居住证制度全面取代城乡二元户籍制度"，就是在湖南、四川、浙江等地深入调研的基础上提出的。

3. 把握趋势的理论创新

（1）**重视社会主义市场经济体制的理论探索和理论创新**。20世纪90年代初，如何使市场经济的发展成果惠及劳动者，是一个重大理论问题。中改院明确提出承认并实现劳动力产权是改革进程中调整利益关系的一个重大理论问题，需要从制度上实现"劳者有其股"。在股份制改革已经有一定基础的前提下，实现劳动力产权的核心是推行"员工持股"。相关的思想和建议对股份制改革实践产生了一定影响。

（2）**服务全面深化改革的重大理论研究**。例如，中改院撰写的《中国人类发展报告2007/08》，率先提出我国发展阶段变化的判断，开始"从生存

---

① 本书涉及的我国法律，省略"中华人民共和国"。

型阶段向发展型阶段过渡";率先提出社会主要矛盾呈现阶段性特征,改革面临新的需求与新的挑战,我国进入公共产品短缺时代。发展阶段变化及主要矛盾的阶段性特征,成为中改院提出相关改革建议的理论支撑。基于发展型新阶段的研究,中改院在2012年后多次提出"服务型消费"的概念。

(3)对重大改革问题的专题研究。2009年以来,中改院每年都发布一部中国改革研究报告,对当时改革开放领域重大理论与现实问题进行专题研究。2009年至2023年的中国改革研究报告分别为《危机挑战改革》《第二次转型——处在十字路口的发展方式转变》《民富优先——二次转型与改革走向》《消费主导——中国转型大战略》《改革红利——十八大后转型与改革的五大趋势》《市场决定——十八届三中全会后的改革大考》《转型抉择——2020:中国经济转型升级的趋势与挑战》《转型闯关——"十三五":结构性改革历史挑战》《二次开放——全球化十字路口的中国选择》《动力变革——推动高质量发展的历史跨越》《新型开放大国——共建开放型世界经济的中国选择》《中国消费——构建双循环新发展格局》《结构转型——跨越高质量发展门槛》。中国改革研究报告系列成果的出版,分别入选国家出版基金项目、国家重点图书出版规划项目、国家主题出版重点出版物、国家社会科学基金中华学术外译项目、经典中国国际出版工程、"丝路书香工程"重点翻译资助项目等,被用于中组部党员干部学习材料,被翻译成英文、韩文、越南文等出版,并在法兰克福、伦敦等国际书展上展示,获得社会读者的广泛好评。

三、建言改革的价值追求

33年来,中改院之所以能够产出众多改革研究成果,关键在于自始至终坚守服务国家改革大局、建言改革的初心,坚持以改革的办法兴办新型智库,形成了体制优势和以家国情怀为主的院文化优势。

1. 坚持以人民为中心的责任追求

(1)一代代知识分子的追求与为人民谋幸福相结合。我国的改革开放是一项为人民谋幸福的伟大事业,吸引着一代代知识分子为之奋斗。作为改革智库,中改院自建院起,就以为人民谋幸福作为智库建设的突出特点。始终怀着敬畏百姓、服务社会的改革情怀,始终将一代代知识分子的责任追求与为人民谋幸福相结合,围绕我国改革进程中的重大问题进行前瞻性研究,是中改院一直能够在服务党和国家决策中发挥智库作用的根本原因。正如中国经济体制改革研究会学术委员会主席宋晓梧在中改院成立30年大会上所说:"中改院创立30年,随着改革开放进程的不断深化,坚持社会主义市场经济的改革方向,形成了大量研究成果,发挥了独特作用,成为中国改革开放战线上独到的风景线。"

(2)坚守家国情怀的核心理念和价值追求。有价值才会追求,有责任才会坚守。过去33年,中改院一直将"家国情怀、执着精神"作为兴办改革智库的"魂",凝聚了一大批知识分子研究改革,奉献改革。作为社会智库,33年来中改院始终保持改革研究的激情,很重要的原因在于,中改院的研究团队深刻认识到改革研究是造福人民、促进中华民族伟大复兴的事业,这份事业具有时代价值、历史价值,值得为此不懈努力。正是这种"家国情怀、执着精神",不断激励着中改院人脚踏实地、始终执着地作改革研究,坚持改革研究的勇气与胆量。

(3)形成以"四种精神"为特色的文化氛围。过去33年,中改院形成了刻苦工作的敬业精神、团结协作的集体精神、脚踏实地的务实精神、锲而不舍的创新精神。这"四种精神"延续到今天,已经成为中改院全体员工的精神风貌和作为改革智库的文化底色,已经成为中改院最宝贵的精神财富和最重要的无形资产。改革研究的历史使命感、知识分子的时代责任感和"四种精神"相结合,形成了中改院鲜明的机构特色,吸引着一批批青年人不断参与改革研究事业,也赢得各级政府和网络专家的倾力支持。

2.坚持"小机构、大网络"的研究模式

(1)以"小机构"凝聚"大网络"。也许很多人不会想到,前述这些改革研究建议,却是在一个只有不到50名员工、不吃"官饭"的社会机构中

完成的。中改院这个小机构通过凝聚"大网络",有效整合了国内外多方智力资源,为不断提高改革研究质量、扩大影响力提供了重要支持。

"大网络"就是广泛联络对改革研究有造诣的各路精英,邀请其直接或间接参与相关的改革研究。其中,相对固定的结构有两个层次,一个是由若干位著名专家学者组成的学术委员会,一个是由数百人组成的网络专家队伍,参与指导中改院的改革研究。"大网络"中的专家,能把改革政策研究的前瞻性、全局性、战略性、对策性、行动性等特点与学术机构专家学者研究的理论性和学术性结合起来。例如,2015年6月,中改院形成《面向2020年的行政权力结构改革》初稿,并在北京召开专家座谈会,征求专家意见。会上,专家提出的建立统一权威的食品药品监管体制、组建国家移民管理局、组建国家金融监管总局等建议,被吸纳到建议报告中。

有专家好奇,为什么国内这么多高层次的专家对中改院这么认同?中改院的学术研讨活动,无论是几百人规模的国际论坛,还是只有几十人规模的学术研讨会,为何都开得如此生动活泼?中改院组织的改革开放研讨活动,都紧扣改革难点、焦点、热点问题,为专家提供了有改革研究使命感和责任感的、有吸引力和感召力的交流研讨平台;组织的学术研究研讨活动具有显著的开放性、国际性和独立性,来自不同领域的官员和专家能够在这个交流研讨平台上平等讨论对话、畅所欲言;高度重视改革研究成果的转化渠道,能够通过政策建议报告和媒体传播等多种途径,使专家学者贡献的思想和智慧及时在改革政策决策中发挥作用。

(2)集网络专家智慧为改革出主意。从过去33年的历程看,中改院"大网络"有效整合了多方面的高端智力资源。自建院开始,每年坚持举办若干场学术研讨会和论坛,通过研讨吸纳专家观点,提出相关政策建议并提交相关部门,供政策决策参考。例如,1994年12月,中改院提交的《市场机制作用在经济快速增长中有效抑制通货膨胀(50条建议)》,就是在1994年11月召开的亚太区域经济快速增长与稳定发展国际研讨会之后,以专家观点为基础形成的。1995年12月,提交的《以解决不良债务为重点加快商业银行体制改革（30条建议）》，是在中国商业银行体制改革国际研讨会之后吸纳专家观点后撰写形成的。1999—2003年，中改院连续5年召开关于基础领域改革的国际论坛，在此基础上提交多份政策建议报告。

（3）充分利用各种资源服务改革决策。高层次网络专家的参与，有助于提高改革政策研究成果的决策影响力、媒体影响力、社会影响力和国际影响力。有部分经常来中改院参加改革研究研讨交流的专家有感于此，挥毫写下"群贤毕至"四个大字赠送中改院。"群贤毕至"，其实是改革这个共同的历史使命和时代责任让大家走到了一起的。多年来，中改院始终如一为专家学者提供热情、真诚、周到的服务，使专家学者一到这里就有宾至如归、回到改革研究大家庭的温馨感受。有领导对此作了总结，"单个的研究院本身，即使不断加强软实力建设，人再多，你能作出的贡献都是有限的，你不可能集各家之长，做得很全面。所以，还需要利用社会资源、利用国家方方面面的智力机构的智慧、利用它们不同角度的研究成果，来综合、吸纳，形成一些好的智慧、好的理念、好的主意。因此，要发展网络合作，把现代的网络技术和社会资源与院本部的研究工作结合起来，形成一个非常广泛的智力资源"。

3.坚持广泛的国际合作交流

（1）举办了89次中国改革国际论坛。建院33年来，中改院已经成功举办89次中国改革国际论坛，以及各种形式、规模不一的国际学术研讨会。尤其是近年来，中改院举办的国际论坛出现了新的特点。

——着眼全局，以研究为引领，精心设计主题议题。以研究为引领，依托高质量研究，中国改革国际论坛成为改革智库的重要品牌。从近10多年的情况看，中国改革国际论坛主题议题设计均是从我国经济社会发展的全局出发，有几个基本的特点：一是自觉地、比较客观地把握经济社会转型发展中的趋势性、战略性和关键性问题；二是坚持"中国问题、全球视野"，讨论的主题议题国际国内关注度都较高；三是主题议题设计是全院共同研究讨论的结果。2024年11月2日至3日即将举办第90次中国改革国际论坛，就是在征求国内外专家建议后,将主题确定为"构建高水平社会主义市场经济体制的中国与世界"。

——培养"铁杆",拓展"网络",打造高层次交流合作平台。既有"铁杆",也有"粉丝",国际论坛成为中改院"小机构、大网络"运作机制的重要载体。通过国际论坛联系、巩固和拓展专家网络、地方网络、媒体网络与国际网络的特点突出。一是为专家提供高层次的交流对话平台。每次参与论坛的专家层次都较高且有一定的代表性。例如,2018年第84次中国改革国际论坛副部级以上的学者型官员就有21位。既有学者型官员,又有学术翘楚,既有长期支持论坛的"铁杆"专家,也有不断被吸引来的一批又一批"新鲜的"专家与代表,使中改院的"朋友圈"不断扩大,为中改院在各项业务的推进上提供了源源不断的动力。二是地方代表和机构参与的积极性比较高。每次国际论坛,全国2/3以上的省份都有代表参会,尤其以地方发改系统、政策研究部门、党校(行政学院)、社科院等为主。三是中改院以国际论坛为纽带,不断加强与全国相关机构、各领域知名专家等多方面联系,积极拓展中改院包括咨询、培训、会展等在内的各项业务对外合作的空间。

(2)坚持国际比较研究,借鉴相关国际经验。智库要想把握趋势、服务全局、服务决策,重要的在于自己的研究视野要开阔。33年来,中改院坚持国际比较研究,成为中改院国际化建设的一大特点。

33年来,中改院在国家相关部委的支持下,承担了一系列双边多边国际合作研究项目。例如,国家相关部委与联合国开发计划署、世界银行、国际劳工组织合作的中国社会保障制度改革研究研讨和培训项目,中国人民银行与世界银行合作的中国金融体制改革研讨项目,中改院与联合国开发计划署开展的经济体制改革、区域经济发展、农村土地制度改革、经济社会协调发展等项目,中改院与德国国际合作机构开展的国有企业改革和经济与结构性改革项目,中改院与挪威城市区域研究所合作的中挪社会政策论坛和城乡公平可持续发展研究项目,等等。在国家相关部委和海南省委、省政府的指导和支持下,中改院联合国内国际合作伙伴举办了89次中国改革国际论坛、

5次中欧论坛和2次中欧改革论坛、6次中日韩合作对话，以及海南自由贸易港与东南亚区域合作国际论坛、东北振兴与东北亚区域合作国际论坛等100多次重要的学术研讨。

例如，从2002年开始，中改院与挪威城市区域研究所开展合作研究，依托中挪社会政策交流促进项目，双方合作召开了12次中挪社会政策论坛，围绕社会保障制度改革、收入分配制度改革、城乡协调发展、城乡基本公共服务均等化、扩大中等收入群体等社会政策，开展学术交流、政策对话、合作研究与国际研讨，产出了大量具有广泛政策影响、媒体影响和社会影响的重要成果。以项目成果为基础，先后向政府相关决策部门提交政策建议报告22份，以及研究报告、考察报告和政策分析报告共62份。

把握我国人口老龄化的严峻形势，积极开展人口老龄化政策与制度的国际比较研究。近年来，中改院把老龄化社会的政策与制度安排作为国际比较研究和国际合作研究的重点之一。2018年以来，中改院围绕人口老龄化与退休政策、养老服务体系建设、老龄化社会的治理等开展国际合作研究与交流研讨，并在赴挪威考察的基础上完成《弹性延迟退休的国际经验与制度分析》《关于实行"选择性退休"（14条建议）》等报告。这些研究报告和政策建议为服务政策决策提供了重要参考。

（3）"讲好中国故事"。近年来，中改院将"讲好中国故事"作为国际化研究研讨的重要目的。2018年以来，面对国内外形势的深刻复杂变化，中改院与中国日报社、中国银行、中国公共外交协会合作举办"改革开放的中国与世界""大变局下的中国与世界""高水平开放的中国与世界""把握机遇挑战的中国与世界""全面深化改革开放的中国与世界"等系列中国改革国际论坛，形成《全面深化改革开放赢得未来》《以高水平开放形成改革发展新布局（16条建议）》《以高水平开放赢得未来（16条建议）》等研究报告，出版了《赢得未来——改革开放的中国与世界》《大变局下的中国与世界》《赢得未来——高水平开放的中国与世界》等图书，为大变局下我国推进高水平开放建言献策、凝聚共识、营造氛围。

《区域全面经济伙伴关系协定》（RCEP）作为全球最大范围的自由贸易协定，已经成为我国高水平对外开放的重要抓手。2021年以来，中改院将RCEP研究研讨、交流合作作为业务重点。一是与中国日报社等举办高层次RCEP区域发展媒体智库论坛，围绕RCEP重大问题组织域内权威专家开展研讨，产生广泛的国内外影响。二是开展以规则利用率为重点的RCEP重大问题研究。2024年5月，中改院推出《以提升规则利用率为重点释放RCEP红利——2022—2023RCEP实施初步评估》。这是全球首份对RCEP原产地规则利用率的评估报告，一经发布即引起国内外广泛关注。三是提出推进RCEP全面实施的相关建议，包括建议"尽快成立秘书处为重点的RCEP协调机制""吸引香港加入RCEP实现扩容破冰"等。四是发起成立RCEP智库联盟。2022年9月，中改院联合域内相关智库发起成立RCEP智库联盟。目前，RCEP智库联盟扩容到13个成员国18家智库，并有望年内实现RCEP区域全覆盖。下一步，中改院将与博鳌亚洲论坛合作，围绕RCEP推进亚洲经济一体化等议题开展高层次研讨和联合研究。

上编

坚持以人民为中心的改革观

坚持人民至上，从人民整体利益、根本利益、长远利益出发谋划和推进改革。

——习近平：《关于〈中共中央关于进一步全面深化改革、推进中国式现代化的决定〉的说明》

坚持以人民为中心，尊重人民主体地位和首创精神，人民有所呼、改革有所应，做到改革为了人民、改革依靠人民、改革成果由人民共享。

——《中共中央关于进一步全面深化改革 推进中国式现代化的决定》

第一章
树立以人为本的改革观

坚持人民至上,树立以人为本的改革观,使改革发展成果更多惠及广大人民,这是中改院33年建言改革的目标与动力。例如,研究形成《民富优先的二次转型(9条建议)》《尽快制定并实施国民收入倍增计划(12条建议)》等报告,提出"民富优先为导向的收入分配制度改革""尽快制定中等收入群体倍增国家规划"等建议。

树立以人为本的改革观若干建议

14条

（2004年5月）

"以人为本"的改革观，就是改革要逐步满足人的基本需求和基本权利，使多数人能够不断分享改革的成果，以实现经济社会和人的全面发展为基本目标。"以人为本"既是科学发展观的根本要求，也是新阶段改革观的本质内容。改革不仅要解放和发展生产力，而且要"以人为本"，促进经济社会的协调发展。我国正处在经济社会的全面转型时期，落实科学发展观，重要的前提是要树立"以人为本"的改革观，将发展建立在制度改革与创新的基础上。

一、适应经济社会全面转型新阶段的客观要求，实现改革观的转变

经过25年的改革开放，我国经济持续快速增长，并初步建立了社会主义市场经济体制框架。当前，我国正由低收入国家向中等收入国家迈进。国际经验证明，人均GDP从1000美元到3000美元的阶段，既是一个持续的、快速的经济增长时期，又是一个经济结构、社会结构急剧变动的时期。更为严峻的挑战在于，我国经济发展与社会发展严重失衡的问题有逐步扩大的趋势。要有效地化解社会矛盾和社会危机，实现经济社会的全面、协调、可持续的发展，需要我们更加自觉地认识和解决全面转型时期改革观的转变和发展问题。

1. 从重经济发展、轻社会发展向"以人为本"、经济社会协调发展的转变

改革开放初期，针对传统计划经济体制对生产力发展严重束缚的制度弊端，我们明确提出改革的重要任务是解放和发展生产力，并由此极大地促进了我国经济的快速增长。但是，在后来的实践中我们不恰当地把以经济建设为中心逐步演变为以GDP为中心，重视GDP增长而忽视经济社会的协调发展，使广大百姓未能不断地从GDP增长中广泛获益。

——老百姓从GDP增长中获益的份额在降低，1978—2002年，全国工资总额占GDP的比重从17%下降到12%。老百姓收入偏低既造成国内需求的长期不旺，还会使劳动者的全面发展受到很大的局限。

——政府把工作重点放在GDP增长上，严重忽略了基本的公共服务和公共产品的供给。2003年的SARS危机是一个严重的教训。经济连续25年快速增长，但是公共卫生和公共医疗的情况却堪忧。2001年，在世界卫生组织公布的公共医疗平均指数方面，我国全世界排名倒数第三。近几年，老百姓的医疗费用大幅增长，而财政投资公共医疗的幅度却有所减少。1978年农村合作医疗的覆盖面是85%左右，而目前只有15%左右。

教育矛盾更突出。新中国成立50多年了，我们还没有完成义务教育的发展目标。国家对教育的投入，2000年时大体占GDP的2.3%，改革开放25年来，平均是2%。国际上120个国家的平均数字不低于5%，我国的教育支出还不到世界平均水平的一半。我国尚有450个县的数千万人口未实现普及义务教育，成为新文盲产生的主要原因之一。2002年，全国因经济困难影响就学的青少年约为2000万~3000万人。

——GDP的增长未能带来就业的大幅度增长，不仅农民工就业难，而且城镇居民就业也难。由此，人们对就业前景并不乐观，在经济增长的同时缺乏幸福感和安全感。实践使我们得出这样的结论：第一，增长不等于发展；第二，经济发展不等于社会发展；第三，发展不能破坏生

态环境。

经济的增长到底为了谁？严峻的事实逼迫我们必须明确地回答这个问题。长期以来由于多方面因素的影响，我们在实践中并没有真正地把改革和发展的目的搞得很清楚。其实，改革和发展的目的都是为了人，为了实现人的自由和全面发展。在经济社会转型时期，要实现发展的目标，关键在于建立一套有利于广大人民发挥积极性、创造性的新体制。在改革的新阶段，只提"解放和发展生产力"是不够的，只重视经济增长而忽略社会发展会产生严重的后果。改革要推动经济社会的协调发展，要把实现人的全面发展作为改革的出发点和归宿。检验改革是否有成效，经济发展是一个方面，最终的标准是人的生存和发展状况是否有根本性的提高。

2. 从一部分人、一部分地区先富起来向公平、公正和共同富裕的转变

在经济发展严重落后的情况下，改革之初提出"一部分人、一部分地区先富起来"，这是符合改革实际进程的。当前，多元化的微观经济主体和利益群体初步形成，利益关系的再调整已经成为进一步改革的突出矛盾和问题。在这个特定的背景下，同一个改革方案，一部分人拥护，而另一部分人却会反对。这是因为社会整体财富的总量增加，但是各个利益群体的受益不同，甚至会出现一些利益群体的利益绝对受损。在改革进入重大利益关系调整的新阶段，必须为改革注入"以人为本"的新观念。无论官员还是百姓，无论城市居民还是农村居民，无论国有企业领导和职工还是私营企业主、下岗失业人员等，都应当在改革中得到同等的关照。不能打着"经济增长"的旗号，通过牺牲别人的利益来谋取自己的私利。不能打着"整体利益"的旗号，没有任何补偿地牺牲个体的利益。在此前提下，改革才有可能得到普遍的赞成和拥护，才有可能获得持续的动力。

在改革开放之初我们提出"允许一部分人先富起来"，是针对平均主义和普遍贫困的现状而言的，是给有能力和勤劳的人们提供一个发挥

创造力的空间。与改革初期相比，现阶段明显出现了强势群体和弱势群体的分化，强势群体虽然人数少，但是由于掌握重要权力或者占有大量的财富资源，不仅能够很好地维护自身利益，而且还能够通过各种手段影响改革决策，使规则的制定朝着对自己有利的方向发展。与此相对应的是人数众多的农民和下岗失业人员等，维护自身权益的能力异常低下，在规则形成的过程中常常成为牺牲的对象。而且，弱势群体和强势群体也出现了定型化的趋势，介于二者之间的中间群体正在发育之中，短期内还不能成为社会稳定的中坚力量。在这种情况下，如果不用"以人为本"的理念来调整不同社会群体之间的关系，就会出现严重的社会后果。

（1）贫富分化日益加剧，弱势群体产生严重的挫折感和绝望感，中间群体发育滞后，社会稳定的基础不断被削弱，社会风险和社会危机的积累加快。

（2）形成坏的市场经济规则和一系列不公平的社会制度。在强势群体的主导下，弱势群体的权利和利益难以在新制度的形成中得到维护。若是这样，不仅无法实现全面建设小康社会的目标，市场化改革也会步入歧途。

（3）由于大量弱势群体的贫困，国内市场有效需求难以提升，最终很可能使经济增长受到严重影响。当务之急，就是要树立"以人为本"的改革观，改革的目标、任务、手段都要充分考虑大多数人的基本权利和基本要求，这样才能够有效地化解日益突出的经济社会矛盾，并逐步走向全社会共同富裕之路。

3. 从效率优先、兼顾公平向效率与公平并重的转变

在计划经济体制下，企业的初始分配是严重的"大锅饭"，因此，打破"大锅饭"的分配方式，实现效率优先、兼顾公平，这是正确的。在今天，发生了两个大的变化：一是企业初始分配的主体变了，混合所有制经济的比例逐步加大，单一的国有经济越来越少，民营经济不断增加，企业基本是按照效益来分配；二是社会再分配问题已经成为现实面临的主要矛盾。当前，我国贫富差距不断扩大的趋势已引起国内外的普遍关注。城乡居民的实际收入差距估计已达到6∶1左右，成为世界上城乡收入差距最大的国家之一。根据资料计算，目前我国实际基尼系数已经达到0.5，属于世界上收入分配不公比较严重的国家之一。因此，现阶段社会再分配问题已成为最迫切的一件事情。要从社会的实际问题和现实需求出发，切实解决公平和效率的严重失衡问题。

从短期看，公平和效率可能存在一定的替代关系，但从长期看，效率和公平问题是一致的，没有公平最终也不会有效率，人类社会的进步都是用公平的制度获取高效率。当前我国公平和效率严重失衡，公平问题在一定程度上制约效率的发挥。因此，在改革的新阶段要认真解决好公平问题。解决公平问题，主要矛盾不在初次分配，因为初次分配应当由市场决定，由企业效益来决定。当前的主要矛盾在于再分配领域。政府要运用再分配的杠杆，对国民收入进行调节，缩小收入分配差距。在这方面，我们需要作出相当大的努力。

4. 从城乡二元制度结构向城乡一元制度的转变

当前，我国统筹发展的难点和重点是城乡统筹发展问题。城乡发展的严重失衡，带来区域发展的失衡，带来经济发展和自然生态发展的失衡。比如，贵州是目前人均收入在全国排后的一个省。但是，贵阳市的生活水平跟全国的一些大中城市相比不是太大。相反，贵州的农村人均收入和东部沿海地区相比差距甚大。西部的城市和东部的城市有差距，但西部的农村落后，农民收入水平低下是造成区域发展不平衡的根本原因。从20世纪80年代中期开始，改革的中心转移到城市，与城市相比，农民的处境仍比较窘困。农民税费负担沉重，城镇化过程中由征地引发的矛盾相当突出，使"三农"形势日益严峻。

解决城乡协调发展的关键，取决于制度创新和体制创新。从现实的情况来看，城乡协调发展的根本问题主要是制度结构和制度安排的问题。新中国成立50多年来，城乡二元制度结构造成了许多严重后果，如农民的土地不断被侵占，广大农民长期不能享受到基本的公共产品和公共服务等，就是因为我们没有打破城乡二元制度结构。"赋予农民长期而有保障的土地使用权"，是中改院向中央呈报的建议。我们认为，农村土地制度最根本的问题就是农民的土地承包权是债权还是物权？要赋予农民长期而有保障的土地使用权，允许农民以土地抵押贷款，并拥有自由的处置权，使土地资源可以转化成资本。为什么农民工两手空空地来到城市？因为他们不能以土地作为抵押，拿到创业资金到城市里发展，其根源之一就是土地的制度安排问题。因此，加快改革城乡二元制度结构，是促进城乡协调发展的主要任务。

5. 从经济体制改革向包括社会体制改革、政治体制改革在内的结构性改革的转变

我国的渐进式改革首先从经济领域开始，取得了很大的成功，在保持社会稳定的基础上实现了经济的持续快速发展。与此同时还要看到，社会、政治、文化等领域改革滞后的局面不可能长期持续下去，不然最终必然会严重制约经济体制改革的进程。拉美一些国家人均GDP达到3000美元后，陷入了社会政治危机之中，这是社会、政治领域发展严重滞后于经济发展的结果。有专家估计，我国从20世纪90年代后半期由腐败所造成的经济损失每年约占GDP的比重在13.3%~16.9%。当前，社会道德风气恶化、社会信用缺失、社会治安状况差等问题，为下一步改革和发展带来了很大的困难。事实上，我国的改革是一项系统工程，结构性改革的特性已经开始凸显。在经济增长到一定程度之后，社会重大利益关系的调整已成为越来越复杂，同时也越来越重要的改革任务。人们不仅要寻求保护个人产权，还需要个人全面发展有一个健康的文化氛围。树立"以人为本"的改革观，不仅需要继续推进经济体制改革，还必须逐步启动包括政治体制、社会体制、文化体制在内的结构性改革。

二、使多数人不断地分享到改革的成果，逐步满足多数人的基本需求

国际经验证明，在经济社会严重失衡的特殊阶段，容易产生"三大风险"。第一，社会风险。随着利益主体的多元化，社会结构发生了重大变化，搞不好就会引起社会矛盾突出、社会危机加深，很可能引发局部的或全社会的危机。第二，政治风险。向市场经济的过渡中，权钱交换日益成为普遍的现象。以权贵资本为主的利益结构，将使得市场经济成为坏的市场经济。俄罗斯就是一个案例。一些"一夜暴富"的资本所有者成了亿万富翁，他们中的一部分人就是原来党政机构的官僚。如果权贵和金钱的交换达到比较普遍的程度，政治风险和政治危机是随时会发生的。第三，经济风险。在经济社会转型时期，经济结构不合理，社会信用失衡，加上宏观调控不到位，很容易引发金融风险和经济风险，由此造成经济的严重倒退。改革要规避风险，就必须按照"以人为本"的要求，使改革措施的制定和选择立足于关怀人，让多数人在不断分享到改革成果的同时，参与改革，支持改革。

6.实现就业体制创新，积极扩大就业

我国目前的劳动力资源已达7.4亿左右，相当于所有发达国家劳动力资源的总和，这个劳动力规模将持续20~30年。当前不仅有1.5亿农村劳动力需要转移出来，城镇劳动力和大学生就业的形势都很严峻。据统计，截至2003年9月，城镇失业人员超过了2000万人，相当于城镇就业人口的10%。今后10多年中，我国每年还要新增劳动力1400万人。在相当一段时期，城市下岗职工再就业、农村劳动力转移、大学生就业等问题交织在一起，加上劳动生产率的提高、技术的进步等因素，就业形势存在巨大的压力。而在现有的就业体制下，GDP每增加1个百分点，就业只能增加80万人左右，按GDP年增长10%算，每年也只能解决800万人的就业，远远赶不上劳动力增加的速度。因此，要从我国的基本国情

出发,加快建立新的就业体制来缓解这个矛盾。第一,政府的重要职能是保障就业,采取鼓励就业的政策,扩大就业。第二,要为个人创业创造良好的体制环境,充分发挥中小企业扩大就业的作用。第三,对劳动密集型产业实行优惠政策,实现广泛的就业。第四,要加快发展服务行业,发展各类不同形式的公共服务实体。第五,要建立城乡统一的劳动力市场,取消对农民工的各种歧视性政策,打破农民工进城的体制性障碍。

7.建立和完善社会保障体制

在经济社会矛盾日益突出的情况下,要有效地降低改革风险,必须把建立和完善社会保障制度放在优先的位置上。第一,扩大社会保障覆盖范围,逐步建立覆盖城乡所有劳动者的社会保障体系。第二,合理确定支付水平,使社会保障水平同经济发展水平相适应。在扩大社会保障覆盖范围的时候,支付起点应相对低一些,社会保障制度的受益者从整体上只能享受低层次的社会保障水平。低保障、广覆盖应成为我国社会保障制度的一项长期政策选择。第三,针对国民保障需求的多元化,建立多样化的社会保障模式。国家主要负责全社会统一的、基本的社会保障,同时鼓励各种形式的市场化保险。第四,加强社会保障立法,形成法治化、规范化、高效化的社会保障运行管理体制。依法办事是完善社会保障制度的基本要求。社会保障制度的改革、运行、管理只有以法律为依据,才能公平、高效、健康地发展。

我国的社会保障制度不应当长期排除农民。要从我国的实际情况出发,建立有效的农村社会保障体制、农村合作医疗体制、农村基本的救济制度。当前,关键的问题是要赋予农民国民待遇,要为农民提供基本而有保障的公共产品和公共服务,赋予农民土地产权,尽快取消农业税,精简乡镇政府,建立农业支持保护体系,确保农民增收。

8.明晰和保护产权,建立现代产权制度

没有产权就没有合法的个人利益,人们就不能获得完整的生存权和发展权。为了使经济发展给所有人带来好处,我们要创建一个使全社会劳动者都能够从经济发展和改革进程中不断获取自身利益的所有权体系。建立健全现代产权制度，既是市场经济发展的必然，也是突破各项改革难题的关键。目前，微观经济主体已经形成，不同利益群体出现，人们对保护产权的要求日益迫切。无论在农村还是城市，改革在多方面都已触及了产权问题。在农村，征地问题、土地难以流转的问题等都涉及产权问题。在城市，金融改革、国有企业改革、政府职能转变已成为改革中的三个难点，解决这三个问题也都涉及产权制度改革问题。对民营企业来说，持续发展需要保护私人产权，对劳动者来说，需要承认和实现劳动力产权。建立现代产权制度，有利于打破改革有可能陷入的僵持状态，为解决深层次的矛盾和问题扫清制度性障碍。

9. 保障公民的知情权

公民的知情权是公民对于国家的重要决策、政府的重要事务及社会上发生的与普通公民权利和利益密切相关的重大事件，有了解和知悉的权利。知情权是在现代社会中公民享有的一项基本权利，也是公民保护自身利益的重要手段。公民只有及时了解社会上即将发生或者已经发生的事情，才能对自己的生活作出相应的安排，以便趋利避害，有效保护自己的利益。与此同时，确保了知情权，公民才可能有效地监督政府。政府要建立面向社会和公众的政府发言人制度，定期或不定期地向整个社会公布某一方面的政府事务，并就公众关心的问题通过新闻媒介作出回答或者解释。SARS危机表明，现代社会知情权比什么都重要。建设现代社会，要将知情权上升到立法层面予以保障和规范。

10. 建立社会群体的利益表达机制

我国已经开始进入一个社会结构和利益明显分化的新阶段。不同社会群体的利益往往是不一致的，甚至有时会存在具体的利益矛盾和利益冲突。在这样的社会中，各种利益诉求的表达将会成为一种常规性的社会现象。因此，社会应当容纳这种利益表达，并为这种利益表达作出相应的制度安排。对于弱势群体来说，农民和农民工基本上没有有效的利益表达渠道，同样，广大工人的具体利益表达渠道也不畅通。建立利益表达机制，不仅体现普遍的人文关怀，还有利于缓解不同群体的利益矛盾，防止过激行为的发生。应当采取措施，让利益表达合法化，让各种社会群体都有正常的、畅通的利益表达渠道。现阶段要优先关注弱势群体的利益诉求。

11. 尊重和保障公民的人权

人权是现代社会公民享有的基本权利，保障人权是现代社会文明标志和现代经济社会制度的基础。"以人为本"，首先要关注人权。在我国，人权问题不仅表现在个人和不同社会群体对个人权利的侵害，更表现为某些政府部门对个人权利的侵害，前者通过法律渠道容易得到解决，而后者是强大的公共权力对个人人权的侵害，很难得到解决。因此，我国必须建立有效机制，使各级政府部门在行政和执法过程中的侵权行为受到约束。我国已将尊重和保护人权写入宪法，问题的关键在于，要保证行政违宪行为的可诉性。

三、按照"以人为本"的要求，建设公共服务型政府

当前，改革面临三个突出的问题：第一，部门利益化的倾向、趋势在扩展；第二，权钱交换的趋势在扩展；第三，单纯追求GDP政绩观的倾向在扩展。这几个问题，都同政府的转型、政府官员的行为方式有直接的联系。因此，为了使多数人能不断地分享到改革发展的成果，我们就必须改革政府。

2003年我国群众上访次数已经达到了历史最高点，国家信访局对上访问题提出了"四个80%"：在当前群众信访特别是集体上访反映的问题中，80%以上反映的是改革和发展过程中的问题；80%以上是有道理或有一定实际困难和应予解决的问题；80%以上是可以通过各级党委、政府的努力加以解决的问题；80%以上是基层应该解决也可以解决的问题。苏联和东欧社会主义失败的教训，归根结底是政府严重脱离群众，官僚

主义和形式主义盛行使政府应对经济社会危机的能力降到了最低点。在25年的改革进程中，我们已进行过多次政府机构的调整，但一直未能达到目标，一直未能找到有效的途径。实践告诉我们，按照"以人为本"的要求，建设公共服务型政府，是市场经济条件下政府改革的正确路径。

12.建设公共服务型政府，真正为社会和企业办实事

我国社会主义市场经济体制框架已初步建立，市场的微观基础已初步形成，政府主要是为经济发展和社会发展服务的，要强化政府的社会管理和公共服务的职能。只有把公共服务搞好了，社会才能稳定，经济才能发展。在市场经济环境下，政府把公共服务做好了，如把公共医疗、教育、社会保障、社会治安等问题解决好了，才会为经济的长期持续发展提供一个好的环境，才能称得上是以经济建设为中心。

13.政府是老百姓的政府，要了解百姓疾苦，反映和代表百姓的利益

最近，《中华工商时报》公布了一份关于居民对政府工作评价的调查，涉及官与民的关系。调查发现：在以前的"管理者"的定位下，政府部门的服务意识欠缺，表现为在工作中高高在上者（48.2%）多于帮老百姓想办法者（30.09%），和领导走得近者（54.0%）多于关心百姓者（24.5%），和有钱人亲近者（50.1%）多于关心困难群众者（28.1%），光喊口号者（51.2%）多于解决实际问题者（26.3%），只关心自己的好处者（49.8%）多于造福一方百姓者（23.7%），乱摊派者（41.3%）多于依法征收税费者（31.7%）。这虽然难以反映全面，但从中可以看出，老百姓对政府的评价是比较低的。温家宝同志在全国两会工作报告中强调："政府的一切权力都是人民赋予的，必须对人民负责，为人民谋利益，接受人民监督。"[①]"以人为本"的执政理念在报告中得到充分的体现。

我国在计划经济时代沿袭了传统的"统治型政府"模式，政府具有无上的权威，老百姓是作为服从政府的被动对象存在的。这种模式在新中国

---

① 温家宝：《政府工作报告——2004年3月5日在第十届全国人民代表大会第二次会议上》，人民出版社2004年版，第36页。

成立后曾经将全国人民的力量集中起来建立了独立的工业体系，保证了国家的独立和安全。"统治型政府"模式的基本特征是公共权力的国家化、集权化、官僚化、行政化，是通过限制个人权利，扩张公共权力来保持社会的稳定，还表现为用相对单一和固化的手段来控制经济过程。这种政府模式与计划经济相容，但是与市场经济的要求相反。市场经济要求个人有充分的个人权利进行自由的经济决策，要求尽可能地限制政府权力。在市场经济条件下，要"以人为本"，就必须从根本上解决公共权力覆盖私人权利的状况，解决政府过多地占用公共资源的问题，完成从"统治型政府"向"治理型政府"的转变，使公共权力社会化、民主化、公开化、廉洁化，使政府成为一个能够有效回应人民诉求和接受人民监督的政府。

14. 政府要有一个好的文化和理念，自觉地说真话、办实事

政府的文化理念要发生转化，需处理好四个方面的关系。一是管理和服务的关系。政府管理的本质就是为社会提供服务。在现代市场经济条件下，政府的主要职能是在义务教育、社会保障、社会治安、公共卫生、国防等范围内提供基本的公共服务，即政府要成为一个服务型的政府。二是决策和执行的关系。要把决策贯穿于执行当中，形成一个好的执行理念和执行文化。政府的行为，尤其是地方政府的行为，主要是如何更好地履行公共管理和公共服务的问题。没有一个好的执行文化、没有一个好的执行理念，实践就很困难。三是公共资源和公共服务的关系。政府占有一定的公共资源的唯一目的就是为社会提供公共产品和公共服务，如果政府过多地拥有公共资源，过多地投资于竞争性领域与民争利，而在公共产品和公共服务的供给上达不到社会的需求，必然会造成政府效率低下和腐败行为。四是权力和责任的关系。要尽快建立和完善政府的问责制度。有了权力，就要有责任，责任和权力是相对应的。责任是基础，权力用来保障责任的履行。政府的责任意识、责任文化相当重要。有了这些理念，政府才能自觉地约束自身的行为。理念和制度相结合才能使政府产生"以人为本"、求真务实的基本规范。

尽快制定并实施国民收入倍增计划

12条建议

（2010年4月）

尽快制定并实施未来10年的国民收入倍增计划，是后危机时代我国缓解并缩小收入差距的现实需求，是化解社会矛盾、构建和谐社会的客观要求，也是未来5~10年我国发展方式转型的关键所在。

一、建议尽快制定未来10年的国民收入倍增计划

提出国民收入倍增计划，旨在破解工业化生产能力与社会居民消费能力差距不断扩大的现实问题，在保障经济持续增长的同时提高全民收入水平，构建有利于消费的制度基础，以实现公平与可持续发展的基本目标。

1. 我国进入"不分好蛋糕就做不大蛋糕"的关键时期

改革开放30多年，我国以"做大蛋糕"为核心目标和重点任务的发展方式取得历史性成就，社会产品供给日益丰富，温饱问题基本解决，实现了"供给管理"的预期目标。当前，突出的问题是居民收入增长长期低于同期经济增长速度，且存在严重的收入差距和分配不公，导致社会消费能力明显不足。当务之急，应加强"需求管理"，"分好蛋糕"方能调动各方面积极性"做大蛋糕"。

2. "分好蛋糕"需要尽快制订并实施国民收入倍增计划

要"分好蛋糕"，目的在于实现民富。从当前的矛盾看，重点在于改变劳动者报酬占GDP比重与居民收入占国民收入比重持续下降的格局，

扭转城乡、区域、不同社会群体之间收入差距不断扩大的趋势。这客观上要求实施惠及全民的国民收入倍增计划。日本20世纪60年代开始实施的"国民收入倍增计划"是其突破发展瓶颈的关键。其后10年间，日本国民收入实际年平均增长率达11.5%，形成了近亿人的中等收入群体，由此奠定了经济增长和社会稳定的基础。

3. 明确未来10年国民收入倍增计划的约束性指标

建议把提高消费率作为国民收入倍增计划的最终目标，力争到2020年消费率和居民消费率分别达65%和55%左右。在此基础上，明确国民收入倍增计划的核心目标。建议从四个层面制定详细的国民收入倍增计划目标："两个不低于、两个提高、一个缩小、一个扩大"（简称"2211"）。

（1）居民收入增长速度不低于GDP增长速度，劳动者报酬增长速度不低于企业利润增长速度。初步估算，考虑通货膨胀因素，建议城乡人均收入年均增长不低于15%，到2015年翻一番，到2020年翻两番。

（2）不断提高劳动报酬占比和居民收入占比，到2015年分别提高到50%和65%左右；到2020年分别提高到55%和70%左右。

（3）不断缩小城乡收入分配差距，到2015年控制在3.2∶1左右；到2020年控制在3∶1左右。

（4）不断扩大中等收入群体，到2015年达到30%，争取到2020年达到40%左右。

二、未来10年实现国民收入倍增目标具有比较好的现实条件

应当说，当前我国在实现国民收入倍增计划目标上，有比较多的有利条件。

4. 较大的增长潜力是实现国民收入分配结构调整目标的基础

过去30年，我国经济年均增长9.8%；其中2001—2008年年均增长

10.2%。有研究表明,从我国资本积累、劳动投入和全要素生产率的变动看,经济自然增长率呈逐步提高的趋势,未来10~20年,达到8%~9%的自然增长率完全有可能。考虑到3%~4%的通货膨胀率等因素,经济名义增长可达到11%~13%。在这个大背景下,建议:

(1)居民名义收入年均增长比经济增长快2~3个百分点,国民收入倍增计划中提出的居民收入年均增长达到15%的可行性非常大。

(2)从中等收入群体看,研究表明当前我国中等收入群体占总人口的23%,并且以每年1个百分点的速度增长。随着经济增长潜力的释放及公共政策的倾斜,"扩中"速度有望每年提高1.5个百分点。由此,未来5年、10年中等收入群体分别达到30%和40%左右的可能性较大。

5. 城镇化进程提速是缩小城乡差距的重要条件

不断提高城镇化进程,可以有效缩小城乡差距。从各省实际情况看,城镇化水平越高,城乡收入差距越小。例如,贵州城镇化率只有28.24%,其城乡收入差距高达4.5∶1;上海城镇化率为88.70%,其城乡收入差距仅为2.33∶1。有研究表明,城镇化率对城乡收入差距的影响系数为−0.0276。1998—2008年我国城镇化率每年提高1.23个百分点。因此,如果城镇化率能够保持甚至略高于这一速度,每年提高1~1.3个百分点,未来10年左右累计提高10~13个百分点,城乡收入差距将缩小0.28~0.36个百分点,差距控制在3∶1的可能性就相当大。

6. 数量型人口红利的逐步弱化将倒逼劳动力成本上升,使国民收入分配结构开始向劳动者倾斜

未来5~10年,劳动力数量的优势将逐步消失,需要尽快培养质量型人口红利,由此对国民收入分配结构调整形成"倒逼"。有研究表明,在2004年全国农村劳动力总量49695万人中,扣除农业必要劳动力等因素,可供转移的劳动力不超过5800万人,剩余率只有11.7%。2010年沿海地区的"用工荒"表明,我国的招工难问题有可能长期化,这将直接倒逼劳动力成本上升。例如,上海市2006年最低工资标准为750元,

2008年则上升到960元，2010年4月起最低工资又将上调15%；广东省最低工资标准在2010年5月起将平均提高21.1%。

7. 以公平为基调的公共政策调整使国民收入分配结构改善出现好的势头

近几年，公共政策尤其是社会政策的调整，使中低收入群体的收入状况有了明显改善。以公共服务体系为例，基本公共服务差距对城乡收入差距的影响权重达30%~40%。近几年农村社会福利体系的逐步建立（教、医、救、养），使农民的实际收入逐步提高，缓解了城乡收入差距扩大的趋势。测算表明，如果未来10年左右投资15万亿~20万亿元在基本公共服务体系建设中，可以初步实现城乡基本公共服务均等化，扭转再分配的逆向调节作用。

8. 发达地区在国民收入分配格局调整上的先行先试可以积累相关经验

面对内外环境的变化，一些发达地区开始率先在国民收入分配格局上推出大的改革措施，走在全国前列。例如，2009年广东省出台了《广东省基本公共服务均等化规划纲要（2009—2020年）》，10年内将投入财政资金近2.5万亿元以推进基本公共服务均等化，年均增长15.4%。发达地区的先行先试，不仅有助于加快推进基本公共服务均等化进程，而且对调整区域内收入分配格局将产生重要影响。

三、实现国民收入倍增目标重在推进政策调整和体制创新

从现实情况看，国民收入倍增计划实施的重点在于规范国有资源的配置，并推进相关的政策调整与体制创新。

9. 以民富为目标调整国有资源配置

当前收入分配差距过大的最大问题在于国有资源配置的不合理。

（1）调整国有资源布局。当前，收入分配差距扩大的一个重要原因是国有资源在很大程度上配置于市场领域而不是公共领域。着眼于调整国民收入分配基本格局，建议加快国有资源配置的结构性调整。比如，

要反思央企涉足房地产开发的现象。国有资本涉足房地产，应主要限定在提供保障性住房和廉租房领域。

（2）推进国有资源的税费改革。尽快推进资源税改革，改革国有资源的税费体系，理顺资源性产品的分配格局，改变少数企业享受资源红利的格局。

（3）对垄断行业实行收租与分红制度。尽快建立常态化的垄断行业和国有企业收租分红机制。建议将征收"特别收益金"改为征收"超额利润税"，将垄断利润以税收名义收归公共所有，并不断提高国有企业上缴租、税的比重。同时，建立全口径的财政预算体系，涵盖国有企业的资源使用租金和利润分红。

10. 落实民富优先，创造条件让更多群众拥有财产性收入

当前，居民收入差距的很大部分来源于财产性收入，亟须通过体制机制创新，贯彻落实党的十七大提出的"创造条件让更多群众拥有财产性收入"。

（1）推进农村集体土地流转制度改革，使农民真正享受到土地资产增值的红利。土地是农民最重要和最主要的财产，建议尽快出台土地物权法配套法规，明晰农村土地产权并赋予农民产权主体的地位，使农民拥有物权性质、可转让的土地使用权，进而保障农民能够充分享受土地流转的增值收益。

（2）规范和完善资本市场，保障投资者权益。着眼于居民财产性收入，应积极完善资本市场，建设法治环境，开放理财业务，为社会提供公平、健康的投资理财环境。

（3）推行"职工持股计划"，使职工真正享受到企业增值红利。建议"十二五"鼓励中小企业率先探索，让职工无偿或低价获得企业股票，参与分红，条件成熟时推广到大中企业。

11. 控制政府财政收入增长速度，调整财政支出结构

当前的财政问题核心不是总量不足，而是结构不合理。

（1）建议合理控制各级政府的财政收入增长速度。一方面，预算内财政收入增长速度以不超过上年GDP增速为宜；另一方面，控制预算外收入规模，尤其是改革地方政府土地出让金管理制度。建议条件成熟时，取消预算外收入制度，使预算外收入、非预算收入全部纳入全口径财政预算管理范围内。

（2）调整财政支出结构，使财政支出更多地用于公共服务供给。建议未来10年左右，在基本公共服务均等化方面投入15万亿~20万亿元，年均增长5%左右，使基本公共服务均等化水平明显提高，由此提高中低收入群体的实际收入水平。

（3）加快各级政府财政收入及公务人员收入公开化进程。收入分配之所以成为社会矛盾焦点之一，重要原因在于政府财政和官员收入的不公开。为此，第一，在控制行政成本的同时，重要的是推进政府预算与支出的公开化，使财政收支置于人大与社会监管之下。第二，规范公务员的工资外收入，全面实施阳光工资制，取消实物分配，消除灰色收入。尤其要取消各级政府和国有企业提供的福利性住房分配制度。第三，加强反腐败力度，杜绝腐败等形成的黑色收入。

12. 把国民收入倍增计划纳入"十二五"规划，形成对政府的约束性指标

实施国民收入倍增计划有利于促进发展方式转变。为此，建议尽快出台操作性强的国民收入倍增计划，并把这些指标作为"十二五"规划的约束性指标。

从国富优先走向民富优先

8条建议

（2011年2月）

我国进入公共产品短缺时代，发展型需求成为经济发展的内生动力，在客观上要求实现改革导向从国富优先向民富优先的转变。第一，释放13亿多人的发展型需求对公平分配提出新的要求，我国已到了"不分好蛋糕就做不大蛋糕"的历史新阶段。第二，要"分好蛋糕"，突出的矛盾在于国富优先的改革导向。在过去30多年的改革进程中，由于采取了政府主导型的市场经济模式，我国在改革导向上带有国富优先的突出特征。第三，国富优先在集中力量办大事、扩展经济总量、反贫困上都取得了重要成效。但也要看到，进入新阶段，国富优先使财富集中于国家，不仅难以有效释放13亿多人的发展型需求，还会强化政府主导的投资扩张，扭曲市场，延缓经济结构调整，加剧生产过剩的矛盾。如何从变化了的形势出发，作出民富优先的战略选择，是我国二次转型与改革的首要和全局性课题。

一、从国富优先向民富优先的历史性转变

我国从计划经济时代走来，计划经济的主要基础是公有制，国富优先是计划经济的重要特征。历史地看，以国富优先为基本特征的发展模式在生存型阶段的特定背景下取得了举世瞩目的成就。但是，进入发展型新阶段，国富优先的负面效应开始凸显，我国已站在由国富优先向民富优先转变的历史新起点上。

1. 私人产品短缺与国富优先的历史性作用

（1）国富优先有效地推进了经济起飞。在生存型阶段，解决私人产品短缺的问题，关键在于做大经济总量。改革开放30多年来，通过政府主导的经济发展模式使各种资源向政府手中集中，发挥了集中力量办大事的体制优势，实现了经济快速发展。1978—2009年，我国经济总量大幅提升、国家财政能力不断增强。国内生产总值由3645.22亿元增加至343464.7亿元，年均增长9.9%；人均国内生产总值由不足228美元增加至3744美元，按照世界银行的标准，我国已经进入中等收入国家的行列。财政收入由1978年的1132.26亿元增加至2009年的68518.3亿元，增长了59.5倍。

（2）国富优先在满足全社会生存型需求和反贫困上卓有成效。由于我国采取的是渐进式的市场化改革道路，市场机制不完善、民间投资难以启动等问题一直都很突出。在市场力量不足的特定背景下，政府集中社会财富扩大生产，有效地缓解了私人产品短缺的状况，满足了全社会的生存型需求。城乡居民收入增长幅度较大。城镇居民家庭人均可支配收入从1978年的343.4元增加至2009年的17174.7元；农村居民家庭年均纯收入由1978年的133.6元增加至2009年的5153.2元。在贫困人口的大幅减少上取得举世瞩目的成就。

（3）国富优先使生产能力快速扩张，我国成为全球生产大国和贸易大国。国富优先的发展方式在促进经济快速增长上具有明显优势。例如，各级政府集中社会财富在基础设施上进行的巨额投资，是许多国家难以实现的。这是我国经济长期快速增长的重要因素。

——2010年，我国经济总量首次超过日本，成为世界第二大经济体。国内生产总值占世界生产总值的比重由1978年的1.75%增至2008年的7.14%，在世界经济中的地位越来越突出。

——我国成为世界性生产大国。在世界16种主要工业品和农业品中，产量第一的品种由1978年的1种增加至2008年的9种，具体到工业品，已有210种产量位居全球第一。

——我国成为世界贸易大国。进出口贸易总额大幅攀升，外贸总额由1978年的206.4亿美元增长到2009年的22075.35亿美元，年均增长16.27%，占世界贸易总额的比重从1.65%增长到7.88%，其中，出口总额排名世界第二、进口总额排名世界第三，成为仅次于美国、德国的第三大贸易国；到2010年9月，外汇储备达到26483.03亿美元，稳居世界第一。

2. 公共产品短缺下国富优先的历史缺陷

（1）国富优先不利于劳动者报酬的快速增长。在GDP总量一定的背景下，政府收入占比的提高势必会压低企业或居民所占份额。从收入法核算的GDP看，主要表现为政府收入对居民收入的挤占，劳动者报酬占比从1994年的51.2%持续下降到2007年的39.7%。从国际比较看，我国劳动者在初次分配中的占比低于大多数世界重要的经济体。2007年，美国劳动者报酬占比为53.13%，英国为53.22%，法国为51.51%，德国为48.61%，韩国为46.05%，日本为51.29%。需要说明的是，工业化加速推进特别是重化工业阶段，劳动者报酬占比会相对偏低，并伴有少数年份的下降，但持续下降现象少见。例如，日本和韩国在其重化工业阶段，劳动者报酬占比也曾出现过低于40%的年份，但没有出现过长期持续下降的趋势。因此，我国劳动者报酬占比偏低，一定程度上是发展阶段的体现，但自1995年以来的持续下降问题不能简单用发展阶段来解释。

（2）国富优先客观上抑制了社会消费需求。国富优先使国家生产力增长优先并快于民众消费能力的增长，导致社会总需求不足，经济发展缺乏内生动力。国富优先会因为国家生产力、国家财富增长快于社会收入增长与消费能力增长，由此加剧国内生产过剩的矛盾。一方面，我国持续30多年的政府主导模式，已经带来严重的产能过剩，特别是国际金融危机以来4万亿元的投资，也在一定程度上加剧了产能过剩；另一方面，我国消费率长期处于较低水平，持续呈现下降趋势，尤其是2000年以来，消费率下降更为明显。

（3）国富优先成为收入分配差距不断扩大的突出因素。如果考虑城乡基本公共服务的因素，城乡居民实际收入差距可能达到5∶1~6∶1，国富优先导致城乡差距持续扩大。例如，土地成为地方政府的"第二财政"，农民难以从土地增值中获益，成为拉大城乡差距的突出因素。而且，政府财政收入增长并没有保证城乡基本公共服务均等化。1978—2009年，我国城乡居民名义收入差距从2.57倍扩大到3.33倍。尽管农村内部、城市内部的基尼系数差距都在0.4以下，但由于城乡差距的持续扩大，基尼系数接近0.5。

——国富优先背景下的垄断行业收入过高，成为拉大收入分配差距的重要因素。石油、电力、电信、烟草等行业的员工人数不到全国职工人数的8%，但其收入却相当于全国职工工资总额的60%。与此同时，人力资源和社会保障部统计，目前，电力、电信、金融、保险、烟草、石化等行业职工的平均工资是其他行业职工平均工资的2~3倍，如果再加上工资外收入和职工福利待遇上的差异，实际收入差距可能达到5~10倍。

——国富优先使财富向政府集中，但财税体制存在收入分配逆向调节。例如，2008年，城镇居民人均收入中，转移性收入为3928.2元，占比为23%；农村居民人均纯收入中，转移性收入为323.2元，占比为6.8%。农村居民获得的转移性收入仅相当于城镇居民的8.2%。在城乡之间、国有单位与非国有单位之间，不同地域、不同身份的人们在教育、医疗卫生、社保、就业等方面执行不同的政策，享受不均等的公共服务，不仅拉大了当前的收入分配差距，还造成了起点不公平、机会不公平的问题，成为居民收入差距扩大的重要因素。

二、由民富优先走向公平与可持续发展

民富优先是针对我国新时期发展阶段的变化，适应新时期社会矛盾

阶段性变化的历史性选择。新时期树立民富优先的发展理念和发展导向，有利于化解当前面临的经济社会矛盾。在二次转型与改革中，确立民富优先的改革导向，就是走公平与可持续的科学发展之路。

3.民富优先有利于扩大消费

（1）民富优先有利于提高居民消费总量。提高居民收入是消费能力和消费总量扩张的前提，没有居民实际收入水平的快速提高，扩大消费总量的目标很难实现。而民富优先主要是优先提高城乡居民收入水平，所以，民富优先有利于提高消费总量。居民实际收入水平过低，在很大程度上是由于政府收入过高挤占了民间收入。在政府收入占比高于世界水平的背景下，通过削减政府收入来增加居民收入的空间巨大。

（2）民富优先有利于形成良好的居民消费预期。民富优先要求政府把自己的财政收入主要用于公共服务领域，这将有利于形成良好的居民消费预期。由于医疗、社会保障等基本公共服务供给不到位，也由于教育、医疗、社会保障等基本公共服务的价格上涨速度超过了人均收入的增长速度，家庭把部分收入存入银行，以防不测，导致城乡居民的消费预期不稳、边际消费倾向下降，减少了即期消费。

虽然近年来持续加大投入，但政府公共服务支出总体仍然不足。2008年，教育、医疗和社会保障三项公共服务支出占政府总支出的比重合计只有37.7%，与人均GDP为3000美元以下国家和人均GDP为3000~6000美元国家相比，分别低5个百分点和16.3个百分点。由于政府公共服务支出总体不足，迫使居民用自身的收入来支付快速增长的教育、医疗、社保等支出，不仅挤压了居民的其他消费增长，而且强化了居民的谨慎预期，降低了居民消费倾向。国际经验表明，如果坚持民富优先的发展导向，随着发展水平的提升，政府公共服务支出在政府支出中的比重呈现逐步上升趋势。特别是人均GDP在3000~10000美元阶段，公共服务在政府支出中的比重将显著提升。以教育、医疗和社会保障三项主要公共服务为例，国际平均升幅达到13个百分点。其中，教育支出保持相对稳定，而医疗和社会保障支出分别大幅增加了4个百分点和10.7个百分点。当人均GDP超过1万美元后，政府公共服务支出占比才逐步趋稳。

4. 民富优先有利于缩小收入分配差距

（1）民富优先有利于缩小城乡收入差距。与农村相比，城市发展更容易带来经济总量的提高。为此，在国富优先战略下，各级政府往往把主要精力用于城市发展，集中力量做大城市经济，形成了明显的"马太效应"，进一步加大了城乡差距。以固定资产为例，1997—2009年，城市固定资产投资在全社会固定资产投资中的占比不断上升，从76.67%上升到86.34%；城乡人均固定资产投资虽然比例一直在7.3∶1的高位波动，但绝对额在不断扩大。再以基本公共服务为例，虽然近几年来各级政府加大了对农村基本公共服务的投入力度，但与城市相比，依然存在较大的差距。这在客观上造成了城乡居民实际收入差距的拉大。若能以民富优先为导向，进一步加大对农村经济社会发展的倾斜性投入，将有利于缩小城乡差距。

（2）民富优先有利于缩小地区收入差距。由于地区资源禀赋不同，经济潜在增长能力也有明显差距。国富优先下，把考核发展的指标集中在GDP增长上，使各级政府不考虑地区经济发展的基础和可行性，一味地追求高增长，造成了大量的环境污染和资源浪费，也造成了地区间经济发展的巨大差异。近年来，中西部地区在全国GDP总量中的占比持续下降，2009年，西部12省区人口占全国的27.9%，而GDP总量仅占全国的18.3%。而在民富优先下，各地发展的考核不能仅局限于考核经济增长，而要全面考察经济与社会、人文与环境、稳定与治安等多重指标。对于为国家中长期可持续发展而放慢脚步、牺牲总量与速度的，应给予全国范围内优厚的一般性转移支付奖励，并逐步建立地区间横向转移支付的体制机制，由此缩小地区收入差距。

（3）民富优先有利于缩小行业收入差距。国富优先在行业领域中突出地表现为大量垄断性尤其是行政垄断性行业的存在，这已经成为行业收入差距扩大的重要原因。从世界各国行业差距看，我国的行业差距，无论从哪个方面来衡量，都处于较高的水平，特别是垄断行业的收入大大超出行业平均水平。中改院2010年改革调查问卷统计结果显示，62.99%的专家认为，在改革和完善收入分配制度的途径中，规范垄断行业收入，尤其是对国有企业进行"分红收租"最为重要。为此，亟须在民富优先下，完善国有企业"分红收租"制度，扭转行业分配差距过大的局面。

5.民富优先有利于促进社会公平

（1）民富优先有利于实现起点公平。在发展型新阶段，广大社会成员要求起点公平，要求平等的发展权。民富优先要求国家财政取之于民，用之于民，通过为困难群体提供教育、健康等方面的基本公共服务，扩展他们的可行能力，使他们能够与其他社会群体站在同一起跑线上竞争。市场经济条件下，尤其是在转型时期，社会成员在财富和收入分配方面有较大差距是难以避免的。但是，国家可以在民富优先导向下，通过基本公共服务支出缩小财富和收入分配差距，最终实现人的发展的起点公平。国家扩大对农村、落后地区、困难群体的义务教育、基本医疗、公共就业等基本公共服务，将大大提升人力资本投入，有效保障人的发展的起点公平。

（2）民富优先有利于保障过程公平。在经济转轨过程中，往往会出现这样的现象：国家集中社会财富办的许多企业成为行政垄断企业，这些企业在竞争中比民营企业享有更多的行政垄断特权，使得市场经济条件下的过程公平难以实现。而民富优先的改革，要求打破行政垄断，赋予容纳绝大多数人就业的民营企业和中小企业以公平的竞争环境和制度环境。民营经济"新36条"[①]鼓励民间资本参与市政公用事业和政策性住房建设，参与教育、医疗、文化等社会公用事业领域。这是民富优先的

---

① 民营经济"新36条"，指的是2010年5月国务院发布的《关于鼓励和引导民间投资健康发展的若干意见》。

重要举措，既有利于壮大民营经济，还有利于使民营经济成为参与公共领域、社会事业建设、推进公平发展的重要力量。

（3）民富优先有利于促进结果公平。国富优先在两个方面加大了结果公平的难度：一是在初次分配领域，垄断行业和不平等竞争现象所造成的分配差距过大，这种差距很难通过再分配进行矫正；二是在再分配领域，收入调节在许多情况下是逆向调节，就是初次分配收入高的人，在享受基本公共服务方面水平也高。民富优先与国富优先的发展理念恰好相反，既要求在初次分配中减少国家收入的比重，打破行政垄断，使各类企业实现公平竞争，削弱因政府因素所造成的不平等，还要求充分发挥财税政策在再分配中的调节作用，实现基本公共服务均等化。因此，民富优先更有利于实现结果公平。

三、民富优先的战略选择

释放和扩大社会的总需求，形成消费主导的基本格局，既是经济发展的内生动力，也是发展方式转变的目标追求。这些年来，我国在经济总量快速增长的同时，消费率持续走低，主要矛盾在于国民收入分配结构严重不合理。城乡差距、行业差距、地区差距、贫富差距的不断拉大，严重制约了中低收入者消费能力和消费水平的提高。城乡居民消费需求和消费结构的提升，关键在于形成公平合理的国民收入分配格局。着眼于中长期发展，民富优先的战略选择，就是要实现从物的发展到人的发展的导向转变，从经济总量向国民收入的导向转变。

6. 从物的发展到人的发展

（1）我国正临近人口红利拐点。在过去30多年的改革进程中，我国通过市场化释放了大量的农村剩余劳动力，劳动力供给一度呈现如阿瑟·刘易斯所谓的劳动力无限供给状态。这时工资取决于维持生活所需的生活资料的价值，多年来难以真正有效增长。但是当前，低端劳动力开始由剩余向短缺转变的迹象十分明显。有专家预测，我国于2013年左右，有可能出现"刘易斯转折点"，届时靠劳动力增加获得人口红利的局面将会大大改变，廉价劳动力的优势将不复存在。

（2）由人口红利转向人力资本红利是大势所趋。国际经验表明，所有的发达国家和地区，都曾经在一定的发展阶段上或多或少地得益于人口红利。然而，人口红利从来不是永久性的增长因素。随着人口结构转变的完成，这种特殊的增长因素最终要消失殆尽。从现实情况看，我国以劳动力数量的增长使社会总产出更低廉、更丰富的发展模式已经开始走向终结，必须由数量型人口红利转向人力资本红利。1978—2004年，自然资源、资本、劳动力投入对经济快速增长的贡献达68%，而全要素生产率仅占32%。随着经济的进一步发展，如何实现由人口大国向人力资本大国的转型，发展高素质劳动力支撑的、具有高附加值、高劳动生产率的产业，提高国际竞争力，是经济发展方式转变的大势所趋。

（3）由物质资本主导转向人力资本主导。从国际经验看，一个国家从中等收入国家迈向高收入国家，实现经济发展由物质资本主导向人力资本主导的转变是必经之路。第一，物质资本的收益率是逐步递减的，人力资本的收益率是上升的，人力资本主导才能实现中长期的持续增长。第二，人力资本的提升才可以保证产业升级，才能在国际市场中占据高端产业链，这是进入高收入国家行列所必需的。第三，高收入国家的居民对环境保护的要求更高，靠物质资本投入对环境的破坏是全社会所不能接受的。第四，全社会人力资本的普遍提高使得中等收入群体成为最大的社会群体，这也是高收入国家的一个重要特征。第五，高收入国家往往以软实力和创新力强为基础，这必须建立在普遍提高人力资本的基础上。从现实看，我国资源环境的巨大压力，以及人口红利的消失，都需要加快实现由人力资源大国向人力资本大国的转变。

7. 发展导向由经济总量转向国民收入

（1）经济发展的最终目的是提高全民福祉。我国由生存型阶段向发展型阶段的历史性提升，在本质上要求把经济发展的最终目标定位于人的全面发展。而人的全面发展是指所有人的全面发展。这就是说，经济发展的最终目的不是简单地追求经济总量，不是简单地追求一部分人的富裕，而是要把提高全民福祉作为发展的根本目标。所谓全民福祉，就是全体社会成员可行能力的提高，即提高个人过自己愿意追求的生活的能力。每个社会成员都能够有条件、有能力追求自己所希望的生活，是进入发展型阶段所有发展问题的本质。发展方式需要转变，从本质上看，主要是在现行的发展方式下，经济总量的快速增长并不能自然带来多数人福祉的提高。从这个意义上说，转变经济发展方式的根本目的是提高全民福祉。

（2）国民收入导向比经济总量导向更能够体现全民福祉。在现代市场经济条件下，全民福祉取决于两个重要的变量：一个是经济总量指标，经济总量越大，全民福祉越大；另一个是国民收入分配结构合理，国民收入分配越公平，全民福祉越大。也就是说，在国民收入分配格局公平的条件下，经济总量越大，全民福祉越大；在经济总量既定的条件下，国民收入分配格局越公平，全民福祉越大。

当前是以扩大经济总量为重点，还是以调整国民收入分配格局为重点来解决全民福祉问题？从现实情况看，调整国民收入分配结构更是问题的关键所在。第一，现阶段经济总量的扩大伴随着收入分配差距的扩大，而不是缩小。第二，在现有经济结构条件下，经济总量的扩张以较高的资源环境为代价，从中长期看，降低了全民福祉。第三，经济总量的扩张伴随居民消费率的降低，这样的扩张是不可持续的。第四，调节国民收入分配不仅能够使广大中低收入者福祉提高，还可以使经济总量的增长建立在消费主导的坚实基础上。

（3）确立发展方式转变的国民收入导向。在改革开放初期的生存型阶段，我们曾提出了"让一部分人先富起来""效率优先、兼顾公平"等口号，在发展特征上带有鲜明的经济总量导向。历史地看，这与当时两个大背景有关：一是当时私人产品短缺，扩大经济总量的矛盾更为突出；

二是当时计划经济时代的平均主义矛盾十分突出，经济运行效率的矛盾十分突出。但是今天，我国已由私人产品短缺走向公共产品短缺，收入分配由原来的平均主义走向差距过大，过大的城乡差距、行业差距、地区差距、贫富差距，已成为制约全民福祉提高的突出矛盾。改革开放之初，提倡"让一部分人先富起来"，并不是不让其他人富裕，其初衷是实现先富带动和帮助后富，最终走向共同富裕。确立发展方式转变的国民收入导向，就是要实现共享式发展，全面提高国民收入水平，实现城乡居民收入普遍较快增长，缩小收入分配差距，使发展成果惠及所有社会成员。

8. 走向消费大国

（1）再不能为生产而生产。《中共中央关于制定国民经济和社会发展第十二个五年规划的建议》指出："把扩大消费需求作为扩大内需的战略重点，进一步释放城乡居民消费潜力，逐步使我国国内市场总体规模位居世界前列。"在生存型阶段和私人产品普遍短缺的特殊背景下，GDP快速增长解决了私人产品短缺的突出矛盾。从世界经济发展史上看，各发达国家和地区都经历过这个阶段，就是尽可能地提高本国、本地区的生产能力，尽可能地占领国际市场。只有如此，才能形成快速的资本积累和经济起飞。但到了发展型阶段，或者说中等收入阶段，如果继续为生产而生产，就会造成生产过剩的危机。当前，我国成为"世界工厂"，但居民消费率却降到历史低点。如何改变这样的经济增长，已经引起了许多专家学者的反思。马克思过去讲经济增长的异化，主要是讲劳动者变成了纯粹的生产工具，生产的产品越多，劳动者的相对社会地位越低。现在我国经济增长方式的许多方面的确值得深思。无论从国际还是国内形势看，都不能再为生产而生产了。

（2）成为消费大国才能避免"中等收入陷阱"。当前人们讨论"中等收入陷阱"问题，在很大程度上源于2008年国际金融危机。这次国际金融危机给我们的警醒是，如果外部市场萎缩，外部动力逐步衰减，那么，我国作为一个出口大国，靠什么能够维持原来的快速增长势头？现在看来，进入后危机时代，国际经济再平衡确实是一个中长期的过程，甚至是一个痛苦的经济结构调整过程。对于我国来说，如果仍把希望寄托在外部市场的恢复上，能否避免"中等收入陷阱"的确是一个未知数。只有建设消费大国，才能有效地避免经济发展的外部风险，实现经济的稳定增长，在此基础上实现产业结构的转型和升级。

（3）成为消费大国才能使世界第二经济大国的地位更加牢固。国际经验表明，立足于国内消费的经济发展模式更具稳定性，大国经济往往需要建立在消费主导的基础上。尽管我国已超越日本成为世界第二经济大国，但我国却是一个消费小国。我国作为一个拥有13亿多人口的大国，在过去30多年中依靠出口导向成为世界第二经济大国，在世界经济史上是没有先例的，这在很大程度上源于第三次全球化浪潮的历史机遇。过去英国、美国、德国、日本的经济起飞和经济赶超，作为大国经济，尽管都有赖于国际市场，但都没有达到今天我国对外贸的依赖程度。作为小国经济，如新加坡、韩国等，可以长期侧重于外贸出口主导型发展模式，但如美国、日本等大国经济，在经过一定的发展阶段后，都实现了由生产主导向消费主导转换的历史过程，从而产生了经济增长的内生动力。未来5~10年，在全球经济再平衡前景不明的背景下，如果我国不能尽快实现由生产大国向消费大国的转变，要想真正挤入发达国家行列是不现实的。但反过来说，如果能够把握13亿多人口大国的优势，及时调整政策，主动实现投资主导型向消费主导型的转变，真正建成消费大国，就完全有条件巩固第二经济大国的地位，并有条件在GDP总量上赶超美国。

（4）成为消费大国才能在新一轮全球化中赢得主动。我国尽管成为世界第二经济大国，但在全球经济再平衡中处于相当被动和尴尬的局面。2010年，我国出口面临欧美多个国家贸易保护主义的"围堵"。形形色色的贸易摩擦，从具体产品层面向产业政策、汇率制度等宏观层面延伸。在欧美国家的一些人士看来，我国的崛起是在和他们争夺"饭碗"，所以要尽可能地遏制。我国要在国际上确立更好的形象,在外交舞台上赢得主动,确实需要实现由生产大国向消费大国的转变。随着经济实力的增强和国际地位的提升,我国在国际社会中的话语权相应增大。从后危机时代全球经济再平衡的趋势看,实现由生产大国向消费大国的转变,形成13亿多人的世界消费市场,为全球经济复苏和长期增长提供持续动力,是我国承担大国责任的重要表现。

早在1986年,邓小平同志就指出,"我们是社会主义国家,国民收入分配要使所有的人都得益,没有太富的人,也没有太穷的人,所以日子普遍好过"[①]。反之,"如果搞资本主义,可能有少数人富裕起来,但大量的人会长期处于贫困状态,中国就会发生闹革命的问题"[②]。1990年12月,邓小平同志又指出,"共同致富,我们从改革一开始就讲,将来总有一天要成为中心课题。社会主义不是少数人富起来、大多数人穷,不是那个样子。社会主义最大的优越性就是共同富裕,这是体现社会主义本质的一个东西。如果搞两极分化,情况就不同了,民族矛盾、区域间矛盾、阶级矛盾都会发展,相应地中央和地方的矛盾也会发展,就可能出乱子"[③]。1993年9月,邓小平同志强调,"十二亿人口怎样实现富裕,富裕起来以后财富怎样分配,这都是大问题。题目已经出来了,解决这个问题比解决发展起来的问题还困难。分配的问题大得很"[④]。

从这些年的改革发展实践看,提出和解决分配问题不宜过早,也不宜过迟。过早不易矫正过去的平均主义,过迟会陷入两极分化。但是今天,平均主义已非主要问题,而两极分化的危险越来越逼近。不提出和解决分配问题,收入分配差距不会自动缩小。解决这一问题,以民富优先为导向的二次转型与改革是重大的战略选择。

[①] 《邓小平文选》(第三卷),人民出版社1993年版,第161—162页。
[②] 《邓小平文选》(第三卷),人民出版社1993年版,第229页。
[③] 《邓小平文选》(第三卷),人民出版社1993年版,第364页。
[④] 中共中央文献研究室编《邓小平年谱(1975—1997)》(下卷),中央文献出版社2004年版,第1364页。

民富优先的二次转型与改革

9条建议

（2011年2月）

我国是一个转型中的大国，也是一个发展中的大国。转型和发展必须紧紧依靠改革，以改革促转型，以改革谋发展。如果说过去30多年的一次转型主要是改变生产关系，做大经济总量的话，未来30年我国将面临改变经济结构、提高经济质量的新课题，这在客观上要求启动二次转型。我国的二次转型，基本导向是民富优先，基本目标是实现公平与可持续的科学发展，基本任务是改变经济结构，基本路径是建设消费大国。

民富优先的二次转型，必然依赖于民富优先的二次改革。在一次改革制度红利逐步递减的情况下，迫切需要通过二次改革释放城镇化红利、结构优化红利、人力资本红利等，为中长期的经济发展提供源源不断的内生动力。

一、民富优先的二次转型

我国过去30多年的改革开放，是现代化进程中的第一次转型。在这次转型中，通过改变生产关系，做大经济总量，实现了经济起飞，但体制创新的任务远未完成，经济运行质量并不高，经济结构不合理的矛盾仍十分突出。从国际经验看，由中等收入阶段成功迈进高收入国家行列的现代化进程，重要的是实现经济结构的转型。没有这一过程，很难完成整个现代化进程。未来30年，我国需要开启民富优先的二次转型，完成整个经济结构的现代化转型，为进入高收入国家行列创造条件。

1.一次转型：改变生产关系，做大经济总量

1978年以来开启的第一次转型，主要在于改变生产关系，解放和发展生产力，做大经济总量，实现经济起飞。改革的路径是改变计划经济时代的生产关系，建立和完善市场经济体制。经过30多年的改革，尽管生产关系的变革仍未结束，但经济起飞的任务已经完成，成为世界第二大经济体。

到2003年左右，我国初步建立了社会主义市场经济体制框架。单一的公有制被以公有制为主体多种所有制共同发展所取代，非公有制经济已经成为国民经济的重要组成部分。目前，非公有制经济创造的国内生产总值已占GDP的60%左右，吸纳的就业人数占全国城镇就业人数的70%以上；实现了从政府集中管制的价格机制向市场决定的价格机制转变，在社会商品零售总额和生产资料销售总额中，市场调节价所占比重已分别达到95.6%和92.4%；宏观调控体系逐步健全，部门间协调机制逐步形成，计划规划、财政、金融、产业政策等方面的协同作用明显增强，调控方式实现了由直接调控向间接调控的转变，调控手段实现了由主要依靠行政手段向主要依靠经济和法律手段的转变；[①]实行了全方位的对外开放，成为对外开放程度最高的经济体之一；公民社会初露端倪，截至2007年6月底，全国各类民间组织为35.7万个，其中社会团体19.4万个，民办非企业单位16.2万个，基金会1193个。[②]

2.二次转型：改变经济结构，建设消费大国

（1）改变投资消费结构，由生产大国转向消费大国。尽管我国已是世界第一的人口大国，世界第二的经济大国，但却是个消费小国。据测算，我国人口占世界总人口数的1/4，但消费总量却只占世界的4%。未来5～10年，在全球经济再平衡前景不明的背景下，如果我国不能实现由生产大国向消费大国的转变，要想真正进入发达国家行列是不现实的。

[①] 张平：《民族振兴的壮丽诗篇 举世瞩目的辉煌成就》，《中国投资》2009年第10期。
[②] 俞可平：《中国公民社会研究的若干问题》，《中共中央党校学报》2007年第6期。

只有把握13亿多人口大国的优势，及时调整政策，主动实现投资主导型向消费主导型的转变，真正建成消费大国，才有条件避免"中等收入陷阱"，顺利进入高收入国家行列。

（2）改变产业结构，由制造业大国转向服务业大国。从国际经验看，凡进入高收入行列的国家，主要的产业链均处于世界的高端，尤其是形成了以现代服务业为主导的产业结构。如欧盟服务业近50%的工作机会是知识密集型服务行业提供的；美国知识密集型服务业对其GDP的贡献率高达50%；韩国知识密集型服务业对GDP的贡献率也达到22.1%。从我国的实际看，制造业一直都是第一大产业部门，占GDP的比重稳定在40%以上，制造业更多地集中在低端水平，主要是资源投入型，资源能源压力大。以原油为例，2009年我国原油进口依存度首次突破国际公认的50%的警戒线。实现从制造业大国向服务业大国的转变，有利于缓解资源环境压力，有利于解决就业问题，有利于培育中等收入群体。

（3）改变要素结构，由人力资源大国转向人力资本大国。只有根本改变人力资源状况，才能真正改变经济结构。改革开放以来，我国在人口方面经历了一个大的转型，即从人口大国转向人力资源大国，但仍不是人力资本大国。截至2009年底，全国15岁以上人口平均受教育年限接近8.9年；主要劳动年龄人口平均受教育年限为9.5年，其中受过高等教育的比例仅为9.9%，新增劳动力平均受教育年限为12.4年，[①] 这些指标都不同程度地落后于世界平均水平。据预测，2020年，我国适龄劳动人口将超过9亿人，比发达国家劳动力的总和还多3亿人，到2034年，我国人口将达到14.86亿人，需要尽快加大人力资本投入力度，加大教育、医疗等相关投资，改变劳动力素质偏低的格局。

（4）改变城乡结构，由城乡二元经济转向城乡一体化。从国际经验看，从中等收入迈向高收入国家的过程，也是城乡一体化的过程。凡进

---

① 中华人民共和国国务院新闻办公室：《中国的人力资源状况（2010年9月）》，人民出版社2010年版。

入高收入行列的国家，都成功地实现了由城乡二元经济向一元经济的过渡。在这个过程中，相当多的国家开始出现"城市化之痛"，因大量农民工难以融入城市而掉进"中等收入陷阱"。城镇化是我国中长期经济社会发展的主要动力所在，未来5~10年，城镇化仍将保持快速发展的趋势。但在现有城乡二元制度结构下，农民工等流动人口超过2.5亿人，工作在城市，但不是真正的城市人口，积累了越来越多的"城市化之痛"。为此，要加快推进人口城镇化，打破农民、农民工融入城市的各种障碍，在人口城镇化的基础上全面推进城乡一体化，推进土地市场一体化，让农民更多地分享城镇化的收益。

3.走向公平与可持续的科学发展

（1）改变经济结构要求民富优先。二次转型与一次转型相比，在发展指标上有着明显不同的结构性特征。可以从经济发展阶段、消费结构、收入结构、财政支出结构、产业结构、人力资本结构、城镇化水平、城乡结构等方面作相应的比较，如表1-1所示。

表1-1 第一次转型与第二次转型的结构性特征比较

指标	第一次转型国富优先	第二次转型民富优先
最终目标	追求经济总量的增长	追求人的全面发展
经济增长动力	以要素投入型为主，包括资金、资源、环境的高投入	以智力投入为主，主要是人力资源投入
经济发展阶段	人均GDP在4000美元以下	人均GDP在4000美元以上
居民消费倾向	居民消费倾向偏低，储蓄率高	居民消费倾向较高，储蓄率偏低
消费结构	生存型消费为主	发展型消费为主
收入结构	劳动者报酬偏低	劳动者报酬大幅提高
财政支出结构	经济建设型财政	公共服务型财政
产业结构	工业化为主	服务业为主
社会结构	金字塔型	橄榄型
人力资本结构	要素投入	人力资本投入
城镇化水平	工业化推动	服务业推动
城乡结构	城乡二元	城乡一体

在主要指标方面，一次转型与二次转型可以从人均GDP、城镇化率、产业结构、劳动者报酬占GDP比重、恩格尔系数等方面衡量，如表1-2所示。

表1-2 第一次转型与第二次转型的主要指标

指标	中等收入国家	高收入国家
人均GDP/美元	≤4000	≥11000
三次产业结构（%）	第一产业10左右 第二产业40~50 第三产业30~40	第一产业5以内 第二产业30左右 第三产业65左右
恩格尔系数（%）	≤40	20左右
居民消费率（%）	≤40	≥60
城镇化率（%）	≤50	≥60
中等收入群体占比（%）	≤25	≥50
劳动者报酬占GDP比重（%）	≤40	≥60
基本公共服务财政支出比重（%）	≤40	≥50
平均受教育年限/年	≤9	≥12

（2）二次转型的基本导向是民富优先。在改变经济结构的过程中，几乎所有指标的实现，都要求民富优先，要求城乡居民收入的普遍较快增长。具体来看，到2020年消费率和居民消费率分别达65%和55%左右，实现建设消费大国的任务，需要实施国民收入倍增计划，尽快提高城乡居民的实际收入水平。确保城乡居民收入的实际增长不低于GDP增长速度，实现居民收入增长和经济发展同步。按照年均8%的实际增长，到2020年使城乡居民实际收入翻一番。考虑到多数居民的收入来自劳动报酬，还需要实现劳动报酬倍增。按照年均增长不低于10%的速度，到"十二五"末，使得我国劳动报酬占GDP的比重从当前的35%左右提高到50%左右，接近中等收入国家的合理区间。不断提高劳动报酬占比和居民收入占比，到2015年分别提高到50%和65%左右；到2020年分别提高到55%和70%左右。改变城乡结构，推进健康的城镇化，需要不断缩

小城乡收入分配差距，可以考虑到2015年控制在3.2∶1左右；到2020年控制在3∶1左右。不断扩大中等收入群体，到2015年达到30%，争取到2020年达到40%左右。

（3）民富优先的二次转型将产生深远的历史影响。如果说一次转型的历史使命是实现经济起飞，那么，二次转型将创造出一个公平与可持续发展的科学发展模式，使经济发展成果惠及13亿多人。一次转型在实现大国经济起飞上具有历史性贡献，也创造了世界经济史上的奇迹，但还没有实现公平分配的历史性课题。二次转型将真正创造出有中国特色的社会主义模式，实现邓小平同志所提出的共同富裕目标，把13亿多人口带到发达国家行列，其历史地位不亚于第一次转型。

我国的二次转型还具有世界意义。2008年国际金融危机之前，世界经济格局形成了三个相互关联又相互独立的板块。第一个板块是以中国、印度为代表的亚洲板块，主要从事制造业；第二个板块是欧美板块，以发达的金融服务业在全球配置资源，属于消费板块；第三个板块是资源出口国板块，包括澳大利亚、俄罗斯、巴西、石油输出国组织和非洲等国家。2008年国际金融危机之后，欧美消费板块的衰退为全球经济增加了不确定和风险，国际经济再平衡面临多方面难以克服的难题。走向消费大国，开启13亿多人口大市场的消费能量，将为世界经济再平衡作出独特贡献。

二、二次转型依赖二次改革

制度红利是改革的前提条件，没有制度红利就没有改革。过去30多年，正是由于经济转轨能够带来巨大的制度红利，才会有市场化改革的推动力。今天，我国面临的问题与过去30多年有很大的不同，就是一次改革的制度红利逐步递减甚至趋于消失。但也看到，随着发展阶段的历史性变化，制度红利的形式也在发生深刻变化。从现实情况看，二次改革的制度红利空间仍然很大。从这个意义上说，启动二次改革的时机和条件已经成熟。

4. 一次改革的制度红利逐步递减

（1）一次改革主要释放了三种制度红利。过去30多年的市场化改革，通过建立社会主义市场经济体制，释放了三种红利，促进了经济的快速发展。

——人口红利。市场化改革，首先推动了更多的劳动者进入劳动力市场。我国是一个城乡二元结构国家，农村劳动力在改革开放初期具有无限供给的特征，这决定了工资水平长期难以提高。历史地看，一次改革调动了2亿多廉价农村劳动力进入城市，为经济增长提供了源源不断的人口红利。这是我国经济快速增长，效率比计划经济时代高的一个非常重要的原因。正是因为廉价劳动力的优势，我国才得以成为世界生产大国和贸易大国。

——廉价资源红利。在计划经济时代，我国常常强调自己是一个矿产资源丰富的大国，主要原因是多种矿产资源处于闲置状态，缺乏开发和利用。在这种条件下，资源价格必然处于廉价的状态。市场化改革激发了矿产资源的利用，使大量的廉价资源释放到生产中去，也是工业化快速推进，经济快速发展的重要原因。

——全球化红利。在经济转轨过程中，我国成功地抓住了第三次全球化浪潮的历史性机遇，推行了全面对外开放的政策，加入了世界贸易组织（WTO），分享了全球化的红利。这种红利主要表现在两个方面：一是大量引进外资，弥补了自身资本积累不足的问题，实现了经济的高投资、高增长；二是大量对外出口，弥补了本国居民消费不足的问题，通过对外贸易的发展解决了1亿多人口的就业问题。

（2）一次改革的制度红利呈现递减趋势。由于国内发展阶段的历史性变化，以及国际环境的历史性变化，一次改革所带来的三种制度红利正逐步递减，甚至消失。

——人口红利逐步递减。由市场化改革所释放的大量廉价劳动力优势已经不复存在，目前低端劳动力短缺的现象开始出现，农村劳动力无限供给的条件正在改变。与此同时,人口老龄化加速了这一进程。老年人口出现首次增长高峰,60岁以上人口将从"十一五"年均净增480万人提高到"十二五"的800万人左右,2015年总量将突破2亿人,占总人口的14.8%。"未富先老"的人口结构开始受到多方面的关注。

——廉价的资源红利逐步减少。随着资源大量开采,资源变得日益稀缺,长期以来形成的资源价格红利正在逐步减少。比如,近年来,我国已经呈现商品价格迅速攀升的趋势。2003—2007年,铁矿石价格上涨2.74倍,原油价格上涨2.32倍,原铝的价格上涨1.87倍,精炼铜价格上涨4倍。2007年,我国GDP总量占全球的6%,但能源消耗占全球的15%,钢铁消耗占30%,水泥消耗占54%,单位资源产出水平仅相当于美国的1/10、日本的1/20。长期形成的高投入、高污染、低产出、低效益的格局没有根本改变,使水质、大气、土壤等污染严重,生态环境问题突出。世界银行的研究报告指出,当前我国环境损失占当年GDP总量的3%,如果不改变现有发展方式,2020年将上升到13%以上。[①]总的来看,环境压力加速了廉价资源红利的终结。

——传统的全球化红利进一步减少。2008年国际金融危机始于美国,导致了欧美经济的"去杠杆化"。从目前的形势看,欧美作为带动全球经济发展的消费集团,其内部市场的萎缩是中长期的,由此使全球经济三大集团相互依存、平衡发展的大格局被打破。2010年以来,尽管全球经济在缓慢复苏,但越来越看到,以美元为中心的国际货币体系固有的矛盾并未解决,原有国际分工格局被打破的趋势不可逆转,传统的全球化红利模式已呈现不可持续的态势。我国过去高度依赖的欧美市场在短期内难以恢复元气,决定了原有全球化红利很难持续。

5.二次改革的制度红利空间很大

国际经验表明,一个国家进入工业化中期之后,发展的红利模式将发生深刻转变,主要表现在三个方面:一是城镇化加速带来经济发展的

---

① 陈新华:《改变命运,创造新的能源格局》,《中国三峡建设》2008年第12期。

红利；二是经济结构转型加快带来经济发展的红利；三是人力资本取代人口数量增加带来经济发展的红利。目前，我国已进入工业化中后期，通过二次改革释放这三个方面红利的空间很大。

（1）城镇化的制度红利空间很大。国际经验表明，当城市人口占总人口比例达到30%时，即城镇化率达到30%时，城镇化速度会明显大幅攀升，城镇化进入急速发展阶段，这一过程一直会持续到城镇化水平达到60%以上，由此会创造出巨大的城镇化红利。

1996年，我国城镇化水平第一次达到30%以上（30.48%），2009年城镇化水平达到46.59%，正处于城镇化向高级阶段提升、飞跃的紧要关头，正处于一个城镇化超常发展的新阶段。按照现有城镇化发展速度，未来3~5年，即"十二五"的初期或中期，城镇化水平完全有可能达到50%以上；未来10年左右，城镇化水平将提升到60%左右，进入城镇化的高级阶段。如果我国能够把握城镇化时代的客观趋势、推进城乡一体化的体制创新、打破城乡二元体制，将会创造巨大的城镇化制度红利。如果城镇化提高1个百分点，就有大约1300万人口由农村进入城市，居民消费总额大约增加1200亿元。按这个预测，如果我国城镇化率在未来10年左右提高10~15个百分点，仅居民消费就可以拉动1.2万亿~1.8万亿元。考虑到消费的乘数，以3倍测算，可以拉动3.6万亿~5.4万亿元的消费总量增长。目前农村外出从业劳动力约1.5亿人，[①]据测算，若其中的40%变成市民，其消费水平达到城市居民平均消费水平，以2009年消费水平计算，当年居民消费总额增加3600亿元。

（2）优化经济结构的制度红利空间很大。按照"结构红利假说"，由于各部门具有不同的生产率水平和生产率增长率，因此当投入要素从低生产率水平或者低生产率增长的部门向高生产率水平或高生产率增长部门流动时，就会促进总生产率的增长，从而带来结构红利。从三次产业

---

① 资料来源：国家统计局公布的第二次全国农业普查结果。

的边际收益看，农业最低，工业居中，服务业最高。当包括劳动力在内的资源要素红利递减的时候，可以通过资源要素向高端制造业、服务业流动产生结构红利。

——通过制度改革优化经济结构的空间巨大。尽管我国已成为世界制造业大国，但是制造业处于国际产业链低端，服务业发展远远滞后于工业化进程。从三次产业就业结构看，第三产业就业人口比重增长缓慢，2005—2008年增长不到1个百分点（见图1-1）。第二产业比例明显高于世界平均水平，服务业的比例明显过低。服务业的世界平均水平大概是60%，而我国长期徘徊在35%~40%。有专家预测，我国将成为全球最大的服务类消费市场。[1]未来10年，城市人口将上升到6.3亿人，这一庞大的人群构成了"中国服务"未来的客户主体。考虑到美国总人口才3亿人左右，我国不管是当前城市人口的3.5亿人，还是中高收入家庭的1.4亿人，都是一个非常庞大的市场。

——发展战略性新兴产业的潜力相当大。后哥本哈根时代，低碳经济已成为新一轮经济增长的主要推动力，有预测表明，到2012年，国内有10%新生产的汽车是节能与新能源汽车。按届时汽车年产量1000万辆计算，我国新能源车产能将达到年产100万辆。这不仅意味着节油7.8亿升，减少230万吨二氧化碳、7800万吨一氧化氮和780万吨碳氢化合物的排放，更意味着500亿~1000亿元的整车销售收入（按每辆车5万~10万元估算）。这100万辆新能源汽车将带动325亿~650亿元的上游产值和1315亿~2630亿元的下游产值。对新兴产业发展的规划表明，到2015年和2020年，战略性新兴产业占GDP的比重由2010年的3%分别提高至8%和15%。[2]一旦相关制度改革到位，战略性新兴产业会成为重要的经济增长点。

---

[1] 季琦：《从"中国制造"到"中国服务"》，《每日经济新闻》2008年11月1日。
[2] 李良：《新兴产业主题基金发展空间巨大》，《中国证券报》2010年12月6日。

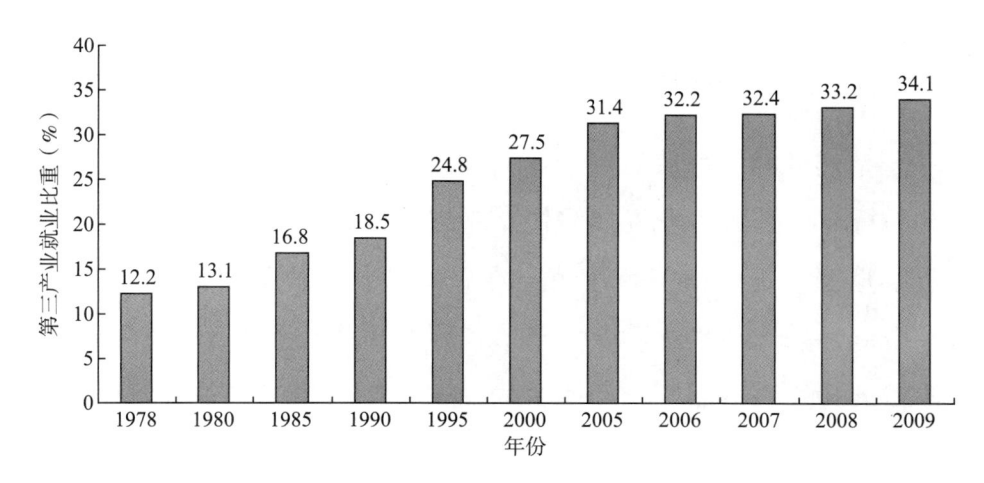

图 1-1　1978—2009 年我国第三产业就业比重

数据来源：《中国统计年鉴 2010》。

（3）人力资本的制度红利空间很大。进入工业化中期之后，随着以劳动力数量增长的红利模式终结，所有跨入高收入行列的国家都是通过投资于人的制度安排，实现了由数量型人口红利转向质量型人口红利。由于我国劳动力素质普遍低下，人力资本投资起点低，而且投资于人的基本公共服务体系相当不完善，所以通过改革拓展人力资本红利的制度空间巨大。当前，我国人力资本对经济增长的贡献率大体为35%，而发达国家的这一比率大体为75%，说明我国人力资本对经济增长的贡献存在很大的发展空间。

6.二次转型依赖二次改革

（1）二次转型的制度红利有赖于经济体制改革。

——城镇化红利的释放有赖于市场化改革。从深层次看，我国城镇化进程长期受到行政力量的深刻影响，具有明显的行政主导特征，形成了独特的"行政-经济区"，这使得城镇化进程基本上是在各自的行政区域内配置资源，自成体系、相对独立，导致城镇化红利难以完全释放。即使在区域经济一体化的背景下，城市群、城市带的发展也遭遇了行政区划的障碍，不利于城市间的要素流动与资源整合，亟须推进市场化改革，充分发挥市场资源配置的优势，尽快形成经济主导的城镇化新格局，才能有效释放城镇化红利。

——结构红利的释放有赖于市场化改革。当前，民营经济难以进入相关垄断行业，是服务业发展缓慢、难以形成以服务业为主导的产业结构的重要根源。推进市场化改革，在破除垄断上取得实质性的新突破，营造一个良好的竞争秩序和竞争环境，促使企业提高自主创新能力，实现企业转型升级，进而调整产业结构，将有利于提高整个国民经济运行质量和竞争力。

——人力资本红利的释放有赖于市场化改革。客观地看，我国市场化在取得巨大进展的同时，改革还远未完成，集中表现为资源要素领域的市场化改革迟迟没有启动，这在很大程度上助长了企业主要依靠资源要素投入而形成的低成本扩张和粗放型增长，而不愿加大人力资本投入，进而使企业乃至整个社会都疏于人才培养，人力资本提高缓慢。同时，在市场机制不健全的背景下，比如，垄断行业的存在，造成了极大的居民收入分配差距，使低收入者，尤其是农民工仍处于满足基本生存需求的阶段，无力投资于人力资本建设。为此，市场化改革在加快完善宏观经济体制，理顺国家、企业、劳动者收入分配上的新突破，对实现"藏富于民"、释放人力资本红利具有重要意义。

（2）二次转型的制度红利依赖于社会体制改革。

——城镇化红利的释放有赖于社会体制改革的推进。城镇化红利与人口城市化密切相关。而人口城镇化缓慢主要在于城乡二元的公共服务制度安排。当前2.3亿农民工生活在城市，却享受不到与城市居民同等的基本公共服务待遇，使得他们在城市与农村之间"摇摆"。这种城乡基本公共服务的制度差异，在很大程度上抑制了农民工在城市消费，使得这个庞大群体的消费需求难以释放。加快城镇化进程，必须率先打破户籍制度基础上城乡有别的基本公共服务制度，实现城乡基本公共服务均等化，才能有效释放城镇化的红利。

——结构红利的释放有赖于社会体制改革的推进。当前经济结构调整的重点在于加快服务业的发展，而教育、医疗、文化等基本公共服务本身就是服务业的重要内容。适应人的自身发展的消费需求，这就需要加快教育、医疗、文化等事业单位改革，通过改革加大教育、医疗、文化等公共产品的供给，才能有效释放结构红利。

——人力资本红利的释放有赖于社会体制改革的推进。公共教育、公共卫生与基本医疗、公共就业服务等基本公共服务的短缺严重制约了劳动者素质的提高，使得人力资本的提升受到限制。释放人力资本红利，重要的是实现基本公共服务均等化，建立投资于人的发展型社会体制。

（3）二次转型的制度红利有赖于行政体制改革。

——城镇化红利的释放有赖于改变行政主导的城镇化模式。从现实情况看，人口城市化滞后，深刻的根源在于行政主导的城镇化模式。行政主导的城镇化模式使城市政府主要关心工业发展带来经济总量，而不关心农民工市民化。行政主导的城市化模式不改变，人口城市化缓慢的状况就难以改观。这会大大制约我国城镇化红利的释放。而且，新时期发展城市圈经济、城市群经济，实现区域经济一体化，是优化城市空间资源配置、增加城市化红利的重要举措，同样有赖于改变政府主导的城镇化。为此，实现城镇化由政府主导向市场主导的转变，成为新时期政府转型的重大课题。

——结构红利的释放有赖于改变行政主导的工业化模式。地方政府主导的工业化模式以做大经济总量为特征，助长了以高污染、高能耗、高碳排为主的重化工业扩张，忽视了服务业发展，扭曲和延缓了经济结构调整的步伐，使得我国难以获得结构优化的红利。因此，实现工业化模式由政府主导向市场主导的转变，是获取结构性红利的重要条件。

——人力资本红利的释放有赖于以公共服务为中心的政府转型。人力资本红利的释放直接对政府的公共服务职能提出新的要求。如果没有政府公共服务职能的完善，政府在包括职业教育在内的教育体系上投入不足，就很难实现由人口红利向人力资本红利的转变。改变地方政府行为中的总量偏好、投资偏好、国有偏好、短期政绩偏好等，使其能够将主要职能转向公共服务领域，是获得人力资本红利的重要前提和重要基础。

三、确立民富优先的二次改革导向

要获得二次转型的制度红利，重要的是把民富优先作为二次改革的基本导向。第一，以市场化为主线推进经济体制改革，强化市场在资源配置中的基础性作用，是实现民富优先的基础。第二，以基本公共服务均等化为主线推进社会体制改革，提供惠及13亿多人的基本公共服务，有利于为广大中低收入者提供更好的发展机会和发展能力，有利于实现共同富裕。第三，以政府转型为主线推进行政管理体制改革，努力实现公共服务型政府建设的重大突破，将为民富优先创造最有利的制度条件。

7.以市场化为主线的经济体制改革

（1）是坚持市场主导下的政府，还是政府主导下的市场？2008年国际金融危机以来，有人把政府主导的经济增长模式作为我国的发展模式，这是需要进一步讨论的。在经济生活领域，是坚持市场主导下的政府，还是政府主导下的市场？市场化改革基本完成，还是尚未完成？最近有专家提出，我国市场化导向改革基本完成，下一步主要是社会改革。当前，社会领域的转型和改革问题突出，但说市场化改革基本完成为时尚早。我国虽然初步建立了社会主义市场经济体制，但市场化改革的任务并未完成。

这个判断主要基于三个基本事实。一是国企改革滞后、民营经济发展的种种困难，说明市场化改革在有的方面还不到位。二是价格改革仍需推进。一般性商品价格改革取得重大进展，要素市场化改革进展并不大，有的问题尚未破题，比如土地批租等问题。三是市场竞争机制有待完善。虽然市场机制建设有了很大进展，但是平等竞争的制度环境并未全面形成。

（2）政府主导不等于我国新时期的发展模式。政府主导的经济增长方式利大于弊，还是弊大于利？从现实的经济生活看，政府主导的经济增长方式存在几个问题：政府对资源的垄断范围在某些方面不是在缩小而是有所扩大，比如对某些重要资源；行政定价、行政控制在某些方面有所扩大；垄断行业的垄断行为在某些方面不是缩小，而是有所扩大；民营经济有了一定的发展，但发展还面临着相关的制约因素，"玻璃门"还没有被打破。

历史地看，政府主导的经济增长方式在一定时期对拉动经济增长有重大的历史贡献，并使得我国获得一次改革的人口红利、廉价资源红利和全球化红利。但今天看，矛盾问题逐步突出。从现实看，政府主导型的经济增长方式同转变经济发展方式的要求相背。新阶段的城镇化红利、结构红利、人力资本红利难以在政府主导的经济增长方式下实现。也就是说，在市场经济体制初步形成、经济发展红利发生深刻变化的特定背景下，政府主导的经济增长方式具有不可持续性，弊大于利，并已成为经济生活中的突出问题。

（3）市场化改革有利于形成公平竞争的制度环境。

——资源要素价格市场化更有利于公平竞争。例如，农村土地价格的行政控制，其结果是土地成为地方政府的"第二财政"。在政府主导征地过程中，出现了许多没有社会保障，没有土地、失去土地的农民。而且，土地要素价格的行政控制容易使一些与政府部门关系好的企业低价拿到土地，容易造成腐败寻租。再比如，金融要素的行政控制，使得银行资金主要贷给了国有垄断企业，中小企业难以获得发展资金。如果资源要素市场化的改革到位的话，初次分配中的收入差距和收入不公现象会大大减少。

——垄断行业市场化更有利于公平竞争。这些年，垄断行业依靠行政垄断地位进行扩张，获得垄断的超额利润，扩大了行业收入分配差距，助长了收入分配不公。要实现"藏富于民",重要的是加快垄断行业改革,使不同所有制的企业都能够有一个公平竞争的市场环境。

——市场化有利于民营经济和中小企业发展。民营经济和中小企业是解决中低收入者就业的主体部分,但由于垄断行业改革滞后,公平竞争的市场秩序并未形成,民营经济和中小企业发展缺乏应有的制度环境。市场化最重要的任务之一是赋予民营经济和中小企业平等的发展地位。

(4)以民富优先为导向推进市场化改革。

——推进资源要素价格改革,更加注重中高级生产要素市场化。全面推进水、电、石油、天然气等资源型产品价格改革,建立反映资源稀缺程度、市场供求关系的资源型产品价格体系框架。适应现代服务业发展的要求,以及放开公共服务领域的改革要求,重点推进人才、技术、金融、教育、医疗、文化等领域中高级生产要素的市场化改革。

——推进垄断行业改革。更加注重通过打破垄断,营造公平竞争市场环境,提高经济质量。垄断天然地阻碍技术创新和技术进步,扼杀企业的活力和创造性。在市场经济条件下,公平有序的竞争会给企业带来外部压力,从而促进优胜劣汰,提高自主创新能力。以破除行政垄断为重点,放开市场、引入竞争,基本完成国有经济战略性调整,建立公平、有效的市场竞争格局。

——为民营经济发展创造良好的制度环境。民营企业是我国最具活力、最能容纳就业的微观经济主体。民营经济大多数是依靠某种竞争优势而生存发展的。与大型垄断国有企业相比,民营经济更具有创新的积极性和主动性。为此,新阶段的市场化改革,要为民营经济的发展开辟更大的市场空间和制度空间。以民营经济"新36条"颁布为契机,集中解决束缚民营经济发展的历史遗留问题,拓展民营经济发展的体制空间,明显改善民营经济发展的制度环境。

——建立城乡一体化的体制机制。着眼于加快人口城镇化进程,释放城镇化红利,建设消费大国,在打破城乡二元制度结构上取得实质性突破，推进农民工市民化，走新型城市化道路，充分释放城乡居民发展型需求，为扩大内需创造有利条件。

——形成有助于扩大就业的体制机制。实施就业优先的国家战略，建立与市场经济相适应的就业体制，形成就业优先的宏观调控体制，形成有助于创造就业机会、有助于培育人力资本优势的经济结构，明显改善就业形势和就业环境。

——推进收入分配体制改革。加快调整初次分配格局中政府、企业、居民的占比，着力提高居民收入在国民收入分配中的比重和劳动报酬在初次分配中的比重，有效缩小收入分配差距，扩大中等收入群体规模，建立透明有序的收入分配秩序，健全私人财产权保护制度。

——深化财税体制改革。以公共财政建设为目标，着力完善中央地方财税关系，深化财政预算制度改革，完成增值税由生产型向消费型的转型，建立有利于科学发展的财税体制，充分发挥财税体制在调节收入分配关系上的作用，使公共财政的阳光普照13亿多人。

——深化金融体制改革。着力解决民营经济、中小企业融资难的体制性矛盾，推进民间金融发展，推进人民币国际化进程，发展消费型金融，建立经济增长方式转变的金融支持体系。

8. 以基本公共服务均等化为主线的社会体制改革

（1）适应公共需求转型要求推进社会体制改革。

——社会体制改革要与公共需求转型相适应。在一次改革中，由于私人产品短缺的矛盾特别突出，广大社会成员的公共需求并未释放出来，改革主要在于通过市场化改革解决私人产品短缺问题。此时，社会领域的改革任务并不十分突出，社会体制改革被作为经济体制改革的组成部分或配套措施。但是今天，二次改革则面临公共需求全面快速上升的突出矛盾，没有教育、医疗卫生、社会保障等领域的改革，公共需求得不到有效的满足。为此，新阶段的社会体制改革，就是要通过社会体制的创新，提高基本公共服务供给能力，使整个改革能够与公共需求转型的趋势相适应。

——社会体制改革重在建立投资于人的基本公共服务体制。建立惠及13亿多人的基本公共服务体制在二次改革中具有全局性意义。一是对提高居民消费预期，建设消费大国具有重大作用；二是对于全面提高人力资本投资，实现由人口大国向人力资本大国的转型具有重大作用；三是有利于推进人口城镇化，对释放城市化红利具有重大作用。

——社会体制改革重在建立国家层面的利益协调机制。在二次改革中，利益主体已经多元化，社会分化、社会矛盾、社会冲突已成为社会运行的常态。但在国家层面尚未建立起重大利益协调机制，使得社会问题日益突出。如果不采取相关措施，不仅有效缓解无望，还可能进一步加剧矛盾，增加经济领域的危机因素，增大解决问题的难度。为此，社会体制改革重在建立重大利益协调机制，为广大社会成员提供平等的发展能力、发展机会和发展条件，有效地缩小城乡差距、地区差距、贫富差距。

（2）以基本公共服务均等化为主线推进社会体制改革。

——以基本公共服务均等化为主线释放城镇化红利。以基本公共服务均等化为主线推进社会体制改革，重在创造人口城镇化红利。为此，要把农民工市民化作为社会体制改革的重中之重。要注重通过城乡基本公共服务均等化开启农村市场，尽快使农民工成为历史，为建设消费大国创造良好的社会体制基础。

——以基本公共服务均等化为主线释放结构红利。社会体制改革要与经济结构调整的要求相适应。一方面，做大教育、医疗、文化等基本公共服务，促进现代服务业发展，使广大社会成员能够享受到质量更高、数量更多的基本公共服务。另一方面，通过基本公共服务均等化，全面提升国家在人力资本上的投入，为经济结构的转型升级提供更多高素质的劳动者。

——以基本公共服务均等化为主线释放人力资本红利。把建立基本公共服务体制、实现基本公共服务均等化的目标同以人为本、提高人口素质、建设人力资源大国的战略目标结合起来。实质性地提高义务教育、公共卫生和基本医疗投入，形成全社会增加人力资本投资的良好制度氛围，为提高自主创新能力奠定坚实基础。

（3）积极构建发展型社会体制。

——建立基本公共服务均等化的体制机制。以提供基础教育、公共卫生、公共就业服务、基本社会保障、基本住房保障等事关民生的基本公共服务为重点，创新基本公共服务体制，实现城乡基本公共服务均等化。

——建立发展型就业体制，创造充分就业和平等就业的制度条件。解决经济社会深层次结构性矛盾，改善劳动者的素质结构，提升就业能力；公共就业服务体系进一步完善，逐步实现城乡就业体制一体化。

——建立利益协商和对话机制，维护社会和谐稳定。适应我国社会结构和利益格局的发展变化，有效的诉求表达渠道和利益协调机制初步形成，公民"知情权、参与权、表达权、监督权"得到落实，初步建立起社会和谐稳定的制度框架。

9. 以政府转型为主线的行政体制改革

（1）行政体制改革要以政府转型为主线。

——以民富优先为导向，需要实现政府由经济建设主体向经济性公共服务主体的转变。国富优先最重要的体制根源是政府作为经济建设性主体集中国民财富。政府继续作为经济建设主体，不仅会扭曲资源要素价格，误导企业低成本扩张，还不利于破除行政垄断，不利于通过竞争改善经济质量和经济运行效率。这就要求政府从微观经济主体的羁绊中解放出来，为经济发展提供良好的经济性公共服务。

——以民富优先为导向，需要实现从以GDP为中心向以"人"为中心的政府转型。突出强调政府在提供基本公共服务中的主体地位、主导作用，使政府成为社会性公共服务的主体，在协调重大利益关系、克服发展失衡、提升人力资本、维护社会公平正义等方面扮演重要角色。

——以民富优先为导向，需要使政府成为公共治理主体。随着经济社会的发展，公共治理结构中的一些矛盾也凸显出来。例如，行政成本增大、行政效率低下的问题，政治参与积极性提高与表达渠道不相适应的问题，一些政府官员的腐败现象与社会监督机制不健全的问题，利益主体多元化与社会组织发展滞后的问题，公共政策制定中的公众参与问题，等等，这些都对改革行政管理体制、完善公共治理结构提出新的要求。

（2）着力实现行政体制改革的新突破。

——在完善政府经济职能上取得重要突破。合理界定政府与市场的边界，在行政审批制度改革上取得新的进展。建立市场化的宏观调控体制，增强中长期规划的科学性和约束性。强化央行在宏观调控中的独立地位，增强宏观调控的科学性、预见性和有效性。建立现代市场监管体制，确保市场监管的有效性。加强政府对外经济职能、国有资产管理职能，为人民币国际化、企业"走出去"创造良好的制度环境。

——在政府公共职责保障机制建设上取得重要突破。合理界定政府与社会的边界，强化政府在基本公共服务供给中的主体地位和主导作用。建立从中央到地方各级政府的职责分工及其保障机制。以新一轮财税体制改革为契机，按照事权与财力均衡的原则建立中央与地方职责分工体制，使各级政府公共职责明确化、规范化、法定化。在此基础上，建立符合公共服务型政府要求的绩效评估体系和行政问责制度。

——在以事业单位改革为重点的公共服务体系建设上取得重要突破。以建立完善公共服务体系为目标，基本完成事业单位改革。将事业单位改革置于全国公共服务体系建设的总体框架下统筹安排，强化事业单位的公益性，充分利用包括事业单位、企业、社会组织在内的多方面的力量增加公共服务供给。

——在改革调整行政权力结构上取得重要突破。以建立健全大部门体制为重点，大胆探索在行政范围内建立公共权力有效协调与制衡的体制机制，基本形成行政决策权、执行权、监督权既相互制约又相互协调的权力结构和运行机制。

——在政府自身建设与改革上取得重要突破。集中解决群众意见大、制约政府公共权力规范行使的突出矛盾和问题，在建立阳光政府、效能政府、廉洁政府、法治政府方面取得明显成效。

（3）以政府转型形成二次改革的合力。

——注重形成中央与地方合力。要在中央与地方关系由以经济总量为导向以基本公共服务均等化为导向的转变上取得新突破，在建立以基本公共服务为导向的政绩考核体制上取得新突破，在合理配置公共资源、形成事权与财力均衡的中央与地方关系上取得新突破，使地方政府工作的重点从关心经济总量转变到关心经济运行质量、实现基本公共服务均等化上来，进一步形成中央与地方推进全面改革、转变发展方式的合力。

——注重形成部门间合力。由于多种因素的影响，政府部门之间的掣肘成为影响改革进程的突出因素。针对转变发展方式相关改革跨部门、跨领域的特点，要特别注重通过跨部门协调整合行政资源提高政府效能，在行政部门间形成推进全面改革、转变发展方式的合力。

——注重形成政府、市场、社会的合力。转变发展方式不是政府的"独角戏"，政府、市场、社会是一种互补与合作的关系。要特别注重正确界定政府、市场、社会三者的行为边界，使政府、市场、社会关系规范化、制度化，最大限度地发挥三者的比较优势，形成政府、市场、社会在推进全面改革、转变发展方式中的合力。

第二章
建立和完善惠及13亿人的基本公共服务体制

早在1991年建院伊始,中改院就对社会保障问题进行了较为系统的研究。例如,1992年,研究提交《率先建立新型社会保障体制(30条建议)》的改革方案,成为海南省社会保障制度改革的重要蓝本。2003年SARS危机后,中改院提出《加快建立社会主义公共服务体制(18条建议)》《让基本公共服务惠及13亿人(32条建议)》等建议。中改院承担联合国委托的《中国人类发展报告2007/08》的主题就是"惠及13亿人的基本公共服务",这份30万字报告的结尾是这样写的:"在发展市场经济的背景下,建立惠及13亿人的基本公共服务制度和体系,推进基本公共服务均等化,是中国人类发展的必由之路。就其所涉及的人口规模而言,在世界上是空前的;就其制度建设对于实现全面小康社会目标的意义而言,可以同近30年的市场经济体制改革相提并论。中国正在为建立惠及13亿人的基本公共服务体系做出巨大努力。这将对中国人类发展产生巨大而深远的影响。"

为农民提供基本而有保障的公共产品，推进城乡协调发展

12条建议

（2003年8月）

为农民提供基本而有保障的公共产品是我国农业及至国民经济进入新阶段的客观要求，要以人为本，优先解决广大农民生存、发展的基本保障问题，这是农村改革进入新阶段的重要任务。为此，需要以尽快建立农村最低生活保障制度为重点加大农村公共服务供给。

一、为农民提供基本而有保障的公共产品是当前城乡协调发展的迫切任务

1. 为农民提供基本而有保障的公共产品是我国改革发展新阶段的客观要求

统筹城乡经济社会发展不仅是新阶段解决"三农"问题的基本出路，而且是全面建设小康社会的重大任务。从现实的矛盾和问题出发，统筹城乡关系，重要的措施是为农民提供基本而有保障的公共产品。20世纪50年代以来，我国的公共产品供给一直实行城乡分割的"双轨制"。为农民提供基本而有保障的公共产品，有利于打破城乡分治的基本格局，有利于推进城乡协调发展，也有利于党的农村基本政策与改革发展的进程相适应。改革开放以来，我们党出台了以农村家庭承包责任制为重点的基本政策，对农村改革和发展实现历史性突破，产生了重大作用。进入20世纪90年代，随着社会主义市场机制的确立，农业作为弱质产业，

农民作为弱势群体在市场经济条件下处于十分不利的地位。因而，应当因势而变，不断打破城乡分治的既有格局，实行城乡统筹发展，鼓励和支持大量农村剩余劳动力向城市转移。否则很难解决农民增收、农业发展、农村稳定等问题。并且，经过20多年经济的持续快速增长，国家也初步具备了解决这一问题的能力和条件。

2. 为农民提供基本而有保障的公共产品是我国农村改革进入新阶段的重大任务

当前，我国的农村改革已进入以城乡协调发展为目标的结构性改革新阶段。要打破城乡分治的基本格局，必须加快改革城乡严重不合理的制度安排。就是说，在市场经济条件下，要打破"三农"问题的制度性障碍，首要的是改变城乡分治的政策框架和制度安排，政府有责任、有义务为广大农民提供基本而有保障的公共产品。

3. 为农民提供基本而有保障的公共产品，要以人为本，优先解决广大农民生存、发展的基本保障问题

传统的城乡分治政策框架和制度安排，是以"市民"与"农民"严分开为基础的。我国《宪法》规定："中华人民共和国公民在年老、疾病或者丧失劳动能力的情况下，有从国家和社会获得物质帮助的权利。国家发展为公民享受这些权利所需要的社会保险、社会救济和医疗卫生事业。"实际上，农民由于"身份"的制约，没有真正享受到国家应当为他们提供的基本公共产品。SARS危机逼迫我们深刻思考人的发展、社会发展与经济发展的关系。经济社会发展归根结底是为了人的发展，要给人们以更多、更切实的人文关怀。由于改革发展实践中的某些偏差，农村的社会发展出现某些十分突出的问题，尤以农村公共卫生为甚。1993年，农村卫生费用占全国卫生总费用34.9%，1998年为24.9%，5年下降了10个百分点。1998年全国卫生总费用为3776亿元，其中政府投入为587.2亿元，用于农村的卫生费用为92.5亿元，仅占政府投入的15.8%，5亿城市人口享受到的国家公共卫生和医疗投入是8亿农村人口的6倍。为农民提供基本而有保障的公共产品,就是要以人为本,优先解决广大农民生存、发展面临着的基本问题。

二、为农民提供基本而有保障的公共产品,要以人为本,优先解决广大农民生存、发展的基本保障问题

4.尽快建立农村最低生活保障制度,完善农村基本的救济体系

(1)先试点后普及,逐步在全国范围内建立农村最低生活保障制度。农村最低生活保障制度是满足农民需求最基本的公共产品,是维护农民作为公民应当享有的生存权利的要求,也是政府应当承担的义务。最低生活保障制度是现代市场经济国家普遍实行的以保障全体公民基本生存权利为目的的社会救助制度。我国建立农村最低生活保障制度要坚持先试点后普及的原则。通过试点,目前全国已有206个城市和300多个县开始建立这项制度,取得了比较明显的成效,为全面建立城乡最低生活保障制度提供了成功经验。要在试点的基础上总结经验,力争在未来的3~5年中在全国范围内普及这项制度。农村最低生活保障水平要和当地的经济发展状况相适应。各省可以设立不同的保障线,发达地区可以高一些,贫困地区可以低一些。中央政府要加大对贫困地区的转移支付力度。各地应当尽快制定农村最低生活保障制度的细则,使其纳入法治轨道,增强其稳定性和可操作性。

(2)改革旧的救济方式,在农村建立新的与市场经济相适应的救济体系。我国农村救济体系的基本框架是在计划经济时期形成的,许多传统的救济手段被承继沿用至今。尽管近些年来进行了很多改革,但从体系建设的角度来看,仍然存在许多不足:当前农村的救济标准偏低,无法满足当前的生活需要;救济款项不能按时发放;救济面偏窄。要通过整合,搭起农村社会救济制度的框架,通过创新形成个人、政府、社会多方面的救济款筹集渠道,满足农村贫困群体多层次的救济需求。要坚持统筹规划、协调兼顾的原则。当前农村救济工作中存在的救济标准乱、

手段单一、资金不稳定、救济资金使用整体效益差、工作管理粗放、操作不规范等诸多问题。根本原因是整个农村救助工作缺乏统筹规划和长远设计，难成一体。新的救济制度一定要把农村各类救济对象放在同一个层面上，明确其救助需求之间的相互关系，进行总体安排，科学论证，使各项农村救济措施相互兼顾、协调衔接、相互作用，成为一个有机的整体。

5. 尽快建立农村基本的公共卫生保障制度

（1）以大病统筹为重点，加快在农村建立公共卫生保障制度。公共卫生是人的生存发展最基本的要求，是现代公民应当享有的最基本的公共产品之一。但我国农村公共卫生保障系统十分脆弱。对广大农民来说，"健康就是财富，疾病就是贫困"。相当多地方的农民还没有摆脱"小病不治，大病等死"的状况，一旦遇到较大的疾病，要治疗就有可能倾家荡产。一些贫困地区的农民虽然脱贫了，但是还经不起疾病的冲击，一旦要花钱治病，就会很快返贫。要以大病防治为重点，首先在农村建立大病、重病社会统筹机制。对农民生存造成最大威胁的其实是一些大病和重病，这些疾病的治疗往往要花费农民数年的积蓄，甚至还要借钱。这部分医疗费用必须尽快纳入社会统筹，让全社会来负担，以分散农民遭遇的健康风险。公共卫生是公共产品，不能完全市场化，国家应建立和完善农村卫生专项转移支付制度。要逐步建立农村公共卫生事件应急体系、农村公共卫生救助体系、农村公共卫生责任追究体系。

（2）改革现行医疗卫生管理体制，探索将农民工纳入公共卫生医疗保障体系的可行性方案。中国的农民工数量接近一个中等国家人口，如此庞大的一个社会群体长期没有公共医疗卫生保障是不正常的。由于农民工的流动性比较大，按照户口所在地还是工作单位所在地的规定进行公共医疗卫生保障，是迫切需要解决的问题。可以制定细致的规则进行安排，比如可以按照在农村和城市居住的时间等标准进行细分来确定，进城打工的农民工中有相当一部分人有缴费能力，迫切希望参保，但由于政策原因目前不能参保，无法享受医疗保险待遇。对这部分农民工，可以考虑纳入城镇医疗保障体系。对收入低的农民工，可以考虑降低准入门槛，允许其缴纳部分医疗保险费，享受相应比例的统筹基金支付待遇。要统筹规划，积极制定方案进行试点工作，探索将农民工纳入公共卫生医疗保障体系的新路子。

6. 进一步完善农村的基本义务教育制度

（1）中央财政要大力支持农村义务教育。在我国现行体制下，中央政府在发展农村义务教育方面承担的责任太少，实际上乡镇政府和农民群众承担了主要责任。一方面导致相当多地区的县乡财政难以支撑，严重影响了农村义务教育的发展；另一方面导致农民的教育负担过重。事实上当今世界上绝大多数国家中央财政都在义务教育上扮演了重要角色，而且许多国家实现了义务教育基本免费。全国农村中小学教师约有690万人，按每人年工资7000元计算，全年需要483亿元。如果中央和地方政府承担的比例定为1∶1，即中央财政承担才仅有大约240亿元。此外，中央政府还可以发行国债来解决问题，中央财政可以采取逐年增加农村义务教育的支出，最终全部承担农村义务教育经费。

（2）动员全社会力量支持农村义务教育。普及农村义务教育是一项系统工程，需要全社会共同关注和支持。尤其在当前我国的教育制度尚不完善的情况下，多种形式的社会助学还能够起到很大的补充作用，甚至能够起到立竿见影的作用，应当大力倡导。

（3）赋予农民工子女和城市居民同等的受教育权利。在传统城乡分治的政策框架之下，城市教育体制事实上将农民工子女排斥在城市教育门槛之外。城市学校有各种各样的规定，对农民工子女收取比城市学生多得多的额外费用，而农民工的收入本身就很低，根本无法保证其子女在城市正常读书。这种情况必须迅速改变，要尽快取消一切对农民工子女在教育方面的歧视性规定。要保障农民工子女接受义务教育的权利。农民工流入地政府应采取多种形式，接收农民工子女在当地的全日制公办中小学入学，在入学条件等方面与当地学生一视同仁，不得违反国家规定乱收费，对家庭经济困难的学生要酌情减免费用。要加强对社会力量兴办的农民工子女简易学校的扶持，将其纳入当地教育发展规划，统一管理。

7.以保障劳动就业权利为重点，建立农民工权益保护制度

（1）建立适应市场经济要求的新型农民工社会管理体制。农村富余劳动力向非农产业和城镇转移，是工业化和现代化的必然趋势。当前，无论城镇居民的生活还是城镇经济的发展，都已离不开农民工。但是大多数城市对农民工还是采取一种防范式的管理，这种旧的管理体制不仅阻碍了农民工有效地融入城市生活，而且造成了很多严重的社会问题。城市政府要转变思路，重新规划、制定新的农民工管理办法，设立专门机构进行管理，要突出为农民工服务，把对农民工的管理和服务结合起来，把对农民工的管理更多地融入对他们的服务中，通过各种服务来提高管理的效果。政府有关部门和相应的一些社会服务机构，应有针对性地为农民工提供各种所需的培训，及时、准确、多方面向他们提供信息，通过行政服务和法律援助为他们排忧解难，帮助他们维护基本权益，不断提高其综合素质。

（2）规范农民工劳动就业的相关制度，取消各种歧视性的规章和条例。目前很多城镇仍沿用计划体制下劳动用工管理办法，对企业使用农民工实行总量指标控制。有些大中城市设置行业和工种限制，硬性规定企业单位使用本地工和农民工的比例。进城务工就业的农民工，需要登记办理的证、卡少说也有五六项；收费手续多达十几项，而且证、卡必须年年审核，手续费、管理费必须年年交纳。一些大城市还屡屡发生农民工无缘无故被遣送现象。这些状况如不尽快改善，必将导致严重的社会问题。各级政府要尽快取消对农民工进城就业中歧视性的规章制度，并加强监督检查，设立举报投诉电话，防止变换手法继续向农民工乱收费。各行业和工种，尤其是特殊行业和工种要求的技术资格、健康等条件，对农民工和城镇居民应一视同仁。

（3）依法保障农民工人身权利不受侵害。一些城市的行政、执法机关对待农民工采取简单粗暴的方式。这种做法严重地损害了政府执法部门的形象，必须坚决制止这种行为。

8. 推进基层政权组织改革，为依法建立农民分享基本公共产品提供组织保障机制

（1）精简乡镇政府机构，逐步将乡镇政府变成县级政府的派出机构。农村基层政权组织是农村公共产品的具体执行者，加快对乡村两级政府的改革，是为农民提供基本公共产品的重要保障。目前乡镇基层政权组织建设中存在机构臃肿、财政供养人口失控、政府职能转变滞后、政府运转成本极高，以及乡镇财政大范围地出现入不敷出等严重问题，直接影响到乡镇政府提供和保证农村公共产品供给的能力。村委会虽然不是一级政权组织，却在收缴税费等方面代办乡政府的职能。基层政权组织队伍过大、效率过低的严重性已经把基层政权推到了农民的对立面。必须首先从精简基层政府机构入手精减人员，根据乡镇的规模和经济发展水平等实际情况，科学合理地确定其机构及人员编制，对现有的乡镇政府机构该减的减，该并的并；按照公共财政的要求明确乡镇一级政府的职责，使乡镇政府从生产经营活动中退出；扩大乡镇民主选举，探索乡镇政府自治的路子，逐步把乡镇一级机构改为市县的派出机构，按派出机构的职能确定机构和人员编制。

（2）切实落实《村民委员会组织法》，实现村民自治。村民自治是农民民主参与乡镇治理的渠道，农民有序参与到乡级政府的选举、决策、监督、治理等诸多层面和各种事务当中，可以使国家与乡村民间社会在乡镇社区治理中达成全面、积极和有效的合作。行使民主权利将有助于农民建立正确的权利义务观念，依法维护自己的合法权益；作为村民自治组织的村委会，要向各级政府反映村民的意见、建议和要求，为村民更好地行使权利创造条件；只有切实落实《村民委员会组织法》，实现村民自治，使乡村基层组织替农民说话，才能保证在乡镇一级机构改为市县的派出机构后农村公共产品的有效供给。

9. 提高农民的组织化程度，支持广大农民在法律允许的范围内争取和维护自己的合法权益

（1）要允许农民在法律的许可之内建立自己的组织。农民作为一个社会弱势群体，他们的权益保障机制中最重要的一个方面就是逐步实现组织化。目前各种类型的农民专业合作组织普遍存在规模不大、覆盖面小、实力薄弱、管理制度不健全、稳定性较差等问题。其他相关行业协会几乎是空白。要切实保护农民权益，必须允许在经济领域、社会政治领域建立真正代表农民利益，在国家经济、社会事务中表达农民意愿的农民组织。要尊重农民的意愿，允许农民在法律的许可之内建立自己的组织，不应强迫农民接受某一种模式，要因地制宜地允许形式多样的农民组织，要制定对农民专业合作经济组织的扶持政策，尽快制定专业合作社法。应当鼓励支持乡镇以上的农民协会，使之作为农民的社会组织，作为政府联系农民的桥梁，反映民意，依法保护农民的合法权利，保障农村公共产品的供给。

（2）引导农民组织向健康有序和规范的方向发展。农民组织的发展，还需要政府的扶持、引导和监督。政府要在登记等方面，为农民组织扫清发展障碍。尤其在社会公众对农民组织理解还不深的时候，政府的引导就显得尤为必要，也有利于农民组织进入健康有序、规范、良性发展之路。由于现有的农村社团组织成分比较复杂，随着国家法律、政策的完善，它们也必须进行相应的改组和定位，包括：要进一步明确社区集体经济组织的功能，大力发展各种类型的农民专业合作组织，为农民提供科技、信息、资金、物资、产品销售等服务。供销社的改革，应当从各地农村的实际情况出发，因地制宜地推进。探索和支持以龙头企业为主体，在自愿互助的基础上建立各种农产品行业协会和社会性中介组织。改组后的农民组织应依据现代管理理念进行内部治理结构的改造，包括健全组织机构，设置社员大会、董事会、监事会，强化对管理者的选拔和监督。此外，农民组织也须建立信息公开制度，接受外界监督。

10. 以统一城乡税制为重点，推进城乡协调发展

（1）尽快在全国范围内取消农业特产税。尽管农业特产税在过去特定时期产生了一定作用，但是从税种设计到征收实施都存在着诸多显见的制度性缺陷，是一个典型的制度成本大于制度收益的税种。目前，取消农业特产税的现实可能性已大体具备，应尽快取消。

（2）积极创造条件，逐渐免除农业税。从严格意义上来说，农业税违背了公共税收理论上的法定主义原则和公平原则。城市居民可以有起征点，月收入低于800元可以不纳税，照样可以享受政府提供的公共产品。但是农村居民无论是收入多少、多大年纪都必须纳税，还很少能够享受到政府提供的公共产品。世界上绝大多数国家都没有农业税，而且还向农业进行补贴。2003年，我国财政收入将突破2万亿元大关，农业税每年大约300多亿元，政府已经有能力通过转移支付来弥补农业税取消的损失。具体操作上考虑到各方面的利益，建议在未来一两年内先将农业税税率由8%调低到3%，再力争在3~5年内全部取消农业税。

（3）中央和地方财政要合理分权，建立规范的转移支付制度。自1994年财税体制改革以来，在总体财政形势好转的情况下，县乡基层政府却普遍面临严重的公共财政危机。税源不足、工资刚性、机构膨胀等一系列问题使县乡级财政陷入"无米之炊"的困境。在农村税费改革后，县乡级财政将出现不同程度的收支缺口，其窘境将进一步恶化。为保证农村改革的顺利推进和基层政权的正常运转，中央政府和省级财政必须重新界定财权、事权。改变过去"收入上移，支出下移"的不合理制度。变"收入上移"为"收入下移"：在分税制财政体制的总体框架下，进一步改进现行的税收返还、定额补助及专项拨款等形式的转移支付方法，将原来层层上移的财政收入分出一部分返还给县乡级财政，以弥补缺口。变"支出下移"为"支出上移"，把基层政府承担的各项公共服务开支纳入规范的财政体系。

11. 农村公共产品的提供主要以国家、省级财政为主

长期以来，我国农村公共产品主要资金来源是农民自行承担的税费，农村公共产品主要是农民的自我供给。以农村义务教育为例，其经费78%由乡镇负担，9%左右由县财政负担，省里负担11%，中央财政负担不足2%。这种体制一方面表现为供给明显不足，另一方面也加重了农民负担。如果中央政府和省级政府履行其提供农村公共产品的服务职能，把农民从自我供给的状态中解放出来，就会大大减轻农民负担，使农民将更多资源用于提高收入的投资上来。同时，提供诸如农村道路、农村电网等公共产品，既优化了乡村的投资环境，所产生的收入效应、消费效应、就业效应，也对启动农村消费、扩大内需和拉动经济增长具有明显的带动作用。

12. 农村公共产品的提供必须有法律保障

（1）规范公用地征用程序，保障农民在土地使用权流转中的谈判权。土地是农民最基本的社会保障，是政府为广大农民提供的最主要的公共产品。要把政策规定、合同约定的农民土地承包经营权法定为农民长期而有保障的具有物权性质的土地使用权，使农民最基本的社会保障在法律的保护下落到实处。在公用地征用上，现行的法律与政策规定是笼统的，给农民以"适当的补偿"在操作中没有一个标准的参照系，有的地方政府往往将土地补偿费压低，并且在土地补偿费用不到位的情况下就开始征用土地，使失去土地的农民的生活难以妥善安置。因此，国家要规范公用地征用程序，保障农民在土地使用权流转中的谈判权，规范土地转让价格的形成机制，合理地大幅度提高土地征用的补偿费用，遏制滥征、乱占农地的势头。

（2）尽快制定农民权益保护法和提供农村公共产品的相关法律。农民权益保护和农村公共产品提供都需要相关的法律保障，应尽快制定并出台这些相关法律。保护农民的合法权益，是促进城乡协调发展，保持

农村稳定的大事，需要有专门的农民权益保护法作保障。鉴于农民的土地承包经营权已受到《农村土地承包法》的保护，制定农民权益保护法应当侧重于保护农民经济上的其他合法权益，主要规范农民负担、保护农民劳动和选择职业的权利，并为农民的社会保障提供法律制度的基础。农村的基本公共产品要逐步立法，使之制度化、法律化。要认真贯彻国家已有的相关法律；要修改不适应新形势的法律法规，细化和完善相关的法律法规；要制定并出台新的相关法律法规。要逐步加快制度化、法制化的步伐，尽快制定并实施农村公共卫生条例、农村义务教育实施条例、农村土地承包法实施细则、农村最低生活保障制度等。

加快建立社会主义公共服务体制

18条建议

（2006年8月）

与过去的28年不同，当前我国的社会矛盾发生了深刻的变化。适应这个变化，以满足全社会成员的基本公共需求为目标，在完善社会主义市场经济体制的同时，加快建立社会主义公共服务体制，是协调改革进程中各种利益关系的根本举措，是落实科学发展观、建设和谐社会的重要体制保障。

一、在全社会公共需求全面快速增长的特定背景下，加快建立社会主义公共服务体制，既有现实性，又有迫切性

我国正处在从初步小康社会向全面小康社会过渡、从生存型社会向发展型社会转变的关键时期。在这个过程中，以人的全面发展为目标，必须关注和满足社会成员的基本公共需求。现实情况表明，广大社会成员公共需求呈全面快速增长的趋势。因此，尽快建立社会主义公共服务体制，提供有效的公共产品和公共服务，是新阶段解决社会矛盾的内在要求。

1.当前，公共需求的全面快速增长与公共服务不到位已经成为我国突出的社会矛盾，这对建立社会主义公共服务体制提出了越来越迫切的现实要求

随着经济的持续快速增长，我国社会也在加速转型。显著的标志就是广大社会成员的公共需求全面、快速增长。一是公共需求以超常的速

度增长。近几年我国城镇居民的总需求中,个人公共需求年均提高的比重相当于过去5年的总体增幅,并且近两年的增幅更大。二是公共需求主体快速扩大,广大农民和城镇中低收入者逐步成为公共需求的主体。三是公共需求的结构变化迅速,除了义务教育和公共医疗,对公共安全、环境保护,以及利益表达的需求越来越成为全社会普遍关注的焦点。

面对城乡居民全面快速增长的公共需求,我国公共产品供给远不能适应这个变化趋势。以财政支出结构为例,近年来财政支出增长速度很快,基本保持在每年15%左右。但科、教、文、卫等方面支出占财政总支出的比例,从1992年至2003年却基本没有增长。总的来说,由于政府转型的滞后,各级政府对强化公共服务职能缺乏深刻的理解和紧迫感,公共产品供给的体制机制尚没有建立起来,这使得政府的公共服务功能相对薄弱。在这个特定背景下,加快社会主义公共服务体制建设和推进政府转型的实际进程,对于贯彻落实科学发展观、建设和谐社会尤为重要和迫切。

2. 适应收入分配体制改革的客观要求,充分估计公共服务在缓解收入分配差距中的重要作用

当前我国已经成为世界上收入分配差距比较严重的国家之一,广大社会成员对缓解收入差距、实施再分配的公共需求比以往任何时期都强烈。在经济社会转型的过程中,收入分配差距的扩大有其客观必然性。从现实情况出发,应当及时控制并有效缓解收入差距扩大的趋势。

客观地分析,要有效地缓解不断扩大的收入分配差距,一方面要靠进一步的市场化改革来规范初次分配,另一方面必须高度重视政府的再分配功能。这些年,基本公共服务的个人承担费用上涨太快,大大超过中低收入家庭可支配收入的增长速度,这是贫富差距持续扩大的重要原因之一。相关的研究表明,在导致收入分配差距的各种因素中,教育因素占20%左右。目前,城乡之间的差距不仅表现在经济发展水平和居民收入方面，更反映在城乡居民享受基本公共产品方面。2004年，我国名义城乡收入之比为3.2∶1，若把义务教育、基本医疗等因素考虑在内，城乡实际收入之比为5∶1~6∶1。按照这个分析，公共服务在城乡实际收入差距中的影响高达30%~40%。面对这种名义与实际的城乡差距，应当充分认识到，缩小城乡差距不是缩小城乡经济总量的差距，重要的是逐步缩小城乡居民在基本公共服务方面的过大差距，并通过公共服务来着重提高农村人口素质。因此，"十一五"时期，各级政府要在控制并缓解收入分配差距方面有所作为，现实的途径在于加快建立社会主义公共服务体制，为全体社会成员提供基本的公共产品和实现公共服务的均等化。

3. 我国正处在社会转型的关键时期，相当多的社会矛盾和问题都在不同程度上与公共服务短缺相关联

为此，应当充分估计建立社会主义公共服务体制对化解社会矛盾和建设和谐社会的重大作用。随着社会主义市场经济体制的初步形成和不同利益主体的出现，合理的、正当的利益表达和利益诉求开始成为广大社会成员，特别是困难群体的公共需求。比如，劳资关系在一定程度上失衡的深层次原因是劳动者缺乏基本的利益诉求表达机制。当前失地农民问题成为农村社会中一个突出矛盾，其中关键的问题在于农民土地权益得不到有效的保护。在农村基本公共产品没有保障的情况下，失地农民的生产与生活均受到严重影响，从而引发了诸多矛盾。在这种情况下，加快建立社会主义公共服务体制将成为有效协调劳资关系、化解农村社会矛盾的一项基础性工程。

4. 我国正处在经济增长方式转变的关键时期，应当充分估计公共服务对提高消费率、促进国民经济健康发展的重要作用

在市场经济条件下，经济增长的主要驱动力来自消费。但这些年我国的消费率持续走低，2005年已经降到52.1%，这使内需明显不足，并逐渐构成对经济健康发展的潜在威胁。消费率下降的重要原因之一在于公共服务供给不到位，由此导致城乡居民消费预期不稳，消费倾向下降。由于教育、医疗、社会保障等基本公共服务的价格上涨速度远远超过人均收入的增长速度，城乡居民不得不把可支配收入中很大的一部分用于预防性储蓄，收缩了即期消费，由此导致内需不足。"十一五"时期，如果我们能够因势利导地扩大对城乡居民的公共产品供给，改变基本公共服务供给中某些不合理的付费机制，就可以在启动国内市场，尤其是农村大市场方面有所突破。就可以有效地改变我国当前投资、消费严重失衡的局面，逐步实现经济增长由投资主导向消费主导的转变，使我国宏观经济建立在良性增长的基础上。

二、站在改革的历史新起点，把建立社会主义公共服务体制作为改革攻坚的基本目标之一

改革开放28年来，我国通过初步建立社会主义市场经济体制基本解决了私人产品供给的问题，实现了初步小康的发展目标。在这样一个新的历史起点上，我们面临着全社会公共需求全面快速增长的严峻挑战。由此，加快建立社会主义公共服务体制，已经成为我国新时期改革攻坚的基本目标之一。

5.从社会矛盾变化的现实背景出发，必须通过改革进一步完善社会主义市场经济体制和加快建立社会主义公共服务体制

改革开放初期，我国社会面临的主要矛盾是人民日益增长的物质文化需要同落后的社会生产之间的矛盾。经过28年的改革开放，社会矛盾已经发生了深刻变化，当前我国社会正面临日益突出的两大矛盾：一是经济快速增长同发展不平衡、资源环境约束之间的突出矛盾；二是公共需求的全面快速增长与公共服务不到位、基本公共产品短缺之间的突出矛盾。要解决第一个矛盾，必须继续坚持市场化改革，进一步完善社会主义市场经济体制；要解决第二个矛盾，其根本途径是加快建立社会主义公共服务体制。

6.从体制机制入手，解决全社会公共产品短缺的问题

从改革实践看，公共服务短缺的问题不仅是总量不足、结构失衡等问题，其根源在于体制机制不健全。一是公共服务供给中没有形成规范的分工和问责制，在事实上造成了公共服务指标的软化。二是没有形成公共服务可持续的财政支持体制，财政功能性支出比例最大的仍然是经济建设性支出。实践证明，如果没有一个制度化的约束，公共服务支出并不会随着经济增长而同步增长。三是城乡二元分割的公共服务制度安排，进一步拉大了城乡差距。四是尚未形成公共服务的多元社会参与机制和有效的监管机制。"十一五"时期，要切实地解决公共产品严重短缺的矛盾，应当从这些方面加快改革步伐，逐步构建与我国国情适应的社会主义公共服务体制。

7.全面、准确地把握社会主义公共服务体制的基本内涵

社会主义公共服务体制是指以政府为主导、以提供基本而有保障的公共产品为主要任务、以全体社会成员分享改革发展成果为基本目标的一系列制度安排。建立社会主义公共服务体制，就是要通过党和政府的力量实现公共资源的优化配置，使公共政策能够有效地克服市场经济的某些缺陷。现实情况越来越充分地表明，改革不仅需要解决好私人产品供给的体制机制问题，还需要解决好公共产品供给的体制机制问题。28年的改革实践证明，市场经济可以在私人产品领域很好地发挥作用，但在公共产品领域中往往会出现"市场失灵"。公共服务市场化不仅难以解决公共产品短缺的问题，还会由此引发一系列的社会矛盾和社会问题。为此，建立社会主义公共服务体制，能够妥善地协调市场经济条件下的利益关系，使政府能够迅速回应利益主体多元化带来的挑战，为提高公共治理水平和党的执政能力提供制度保障。

8.社会主义公共服务体制与社会主义市场经济体制都是中国特色社会主义的重要组成部分，二者相互补充，相互促进

无论是进一步完善社会主义市场经济体制还是加快建立社会主义公

共服务体制，都是建设有中国特色社会主义的基本内容。作为一个发展中的大国，我们不仅要通过进一步深化市场化改革"做大蛋糕"，还需要通过建立社会主义公共服务体制"分好蛋糕"。必须看到，完善社会主义市场经济体制是建立社会主义公共服务体制的基本前提，建立社会主义公共服务体制可以使市场化改革获得更为广泛的社会支持。二者相互关联，相互促进。因此，"十一五"时期，应将建立社会主义公共服务体制作为改革的基本目标之一，纳入改革攻坚的总体框架内。

9.站在改革的历史新起点上，要加大改革的供给，在完善社会主义市场经济体制过程中加快建立社会主义公共服务体制

当前，我国仍处于改革攻坚阶段。一方面，市场化改革推进相当艰难，改革进入"啃硬骨头"的阶段；另一方面，面对新阶段出现的种种新问题、新矛盾，老百姓对改革的期望相当大，寄希望于政府能够采取更为有力的措施来确保社会的公平和正义，解决困难群体和改革中的利益受损等问题。在加快推进市场化改革的同时，还应当清醒地看到，许多新的社会矛盾和问题很难在市场化改革的框架内得到全面、有效的解决。因此，为了应对经济社会转型带来的种种挑战，我们还必须从现实的社会矛盾出发，一方面要加大改革力度，另一方面应及时确立改革攻坚的新目标。

三、以解决基本而有保障的公共产品为重点，确立"十一五"时期社会主义公共服务体制建设的主要任务

我国仍是一个发展中的大国，发展仍然是主要矛盾。从这样一个基本国情出发，要把为全社会成员提供基本而有保障的公共产品作为建立社会主义公共服务体制的基本任务。

10.把提供基本而有保障的公共产品作为社会主义公共服务体制建设的基本任务

国际经验表明，公共产品供给不足会造成各种社会问题，而供给过

度又会降低经济运行效率。从我国情况看，政府不可能包揽各类公共产品，也不可能搞过高的福利。因此，未来一个时期需要尽快解决好与城乡居民利益直接相关、广大群众要求强烈的基本公共产品的供给。为此，"十一五"时期公共服务体制建设可以从如下几个方面入手：一是强化政府促进就业的公共服务职能，尽快建立多层次、多渠道的就业服务体系；二是通过对医疗制度的重新设计，使每个人都能享受基本的公共卫生和医疗服务；三是把义务教育纳入财政保障范畴内，尽快实现城乡义务教育的全部免费；四是按照"低水平、广覆盖"的原则，努力将所有的社会成员纳入社会保障体系；五是应继续加大力度，从制度上切实解决关系群众生命的生产、卫生、食品等公共安全方面的问题；六是高度重视环境问题，缓解生态环境不断恶化的趋势。

11. 尽快为困难群体提供基本而有保障的公共产品，实施新的反贫困治理战略

当前，困难群体的不断增多和利益的绝对受损，已成为一个客观现实，并成为影响社会公平、公正的焦点问题之一。应当看到，困难群体的产生，重要原因在于他们无法享受基本的公共服务，由此难以摆脱绝对贫困的状态。因此，"十一五"时期，要尽快把困难群体纳入公共服务体制保障范围内，通过提供基本而有保障的公共产品，确保其基本的生存权和发展权。

在全国范围内建立最低救济制度。从全国总的情况看，建立最低救济制度的条件已基本具备。为此，建议"十一五"时期，在鼓励地区试点的基础上，尽快制定全国统一的社会救济制度并推广实施。

把困难群体纳入社会保障体制。在通过最低救济制度解决困难群体最紧迫问题的同时，也要通过社会保障解决其长远的生存与发展问题。当前社会保障账户亏空严重，基本上无法承担这项功能。因此，建议加快国有资产经营体制改革进程，变现部分经营性国有资产，弥补国家对城市老职工的社会保障欠账，同时为农村困难群体的社会保障创造基本的条件。

把困难群体纳入基本住房保障体制。对于城市困难群体来说，住房问题日益成为他们的一大负担。近年来，城市住房价格不断上涨，超出了普通居民的承受能力，也是导致困难群体不断增多的重要原因之一。因此，"十一五"时期，要加快建立基本的住房保障体制，尽快解决城市困难群体的住房问题。

12."十一五"时期建立社会主义公共服务体制宜选择农村为突破口

我国的市场化改革最初是从农村突破的。建设社会主义公共服务体制从哪里突破？综合各种因素分析，我们认为还是从农村突破为好。第一，农村公共产品供给的短缺程度比城镇更为突出，广大农民对基本公共产品供给的需求更为紧迫和强烈。第二，当前我国已进入"以工哺农，以城带乡"的阶段，初步具备了建立农村公共服务体制的财力条件。第三，在农村建立公共服务体制的成本低，社会效益明显。例如，以农村比较完善的计生系统为主要平台，能够加快建立农村公共服务体系。

13.把建立农村公共服务体制作为新农村建设的重要任务

从广大农民的现实需求出发，今后几年国家对新农村建设资源配置的重点应当放到农村基本公共产品的供给方面。要加大政府对农村公共服务和社会事业发展的投入，为缩小城乡差距、破解"三农"问题提供有效途径。今后，要做到新增教育、卫生、文化等事业经费主要用于农村；国家基本建设资金增量主要用于农村；政府征用土地出让收益主要用于农村。当前，农业税已经取消，乡镇政府正处于转型期。从农村基层政权的实际出发，应当把引导乡镇机构转向提供农村公共服务、推动建立农村公共服务体制，作为乡镇机构改革的主要目标。

14.按照构建公共服务体制的要求，统筹设计和安排事业单位改革

事业单位是我国公共服务的主要承担者。我国自20世纪80年代以来就开始了事业单位改革，但由于历史的局限性，对公共产品供给基本规律的认识还不清楚，总的来说成效不大。事业机构改革，需要适应我

国的基本国情和市场化改革进程的需求。在公共服务体制方案设计没有出台前，事业机构改革在实践中难免以"减少开支、缩减人员"为手段，从而难以达到建立完善公共服务体系的目标。"十一五"时期，如果我们把事业机构改革置于整个公共服务体制建设框架下统筹设计、安排，这项改革就有可能取得历史性突破。

四、以推进政府转型为重点，加快建立社会主义公共服务体制

从改革实践看，我国公共服务领域存在的问题根源在于政府转型的滞后，由此造成了政府公共服务职能的缺位。总体上说，我国的经济体制仍然具有政府主导型经济增长方式的某些特点，政府在推动经济增长中扮演了重要角色。与此同时，由于长期忽视社会发展，基本公共产品的供给严重短缺。因此，建立社会主义公共服务体制重在强化政府在公共产品供给中的主体地位和主导作用。

15. 改革攻坚阶段，政府行政管理体制改革既要体现社会主义市场经济体制的要求，又要体现社会主义公共服务体制的要求

随着社会矛盾变化和改革攻坚两大基本目标的确立，政府行政管理体制改革的重点将发生改变。新阶段的政府行政管理体制改革不是简单的机构调整、精减人员和提高行政效率，其主要目标是实现政府转型。"十一五"时期，为有效地解决社会日益突出的两大矛盾，政府要扮演好两大角色：一是继续推进市场化改革，实现经济增长方式由政府主导向市场主导的转变；二是强化政府在公共服务中的主体地位，加快建设公共服务型政府。

16. "十一五"时期应当尽快建立科学的中央、地方公共服务分工体制，在此基础上加快建立公共财政体制

1993年分税制改革以来，我国中央、地方关系基本上是按照现代市场经济的要求进行调整，在一定程度上忽视了公共服务供给的有效性。

下一步，中央、地方关系还应当按照构建社会主义公共服务体制的基本要求作进一步的调整。按照公共产品公益性涉及的范围，中央政府原则上应当主要负责公益性覆盖全国范围的公共产品的供给，以城乡和区域公共服务均等化为重点，强化再分配职能。各级地方政府主要负责各自辖区内公共产品的供给，应当重点关注各自辖区内居民的实际需求，强化公共产品供给效率。

我国现行的财政框架设计主要是以经济上的分权为主，在大的格局上已经朝着有利于中央宏观调控上迈出了关键的一步。中央适当集中财力是必要的，也是符合市场经济的基本规律的。在这种情况下，不宜简单地强调过去计划经济时代的财权、事权对称。下一步要以提供基本公共产品为重点完善公共财政体制，关键的问题是尽快完善转移支付制度，使各级政府的财权与公共服务职责相对称、财力与公共服务的支出相对称。与此同时，把新增财政收入主要用于公共服务上，实现由经济建设型财政向公共财政的转型。

17. "十一五"时期，应当尽快建立以公共服务为导向的干部人事制度

近几年的宏观调控表明，我国一些地方政府注重GDP增长而忽视公共服务的现象并未完全改观。以招商引资和经营城市为目标，"项目市长""项目县长"等现象相当普遍。这些现象反映的深层次原因在于干部人事制度很难适应公共服务体制建设的需要。一方面，我国的干部考核体系中，经济建设等指标比重较大，某些时候GDP指标甚至对干部的升迁"一票否决"；另一方面，干部业绩考核中很难反映老百姓的声音。因此，"十一五"时期应当加快改革现行的干部人事制度，把公共服务指标纳入干部考核体系，使广大群众的评价成为影响干部升迁的重要因素。

18. 加快建立社会主义公共服务体制，必须加强改革协调和营造有利于全面推进改革的氛围

当前，随着社会矛盾的深刻变化，我国改革正处于一个历史新起点上。无论是完善社会主义市场经济体制，还是建立社会主义公共服务体制，都将涉及方方面面的利益调整，使得新阶段的改革更具深刻性和复杂性。从改革的主要任务来看，中央与地方关系的调整、各级政府职能的实质性转变、事业单位改革等任务相当迫切、相当艰巨。为此，需要建立中央层面高层次、有权威的改革协调机构，统筹规划和统一指导改革，以此来营造全面推进改革的氛围，实现新阶段改革的实质性突破。

以基本公共服务均等化为重点
调整和改革中央地方关系

9条建议

（2006年11月）

当前，面对全社会公共需求全面快速增长，需要在进一步完善社会主义市场经济体制的过程中，以满足全体成员基本公共需求为目标，加快建立社会主义公共服务体制，逐步实现基本公共服务均等化，建设和谐社会。

站在改革发展的历史新起点，以基本公共服务均等化为重点，进一步改革和规范中央与地方关系，不仅可以逐步缩小地区间基本公共服务的差距，而且对打破GDP政绩观、加快建立公共服务型政府，对协调重大利益关系、维护社会公平正义，都将产生重要而积极的影响。

一、调整与改革以经济总量为导向的中央与地方关系具有现实性和迫切性

近几年来，我国政府在基本公共服务方面的投入力度很大。但从总体情况看，目前的中央与地方关系，仍然以经济总量为导向。在改革发展的新阶段，无论是实现经济的可持续增长，还是逐步缩小地区间基本公共服务的差距，都需要通过结构性改革，尽快改变以经济总量为导向的中央与地方关系。

1. 现行以经济总量为导向的中央与地方关系面临挑战

（1）分税制改革后，地方财政收入主要依赖于地方经济总量的增长。

由此，经济领域深层次、结构性的矛盾难以克服。虽然中央政府强调统筹发展、协调发展，但现行的中央与地方关系，使地方政府把更多的精力放到地区经济总量和财政收入的增加上。这说明，在现行体制下，中央政府的宏观调控目标与地方政府的政绩评价之间存在难以克服的矛盾。

（2）中央政府集中了全国财政收入的大头，但转移给地方政府的收入中，具有均衡性作用的转移支付规模过小。近年来，中央对地方政府的税收返还超过一般性转移支付的数倍。经济总量增长速度越快的地区，税收返还越多。比如，2003年东部地区在全部税收返还数量中的比重占50%以上，其中增值税和消费税两税返还占52.6%，所得税基数返还占70.82%。即使在实施了财力性转移支付以后，西部地区的人均财力也只相当于东部地区的48.3%。由此，拉大了区域间公共服务的差距。

（3）中央与地方在公共服务方面的分工不明确、不规范，由此难以形成严格的公共服务问责制。经济总量增长是硬指标，基本公共服务仍是软约束。近几年，我国投资率居高不下，与地方政府追求地区经济总量的增长直接相关，从而出现了投资过热、重复建设、地方保护、市场分割等长期难以解决的问题。这也在相当大程度上弱化了政府的公共服务能力，使政府的公共服务职能严重缺位。

2. 从我国改革发展的现实需求出发，中央与地方关系要尽快实现从以经济总量为导向向以基本公共服务均等化为重点的转变

（1）适应经济增长方式转变的要求，改变以经济总量为导向的中央与地方关系。以GDP为中心的粗放型经济增长方式，同现行的中央与地方关系有着很强的内在联系。为了追求GDP总量，地方政府直接招商引资和经营城市，导致土地、资本、劳动力等生产要素价格被人为压低，严重影响了市场基础性作用的发挥，也使资源环境难以为继。为此，要实现经济的可持续发展，重要的在于改革和调整以经济总量为导向的中央与地方关系，由此规范地方政府的经济行为，充分发挥市场在资源配置中的基础性作用。

（2）适应公共需求变化的趋势，改变以经济总量为导向的中央与地方关系。目前，我国正由生存型社会向发展型社会转变，公共需求的全面快速增长与公共服务不到位、基本公共产品短缺已成为日益突出的社会矛盾。在这个特定背景下，要通过中央与地方的合理分工，有效地配置公共资源，使全体社会成员都能够享受到义务教育、公共医疗、社会保障、就业等基本公共服务。

（3）适应化解社会矛盾的现实要求，改变以经济总量为导向的中央与地方关系。随着经济的快速增长，我国已进入一个社会矛盾的凸显期。在经济转轨、社会转型的特殊时期，利益多元化已成为客观现实。政府要从具体的经济利益中超脱出来，成为社会公平正义的合格"守护者"，为社会的长治久安奠定坚实的基础。实现中央与地方关系从以经济总量为导向向以基本公共服务均等化为重点的转变，有利于进一步加强政府的社会管理职能，增强政府化解社会矛盾的能力。

3. 实现中央与地方关系从以经济总量为导向向以基本公共服务均等化为重点的转变具有重要性、迫切性

（1）实行基本公共服务均等化已成为缩小地区差距的重要条件。从今年中改院对西北3省调研的情况看，由于各种自然条件的局限，西部地区要在经济总量上赶上东南沿海地区，并不现实。问题在于，因受教育程度低致贫和因病返贫在西部农村具有一定的普遍性，成为制约西部农民脱贫的直接因素。因此，缩小地区差距，重要的是缩小区域之间基本公共服务的过大差距。近年来，国家已经在西部基础设施方面进行了大量的投资。下一步的西部大开发，应当把政策的重点放在基本公共服务均等化上。

（2）实现基本公共服务均等化已成为缩小城乡差距的重大举措。从我国的情况看，城乡之间的差距不仅反映在经济发展水平和居民收入方面，更反映在政府提供的基本公共服务方面。2005年，我国名义城乡收入差距为3.22：1，若把基本公共服务，包括义务教育、基本医疗等因素考虑在内,城乡实际收入差距已经达到5:1~6:1。按照这个分析,公共服务因素在城乡收入差距中的影响为30%~40%。因此,统筹城乡发展,建设社会主义新农村,关键在于加快建立农村公共服务体制,缩小城乡基本公共服务供给之间的过大差距。

(3)实行基本公共服务均等化已成为缓解贫富差距的重要因素。客观地分析,我国要有效缓解不断扩大的收入分配差距,一方面要靠进一步的市场化改革来规范初次分配;另一方面必须高度重视政府的再分配功能。这些年,基本公共服务的个人承担费用上涨太快,大大超过中低收入家庭可支配收入的增长速度,这是贫富差距不断扩大的重要原因之一。为城镇困难群体提供义务教育、公共医疗、社会保障等基本公共服务,不仅可以直接缓解并缩小贫富差距,还可以通过提高他们的自身素质,增强其获取收入的能力。

二、切实采取有效措施,加快实现中央与地方关系从以经济总量为导向向以基本公共服务均等化为重点的转变

实现中央与地方关系从以经济总量为导向向以基本公共服务均等化为重点的转变,使有限的公共资源在中央与地方之间实现优化配置,关键在于强化基本公共服务均等化的一系列制度安排。

4.加快改革和完善现行转移支付制度

(1)提高一般性转移支付比例。一般性转移支付是最具有均衡地方财力作用的转移支付形式。国际上通行的做法是,将一般性转移支付作为中央对地方转移支付的主要形式,其占全部转移支付的比例在50%左右。2005年,我国一般性转移支付占全部转移支付比重按宽口径计算(将税收返还和原体制补助计入全部转移支付)只有9.8%,按窄口径计算(不将税收返还和原体制补助计入全部转移支付)占15.3%。一般性转移支付比重过低不仅削弱了中央政府均衡地方财力的作用,也限制了地方政府在地区性公共产品供给中的自主性。从逐步实现基本公共服务均

等化的客观要求出发，应当分步提高一般性转移支付比例，使其成为转移支付的主要形式。

（2）规范与清理专项转移支付。专项转移支付是由中央各部委按照"条条"管理转移到下级政府，带有指定用途，地方政府无权挪作它用。2005年，专项转移支付比重按上述宽口径计算占30.73%，按上述窄口径计算占48.07%，是我国转移支付的主要组成部分。由于专项转移支付项目繁杂而分散，在管理上面临许多矛盾和问题。地方政府"驻京办""跑部钱进"的现象都与此直接相关。从目前的情况看，专项转移支付的改革应当与中央部门的改革统筹规划。按照建立公共服务体制的要求，应当逐步减少中央各部委提供公共服务的支出责任，强化政策规划、指导和监督职能。将各部委缩减下来的资金直接由中央财政转移给地方政府。这样，可以使一些不规范的专项转移支付转变为一般性转移支付。与此同时，对中央部委必须保留的专项转移支付，应使其规范化。

（3）逐步缩小直至取消激励地方政府追求经济总量的税收返还和原体制补助。1994年在启动分税制改革时，为调动积极性和减少阻力，中央以1993年地方政府财政收入规模为基数，以税收返还和原体制补助的形式把中央财政收入返还一定数额给地方政府。如果把税收返还和原体制补助计入全部转移支付，2005年，税收返还和原体制补助的比重为36.08%，超过专项转移支付的30.73%和财力性转移支付的33.19%。税收返还和原体制补助的过高比例直接扩大了地方政府间财力上的差距，加剧了区域间经济发展差距和公共服务差距。为此，应当尽快制定时间表，统筹协调和安排，逐步降低税收返还和原体制补助的比例，直至最后取消。通过这样的结构调整，可以大大增加一般性转移支付的比例，使整个转移支付制度适合基本公共服务均等化的总体要求。

5. 以基本公共服务均等化为重点，着力调整中央财政支出结构

（1）减少中央财政的经济建设支出比例，明显增加基本公共服务支出比例。当前，财政功能性支出比例最大的仍然是经济建设性支出。

2004年中央财政经济建设支出仍占27.8%,处于财政功能性支出的第一位。社会文教费在整个财政支出中所占的比例,自1992年以来的12年间一直徘徊在26%~28%。随着经济的发展和国家财力的增长,应当使中央财政在义务教育、公共医疗、社会保障等方面投入增长快于财政收入的增长速度。

(2)增加中央财政对农村基本公共服务的投入力度。按照党的十六届六中全会精神,使国家财政新增教育、卫生、文化等事业经费和固定资产投资增量主要用于农村,逐步加大土地出让金用于农村的比重。在中央财政投入增长的同时,建议尽快推行构建农村公共服务体系的试点。根据中改院在西北3省的调研,如果能够以现有的计生网络为主要平台,与农村综合改革相配套,整合农村公共资源,就可以因地制宜,在农村公共服务体系建设方面尽快取得突破。

(3)增加中央财政对中西部基本公共服务的投入力度。应当尽快使中央财政转移支付资金重点用于中西部地区,使中西部地区基础设施和教育、卫生、文化等公共服务设施得到改善,逐步缩小地区间基本公共服务的过大差距。在中央加大转移支付的同时,可以考虑在中西部革命老区、民族地区、边疆地区、贫困地区进行试点,积极探索区域间实现基本公共服务均等化的有效途径。

6.培育地方政府履行公共服务职能的稳定财源

(1)开征物业税,稳定地方政府税源。从国际经验看,物业税具有税基大、税源稳定、征收相对透明等优点,是良好的地方税种。随着我国经济发展和城镇化进程的加快,目前我国房地产已经成为居民财富的重要组成部分,可以考虑把物业税作为地方主体税种,尽快试点开征。

(2)改革资源税征收办法,提高地方政府财力。当前,我国的资源税大部分划为地方税种。随着资源价格的大幅度上涨,财政部、国家税务总局于2004年和2005年分别提高了山西、内蒙古、青海等11个省区煤炭资源税的税额标准。但从总体上看,我国的矿产资源补偿费仍是从量计征，平均税率为1.18%，而很多国家为2%~8%。地方政府难以从资源价格上涨中分享收益的局面并未根本改观。因此，应当对资源税的征收方式进行改革，使资源税成为地方政府的重要税源。

（3）将地方国有资本预算纳入财政预算，增加地方政府可支配财力。国有资本收益是政府非税收入的重要组成部分，包括国有资本分享的企业税后利润、国有股股利、企业国有产权（股权）出售、拍卖、转让收益等。适应地方政府履行公共服务职能的要求，要把地方国有资本经营纳入同级财政预算，进一步完善国有资本收益的征收管理方式，使国有资本经营收益及时足额上缴同级国库。

三、按照基本公共服务均等化的要求，加快建立中央与地方公共服务分工体制

从总的情况看，目前中央与地方在公共服务方面的分工还不明确。"十一五"时期，建议把建立中央与地方公共服务分工体制作为政府行政管理体制改革的重要任务，实现各级政府公共服务职能的高效率、可监管、可问责。

7. 严格划分中央与地方公共服务职责，使各级政府公共服务的职责与能力相匹配

（1）按照公共服务的属性，合理划分中央与地方职责。中央政府原则上应当负责公益性覆盖全国范围的公共服务供给，以城乡和区域基本公共服务均等化为重点，强化再分配职能；各级地方政府主要负责各自辖区内的公共服务供给，应当重点关注辖区内居民的实际需求，强化公共服务的供给效率；对中央与地方共同承担责任的公共服务事项，也应责任清晰、分工明确。根据我国实际情况，建议属于中央职权范围内的事项由中央垂直管理，属于地方职权范围内的事项由地方统一管理，逐步改变双重管理的做法，避免出现责任不明的现象。

（2）使中央与地方公共服务支出与财力相匹配。在分税制框架下，

处于不同区域的同级政府即使拥有相同的财权，也会因为经济发展水平不同而拥有不同的财力。2004年，北京和上海的人均财政收入最高，已达到4000元以上；第二档次的天津、浙江和广东，其人均财政收入在1500元以上；第三档次的辽宁、山东、江苏和福建，其人均财政收入在800元以上；而其他省份的人均财政收入大多徘徊在400~600元。从这样一个现实情况出发，中央政府应当尽快制定全国基本公共服务的最低标准，尽可能地通过规范的转移支付熨平不同区域间基本公共服务的财力差距。

（3）逐步实现中央与地方公共服务职责规范化、法制化。我国公共服务相关领域的改革尚处于探索阶段。近期内，可以考虑从三个方面入手：一是完善《地方各级人民代表大会和地方各级人民委员会组织法》，确定省级政府的专有权力，以及与中央政府共享的权力；二是加快推进转移支付的立法；三是尽快推进社会保障、农村新型合作医疗等基本公共服务的立法。

8. 建立公共服务评价指标体系，实行中央对地方的公共服务问责制

（1）建立各级政府公共服务评价指标体系。"十一五"规划已经开始注重公共服务方面的指标，并将其作为配置财政、税收等公共资源的重要依据。下一步还应制定适合各级政府、同级政府不同部门的评价指标体系，并使其具有可操作性。

（2）使各级政府公共服务供给决策、执行分开。这是各级政府公共服务合理分工和实现有效监管的前提。我国是一个幅员辽阔的大国，从纵向看，中央与各省、自治区、直辖市政府宜更侧重于公共服务决策，市、县、乡镇政府宜更侧重于公共服务执行；从横向看，从中央到乡镇五级政府内部也都需要将公共服务决策与执行相分离。建议在中央实行大部制，将服务性职能部门从政府中剥离出来，成立专门的执行机构，专司公共服务执行；各核心部委专司公共服务决策，探索符合我国国情的行政决策和执行分开模式。

（3）建立中央对地方的公共服务问责制。一方面应加强统计部门的垂直管理，减少各级政府对统计过程和结果的干预，尽快将基本公共服务指标细化并纳入统计范围；另一方面要加强对地方公共服务的审计和监察。

9.建立以公共服务为导向的干部政绩考核制度

（1）增加基本公共服务在干部政绩考核体系中的权重。近两年的宏观调控表明，我国一些地方政府注重GDP增长而忽视公共服务的问题并未完全改观。这些现象反映出的深层次原因是，现行干部政绩考核制度很难适应公共服务体制建设的需要。"十一五"时期应当加快改革现行的干部政绩考核制度，尽快把公共服务数量和质量指标纳入干部政绩考核体系，并逐步增加其权重。

（2）把群众满意度作为干部政绩考核的重要因素。在政府履行公共服务职能的过程中，要防止和克服哗众取宠的形式主义、劳民伤财的"形象工程"。应当针对公共服务的决策、执行、监督等各个环节，建立符合公众公共服务需求的表达机制，将公众满意度纳入干部政绩考核体系，使广大群众的评价成为影响干部升迁的重要因素。

（3）实现公共服务信息透明化。进一步推进政务公开，发展电子政务，在公众信息网上公布政府公共服务的职能、办事程序和办事指南，确保公众公共服务的知情权。实行领导干部述职制度，健全公共服务重大事项报告制度，推行质询制度和民主评议制度，充分发挥群众监督、媒体监督对促进政府改善公共服务职能的积极作用。

让基本公共服务惠及13亿人

32条建议

（2008年7月）

面对30年快速经济增长中出现的新挑战，中国政府最近几年已经出台了许多向农村和中西部倾斜的基本公共服务政策。政府的作用和责任正在逐步向建立惠及13亿人的基本公共服务体制转变，该体制对促进中国人类发展的公平性将起到至关重要的作用。目前，中国的城乡之间、地区之间和不同社会群体之间的基本公共服务差距还比较严重，这些差距根源于过去数十年来的政策、体制、制度和认识，必须采取一系列重大的、综合性的改革才能加快缩小这些差距。

一、用统一的标准确定清晰的全体公民都有权享受的基本公共服务的范围

1.国家应该为全体社会成员，不论男女、城乡、发达地区或贫困地区，包括农民工及其家庭，提供基本而有保障的医疗卫生服务

为了实现这个目标，政府应该确定一揽子核心卫生服务，包括基本医疗保险、公共卫生服务和基本医疗服务。这些服务内容必须满足最低标准要求，并保证所有的中国公民都能够获得。这些服务的可获得性应该明确为实际可获得性，这就意味着这些服务的大部分费用应由政府承担，保证那些无力自己承担卫生医疗服务费用的公民能够方便地得到服务。

在短期内，应该扩大医疗保险的覆盖面，最终实现全民医保；实现

主要公共卫生服务的全民覆盖,包括通过免费服务和补贴进行传染病和非传染病的预防。

在中期内,应该扩大医疗保险的报销范围,把门诊、慢性病治疗和疾病预防全部纳入其中;更需要把农村新型合作医疗的报销比例从30%左右逐步提高到70%左右,同时设定家庭每年承担的医疗总支出的上限,扩大医疗救助的范围,增加医疗救助的资源,解决难以承担自付费用的贫困家庭的看病难问题。采取这些措施需要提高医疗保险社会统筹的水平和社会统筹基金的规模,提高基金风险管理能力和基金收益水平。

2.在推进免费义务教育政策的基础上,政府应该确定全国统一的义务教育最低标准,保障全国学龄儿童,不论是男童还是女童,不论是城镇儿童还是农村儿童,不论是发达地区还是欠发达地区的学龄儿童,包括农民工子女,都能享受到符合这个最低标准的义务教育

鉴于中国义务教育已经具备了较好的基础,这个目标可望在短期内实现。政府应该确定义务教育全国统一的最低质量标准,包括教师素质要求、师生比例、教学仪器设备数量和质量等主要投入。

同样重要的是,义务教育评估不能仅使用这些投入性指标,还要使用质量指标,如毕业率、考试成绩和学龄儿童家庭对其子女义务教育的满意度等。

要保证所有学龄儿童都能享受义务教育,中央政府应该建立义务教育经费长效保障机制,使地方政府在免除学生的学费、书本费和其他费用的同时,有足够的财力保障教师、校舍和教学设备所需的经费。

为了保证困难家庭学龄儿童义务教育的完成率,应该在西部地区试点的基础上,扩大学生食宿费减免或补贴政策的实施范围,加快为学生提供免费早餐和午餐的试点。国际经验表明,这种做法不仅能保障学生健康、提高他们获得教育机会的能力,还能调动他们到学校学习的积极性。

3. 为全体社会成员，不论是男性还是女性，不论是城镇居民还是农村居民，不论是发达地区还是欠发达地区的居民，包括农民工及其家属，提供基本的社会保障服务，包括养老、最低生活保障、工伤、生育和医疗保险

应该尽快提出远景规划，采取措施建立制度框架，逐步实现城乡、不同地区和不同社会群体的基本社会保障服务的均等化。

社会保障账户应该随着受益人及其家属居住地和就业状况的变化而迁转，因为建立全国统一的劳动力市场，重要条件之一是劳动者的养老、医疗和其他保险的利益在就业和居住地发生变化时能够转迁。

社会保障制度建设的核心目标应该是：所有老龄人口，无论在城镇还是在农村，都应该享有与当地生活水平相当的养老保障；城乡最低生活保障水平差距应该逐步缩小。城乡医疗保障水平应该相当，为最终建立全国统一的医保制度的目标创造条件。

由于不同地区在GDP和财政收入上的巨大差距，即使是部分的均等化也需要中央财政的补偿性投入，建立强化省内的均等化转移支付机制，以保证贫困地区的财政能力。目前的基本公共服务差距源于两大关联性因素：一是就业类型与公共服务受益水平之间的关联；二是地区经济发展水平与公共服务筹资能力之间的关联。要保证全体居民都能享有符合最低标准的公共服务，必须弱化这两个关联。由此需要的深层次结构性改革既是严峻的挑战，也是一个需要时间的过程，但重要的是要认识到尽快启动这个过程的紧迫性。

4. 为全体社会成员，不论是男性还是女性，不论是城镇居民还是农村居民，不论是发达地区还是欠发达地区的居民，包括农民工及其家属，提供有效而公平的基本就业服务

为了提升公共就业服务价值，必须使就业培训服务能够反映劳动力市场的需求，在中期内，政府应该加快消除城乡之间、地区之间的公共就业服务鸿沟，尤其要加大对城市农民工的公共就业服务力度。这就要求提高劳动者素质与雇主要求之间、职业培训项目与劳动力市场需求之间的匹配程度。

但是，公共就业服务的近期重点目标应该包括加强农民工劳动权利保护的机制建设，为农民工提供法定权益咨询，为权益受侵害的农民工提供法律援助，督促雇主遵守与就业、社会责任和用工安全有关的法律法规。

二、明确界定政府的基本公共服务供给责任，并将这种责任的履行作为政府行政管理体制改革和能力建设的基石

5. 政府基本公共服务均等化政策的目标必须明确建立在社会公平和正义等核心价值观的基础之上，以此作为采取有效行动、排除各种障碍的基础

把社会公平和正义作为基本理念，为公共政策的制定提供清晰的理由。遵循这一思路，各级政府才能真正合理划分基本公共服务责任，承担起为全体中国公民提供基本有保障的公共服务，优先保障农村居民、欠发达地区的居民，以及弱势社会群体的基本公共服务，由此逐步迈向基本公共服务均等化的目标。在政策选择中遏制部门利益对公共利益的影响常常十分困难。这要求政府在制定公共政策的过程中遵循制度化的规范和程序。为此，在中期内要在公平和正义等社会原则的基础上，采取以下措施。一是对现有政府部门的设置，进行必要的整合，把决策权、执行权和监督权相对分开，使其相互协调，相互监督，这样能有效地避免部门利益对公共政策制定的影响。二是尽快制定行政程序法，规范行政行为。三是积极推行立法回避制度，确保立法程序公正。四是建立收集公共政策利益相关者受益和受损信息的机制，确保公共政策的科学性和公正性。

6. 制定全国性的基本公共服务均等化战略规划，明确基本公共服务均等化的具体要求

考虑到中国目前不断扩大的城乡差距、区域差距和贫富差距，政府

需要制定完善的战略规划，明确基本公共服务在经济社会发展中的定位，使其更好地适应当前中国不断增长和变化的公共需求，逐步缩小城乡之间、地区之间和不同社会群体之间的基本公共服务差距。基本公共服务均等化战略规划，应该在明确了基本公共服务均等化的远景目标，提出了实现该远景目标客观要求的各种改革的指导原则后，立即着手制定。

基本公共服务均等化战略规划应该作出以下明确规定。一是在现实时间框架内覆盖全体社会成员的基本公共服务的可检测、可评估的最低标准。二是解决各级政府、不同部门之间各自制定政策，政策口径不统一、方向不明确，跨城乡、跨区域对接困难等问题的综合性制度安排。三是使基本公共服务均等化的政策目标具有可行性的公共财政体制改革措施。四是实现基本公共服务均等化关键步骤的清晰时间表。五是建立基本公共服务均等化评估指标体系，包括政府支出等投入性指标、基本公共服务可获得性等产出性指标，以及社会福利改进程度等结果性指标。

7. 政府行政管理体制要与有效履行为全体社会成员提供基本公共服务的责任相适应

加强上下级政府之间的分工与协作，改变公共服务机构"上下一般粗"、职能趋同化严重的现象，提高公共服务供给效率。从中国的实际情况看，应将中央专属事项、中央和地方共管的事项、地方自有事项严格区分开来，中央和地方共管事项也应尽量用列举法明确各级政府的职责。

这些措施的目的是避免在同一区域内按管理对象分工，由多层政府管理同一公共事务。以现行公共医疗卫生体制改革为例，这一改革涉及太多政府部门，从而造成了决策上的复杂性和困难。改革应该按照"一件事由一个部门主管"的原则，合理界定各部门之间的职责分工。凡相同或相近的职能应由一个部门承担。国际上常见的大部制、执行局模式有利于实行公共服务决策和执行分开，是提高同级政府职能横向协调效率的有效模式。

8. 按照构建公共服务体系的要求，统筹设计和推进事业单位改革

事业单位是我国公共服务体系的重要组成部分。自20世纪80年代以来，我国就开始事业单位改革，但由于历史条件和认识上的局限，总体成效不大。中改院于2006年进行的改革问卷调查显示，将近80%的专家认为事业单位改革有赖于行政管理体制改革的整体推进。事业单位改革的基本目标是建立统一、有效的公共服务体系。

9. 推进政务信息化建设，使社会成员更广泛、更便捷地得到信息和服务

以北京市为例，北京市目前正在筹建的社区医疗中心，将信息化作为一种重要的工具。它使全市范围内的社区医疗中心全部联网，患者的看病记录、医生的处方均能实时在网上更新。随着技术的进一步发展，如能建立实名制的全国性基本公共服务供应网络，将会明显地降低成本，提高政府的基本医疗服务水平和效率。

三、改革完善公共财政制度，充分保障基本公共服务均等化所需资源，并使这些资源能够被分配到最急需的政府单位手中

10. 深化省级及省级以下的财政管理体制改革

（1）探索推进省直管县的财政管理体制。省直接对县的财政体制，将地市本级财政与县级财政视为同一预算级次对待，省直接调整与县的财政关系，而不需要经过地市财政；地市财政除汇总和上报所辖县区的总预算外，基本上不涉及体制调整方面与资金划转的问题，这实际上减少了政府间财政关系的层级。可考虑省级财政在各种转移支付、体制补助结算等方面逐步核算到县，提高行政效率和资金使用效益。

（2）积极推进乡镇财政管理体制改革试点，进一步改革乡镇财政管理体制，规范和调整县与乡之间的财政关系。对经济欠发达、财政收入规模小的乡镇，试行由县财政统一管理乡镇财政收支的办法，对一般乡镇实行"乡财县管乡用"方式。

（3）通过完善激励约束机制，强化省级政府调节地方财力分配的责任，增强省级财政对市县级财政的指导和协调功能，逐步形成合理、平衡的纵向与横向财力分布格局，逐步强化基层政府保障基本公共服务供给的财政能力。

11. 完善中央政府与地方政府之间的转移支付体系

现行转移支付体系的一个严重缺陷是，大量的税收返还给税源地政府，即使在转移支付后，经济发达省份的财政资源仍然要大大超过经济落后省份。而其他形式的转移支付目前仍不足以均衡省份之间财政能力的差距。这是造成地区间公共服务数量和质量不均等的关键原因。要解决这一问题，需要深化以下改革。

（1）当前应该以财政能力均等化为目标，加大一般性转移支付力度。

（2）近期内应该建立转移支付监督评价体系，着力提高中央财政转移支付效果。

（3）中期内应该加强中央对地方专项转移支付管理。逐步减少中央各部委提供公共服务的支出责任，转向强化它们的政策规划、指导和监督职能。

12. 提高基本公共服务财政资源投入的总量

提高农村居民和农民工的基本公共服务水平，降低农村居民和农民工基本公共服务的家庭支付比例，缩小农村居民和农民工与城镇居民的差距，客观上要求逐步明显增加基本公共服务的财政资源投入总量。中央政府担负起基本公共服务所需资源的责任是全体社会成员都能享有基本公共服务的根本保障。

从长期来看，增加财政投入，扩大基本公共服务范围，是一个较长的过程，但当前需要明显增加财政资源投入，以便尽快缩小最应该缩小的基本公共服务差距，这将大大提高中国政府统一基本公共服务体制、推进基本公共服务均等化政策目标的公信力。

四、建立城乡统一的公共服务制度，消除影响农村人口公平获得基本公共服务的结构性障碍

13. 全面推进以落实教育经费保障机制为重点的农村义务教育改革

（1）把原来的学杂费规范地转换为中央、省、市、县的政府投入，在免除义务教育学费的同时要保障学校的正常运转经费。

（2）通过中央和省级政府进一步的经费追加，逐步缩小城乡义务教育办学条件和教育质量的差距。

（3）以保证乡村学校教师队伍的稳定为重点，将乡村教师津贴纳入政府财政预算，确保按时足额发放。

（4）对于贫困县，中央和省级财政应当增加转移支付规模，并通过制度化措施和加强政策执行能力来确保经费落实。建议贫困县义务教育阶段的所有费用，包含杂费，原则上由中央及省级财政支出。

此外，为了保证义务教育城乡均衡发展，中央和省级的职能部门应该对义务教育收费的全面取消和义务教育的质量进行持续监督。完善和推广鼓励高水平的城市教师下乡服务的相关计划，尽可能地确保较贫困地区的教育质量达到与其他地区基本一致的水平。

14. 进一步提高新型农村合作医疗制度的保障水平，建立完善的农村医疗卫生服务体系

新型农村合作医疗制度建设是一项系统工程，需要不断完善，不断提高保障水平。

（1）在近期内，新型农村合作医疗制度的覆盖范围应该进一步扩大，除大病重病保障外，还应该把疾病预防和常见病门诊治疗纳入保障范围。

（2）在中期内，中央和省级政府应当逐步增加投入比例，稳定广大农民对新型农村合作医疗长期发展的信心；加强新型农村合作医疗基金的监管，建立新型农村合作医疗管理部门、参保农民和医疗服务提供

机构三者之间的相互制衡机制，规范保险基金的运作，提高资金的使用效率。

（3）在长期内，应采取措施逐步扩大定点医疗机构，使参保农民有更多的选择余地，对外出的参保农民，允许其在外地符合条件的医院就医，然后凭相关证明到参保地报销。同时，要加强农村三级卫生服务网络建设，以稳定乡村医疗队伍和提高乡村医生素质为重点，根据农村地区的实际需要加大农村卫生人才的培养，保证农村地区，尤其是边远农村地区的基层卫生服务能力。

（4）进一步提高农村基本医疗卫生服务的可获得性，力争实现农民"小病不出村、一般疾病不出乡、大病基本不出县"。

15. 全面落实农村最低生活保障

（1）在近期内，中央和省级政府应当尽快制定农村最低生活保障的相关法规和条例；各地区要根据农民最基本的生活需要和本地经济发展水平测算出贫困对象年人均消费水平和人均基本生活费支出，确定农村最低生活保障标准。地方确定的标准要经过上级部门的审定。

（2）在中期内，要坚持农村最低生活保障资金以政府投入为主的原则，列入财政预算，根据不同地区的经济发展水平，合理划分各级政府的资金负担比例。考虑到县乡财政的实际困难，尽可能降低其负担比例，加大中央、省两级财政转移支付力度。

（3）加强财政、民政、教育、劳动保障、卫生、人口、司法行政、农业、科技等部门的沟通与协作，整合各项惠农政策，实现由单项救助向综合救助的转变。

16. 积极开展新型农村社会养老保险试点

（1）在短期内应根据统筹城乡发展、实现人人享有基本社会保障的战略目标，把农村社会养老保险制度建设纳入经济和社会发展规划，全面部署，积极推进；明确界定中央和地方财政在农村社会养老保险制度建设上的责任，加大公共财政对农村社会养老保险制度建设的投入。

（2）在中期内应加强对农村社会养老保险管理体制的监督，制度设计要具有可行性，充分考虑未来城乡人口可能的变化趋势。同时探索建立个人缴费、集体补助、政府补贴的多方筹资机制，尽快创立以个人账户为主、统筹调剂为辅的新型农村社会养老保险制度。

17. 以乡镇政府改革为重点，优化基层公共资源配置

乡镇政府应把为农民提供基本而有保障的公共服务作为自己的主要职能，这应是乡镇改革的中长期目标。乡镇政府是农村公共资源配置的重要组织者和载体。面对农村基本公共服务的现实压力，乡镇机构设置、组织形式调整，以及管理机制、运作机制的改变，都要有利于保障基本公共服务职能的履行。一是以发展农村社会事业为重点，提高乡镇政府公共服务的能力和水平，并由此调节农村各种利益关系。二是创新农村公共服务和社会管理方式，保持乡村安定有序。三是以提高农村公共服务效率和公共服务质量为中心，整合农村各种资源，以低廉的行政成本为农民提供更多、更适应农民需要的公共服务。

当前应加快推进并力争在中期内完成乡镇财政管理体制的改革。前几年的农村税费改革规范了乡镇政府的收入。在这个基础上，有些地方（主要在中西部）开展了"乡财县管"的试点工作。试点结果表明，"乡财县管"能够更有效地控制乡镇政府的支出，有利于乡镇政府转型，有利于减少乡镇政府的行政成本，也有利于控制乡镇政府的编制。在"乡财县管"、乡镇行政成本得到控制的条件下，进一步深化乡镇财政体制改革的时机已经成熟。深化改革的目标应确定为建立县级财政向贫困乡镇加大转移支付、保证贫困乡镇政府公共服务支出责任和财力匹配的体制和机制。

优化农村公共资源配置，创新农村公共服务体系。由于历史原因，中国很多乡镇政府还维持着一批机构臃肿、效率低下的事业单位。造成机构臃肿的一个根本性原因是，政府根据行政事业单位员工的数量来划拨财政资金，从而产生了维持机构编制规模的内在动因。湖北省咸安区的乡镇管理体制改革探索表明,变"以钱养人"为"以钱养事",不仅可以使乡镇机构编制得到有效控制,还可以降低成本、提高效率。这一改革举措为构建农村公共服务体系开辟了一条新路。

五、明确划分中央、省级以及省以下各级政府在基本公共服务供给上的权限与职责

18. 合理划分中央与地方政府在义务教育中的分工

我国许多县乡(镇),尤其中西部的县乡(镇),还存在很大的财政困难,中央与省级政府在经济落后的县和乡(镇)要承担更多的义务教育职责。为此,中央政府当前应该承担以下两个支出责任。一是承担新增的义务教育开支,以及中西部农村地区(包括县)被减免的学费和杂费。二是通过中央财政预算平衡地区间财政经费的差距。比如,可确定人均财政性经费低于全国平均值80%的省份,由中央补足到80%的水平。省级政府也要增加对义务教育的财政投入。市、县两级政府主要承担教育质量管理和部分义务教育经费,如校舍建设等。

19. 合理划分中央与地方政府在公共卫生和基本医疗服务中的分工

总的原则,公共卫生职责在中央,财力由中央与省级分担,以中央为主。基本医疗服务的成本最好由省级、市级和县级政府共同分担。

在中期内应逐步减轻市、县两级政府的财政负担和个人的分担比重,缩小的个人负担比重可部分通过完善基本医疗保险解决。

为此,公共卫生和基本医疗预算可考虑分开,公共卫生预算由中央财政解决,基本医疗服务由省、市、县合理分摊,并加大中央对贫困地区的转移支付。

公共卫生和基本医疗发展的长期目标是将政府预算卫生支出占GDP的比重由目前的不到1%逐步提高到与国际水平基本相当的3%,大幅度地降低个人承担的公共卫生服务成本,由此需要增加的投入应由中央与省级财政分担。

20. 合理划分中央与地方政府在基本社会保障中的分工

从理论上讲，社会保障体系规划、制度安排应由中央政府统一负责。但现状是基本社会保障的主要职责和财力支持都由地方政府负责，从而导致了政策和规章制度上的巨大差异。

中央政府应该承担出台政策和指导原则、统一基本社会保障制度安排和设计全国社会保障体制框架的责任，同时加大中央财政对省级财政的社会保障转移支付力度。在完善城镇居民社会保障体系的同时，中央政府应制定有效措施，统筹规划和解决农村社会保障，特别是农民工的社会保障问题。

21. 合理划分中央与地方政府在公共就业服务中的分工

一般来说，公共就业服务属于地方政府的职责范围，城市的就业服务主要由城市政府实施，省级政府和中央政府提供一定的就业培训方面的专项补贴。在就业服务上，流出地的农民就业培训（包括农村中学生就业前的职业教育和培训）需加以特别重视。由于发达地区的竞争优势很大程度上是建立在源源不断流入的、低成本的农民工之上，使得农民工在流出地的培训具有很强的跨地域外部性。但是，由流入地的政府对农民工的职业培训进行补贴尽管很合理但很不可行。

因此，中央和省两级财政需要根据流出的农民工数量及培训规模对流出地进行专项补贴，并建立对困难地区、困难行业、困难群体的就业援助制度。

六、引入全国统筹的政策架构，为农民工群体提供基本公共服务

22. 全面解决农民工子女义务教育的问题

（1）在短期内，地方政府应充分考虑农民工为本地经济发展作出的巨大贡献，加大对农民工子弟学校办学场地、教学设备和办公经费的投资力度，为接收农民工子女入学创造条件。在农民工流入地公办教育资

源不足的情况下，降低民办学校准入门槛，鼓励社会资本进入教育领域，举办农民工子女义务教育学校，采取政府向民办学校购买服务等多种方式解决义务教育的供给问题。

（2）在中期内应实行义务教育全国通用的"教育券"制度。国家为每位义务教育阶段的学生发放"教育券"，农民工子女可以凭"教育券"在全国任何一个地区就学，国家按照学校提供的"教育券"进行财政拨款支持。或者，按照近年当地义务教育实际入学学生数对地方进行专项财政转移支付。

23.建立包括基本医疗保险在内的农民工基本社会保障制度

探索解决农民工基本医疗的有效途径。在近期内，对愿意参加户籍所在地的新型农村合作医疗的农民工，应采取有效措施，使其在流入地医院看病的费用可以在流出地报销。对愿意参加流入地城镇基本医疗保险的农民工，流入地政府要降低最低缴费基数，使多数的农民工能够负担得起城镇基本医疗保险的个人缴费。与此同时，应当优先考虑为女性农民工办理城镇基本医疗保险，尤其是生育保险，让女性农民工与城镇女工享受同等的生育保障和医疗卫生服务，这对妇女儿童的健康至关重要，是以发展为导向的公共政策的核心。在中期内，应逐步探索使新型农村合作医疗和城镇基本医疗制度衔接的有效途径。长期而言，前述短期和中期政策措施将为建立全国统一的基本医疗卫生服务网络、为流动人口基本医疗保险账户的跨地区转移铺平道路。

建立健全农民工的工伤保险制度。据中国劳动和社会保障部要求，在2006年年底前，签订了正式劳动合同的农民工应全部纳入工伤保险体系。但是，在2亿农民工中，2008年3月底前参加了工伤保险的农民工只有4088万人，其余近1.6亿农民工能否参加工伤保险很不确定。因此，必须通过加快完善相关法律法规，将工伤保险确定为强制险，采取以下措施严格规制危险产业的工伤保险。一是鼓励农民工增强自我保护意识，鼓励他们通过法律手段保护自身的权益，在与雇主签订劳动或劳务合同时要求为自己办理工伤保险。二是鉴于工伤保险相关法律法规已基本健全，政府应重点加强执法，提供法律援助。三是企业只有在承诺为所有雇用的农民工购买工伤保险的前提下才能被批准注册，尤其要加强对建筑业等雇用农民工数量较大的产业的巡回监察、加大惩罚力度。

采取针对性措施，在中期内逐步将农民工全面纳入养老保险体系。中期内应试点建立适合不稳定就业农民工特点的过渡性养老保险制度。可采取社会统筹和个人账户相结合的制度模式，先建立可跨地区转移的农民工养老保险个人账户，待时机成熟后再将养老保险社会统筹账户纳入可转移范围。

24. 加强农民工的公共就业服务

国务院《关于解决农民工问题的若干意见》明确提出："要建立健全县乡公共就业服务网络，为农民转移就业提供服务。城市公共职业介绍机构要向农民工开放，免费提供政策咨询、就业信息、就业指导和职业介绍。"从2006年开始，中国政府计划每年免费培训800万农村劳动力，帮助他们转移就业。

为了实现政府的计划目标，在近期内应尽快实行农民工就业管理与服务的"就业信息卡"制度，将农民工的管理与服务纳入整个信息网络。

在中期内应该加快构建反映城乡劳动力市场供求变动情况的综合信息交换平台。

在此基础上，逐步实现公共就业服务跨城乡、跨地区的对接，使农民工在职业介绍、职业培训、就业和失业登记、劳动合同管理等各方面享有与城市居民同等的待遇。

为农民工提供的就业服务应该有助于国家法律法规的实施和各项法定权益的保护。譬如，为农民工提供各项法定权益的咨询，加强对雇主守法情况的监督。

七、建立基本公共服务绩效评价与监测体系,强化对各级政府官员的激励机制,促进基本公共服务的有效供给

25.在中期内建立有效的问责制度,促进基本公共服务均等化政策的实施

尽快建立一个具有以下特点的、科学的政府绩效评价体系。

(1)纠正"重经济指标,轻公共服务"的倾向。在政府绩效考核体系中,强化对基本公共服务项目的考评。绩效评估体系应包括义务教育、公共卫生和基本医疗、失业保险、养老保险、最低生活保障、社会救助、公共就业服务等基本公共服务方面的内容。基本公共服务评估指标应该逐步以结果为导向,而不是仅仅评估基本公共服务的人员数量、设施等投入,避免忽视供给结果和质量。

(2)以基本公共服务为导向的政绩考核体系,不但是一套指标体系,还要包括目标制定、执行、评估等环节,涉及评估主体、评估方法、沟通反馈等过程。综合性政绩考核体系必须有相应的制度框架和立法相配套,才能保证发挥其应有的作用。

(3)评估方法应该具有创新性、透明性和公开性,公共服务的用户和民间社会组织也应参与评估——公共服务使用者和民间社会组织将是中央政府保证国家法律和政策的执行,以及迅速发现和纠正违法违规行为的重要信息来源。所以,由社会公众对公共服务供给者的业绩进行评价,公开地表达他们对所提供的公共服务的满意度,是基本公共服务保障供给的重要措施。

26.加强基本公共服务均等化的统计系统建设

如果没有国家、省级和省级以下分城乡、分地区和分社会群体的可靠的统计数据,就不可能对中国农村与城市之间、地区之间、农民工及其家庭,以及其他社会群体之间的基本公共服务均等化的进展进行监测与评估。统计数据的匮乏在某些领域表现得尤其突出,如分性别的包括

医疗服务和社会保险在内的公共服务数据；分城乡的收入、健康和教育结果数据；公共服务可获得性数据；农民工生存条件及其公共服务可获得性数据；等等。提高对这些数据的收集和分析能力是当务之急。

八、建立基本公共服务的多元参与机制，加强社区和社会组织在公共服务供给中的作用，包括实际参与供给、监督，以及表达消费者对公共服务的要求与预期等

27.理顺政府与民间社会组织之间的关系，形成基本公共服务供给和监督的多种利益相关者共同参与的机制，逐步扩大民间社会组织在基本公共服务供给中的作用

市场、企业、非政府组织、公民和民间社会组织等参与基本公共服务的供给，已有大量的国际经验。这些供给主体的参与模式各异，随所处环境的变化而变化。中国完全可以选择借鉴适合自己国情的模式，尤其是提高基本公共服务供给质量的途径和办法。这里有几个必须坚持的原则。一是政府在基本公共服务的供给过程中应居主导地位，在"市场失灵"或者"第三方/志愿者失灵"的情况下要担负起保障基本公共服务供给的最终责任。二是市场创造的激励机制、民间社会组织的灵活性和应变能力，都可在基本公共服务中充分利用。三是针对政府部门和公共服务供给其他参与者（市场、企业、非政府组织、公民和民间社会组织）各自的优势，可以根据具体的经济社会环境采取不同的利用方式。但是，只有充分发挥各参与主体的优势，才能保证公共服务的充足有效供给。

28.在特定的基本公共服务领域善于运用市场力量与民间社会组织的灵活性

在基本公共服务领域，对市场力量的使用必须审慎。保证公民公平地获得高质量的基本公共服务是一个国家政府的最终责任。在有效的制度安排下，市场的竞争机制和信息发现机制可以防止"政府失灵"、提高基本公共服务的供给效率。政府的运作经常有如下缺陷。

（1）政府基本公共服务供给以公共利益最大化为价值取向，不以营利为目的，但不够重视成本和支出效率。

（2）政府供给具有垄断性，与竞争性环境下生产的基本公共服务相比，通过垄断方式生产的基本公共服务价格更高，而且缺乏创新。

（3）政府基本公共服务供给体系是由众多部门构成的，这些部门之间存在职权交叉、部门利益纷争、协调配合困难等问题，这都影响公共服务的供给效率。

在这种情况下，一些基本公共服务可以通过公开招标、合同、特许或建立公私合作伙伴等方式让渡给市场主体。对于难以通过市场主体提供的公共服务，可以交给社会组织，因为社会组织与政府一样不以营利为目的，而且更具有灵活性和应变能力。政府可以通过减税、免税、财政补贴和财政转移支付等多种方式鼓励民间社会组织参与公共服务的有效供给。虽然社会组织能够在特定的领域发挥重要的补充作用，但是他们无法承担起为全体社会成员提供所有基本公共服务的责任。保障基本公共服务供给的最终责任必须由政府承担，而公共服务供给的其他参与主体只能起到支持和协助的作用。

29. 通过立法明确社区定位，充分发挥社区在基本公共服务供给中的作用

随着多年来在企业制度、住房制度、福利制度、医疗卫生制度等方面影响深远的改革，涉及家庭和个人的许多利益已从传统意义上的原单位剥离出来。值得庆幸的是，近些年的实践表明，社区组织的兴起在一定程度上填补了因为单位从公共服务领域退出后形成的空缺。但在我国现实社区面临着"身份不明"的尴尬境地。现阶段兴起的社区在正式的制度框架内既不是行政机构，也非事业单位，在属性上理应归于社会这一范畴，但其组织架构、经费管理的行政化又使之类似于政府的执行机构。

从现实情况看，政府应该逐渐认可社区在社会中的作用并给予社区法律地位，社区的发展要避免"政社不分"的传统模式，最终促进自治型社区的建立，使其在基本公共服务均等化中不仅能够与政府互补，甚至使其在某些方面做得更好。

九、建立一个系统、协调一致的基本公共服务法规体系，增强这些法律法规的权威性

30. 逐步建立起具有权威性、规范性的基本公共服务法规体系

在《宪法》中，养老保障、医疗保障、社会救助、基础教育、就业等，都是公民享有的基本权利。《宪法》对公民基本权利的规定构成推进基本公共服务均等化主要的法理基础。由此，基本公共服务法规体系建设，要以《宪法》对公民基本权利的规定为依据，围绕义务教育、公共卫生与基本医疗、基本社会保障、公共就业服务等领域，整合现有的法律法规，提升法律层次，形成比较完善的基本公共服务法规体系。

从基本构成上来看，基本公共服务的法规至少包括以下三种类型。第一，社会保障法、义务教育法、公共卫生与基本医疗法、就业促进法等基本公共服务实体性法规。第二，转移支付法、预算法、财政收支法、公共财政平衡法、政府采购法等公共财政法规。第三，中央与地方关系法、行政复议法、信息公开条例、行政许可法、公共服务绩效考评条例等行政性法规。

基本公共服务法规体系必须明确规定中央和地方各级政府的基本公共服务责任，保证各级政府在基本公共服务供给中依据全国统一的法规和程序，这是推进基本公共服务均等化的重要法律保障。

31. 加快公共财政立法，使基本公共服务均等化成为公共财政的主要目标

目前，我国公共财政的法律体系还不完善。现有《预算法》中相关法律条款过于原则、笼统，预算缺乏法律权威性。在推进基本公共服务均等化的公共财政转移支付问题上，当前我国财政转移支付的主要规范性文件是2002年在《过渡期财政转移支付办法》（1995）基础上修订的

《一般性财政转移支付办法》,这是一个部委规章,权威性不足。由于目前还缺乏规范政府间转移支付制度的权威性法律,《预算法》中也无相关内容,因此导致转移支付在基本公共服务均等化中无法起到应有的作用。我国的现实情况迫切要求加快以基本公共服务均等化为目的的公共财政立法工作。另外一项重要工作是加强人大对政府预算的监督责任,提高预算编制与执行的透明度,建立预算与执行问责制度。

32.加强政府与社会组织关系的立法

政府、市场和社会组织的行为都需要通过法律进行规范。除《社会团体登记管理条例》《民办非企业单位登记管理暂行条例》和《农民专业合作社法》外,民间组织发展仍面临法律缺失问题。现行的《社会团体登记管理条例》等程序性法规,对公民结社行为的实体内容还缺乏系统规范,还没有很好地解决民间组织在公共服务制度中的地位和作用问题。无论是法律体系的完整性,还是法律层次的权威性和约束力,这些条例和办法都难以满足现阶段多元社会公共治理的现实需求。中国民间组织的审批登记与双重管理制度安排,从实践来看也不利于民间组织的发展。因此,要对民间组织的法律地位予以确认,并通过相关的立法,充分发挥民间组织在基本公共服务供给中的作用。从长期来看,通过对政府基本公共服务的监督及对其服务绩效的公开评估反馈,民间组织在公共服务领域的参与将有利于加快政府职能的转变。

在发展市场经济的背景下,建立惠及13亿人的基本公共服务制度和体系,推进基本公共服务均等化,是人类发展的必由之路。就其所涉及的人口规模而言,在世界上是空前的;就其制度建设对于实现全面小康社会目标的意义而言,可以同近30年的市场经济体制改革相提并论。我国正在为建立惠及13亿人的基本公共服务体系作出巨大努力。

第三章
赋予农民长期而有保障的土地使用权

坚持以人为本的改革观，首要的任务是解决广大农民的利益问题。中改院认为，赋予农民长期而有保障的土地使用权，是实现农民利益的根本之策。建院33年来，中改院始终坚持以农民土地问题为重点深入研究，提出改革建议。例如，1995年，中改院形成《关于深化农村经济改革（60条建议）》，提出尽快实现农户土地使用权的长期化、物权化、资本化，从制度上稳定广大农民的预期，提出"赋予农民长期而有保障的土地使用权"的建议，此建议被党的十五届三中全会审议通过的《中共中央关于农业和农村工作若干重大问题的决定》采用。1999—2000年，中改院深入研究农民土地立法，明确提出"把土地使用权真正交给农民"纳入立法，提交了一系列"农村土地使用权立法的建议"。这些成果被用作我国《农村土地承包法》起草的参阅件，部分内容被采用。

赋予农民长期而有保障的土地使用权

18条建议

（1998年7月）

我国农村从1984年开始的第一轮土地承包15年不变的期限，目前已陆续到期。许多地方按照中央的精神，正在开展延长土地承包30年不变的第二轮土地承包工作。中央关于土地承包期30年的政策，是加快农村经济改革、长期稳定农村政策的重大举措。目前，我国农村土地制度改革和建设又到了一个新的历史关节点上。如何在第二轮土地承包中把中央关于"集体土地实行家庭联产承包制度，是一项长期不变的政策"具体化，尽快实现农村土地使用权长期化，并且采取有效措施切实保障农民的土地权益，稳定农民的长期预期，是关系到我国农村经济可持续发展和社会长久稳定的关键性问题。

一、稳定农民土地经营预期是解决我国农业和农村经济发展矛盾的关键所在，实现土地使用权长期化势在必行

1. 家庭联产承包责任制事实上的不稳定运行，已经成为制约农业和农村经济发展的重要因素，应当尽快赋予农民长期而有保障的土地使用权

新中国成立以来，我国农业和农村经济发展一直为三个基本性矛盾所困扰：一是人地矛盾带来的农产品供给压力；二是农民多而穷，就业机会少，农民收入难提高；三是农业基础薄弱，投入少，农业发展后劲不足。1978年改革开放以来，农村生产关系的变革，其实质是农村土地制度，尤其是土地使用制度的变革，极大地提高了农民生产积极性，使

农产品供给大为改观、农民收入显著提高、农业长期投入增加,增强了农业发展后劲。不仅三个基本性矛盾得到有效缓解,而且对中国经济和社会转型带来极其深刻的影响。由此,"集体土地实行家庭联产承包制度"长期不变赢得了中央政策层面的充分肯定。但是,由于对家庭联产承包责任制适应性和生命力的认识产生分歧,以及利益驱动引发的实际操作中的偏差,导致事实上家庭联产承包责任制在一些地区的不稳定运行和蜕变。

(1) 自20世纪80年代中期以来便产生了对家庭联产承包责任制能否适应现代社会化大生产的怀疑,并且逐步发展成为为改变所谓"规模不经济""土地分割零碎""狭小的土地与现代化生产不适应"等矛盾的现实行动。于是,在"适度规模经营"的过程中,某些地方出现了土地"归大堆"、统一经营的倾向。

(2) 土地承包期限短且不确定,中央关于稳定家庭联产承包责任制的有关政策没有完全有效地得到执行。大多数地区农民土地使用权没有书面合同或者没有在合同中具体的描述。抽样调查表明:仅仅有13%的受访农户有承包土地的书面合同;不到1%的农民有土地使用权证;有些地方确实有书面合同,但合同的内容相当不完备,无论从法律上还是技术上都很粗糙。

(3) 因人口变化对土地进行的周期性调整极大地侵犯了农户土地使用权。调查表明,从1978年以来,农民承包的土地已经平均调整3.01次,至少有超过60%的村庄和60%的农户经历过土地调整。

(4) 从所谓规模经营的需要出发重新回归的农业生产集体经营,包括"合作农场""集体农场""公司+农户"等不同做法,使承包制发生蜕变。与此同时,农民土地使用权益还要受到乡村权力人随意"中止合同""集体出让、租赁""收回土地使用权重新高价发包"等多种形式的侵害。

(5) 国家、集体、农民之间的分配关系未理顺,农民负担过重,土地收益严重流失，直接影响了农民经营土地的预期。在没有权益保障的情况下，规定土地承包期限的长短是意义不大的。

上述情势使农民对中央再延长30年不变的政策产生了疑虑，土地制度变革的前途不明朗，影响了农民的预期。如果不对农村经济体制，尤其是土地使用制度进行彻底改革，不长期稳定和保障农民的土地使用权，有可能由此而加剧农村经济发展的各种矛盾，对此应当有清醒的认识。

2. 土地权利的期限、广度和确定性是影响农民是否对土地进行长期投资的关键因素

延长土地承包期限，拓展农民土地使用权内涵，并给予制度确认和法律保障是农村土地制度改革和建设的方向。各国的经验证明，在任何一种土地制度下，有保障的土地权利对于经济发展都是非常重要的。我国农业和农村经济发展的关键在于促进农业投资增长，从而提高土地产出率，保障农产品供给和农民收入稳定的增长。我国长期处于社会主义初级阶段，农村生产关系和生产力状况决定充分调动农户对土地长期投资的积极性成为农业和农村经济发展的关键要素。但是，由于我国农民土地使用权事实上短且不稳、土地使用权范围过于狭窄且无法律保障，导致农民对土地长期投资的积极性不高。但是，据此并不能得出农民不愿接受土地使用权长期化制度安排的结论。调查表明，土地使用权相对短期限，但是权利范围较广并且有保障，也可以促进农民对土地进行更多的投资；相反，土地使用权的期限（名义上）很长，但是缺乏保障而且权利的内容较少，也不易引导农业投资增长。如果赋予农民土地永久使用权，把土地使用权由单一的耕作权扩展到事实上的占有、使用、收益、分配和有限的处分权，并且用制度和法律保障其权利，则有超过85%的农户愿意接受土地使用权长期化的制度安排，并热心于对土地进行长期投资。这说明，在任何土地制度下，土地的权利都不是一个单独的权利，而是多个不同的权利的集合。因此，农村土地制度创新必须对土地权利的期限、广度和确定性作整体的设计和安排。

3.农户长期稳定的心理需求与集体成员平均占有要求下的不断调整是农村土地问题的主要矛盾

当务之急是制定既满足农民对平等权利的需要,又可以使之得到长期稳定的土地使用权的政策。对于我国的绝大多数农民来说,农业用地是他们经济收入的主要来源,他们需要得到长期有保障的土地使用权。同时,他们也认识到需要有足够的土地抚养新增加的人口。况且,在传统观念里,"集体"成员应当天然地无差别地享有"集体所有"的土地,并且把这种观念转化成一种制度安排——随着人口增长事实上必须进行的周期性土地调整。农民在选择土地调整和不调整政策时确实遇到了一个两难的选择。调查表明,农民既需要长期稳定的土地使用权,又需要平均占有土地。因此,土地制度改革和建设必须平衡农民长期土地使用权与平均占有之间的关系。解决这一问题可供选择的现实思路是:在长期稳定"集体土地实行家庭联产承包制度"的框架下,实现土地制度的创新。例如:在界定产权主体的同时,严格界定"集体"成员的边界,限定享有"承包权利"的群体;在给予农户土地长期有保障的使用权之前,对土地进行最后的调整,并且,土地的分配必须预测农户未来的土地需要;对社区内可开发的宜农土地资源作出开发和分配使用的长久规划;通过土地使用权有偿转让,逐步实现土地调整的市场化;等等。可以预计,随着中国人口趋向零增长,要求调整土地的压力会逐渐减轻。同时,人们通过对新的土地法规、土地制度的认同从而转变土地占有使用观念,通过市场调配土地资源,农民土地使用权长期化新的制度就能真正实行起来,并能充分体现其在农业和农村持久发展中的奠基石作用。

4.把握时机,在第二轮土地承包中采取多种方式延长土地承包期限,并稳定过渡到土地使用权长期化

我国家庭联产承包责任制是从政策层面逐渐推开的,尽管其间有周期性的调整等行为发生,但是这一制度毕竟基本稳定地运行了15年。少

数地区在15年中确实没有调整农民承包的土地。并且，在全国一些地区正在开展30年、50年、70年不变的试验。因此，农民土地使用期限长期化逐渐在政治和经济层面被认同。同时，土地制度运行的重大矛盾和问题已经比较充分地暴露，而且在实践中摸索积累了许多解决矛盾和问题的经验。特别重要的是，我国农村经济改革的深化和农村政策的稳定发展，为实行农民土地使用权长期化奠定了最重要的条件。由此判断：目前，以农村土地第二轮承包为契机，在农村实行土地使用权长期化制度性安排的时机已经成熟。抓住这次机遇，将大大加快农村土地制度的改革和创新进程。

二、以第二轮土地承包为契机，因地制宜，采取多种形式，实现向土地使用权长期化的稳步过渡

5.实行土地使用权长期化，对农户土地承包经营权要有足够的长度和保障，至少50年，甚至70年、100年保持不变

在第一轮土地承包即将到期之前，中央就明确指出，土地承包再延长30年不变，营造林地和"四荒地"治理等开发性生产的承包期可以更长。在第二轮土地承包工作中，中央再次重申，稳定土地承包关系是党和农村政策的核心内容。"集体土地实行家庭联产承包制度，是一项长期不变的政策。"实行农村土地使用权长期化，是落实中央上述政策的具体化、制度化。所谓土地使用权长期化，就是保证农户家庭土地承包经营权有足够的期限、广度和确定性。土地承包经营权期限是实行土地使用权长期化的核心内容，也是保障农民土地权利、稳定农民长期预期的关键性因素。农民土地使用权期限必须有足够的长度，至少保证自己或者后一代人能够收回投资。鉴于农村许多改革试验区试行土地承包经营30年、50年不变的成功经验，和部分地区第二轮土地承包已经完成的成功做法，首先规定农村土地承包经营权至少50年不变，基本保证两代人的长度；鉴于经济特区和东部沿海地区"土地有偿转让70年不变"的政策

的有效实施，可以考虑将70年不变的政策引入农村土地承包经营中，生产周期长和带有开发性质的项目和土地，承包期可100年不变。这样做，可以彻底消除农民的顾虑，大大提高农民长期投资的积极性。

6.因地制宜，采取多种形式，实现向土地使用权长期化的稳步过渡

目前，全国各地都在第一轮土地承包15年陆续到期的基础上进行第二轮土地承包工作。为此，应当抓住这个机遇，针对各地不同的情况，采取多种形式，实现向农村土地使用权长期化的过渡。第一，对于已经开展土地承包30年不变的地区，一般来说，为保持政策的连续性，应当维持30年承包合同不变，待到期后顺延。但如果广大农户有强烈的要求，且各方面条件又比较成熟，也应当允许在30年不变的基础上再延长到50年或70年不变；对于还未展开第二轮土地承包工作的地区，凡基本条件成熟，都应当支持和鼓励实行土地使用权长期化制度，制定并签订相应合同，实现一次到位；对于全国许多试点地区，凡是符合土地使用权长期化政策的试点方案，都应维持不变。第二，允许不同类型土地实施不同的承包期限。比如，基本农田实行50年期限，山坡地实行70年不变，"四荒地"的开发使用权可以实行更长的期限，以此来稳定农民长期预期，增强农民对土地进行长期投资的积极性。第三，允许不同地区实行不同的土地承包期限。例如，中西部不发达地区由于非农就业机会较少，需要实行更长期限的土地承包制度。第四，对于地区差异较大的地区，允许在30年不变的前提下，实行"一地两制"，在地区内部实行不同的承包期限，有的农村承包期限可以是30年，有的农村承包期限也可是50年或70年。

7.应当允许中西部贫困地区率先实行土地使用权长期化政策

与较为发达的东部沿海地区相比较，土地对于中西部，尤其是中西部贫困地区的农民而言具有特别的意义。土地不仅是最重要的生产要素，更是农民主要的社会保障。在稳定家庭联产承包责任制的前提下，率先在中西部贫困地区实行土地使用权长期化的政策，易于得到广大农户的

拥护和支持，能够降低推行的成本和风险，也易于调动农民的生产和投资积极性，形成中西部地区农村经济发展和社会稳定的基础，这是一项一举多得的重要举措。

三、以改革和完善农村土地产权制度为中心，对农民土地使用权长期化进行制度性安排

8.建议以村民小组为单位重新界定农村集体土地的产权主体

我国《土地管理法》规定："农村和城市郊区的土地，除由法律规定属于国家所有的以外，属于农民集体所有。"但是属于哪一级集体所有？集体成员的边界多大？集体所有者包括哪些权利和义务等却不是很清楚。由于集体土地产权主体不明导致了土地产权的不完整，其中最具实质意义的土地处置权及相当多的收益权都掌握在各级政府手里。这是导致农民对土地使用权存在不稳定感和对土地长期预期不足，并由此引发其他一系列问题的重要因素。因此，实行农民土地使用权长期化，首先必须准确界定农村集体土地的产权主体。人民公社所有制关系最后过渡到"三级所有，以生产队所有为基础"有其深刻的原因。因此，应照顾这一体制的惯性，将村民小组（生产队）界定为农村集体土地的产权主体。已经属于村民委员会或村内两个以上集体经济组织的，其所有权也可以授予行政村（生产大队）。并且在国家法律（如《土地管理法》）中予以体现。在操作中应健全土地所有权的法律形式，通过县级人民政府登记造册，核发证书，确认其所有权并得到法律保护。这样做的有利条件是：第一，第一轮土地承包基本上是以生产队为单位进行的，经过近20年的实践，农民已经以生产队为基本单位结成了土地利益关系，如果改变这一结构，将付出极高的交易成本。第二，在村民小组（生产队）这个范围内，保存着土地制度历史变迁和现实状况，包括农户对土地投入状况的最完全的信息（这方面没有多少文书资料，只有代际承传的活的记忆），这对土地的经营和管理，尤其是对土地的投入状况的了解，以及土地流

转中的价值实现将有特别的意义。第三，村民小组这一级的行政职能已大大弱化，它最接近土地使用者，也是对农民要求反映最快的一级组织，最能代表农民利益，屏蔽形形色色对产权的侵犯。目前，村民小组经济实力弱小，也没有相应的行政管理能力。因此建议：在将农村土地产权界定给村民小组的同时，赋予村民小组以相应的管理权利，特别是签订土地合同、监督合同实施，并且获得土地所有者收益的权利。

9.明确土地产权主体的权利和义务，并且界定产权与行政权的职能边界

首先，村民小组是土地集体所有的产权主体，以村民小组作为"集体"的边界，保留村民小组对土地分配调整及其他处分权。其次，承认村民小组作为集体土地所有者的排他占有权，并用法规予以规定，以有效抵制对土地的侵权行为。集体土地的收益权，比如农户承包土地交纳的地租（承包费），也应归还给产权主体，并且规定土地收益主要用于农田水利等基础设施建设投资。与此同时，按权利和义务对等的原则用制度和法律规定村民小组作为产权主体的义务。比如：在本社区内宣传国家和地方政府有关土地管理和利用的政策法规；为村民提供产前、产中、产后服务；保护村民的土地权益，保证国家和集体税费收益；对本区域内的土地资源进行长久规划、开发和利用；组织社区成员进行农田水利基础设施建设，改善生产、生活条件；等等。应该说明的是，如其他发展中国家一样，国家和地方政府也应保留一定的权利，以便对土地所有者和使用者形成必要的限制和约束，对农村土地进行有效的管理。另外，在一些地方，村民小组一时还无力承担土地所有者的职能，可以实行托管制度，比如明确规定以村集体经济组织或者村民委员会代行"集体所有"产权组织的职能，负责对集体土地的经营管理，作为土地发包方对单位和个人使用集体土地进行登记造册，核发证书，并报乡（镇）人民政府备案。但必须明确村委会与村民小组的委托代理关系，只有在村民小组授权的条件下才能代行所有者的职能。乡（镇）基层政权组织可以运用行政职能协助村集体经济组织和村民委员会加强对集体土地的经营管理。但是必须用制度和政策对行政权力加以规范和约束，把"协助"的职能界定在公证、监督、执法保障（维护土地法规的严肃性）和土地纠纷的调解、仲裁方面。

10. 根据一定规则对集体成员的边界予以确认

"集体"是一组动态的人的集合，其构成总在发生变化。它既包含现存于集体内的人口，也包括那些尚未出生和尚未娶入的人口。但是，在约定的租用期限内，集体内成员的边界应以签约时期的现实人口为主要依据，承认所有成员有平等占有和使用集体土地的权利。在此基础上，根据现行的人口及户籍政策，对集体成员的边界作大致的限定。比如，符合国家计划生育政策和户籍管理规定的新增人口，有资格享受集体土地所有者的权利（在集体边界内承包、租赁、转让、受让、继承等）。否则，不享有上述权利。

11. 稳定农民承包权，必须在延长土地承包期限的同时，拓展和延伸使用权的范围

稳定农户承包权，一是承包期限要有足够的长度并且形式灵活多样；二是使用权充实、明晰且有保障。应该看到，农村家庭联产承包责任制推行并作为"一项长期不变的政策"，事实上已经由土地使用制度的改革深深触及并引发了土地所有制的变革。承包权实质上是对所有权的分割。承包合同越是长期化，承包权对所有权的分割程度就越高，使农民由单一的田面耕作权演化为实际的占有权、使用权、剩余产品分配权及有限的处分权。这样做，"集体所有"的公有制，才真正找到了具体的实现形式，实现了公有制条件下的"人人所有"。这与私有制是有本质区别的。由此决定了土地制度改革和建设应该是不断弱化所有权而强化承包经营使用权。但现实中许多地方是逆向而动的。因此，建议在土地第二轮承包中：首先，在执行30年不变政策的前提下，允许不同地区和不同类别的土地实行不同的期限，并逐步过渡到长期化。其次，把农户对土地的

单一使用权拓展到占有、使用、收益和处分四权统一的承包经营权。如农户在土地承包经营期限内，对分配于己的集体土地有实际上的占有权，集体只保留法律上的最终归属权；农户在承包的土地上有自主种植和经营的权利；有剩余产品的收益分配权；特别是处分权这个曾经仅为所有者享有的独占权，现在也应该有条件地赋予承包者，处分权的内容应当包括对承包经营使用权的转让、出租、入股、抵押等。

12. 承包经营使用权已经成为一种新的物权，应当用法律的形式予以固定

拓展、稳定和强化农户的土地承包经营使用权，必然形成我国特有的新型土地使用权。承包经营使用权应成为民法上的一种新的物权。不论土地如何流转，承包经营使用权都可以独立存在。与其他的物权一样，承包经营使用权在市场经济条件下必然表现为一种具有交换价值的资本。那么占有它可以取得相应的利润，转让它可要求获得等价的补偿。永久地转让承包经营使用权，实际上是对承包经营使用权这种独立的资产的出卖。因此，应当允许农民暂时转让和永久地转让（出卖）。另外，在我国农村土地制度改革和建设的实践中，已经出现了"允许买卖和继承"的事实，但是，在过去较长的时间中，特别是开展土地第一轮承包的初期，由于宣传"两权分离"时过多地强调对承包经营使用权的限制，特别是把"不能买卖、继承"作为区别于所有者的权益。因此，目前土地承包经营使用权的转让、买卖和继承都有较大的阻力，甚至许多基层干部仍视其为非法。这并不利于土地使用权长期化的制度安排。因此，政策和法律都应对此有明确的规定。允许农户土地承包经营使用权可以转让、买卖和继承，是保障农民土地权益、稳定农民预期的必然选择。与此同时，根据国家土地法规对农户的土地承包经营使用权进行必要的限制。比如，土地占有额度的限制，分别规定其占有土地最高和最低的限额；土地使用范围的限制，对改变农地用途作严格的规定和限制，并保持土地有可持续生产的能力；土地的收益分配应保证"交足国家的，留足集体的"；服从国家对土地的正常征用；等等。

四、良好的外部环境和配套制度是实现农村土地使用权长期化的重要保证

13.实行土地使用权长期化，增人不增地，减人不减地，必须辅之以相应的配套措施

第二轮土地承包实行30年不变的政策。从目前执行的情况来看，效果并不理想。一项调查显示，如果采取综合配套措施来解决可能出现的人地矛盾问题，农户拥护和支持土地使用权长期化的比例会显著提高。为此，总结实践经验，实行土地使用权长期化，必须采取相应的配套措施。

（1）进行最后一次土地调整。在实行土地承包关系长期（如在70年至100年，或30年内）不变政策之前进行最后一次调整，会减轻累积的人口压力，更容易使农民接受和认可。从不同地区的实践看，更多的农民期望在实行长期不变政策之前进行一次大调整。

（2）采取土地预测分配方法。这种方法在最后一次调整之前进行，即在进行土地分配时，不仅要根据现在农户家庭人口的多少进行简单的平均分配，还要考虑在有效的承包期限内可能导致家庭人口变化的各种合理的因素，如计划生育所允许出生的人口数目等。

（3）留用机动地。目前的政策限定一个村留用的机动地不能超过该村耕地总数的5%，并且规定原则上未留机动地的村，不得再留机动地。这主要是针对村干部在具体操作中侵犯农民土地权利而作出的。在实行长期不变政策中，在村民大会集体决策和民主监督的前提下，应当允许某些地区留有不超过中央规定的5%的机动地，用来解决未来出现的人地问题。

（4）"四荒地"的优先开发权。在拥有较多"四荒地"资源的地区，在合理规划的基础上，应当对那些在土地调整中家庭规模未得到充分考虑的农户实行优先开发权，并对于农户的开发性生产实行更长期的政策。

（5）允许土地使用权继承和有偿转让。这项政策可以保证农户的长期投资在2~3代人的时期中稳定回收，也可以保证使家庭新增加的人口正式享有土地权利。另外，土地使用权有偿转让，也可保证农户通过租赁等获得另外一些土地的短期使用权利，也可以通过市场机制（如购买）获得其他土地的长期权利。

（6）采取综合配套措施。以上配套措施相互联系并不排斥，在实施中，应当因地制宜，将这些配套措施结合起来，综合运用，会大大提高政策的有效性。

14. 制定并颁布内容详尽的土地使用标准合同，严格实行土地登记制度

各国的经验表明，根据每个国家的不同国情和具体制度，建立适当的土地登记制度将带来许多好处。如可以使对土地的保障更为完善，使土地的流转更加可靠并降低成本，能促进土地市场的发育，增加农业信贷机会，提高土地管理效率，减少土地纷争，以及为土地税收提供便利，等等。我国的《土地管理法》要求县级人民政府对集体所有的土地进行登记，但是这项制度并未在全国大部分地区严格执行。对农村土地权利的最详细的登记资料大多保存在村干部或乡干部的手中，而且这些资料非常原始，且残缺不全。有的地方虽然进行了土地登记，但土地登记的形式和准确程度各不相同，且不能反映最新的变化和信息。这也是造成许多土地权利纠纷和形成滥用职权的主要原因。因此，应当依据我国的实际情况，建立简单、统一的农村土地登记制度。建议：第一，在县级土地管理部门的具体指导下，在乡（镇）一级设立农村集体土地登记部门，行使土地登记职能。第二，在全国范围内制定简单、统一的农村土地基本登记制度，对于不同地区的特点，可在土地基本登记的基础上进行额外内容的登记。第三，对农民自发的土地投入实行严格的登记制度。能否在承包期限内收回投资，保证自己对土地投入的收益，是影响农民对土地进行长期投资的关键因素。在承包期内，对农户自身在承包土地上的中长期投入实行登记制度，并以此为基础确认农户在土地使用权出让、征用中的级差收益，确保农户在土地调整中的优先使用权，对于形成农民对土地使用的稳定预期，促进农户对承包土地进行大规模、长期投入将会产生积极的作用。

土地使用权证书和承包合同是农民依法享有土地权利和解决土地纠纷的基本依据。但有大量调查表明，在目前情况下我国的土地使用合同管理存在许多缺陷。如农户手中拥有书面土地承包合同的比例很低，拥有土地使用证的农户比例则更低；大多数已有的土地承包合同条款很不完善，缺少明确的使用期限，甚至缺少双方签字；有些连基本的权利和义务都没有，或者过于含混无法执行；大多数合同由县或乡组织起草，内容、格式不尽相同。这些缺陷成为农民土地权利得不到保障的重要原因。为此建议：第一，在严格执行土地登记制度的基础上，在拥有土地所有权的村集体与农户之间必须按有关程序，签订明确的土地使用合同。第二，合同的保存除农户、村集体之外，土地使用权合同的副本必须由农村集体土地登记机关保存一份。第三，应当制定适用全国各地的、包括合同基本要素的标准合同范本。该范本合同应当反映关于农村土地的基本政策和法律规定，应当包含合同双方对土地的具体权利和义务，明确规定土地使用权的起止时间，允许农民转让土地使用权，不调整土地，征用土地要进行赔偿，对违反合同条款的行为进行惩罚，以及规定土地纠纷的解决方法等。合同应由双方代表签字方能生效。此外，土地合同还应附有政府机构颁发的、单独的土地使用证书。同时，为充分调动农民进行土地登记和签订合同的积极性，为通过法治化来保障农民的土地权利创造条件，在建立严格的土地登记制度的初期，应当尽可能降低和减少农民土地登记和签订合同的成本。

15.进一步完善土地纠纷处理机制，为稳定和保障农民土地权利提供有效解决的法律途径

（1）建议在县级成立专门法律援助机构，为农民免费提供有关土地

权利保障及解决纠纷的咨询和代理。通过法律确定下来的土地权利如果不能在实践中得到有效行使，这种权利就是不完整的。在实际工作中，我国农民对自己所拥有的土地权利的认知与法律和政策的规定差距相当大。如果农民不了解自己拥有什么样的权利，也就不可能行使和保护自己的权利。因此，必须寻求有效途径让农民彻底了解自己的权利。第一，应当在农村地区的县级法院建立专门的法律援助中心或其他专门法律机构，为农民在土地法律权利方面提供咨询和信息。第二，法律援助中心的律师必须经过土地管理部门或其他机构的培训，熟悉与土地保障有关的法律法规和政策条文。第三，法律援助中心应当采取多种方式，如通过媒体宣传、散发书面资料、对农民提供面对面的咨询等方式，向农民传播有关土地权利的常识。第四，所有服务和法律代理均应当实行免费。

（2）建议土地管理部门建立一套受理、审查、调查农民投诉的机制。目前许多地方的农民在处理土地纠纷时，由于缺少对法律的了解，很少诉诸法院，而是采取告状的形式向有关政府部门反映情况，以求结果。但我国大多数农村地区的政府机构对告状的处理和审查尚未形成规范性制度，因而常常使这些纠纷得不到及时有效解决，积累了不少矛盾。因此，建议在土地管理部门形成专门接受和处理农民土地投诉的程序和制度，并在农村基层设立便于农民反映和传递意见的简便的渠道，同时设立群众公开监督制度，督促和提高处理纠纷的效率。

（3）建议在乡级或县级建立专门的土地法庭。除缺少有关土地权利方面的知识以外，农民在处理土地纠纷过程中遇到的最大障碍是缺乏诉诸法律的有效途径。对于农民来说，就土地纠纷诉诸现有的法院，需要耗费大量时间、精力，成本很大，还要面对社会各界的压力，这往往使他们望而却步。在乡级或县级成立专门的土地法庭或土地巡回法庭，可以使农民就有关土地权利问题诉诸法律，利用专家的特长解决土地纠纷，提高土地纠纷处理的效率，并借此增强农民的法治意识。

16. 在发展"公司+农户"开发模式中，切实保护农民的土地权利

我国正处于经济社会转型时期，"公司+农户"农业开发模式是实现我国农业由传统小农经济走向市场经济的一条有效途径。它打破了传统小农经济的封闭状态，有利于实现小农经济与市场经济的对接，它可以有效解决我国农业长期投入不足的问题，它可以提供农村地区急需的信息、技术、管理及国内国际市场销售渠道，有利于农村土地使用权商品化和农村土地市场的培育。因此，如果操作得当，"公司+农户"的农业开发模式将对改变我国小农经济的面貌、稳定我国农村土地使用权、实现农业的产业化和现代化起到重要的作用。但在实际中，有一些地方在操作"公司+农户"模式中有意无意地侵犯了农民的土地权利，引起农民的不满和土地纠纷。例如，一是有些县、乡镇越俎代庖，在跨村的土地承包和开发中，未注重相关村的意见和利益，直接与公司谈判、签协议；二是村一级组织与公司谈判签协议的过程中，未征询村民的意见，强制执行土地使用权转让；三是对于涉及土地出让的农户，未给予合理赔偿或调换新的土地；四是县、乡镇随意提取土地转让承包费用，侵占出让土地的农民利益；等等。

针对所述情况，建议：第一，在明晰农村土地集体所有权边界的基础上，对农民承包使用的土地，包括由农民自己开发的荒地要有明确的土地使用权文书。集体出让土地必须严格以相关土地使用权合同为依据，该赔偿的赔偿，该调地的调地。第二，集体与公司签订土地出让承包协议必须经过村民代表大会表决，公开合作方式、收益分配方式及赔偿方案。第三，与公司签订协议的主体必须是享有土地所有权的村集体，且要上报相关县、乡镇。对于涉及跨县、跨乡镇的土地承包，相关公司在县、乡镇协调下要分别与不同享有土地所有权的村集体签订协议。第四，相关县、乡镇可以从土地补偿转让金中提取一定比例作为管理费用，用于提供相关的咨询和协调支出，但不能超过出让金的5%。此外，不得以任何名义从中分取收益。第五，县及县以上有关部门对出让土地的地价要进行科学评估，充分考虑出让期内地价的变化，并以此为基础，确定土地出让金及支付方式。此外，"公司+农户"模式往往发生在农业开发基础条件较好，但又缺乏资金、技术、信息等生产要素的不发达地区。发达地区的公司，包括外商的进入可与当地的农业生产优势相互结合形成有益补充。但若不能正确处理外来主体与当地农民的利益关系，将大大增加这种模式的运行成本。这已在许多地区的实践中有所反映。为此，公司的进入必须保证当地农民的长远利益，坚决防止短期行为；公司化、产业化经营必须与当地的小农户家庭经营相结合，必须将农民出让土地与创造新的农业和非农就业机会相结合；要注重发展农村社会化服务组织。

17. 从实际出发，创造条件实现农村土地使用权在自愿条件下的有偿转让

（1）必须从法律和政策上明确土地使用权有偿转让的合法性。中央有关文件明确规定，在坚持土地集体所有和不改变土地用途的前提下，允许土地使用权依法有偿转让，并在尊重农民意愿的前提下，实行适度规模经营，鼓励土地使用权流转。但从全国范围看，土地使用权流转的规模不大、范围不广，仍处于起步阶段。其中一个重要的原因是，农民对是否允许"收取土地使用权利的收益"心存疑虑。因此，从法律上和政策上，明确土地使用权有偿转让的合法性，将消除农民的心理疑虑，充分发挥土地流转机制的作用。

（2）运用市场机制，实现土地使用权的有偿转让和流转。目前，我国不同地方和村社之间农村土地流转出现了不同的模式，即依靠社区集体调整和依靠市场机制调节。实践证明，用行政手段来完成土地流转有诸多不利因素，应更多地利用市场机制。其好处在于：将土地使用权作为生产要素进入市场流通，有利于在小规模、分散化格局的基础上，为有条件地发展适度规模经营提供一种长期起作用的机制；有利于为社区集体和国家实施土地管理、调节，奠定合理的制度基础。运用市场机制进行土地流转应注意做到三点：第一，土地使用权的转让价格由供求双方自愿协商，这样可以比较客观地反映土地承包权利在变化的经济环境中的稀缺性和真实性。第二，允许农地转租，或以入股的方式合伙经营参与利润分成等多种转让方式。第三，允许农村土地使用权作为抵押品获取信贷。

（3）为防止土地使用权过于集中，必须对土地转让给予一定限制。在利用市场机制促进土地流转中，为防止土地市场可能带来的社会不公正现象，应作出一定限制。比如：同一农村集体的农民对土地使用权的转让有优先权；在土地紧缺和非农就业机会匮乏的地区，政府应当规定将耕地保持在村民手中，这些地区的土地使用权转让应当限制在本地居民之间；为防止土地过分集中在少数人手中，应当根据不同地区的具体情况，对不同的对象（如本村村民、非本地居民及外国人）规定不同的土地拥有量上限；为保护环境和提高劳动生产率，在某些人口压力不大、非农就业机会较多的地区应对土地拥有量的下限进行规定，以防止土地过于零碎、分散。

18.严格推行村务公开和民主管理制度，积极发展有效的村民自治制度

严格全面推行村务公开和民主管理制度，把提高农民参与性和积极发展有效的村民自治制度结合起来，对于加强对税费的征收和使用的公开和监督，形成土地使用权长期化的保证机制有特殊的意义。第一，在村一级普遍建立村民议事制度，有关社区发展及农民切身利益的村务，必须经过村民议事会讨论，从而建立一种民主的科学的决策机制。第二，彻底公开村务和村级财务，涉及农户关心的热点问题、村级财务特别是税费的征收和使用情况、其他农民负担的征收等都应及时定期向村民公开，接受评议和监督。第三，坚持和完善民主管理制度，实行民主选举、民主决策、民主管理和民主监督，鼓励发展农村经济合作组织及其他农村自治组织。

农村土地问题是涉及我国农村经济长远发展和社会稳定的根本问题。从这个意义上讲，完善和推动第二轮土地承包工作，已远远超出这项工作本身的内容。多方面采取措施，实施农村土地使用权长期化，并为农村土地制度和土地权利的保障建立法治基础，将对推动第二轮土地承包，深化农村改革产生深远影响。需要指出的是，农民是政策的作用者，农民群众对政策的理解、拥护和支持是保证政策得以贯彻、实施和创新的基本条件。政府必须注重建立适应新的社会经济条件的、面向广大农民的、行之有效的政策传输渠道，不仅注重对农村基层干部的教育培训，更要注重对广大农户进行法律、法规和政策的宣传教育。这对于能否形成长期、稳定、有保障的农村土地使用权是十分重要的。

尽快制定农村土地使用权法

15条建议

（1999年5月）

党的十五届三中全会审议通过的《中共中央关于农业和农村工作若干重大问题的决定》强调指出，"抓紧制定确保农村土地承包关系长期稳定的法律法规，赋予农民长期而有保障的土地使用权"。按照此《决定》精神，中改院在农村土地政策研究的基础上，组建了农村土地立法研究课题组，先赴日本对其农地制度（包括政策和法律）进行了全面考察，尔后选择海南的东方、秀英、澄迈等市（区、县）及广东、云南等省进行了广泛的调查和访谈，分别与国内外农地制度研究的专家、学者，以及国内省市县（区）人大、农委、农办、法制局、农业厅（局）、国土资源厅（局）等部门的领导干部、专业研究人员、部分乡（镇）的党委书记、乡（镇）长及承包农户进行了广泛的座谈和交流。其间，中改院课题组还与美国华盛顿大学（西雅图）农村发展研究所的研究人员开展了合作研究。在上述工作的基础上，形成《尽快制定农村土地使用权法（15条建议）》，期望能够把农村土地制度改革和建设的研究由政策层面逐步推进到立法保障层次。

一、当前农民土地使用权保障问题已成为农村最根本的问题

经过20多年的改革探索，中国农村土地制度以所有权和使用权的分离为突破口，总体上，形成了以土地集体所有、家庭承包经营、长期稳定承包权、鼓励合法流转为特征的新型的土地改革和制度，深受农民拥

护。但是，由于种种原因，在相当多的地方，家庭承包经营制度出现了某种程度的变异，这些变异集中到一点就是，农民长期的土地使用权没有法律保障而常常受到侵害。农民土地使用权利被侵害，伤害了农民对土地的感情，导致农民对中央农村基本政策的疑虑，引发了土地纠纷，扩大了人地矛盾，加剧了农村剩余劳动力转移的压力，成为影响农村经济持续发展和社会稳定的最核心、最要害的问题。从这里，我们能够完全领悟"抓紧制定确保农村土地承包关系长期稳定的法律法规"的深刻内涵。尽快制定农村土地使用权法的必要性和紧迫性具体表现在以下方面。

1. 农民土地使用权"期限"问题已基本解决，当务之急是解决使用权"保障"问题

我国农村土地使用制度改革是在特殊的历史背景下进行的，农村集体土地家庭承包经营制度创新初期，回避了承包"期限"问题。随着实践的发展和理论的逐渐成熟，使用权与所有权分离摆脱了"左"的观念的束缚，农民土地使用权期限不断延长，内涵也不断拓展。1984年1月，中央一号文件规定"土地承包期一般应在十五年以上。生产周期长的和开发性项目，如果树、林木、荒山、荒地等，承包期应当更长一些"；1993年11月5日，《中共中央 国务院关于当前农业和农村经济发展的若干政策措施》印发，规定"在原定的耕地承包期到期之后，再延长三十年不变"；1998年8月29日，九届全国人大常委会第四次会议修订并通过的《土地管理法》第十四条将此项政策上升为法律，规定"土地承包经营期限为三十年"。1998年9月25日，江泽民同志在安徽考察时强调，承包期再延长30年不变，而且30年以后也没有必要再变。[①] 至此，农民长期的土地使用权得到了政策和法律的承认。比较土地使用权"期限"问题而言，土地使用权"保障"问题一直没有得到很好的解决。现实中，随意调整农民承包的土地、缩短承包期限、中止承包合同、收回农户承

---

① 《总结20年经验全面推进农村改革开创我国农业和农村工作新局面》，《光明日报》1998年9月28日。

包土地再高价发包、以规模经营为借口"归大堆"统一经营、非法征用土地等侵害农民土地使用权利的事情经常发生。实践充分证明，没有保障的土地使用权利，其期限再长也是毫无意义的。事实上，土地使用权利没有充分的保障已经严重影响了农民对现行的土地承包期限30年不变政策的信赖程度。实践已推进到这样一个层次：实行承包期限30年不变，而且30年以后也没有必要再变的土地政策并进行制度性安排，已迫切要求以法律作保障。

2. 在我国的法律体系中，保护农民权益方面的法律是最弱的，法律的天平不应倾斜，应该加大保护农民权益方面的立法和执法力度

现实中，不论国家立法还是执法过程，最容易受到伤害的是农民。农民在市场竞争中处于弱势地位，特别需要法律保护。有些老干部说："农村行政及社会管理中，经常有反映捆绑农民的情况，如果你捆绑的不是农民，而是其他什么人，你试试看！"有些干部尖锐地指出："农民权益没有保障一个根本的原因是，现实中农民与政府和其他市场主体对话的声音太微弱。"他们认为，中国共产党一直重视农民问题：新民主主义革命时期，一切权利归农会，并由此发展成为党的群众路线；新中国成立50年来，一直重视保护农民的权益，并把它作为巩固工农联盟的重要基础；现实中农民最需要保护的是长期而有保障的土地使用权，而恰恰在这个问题上法律保障显得比较乏力。尊重农民的土地权利，法律必须赋予农民谈判权，使其在保护自身权益方面发挥作用。这不仅对稳定土地承包关系，也对农业、农村的持续发展和长久稳定有非常深刻的意义。

3. 我国农村集体土地家庭承包经营是由政策层面逐步推开的，许多好的政策贯彻受阻，需要上升为法律

现行的农村土地基本政策，都是在20多年的改革中反复实践和探索取得的，有些政策（如贵州湄潭首创的"增人不增地、减人不减地"）是在严密论证反复试验的基础上提炼出来的，这些政策代表了农民的根本利益。但是由于政策的贯彻执行缺乏一定的强制性，加上我国历来强调

"因地制宜",这为一些不愿执行党的农村政策的人提供了借口。因此许多好政策在贯彻执行中遇到了阻力。比如,第一轮土地承包15年不变的政策许多地方没有认真执行;第二轮土地承包实行30年不变的政策在许多地方也没有认真贯彻执行。政策执行过程中的偏差伤害了农民对土地的感情,极端的情况下有些农民不要土地也不接受30年不变的合同。这表明,农民土地使用权立法已迫在眉睫。第一,由于农村土地使用权一直没有立法,农民经常担心政策变化,不愿加大对土地的投入。于是不得不过一阵宣布一次政策,给农民吃一次"定心丸",这种再三"宣布"的政策效应是递减的,不是解决问题的根本办法。第二,许多政策虽好,但执行缺少统一性、规范性和强制性,地方政府过多地强调省情、市(县)情、乡(镇)情不同,以此为借口修改或抵制中央的统一政策。第三,由于没有法律的规范和约束,一些基层干部频繁变动土地承包合同,动辄以收回土地、解除合同惩罚农民;有的甚至乱用发包权和管理权为自己和亲友谋取私利,导致农村土地纠纷日渐增多,成为影响农村发展和稳定的突出问题。第四,更深刻的是,我国在从新中国成立至今短短50年不到的时间内,农村土地制度就经历了三次重大改革,尤其是"土改证"在很短的时间内成为一张废纸的"历史经验",使农民对今日的"承包证"产生了不信任。

现实与历史的"事实"从不同侧面影响了农民的心理预期。所以,尽管政策"三令五申"——土地承包期限30年不变,但农民就是没有30年不变的安全感。

4. 集体土地家庭承包经营制度在我国运行已近20年,各方面的矛盾已经充分暴露,迫切需要制定法律规范予以调解

与改革初期相比,无论是农业生产能力、社区综合服务能力,还是农村和农村劳动力非农化都有很大的发展。由此,农村人地矛盾,集体经济组织内部成员平均承包与外来成员竞标承包之间的矛盾,稳定承包权与放活使用权之间的矛盾,耕地、非耕地经营和管理之间的矛盾,国家、集体、农户之间土地权利分享的矛盾，等等，都已充分暴露。调解这些矛盾迫切需要一个法律规范。

5. 农村土地承包合同是一种特殊的经济合同，现并未纳入《合同法》，确需单独立法

二、赋予农民长期而有保障的土地使用权既是立法的依据，又是立法的根本宗旨

6. 农村土地使用权的立法宗旨，应以赋予农民长期而有保障的土地使用权、保护农民的合法权益、促进农村社会经济可持续发展和长期稳定为根本

具体应体现在三个方面：一是赋予农民长期而有保障的土地使用权，使"长"和"稳"得到法律的保护；二是用法律固定现行的行之有效的农村土地政策，完善并规范农村土地承包关系；三是公平、合理、有效地配置土地资源，确保农村经济持续发展和农村社会的长治久安。

7. 农村土地使用权立法的直接目的是用法律保障"长期而有保障"的农民土地使用权制度性安排的顺利进行

首先，界定国家、集体、农户对农村土地权利的边界，保护集体土地所有权。其次，界定集体土地产权主体的边界，保护自治村特别是村民小组的土地权益。最后，界定集体经济组织与农户的土地权利边界，重点保护农民的合法权益，培育千千万万能够参与平等竞争的市场主体。立法的根本目的：有效地配置农村土地资源，实现农村经济持续发展和农村社会长治久安。

从上述的一些基本原则出发，我们认为，农村土地使用权立法应至少包括以下10个方面的内容。

（1）总则。立法依据、宗旨和目的；农村土地使用权法的执法主体；农村集体经济组织的法人资格。

（2）农村土地所有权。哪类实体或组织可以拥有土地；获得土地所

有权的方法（原始取得、继受、添附）；产权主体的界定；土地所有者的权利和责任；国家、集体对土地所有权的分享。

（3）农户土地承包权及使用权。承包权与使用权；承包权获取与终止；承包权期限；承包权内涵、权利和义务。使用权获取与终止；使用权期限；使用权内涵、权利和义务。

（4）农村土地他项权利。土地的公共使用权；空间权；通行和过水权；抵押权；继承权。

（5）农村土地权利转让。土地所有权的转让；土地承包权转让（含买卖、馈赠、出租、交换）；土地使用权的转让；土地权利转让中的优先权；土地权利转让的一般程序；土地权利转换成股份的步骤；土地转让双方的权利和义务。

（6）土地登记。必须登记的土地权利；登记的机关和程序；土地登记所需要的文件；登记的土地权利和不登记的土地权利在法律上的地位。在登记各种土地权利的同时，重视各种权利证书和文本的制作、发放，使农民集体和农户的土地权利有法律的凭证。

（7）非耕地开发和利用。非耕地使用规划；承包使用非耕地一般规定（包括成员、面积上限、生态和环境、期限等）；非耕地承包和使用权的调整。

（8）土地征用。被征用土地的公用目的；土地征用的机关；土地征用的程序；公用目的的强制征用；土地的赔偿；征用和赔偿的上诉过程。

（9）法律责任。

（10）监督和执行。

三、农村土地使用权立法应解决的几个问题

8.赋予农民产权意义上的土地使用权，使所有权与使用权真正分离并得到法律保障

20多年的农村改革使农民获得了足够长度的土地承包期限。土地承

包期限的长期性客观上要求拓展使用权的内涵。事实上，当前政策允许土地使用权依法有偿转让；允许继承开发性生产项目的承包经营权；在群众自愿的原则下，允许采取转包、入股等多种形式发展适度的规模经营；在农村改革试验区，土地使用权还可以用于抵押获得生产性贷款。这表明农民土地使用权已由单纯的耕作权逐步演化成实际占有、使用、收益分配和部分处置权相统一的物权。承认并赋予农民这一物权，是营造千千万万个市场主体的根本前提，农民只有获得类似于"企业法人财产权"的土地产权，才获得了市场主体的根本资格，自主经营才有根本保证。正是由于这一根本原因，我国农村土地的制度改革的方向和基本政策的核心才集中到不断地拓展、稳定和强化土地使用权这一目标上。

所谓产权意义上的土地使用权，它包括：第一，农民在承包期限内对承包土地有事实上的排他占有权（集体所有权只需要从承包者手中获取地租收益和法律上的最终归属权，并对使用者提出土地地力的培养和持续发展的要求）；第二，农民在承包土地上有自主种植和经营的权利；第三，农户必须有剩余产品分配权；第四，农民必须获得部分土地处置权，包括使用权的有偿转让、转包、出租、作价入股、合作经营、抵押，以及承包期限内的代际传承。赋予农民土地产权（使用权）并不导致所有权的转移。这一点在所有权与使用权可以分离理论上早已阐述清楚。使用权期限越长对土地所有权的切割程度越深，使用权长期化越来越使所有权名义化，但再长的使用权，也不会最终变成所有权。在中国现行的土地法律框架中，土地使用权分为有期限和无期限两种。一是国有土地出让的使用权有20年、40年、50年、70年不变的期限，但由国家机关、全民和集体企事业单位法人使用的国有土地就没有期限，城市居民的宅基地使用权也没有期限限制。二是承包集体的耕地、非耕地获得的使用权有30年、50年、70年不变等不同的期限，但农民宅基地的使用权却是无限期的。在这里，不论有期限、期限长短，还是无期限，使用权并不造成对所有权的剥夺，无论何种用途的土地，其所有权均保持着国家和集体所有的根本性质。需要特别指出的是，农民宅基地使用权这一物权我国一直保障有力，使用权具有真正的排他性，任何人（包括土地的所有者）均不得以任何理由和任何行为妨碍使用人的权利。宅基地的继承，分家折产时的分割流动都是毫无疑问的。宅基地使用权利不可侵犯，它不仅变成一种制度安排，而且已经成为人们的观念和固定的思维模式。正因为如此，农民才从未担忧宅基地使用权的侵权问题，所以农民舍得在住宅上投资。农民宅基地永久的使用权也并没有变成所有权。它的存在倒是提醒我们："使用权长期化"与土地所有权私有化是有根本区别的。赋予农民长期的土地使用权并用立法予以保障的各方面条件都已成熟了。

9. 给农村集体经济组织（或社区组织）法人资格和地位

农村缺乏一个集体经济组织（或社区组织）法，村集体经济组织并没有法人资格和法律地位；村民小组职能弱化导致了村民小组组织的极大削弱，它们无力作为集体土地的产权主体；社区组织和集体经济组织既非公司，也非社团，进入市场以后没有法律保障。因此建议，应在农村土地使用权法中用专门的条款规定并赋予农村集体经济组织和村民小组法人资格和法律地位。只有按照一定的程序申请登记，取得法人资格的集体经济组织或社区组织，才有资格发包、经营和管理农村集体土地，其所签订的合同等才受法律保护。没有法人资格的经济组织签订的合同应视为无效合同。

10. 赋予"农民集体"完整的土地所有权

调查反映，农村土地集体所有权是最不完全的，而且，不稳定的使用权大多根源于不完整的所有权。事实上，国家、集体、乡村权势人物分享了集体土地的所有权。一方面，国家和政府特别是基层政府在修路、发展乡镇企业、搞开发区等过程中，想征地就征地，而且价格低廉。另一方面，乡村集体组织想调地就调地，诸如成片开发、规模经营、产业结构调整、区域化生产布局等活动中运用强迫手段变更农民土地承包关系。我国《宪法》明确规定公有制有两种实现形式，事实上集体所有权长期得不到尊重，政府在很大程度上剥夺了集体所有者的权利。在所有权权益没有保障，依附于所有权的使用权权利就更没有保障了。因此建议，农村土地使用权立法应该把新《土地管理法》及其实施条例均未清晰界定的农村集体土地所有权和使用权主体方面的权属界定清楚：所有权主体是谁？按新《土地管理法》规定，集体土地的产权主体有三个：其一，"农民集体"；其二，"农村集体经济组织的农民集体"；其三，"乡（镇）农民集体"。我们认为，上述的"农民集体"概念过于含混。三个产权主体并存的法律框架，显然受到原"人民公社三级所有"体制框架的束缚，这与现实农村土地权利结构的变化是不适宜的。乡（镇）作为国家基层政权已经失去了"人民公社"作为集体经济组织的性质。乡（镇）作为政权组织代表国家和政府，乡（镇）所有实质上就是国家所有。因此应排除乡（镇）一级作为农村集体土地所有者的主体地位，确立自然村和村民小组两级分享的所有权产权主体。原已经属于乡（镇）农民集体所有的土地，根据其现实的土地使用性质，一部分按国有土地补办征用手续、划归国有，一部分还权于村、组两级农民集体。在此基础上：第一，划清三个边界，即所有权主体的边界——以村民小组所有为主要形式，形成村、组两级分享的主体；集体成员边界——签约时的现实人口或者干脆以农户为成员单位；权属边界——包括地籍边界、权利边界、义务等。第二，如何获得土地所有权？法律首先应该规定所有权主体的资格，农民集体包括自治村、村民小组等依法建立的自治组织，以及与村、组相一致的村、组集体经济组织；这两类集体组织分别依《村民委员会组织法》或社区经济组织的有关法规依法登记，取得法人资格才能成为所有权主体。其所有的土地一是来源于原始取得，以农业生产资料社会主义改造——集体化的历史资料为依据，划分其地籍边界；二是添附取得，即海滩、河流冲刷形成的和新开垦改造的土地；三是农民迁移等继受取得的土地。第三，国家与集体，集体与农户对农村土地权利的分享。特别是变更土地承包关系时国家、集体和农户各有多少权力，如何保障？土地收益如何在国家、集体和农户中间进行合理分配？第四，国家机构之间及政府各部门之间的利益分配中，农村土地归谁管，执法主体是谁？现实中，农业部门管耕地，林业部门管林地，水利部门管水面，国土部门管征用，农村集体土地管理权利被众多部门瓜分了，而集体似乎什么权利也没有。制定农村土地使用权法必须在国家机构与政府各部门之间合理分配权限和职能，确立农村土地执法的主体。

11. 界定和规范土地承包关系

人们普遍反映，政策反复强调农村土地承包期限30年不变，但农民就是没有30年不变的安全感。这不能责怪农民，因为整个社会处在不断变革之中，相当多的人对政策、经济发展和社会稳定都心存疑虑。干部、工人、农民都较少去想5年、10年以后的事情，短期行为盛行。中央政策一再强调"稳定和完善土地承包关系"，那么就应该用法律界定和规范这些关系，给农民以"长"和"稳"的充分信心。包括：第一，主体要素，即土地承包关系的当事人及其关系人，把所有权主体、使用权主体、承包权主体、发包方的法定代表人、承包方的受让人、原承包人、转包转让关系中的转让和受让双方等界定清楚。第二，内容要素，即土地承包关系当事人的权利和义务，关系人的权利和义务，权利的获得与义务履行，违法处置，特别是转让、转包过程中的法律连带责任等。第三，土地承包、合同变更与终止等的操作依据和法律程序。第四，对稳定土地承包关系构成威胁和挑战的因素及其防范措施，比如现有成员、新增成员、退出成员之间利益冲突，各种剥夺和侵害农民土地承包权利的"政策借口"，诸如"区域开发""招标承包""大棚战略""椰子工程"之类，均需以农户这一市场主体的自愿为前提，并对利用权力干预农户家庭承包、自主经营的行为形成法律屏障。

12. 正确处理稳定承包权与放活使用权之间的矛盾

承包权是"农民集体"组织内部成员对本社区内所有的土地平等的分配或承包经营的权利；非社区组织内部的成员也可依法（如社区内2/3

成员通过或按一定竞标规则）取得土地承包权，这里所说的成员包括自然人或法人两种。稳定承包权，其真实的含义应该是，赋予农民具有产权意义的使用权，这种使用权通过签订承包合同而取得，可以独立存在，在合同期限内有排他的占有权。并且，在市场经济条件下使用权表现为一种具有交换价值的资本，占有它可以取得收益，转让它可以得到等价的补偿。稳定承包权还表现为县一级人民政府给农民长期的土地使用权颁发法律凭证——农户土地使用权证。放活使用权是指在承认农户拥有排他的占有、控制和利用承包土地的权利的前提下，允许土地的耕作和经营权利依法流转，土地使用权的流转可以是通过承包取得的具有产权意义的全部使用权，也可以是其中的部分权利。1988年12月修正的《土地管理法》第二条曾规定，集体土地使用权可以依法转让，其转让办法由国务院另行规定。但时至今日国务院的规定一直未出台。1998年新修订的《土地管理法》也规定土地使用权可以"依法转让"。依什么法是该有个法规了。农村土地使用权转让方面的立法应解决以下主要问题。

（1）土地承包期30年不变，承包期限内，如确因国家公共利益需要征用集体土地时，承包农户的权益保障问题，包括土地补偿、青苗补偿、劳动力安置及土地税费核销，甚至包括承包农户的生活来源和社会保障等。

（2）承包农户对承包土地有多大的处分权，应包括哪些内容，如何抵制非法和不正常的土地征用。

（3）新《土地管理法》规定严禁集体土地使用权出让、转让和出租用于非农业建设，但事实上集体土地的农外转用不可避免，一些地方只好把确需转让、出租的集体土地从手续上变成"国家征用"，再转让"国有土地使用权"。法律如何既堵住农地的非农用转让、出租，又给确需农外转让、出让、出租的集体土地以正当的途径和程序，避免上有政策下有对策的行为愈演愈烈。

（4）中央政策允许农民可以用土地使用权入股联营，土地使用权作为股本成为企业资本后应该成为企业融资的手段，可以抵押贷款。但是《担保法》第三十六、三十七条有明确规定，耕地不能抵押，于是也有人"曲线运动"，先把集体土地从手续上变成"国有土地"并颁发国有土地使用证，再用此证去金融机构抵押大宗贷款。显然，法律落后于政策，而且有较大漏洞。如何使政策与法律吻合？

（5）入股联营的农村集体土地有可能随企业破产、兼并、重组而发生所有权的转移，对此法律也应明确规定，比如允许所有权在集体经济组织之间流转，甚至可以允许一些管理能力较弱村委托其他村经营管理委托方的土地。

（6）经济较发达的农村集体用非农地建商品房，诸如所谓"庄园经济"中的庄园，"休闲观光农业开发"区域的房产。根据现行法律和政策，这种房产不能进入房地产市场。因为农村集体只有宅基证，不能获得房地产证。地方政府认为这种限制不仅存在漏洞，而且影响了地区经济发展，应该如何规范？

（7）中央政策规定土地使用权的合理流转要坚持自愿、有偿的原则，法律除体现这一原则外，从长远看，还应防止农民"惜地"心理影响土地适度规模经营的发展。从理论上看，非农产业发展、农村劳动力大量转移是土地规模经营的重要条件；但从实践上看，由于多种因素的作用，非农产业发展和农村劳动力非农化并不意味着土地必然趋向集中和规模经营。日本农民兼业化的教训及我国发达地区离农人口仍不愿放弃土地的趋势都在告诉我们：法律必须对离农人口和以农外收入为主要经济来源的农民承包土地的转让带有一定的强制性。

13.妥善解决土地资源配置的公平和效率问题

经济欠发达地区、边疆地区、民族地区及其他贫困地区的农民，除土地收入外再无其他经济来源，因此，他们对土地的依赖程度更高。同时，这些地区相对落后，不论政府还是农民，发展地方经济的愿望更为强烈。况且，他们除土地资本之外别无他物。因此，多寄希望于在土地使用权上实行更加优惠的政策以吸引外来项目和投资。这带来两对矛盾：一是在农民公平要求下不断调整土地以求平等的生存权，与长期稳定土地使用权以求有所发展的矛盾；二是政府既希望稳定土地承包权解决农民温饱问题，与更希望凭借低廉的土地资源发展地方经济的矛盾。由这两对基本矛盾引出的需要解决的问题主要有以下四种。第一，如何在承包土地30年不变的前提下，解决新增人口和新增劳动力的土地和生活来源问题。第二，现有人口平分现有耕地，并且集体预留机动地被限制，在这种情况下"四荒地"的开发利用及集体经济组织外部成员承包问题如何限制和规范？第三，应该强调的是，非耕地承包经营的矛盾大大超出了耕地承包经营的矛盾。许多人认为"四荒地"的管理最乱：什么叫"荒"没有准确的界定；荒山、荒坡、荒水的管理权限分属于不同的政府部门，这些部门都向国务院写报告要权利，政出多门又极不统一；"四荒"拍卖或出让价格极其便宜，且导致植被被破坏；自留山、责任山的森林及生态破坏仍在继续；等等。诸如此类问题法律如何调节？第四，应该特别强调的是，实行"生不增、死不减"的政策并上升为法律以后，非耕地资源的开发与新增人口和新增劳动力的利益联系变得更加紧密，在这种情况下，非耕地资源的开发利用必须有长远规划，因此，农村土地使用权法必须对非耕地资源的开发、招标发包、农外转用等作必要的限制和规定，以便为社区新增人口和新增劳动力留下调整土地空间。

14. 应规定农村集体土地的他项权利

国有土地和集体土地都应该设立他项权利。特别是农村土地家庭经营、利益个体化以后，土地的相邻关系突出出来，在农户土地相邻权纠纷案的处理过程中，人们经常遇到土地除承包权、使用权、收益和处分权之外的其他物权，比如，在他人使用土地上的通行权、过水权、埋管线权、空中架线权等。况且，《担保法》第四十七、四十八条有他项权利，《城市房地产管理法》也有他项权利，而《土地管理法》中却没有他项权利的规定，农村土地也应规定他项权利。用法律界定什么是他项权利，这些权利如何获得、权益如何保障，等等。

15.充分估计工业化、城镇化高速发展对农业的重大影响，立法应该有一定的超前性

日本从1970年5月《农地法》第二次修改开始，就试图改变"汪洋大海般"的小农经济，使土地通过租借和流转向真正愿意从事农业生产且有能力的农民集中。尔后，日本在农业现代化发展的各个阶段又采取了各种政策和法律措施（如促进"自主经营农户"发展、确立和支持"认定农业者"、建立各种"农业协同组合"、成立"农地保有合理化法人"等）来促进农地流转、集中土地和规模经营，但经过近30年的努力，日本仍未改变"汪洋大海般"的小农经济的现状。这表明：第一，在人多地少的条件下，小农户分散经营有其必然性，不能希望用发展规模经营解决小农户分散经营与现代化生产的矛盾。第二，但这并不等于有条件的地方不能发展适度的规模经营；相反，法律必须考虑在"稳定承包权"的同时"放活使用权"，既要防止过"死"的承包权影响土地权利的正常流转，又要防止过"活"的使用权损伤农民的积极性。第三，国内外的经验表明，小农户分散经营的弱点可以通过中介管理组织和社会服务组织功能的发挥而克服，规模越小的农户对这样的组织依存度越高。因此，法律必须创造农业产业化发展和农村社会化服务的一些前提条件。除此之外，还应注意农村土地使用权法与其他法律的衔接。比如与《土地管理法》《农业法》《森林法》《合同法》《村民委员会组织法》《担保法》《基本农田保护条例》的衔接，以及与《刑法》中有关土地犯罪的条文等的衔接，避免法规之间的矛盾和不一致，造成执法的困难。

农村土地使用权立法是一项开创性工作，涉及国家、集体及千千万万个农户家庭的利益，把土地长期的使用权赋予农民，并从立法上予以保障，它的意义已大大超出了使用权立法本身。"耕者有其田"是中国农民长期追求的一种理想目标，通过立法真正实现这一目标，满足了农民的心理需求，将再次极大地焕发农民群众的生产热情。

第四章
让农民工成为历史

农民工是我国经济社会转型时期形成的一个规模庞大的特殊群体。改革开放以来,这个"特殊群体"为工业化、城市化作出了历史贡献,但长期以来难以公平分享改革发展成果。为此,中改院早在10多年前就首倡"让农民工成为历史"。此后,中改院提出《以居住证制取代城乡二元户籍制(16条建议)》。这份报告明确提出,城乡二元户籍制度形成的历史条件已经改变,传统户籍制度赖以存在的经济基础和社会基础已逐渐减弱,户籍制度改革滞后与人口城镇化进程的矛盾日益凸显,需要以更大的决心和魄力加快户籍制度改革。"十三五"深化户籍制度改革,要以全面实施居住证制度为目标,推进人口管理理念、人口管理制度、人口管理主体的重大变革。中改院不断建言,以全国城乡统一的居住证制度取代城乡二元的户籍制度,让城乡二元户籍制度成为历史,以居住证制度取代城乡二元户籍制度,等等。

让农民工成为历史

9条建议

（2010年8月）

"十二五"期间，我国的发展方式转变与农村改革发展直接联系在一起。转变发展方式，重要的是把13亿多人的社会需求释放出来，以形成消费主导的基础条件。这就需要加快城市化进程，使城市成为建设消费大国的主要载体；加快城乡一体化进程，把7亿多农民的潜在消费需求转化为现实需求。"十二五"期间，无论是城市化还是城乡一体化，都绕不过"农民工"这个坎。"让农民工成为历史"，实现农民工市民化，既是推进城市化进程的重头戏，也是推进城乡一体化的突破口。

一、"让农民工成为历史"应当成为"十二五"经济社会发展的目标之一

农民工是我国经济社会转型时期形成的一个规模庞大的特殊群体。30年来，这个"特殊群体"在为工业化、城市化作出历史性巨大贡献的同时，却难以公平分享改革发展成果。当前，我国已进入城市化、城乡一体化加快推进的重要时期。无论是从现实需求还是从发展趋势看，都需要在"十二五"期间实现农民工市民化，"让农民工成为历史"。

1. 农民工融入城市是一个客观现实

虽然农民工尚未纳入城市保障性住房范畴，尚未享有与城市居民一样的基本公共服务，但这并没有阻碍事实上形成的农村人口不断融入城市的趋势。首先，农民工已经成为城市产业工人的主体。2009年农民工

总量达2.3亿人。其中在第二产业从业的农民工占57.6%，在加工制造业从业的占68%，在建筑业从业的占80%。其次，农民工是城市新增人口的主要来源。2.3亿农民工，在城市务工的约有1.5亿人。这些年城市新增人口主要是农民工。"十二五"实现农民工市民化，城市人口将突破7亿人，城市化率有望达到52%~55%。

2. 农民工群体结构正在发生重大变化

"十二五"时期，"80后""90后"等新生代农民工将成为产业工人的主体。从近几年的情况看，新生代农民工大量进入城市劳动力市场，他们不再是为了生存而进城，而是为了谋求发展而进城。其利益诉求也开始多元化和现实化。

3. "十二五"全面解决农民工市民化问题的时机成熟，条件具备

不久前，中改院组织了"十二五"农村改革问卷调查。结果显示，近80%的专家认为，"十二五"全面解决农民工问题的条件已经具备或初步具备。"十二五"实现农民工市民化既有很强的需求，又有现实的条件。

第一，从需求来看，农民工市民化有利于扩大社会总需求，有利于加快城市化进程。农民工市民化可以将2.3亿农民工群体的潜在消费变成现实需求。为此，建议把"农民工市民化"纳入国家"十二五"发展规划中。第二，从条件来看，2010年国家财政收入将突破8万亿元，客观上已具备一定的财政能力来推动并最终解决农民工市民化的问题。第三，从政策展望看，"十一五"时期，城乡基本公共服务均等化有了明显进展。预计"十二五"时期，无论是在政策创新上，还是在均等化程度提高上，都会有重要突破。这将为实现农民工市民化提供重要的基础条件。第四，从实践来看，发达地区有望率先取得突破。长三角、珠三角是农民工最集中的地区，这些地区已经开始着手解决农民工问题，估计在2~3年内会有一定的突破。总的看法是："十二五"解决农民工市民化应当做得到，也有条件做得到。"农民工"三个字应当成为历史。

二、"让农民工成为历史"应当作为"十二五"城乡一体化的重大突破

农民工既涉及农村，又联系城市。解决农民工市民化，既是城乡一体化的焦点，也是统筹城乡发展的重点。"十二五"推进城乡一体化应当把"让农民工成为历史"作为重要的突破口，着力破解城乡二元的户籍制度、基本公共服务制度和土地制度。

4. 以落实农民工就业落户政策为突破口，放开城乡二元的户籍限制

建议"十二五"时期分两步走：第一步，"十二五"的前3年实现中小城镇户籍制度全面放开；第二步，"十二五"的后2年实现大城市户籍制度基本放开。"十二五"末期，把农民工"暂住证"改为"居住证"，实现农民工在全国范围内的自由流动和统一管理。

5. 以农民工市民化为突破口，推进城乡基本公共服务均等化进程

当前，如何有效保障农民工群体的基本公共服务是一个突出的问题。2006年农民工享有的基本社会保障水平只有城镇居民的25%。近两年，尽管这一差距有所减小，但是仍然比较悬殊，尤其是制度还未对接。"十二五"实现农民工市民化，重在推进农民工基本公共服务的市民化，这样才能为未来10年实现城乡基本公共服务均等化奠定重要的基础。

农民工在全国范围内跨区域流动越来越频繁，应当尽快出台全国统一的农民工基本公共服务相关政策，保障农民工无论在什么地方就业，都能享受到与该地区户籍居民大致相同的基本公共服务。当务之急是解决两大问题：第一，全面解决农民工子女的义务教育问题。建议尽快实行义务教育全国通用的教育券制度。国家为每位义务教育阶段的学生发放教育券，农民工子女可以凭教育券在全国任何一个地区就学，国家按照学校提供的教育券进行财政拨款支持，或者按照近年当地义务教育实际入学学生数对地方进行专项财政转移支付。第二，抓紧建立包括基本医疗保险在内的农民工基本社会保障制度。在解决农民工基本医疗保障

的同时,探索衔接新型农村合作医疗制度和城镇基本医疗制度的有效途径。

6.以创新农民工土地制度安排为突破口,统筹推进城乡土地一体化

城乡二元土地制度安排,尤其是农村土地长期承载的基本社会保障功能,是农民工被排斥在诸多城市基本公共服务保障范围之外的深层因素。建议"十二五"创新农民工土地制度安排以下两点:

一是尽快剥离土地社会保障功能。"十二五"的土地政策调整,要把剥离附加在土地上的社会保障功能作为重点之一,使农民工能实际获得与城镇居民平等享受基本公共服务的权利。应当叫停诸如"土地换社保"等各种不合理做法。尤其是在农村土地得不到物权保障、不能抵押贷款的情况下,不能硬性要求农民工以放弃土地权利为代价来获得城市的基本公共服务。

二是切实保障农民工的土地收益权。在符合城乡土地规划的前提下,统一建立完善农民工土地使用权转让、出租、抵押、入股的相关制度安排。

三、"让农民工成为历史"应当作为"十二五"政府转型的约束指标

"让农民工成为历史",既关系城市化进程,又关系和谐社会建设,牵动我国发展方式转型的全局。为此,应当明确把"让农民工成为历史"作为"十二五"改革发展的重要任务和政府转型的约束性指标。

7.把农民工市民化作为政府的公共职责

农民工市民化需要明确中央与地方政府的职责分工,建立以中央和省级政府为责任主体、市县政府负责具体实施和管理的分工体系,为"十二五"农民工市民化提供财力保障和组织保障。

8.把政府土地收益的一部分用于解决农民工基本住房保障问题

这里的主要建议是:第一,将农民工纳入居住地城镇居民住房保障

范围，实现"住有所居"的目标。第二，规定一定比例的土地收益用于改善农民工住房保障。当前，土地增值收益已经成为地方政府收入的重要组成部分，农村土地转换为城市土地的增值收益，理应让农民工参与分享。建议"十二五"时期明确规定50%的土地收益要用于包括农民工在内的住房保障。第三，建立符合农民工实际需求的住房公积金制度。将农民工纳入城市职工住房公积金制度范畴，探索符合农民工特点的住房公积金使用办法。

9.保障农民工公共就业服务

公共就业服务是当前农民工的迫切需求，对其生存和发展具有重要现实意义。建议尽快把农民工纳入所在城市的公共就业服务体系，建立农民工和所在城市户籍人口统一、平等竞争的劳动力市场。同时，完善由城市户籍人口与农民工共享的公共就业服务信息管理制度和机制，确保农民工通过所在城镇人力资源市场信息网络享受自助式公共就业服务。在此基础上，把农民工纳入所在城市就业、失业统计范围，建立包括农民工在内的劳动力资源及就业状况调查统计登记分析制度。

"十二五"时期，"让农民工成为历史"，实现农民工市民化，将大大加快城市化和城乡一体化进程；将对以公平与可持续发展为目标的发展方式转变产生重大而积极的影响。我们应当为此付出努力！

推进人口城镇化的政策与体制创新

8条建议

（2013年5月）

随着内外发展环境的深刻变化，未来5~10年，我国的新型城镇化面临重大机遇、拥有巨大潜力。推进规模城镇化向人口城镇化的转型，以人口城镇化为主要载体、以政策和体制创新为重点，有效释放城镇化的内需潜力，争取到2020年基本形成人口城镇化新格局，是全面建成小康社会的战略选择。

1. 把人口城镇化作为新型城镇化的发展重点

从国际经验看，工业化中期之后，城镇化在经济社会转型发展中的作用逐步凸显。与其他国家不同，我国城镇化是最大的潜力，主要是指人口城镇化的潜力巨大。

（1）人口城镇化率有倍增的空间。2012年，我国城镇化率为52.57%，实际的人口城镇化率仅为35%，远低于2011年世界52%的平均水平。如果能打破政策与体制的掣肘，每年就有可能提高1.5~2个百分点。到2020年，人口城镇化率就有可能接近目前的世界平均水平；到2030年，有望进一步提高到65%~70%的峰值，基本实现人口城镇化。就是说，未来的20年左右，我国人口城镇化率有望实现倍增。

（2）人口城镇化拉动内需的潜力巨大。人口城镇化能够有效释放消费潜力并引致相关的投资需求。初步估算，到2020年我国人口城镇化进程将带来百万亿级别的内需规模，成为7%~8%中速增长的重要支撑。以农民工为例，农民只进城务工，人均消费支出将提高171%；但如果农民进城务工并且成为市民，人均消费支出将提高214%。初步测算表明，1.3亿~1.5亿新增农业转移人口如果能顺利实现市民化，到2020年有望释放至少5万亿元的潜在消费需求。此外，人口城镇化的消费需求还能够带来巨大的投资需求。

（3）把人口城镇化作为新型城镇化的出发点、落脚点。一是坚持以人口城镇化带动工业化的转型升级，带动产业结构调整，由此将形成服务业发展的大环境。估计到2020年，我国服务业的比重有望提高到55%左右。二是坚持以人口城镇化带动城乡一体化。客观说，前些年新农村建设投入不少，但总体上看成效不明显，并且难以持久。为什么？重要原因在于没有把城镇化的因素综合考虑在内。就是说，新农村建设不能脱离城镇化进程，通过人口城镇化拉动城乡一体化，应当成为城镇化转型发展的重大任务。三是以人口城镇化带动中等收入群体的持续增加。到2020年人口城镇化基本格局初步形成，对实现中等收入群体规模倍增将产生决定性影响。

2. 明确把到2020年人口城镇化不低于50%作为约束性指标

全面建设小康社会的重点在农村。人口城镇化率能够真实反映农村居民生活水平的改善程度，因而是全面建设小康社会的重要指标。目前，人口城镇化率世界平均水平为52%。从国际经验看，进入工业化中后期，人口城镇化率的均值为60%。如果到2020年，我国城镇化率均值达不到60%、人口城镇化率达不到50%，将意味着有一半的国民仍旧停留在农村较低的生活水平上。这样，不仅难以实现全面建成小康社会的发展目标，还会延误经济社会结构调整，失去发展的主动权。为此，需要把人口城镇化作为全面建设小康社会的战略重点，把到2020年人口城镇化率不低于50%作为城镇化发展规划制定的基本依据，由此形成人口城镇化的战略目标和战略步骤。

（1）未来5年左右，使人口城镇化率不低于1.5%的增长速度，人口城镇化率达到42.5%左右，初步形成人口城镇化的新格局。

（2）未来8年左右，到2020年人口城镇化率达到50%以上，基本形成人口城镇化新格局。

（3）再用10年左右时间，到2030年，人口城镇化率达到70%左右，基本实现人口城镇化。

3.着力推进规模城镇化向人口城镇化的转型

当前，我国的城镇化带有规模城镇化的某些特点：以工业化为主导、以做大经济总量和承载投资为主要目标、以土地批租为重要手段。这种城镇化模式在推动经济增长的同时，也积累了产能过剩、资源浪费、环境破坏等突出问题。进入发展型新阶段，规模城镇化的矛盾问题日益凸显，难以为继。未来5~10年，随着我国城镇化面临的条件、需求、角色的深刻变化，新型城镇化主要不在于铺摊子、造新城，而重在适应人的发展需求提升城镇品质。为此，要推进由规模城镇化向人口城镇化的转型。

（1）实现城镇化模式由生产主导向生活（消费）主导的转变，把城镇化发展转型的目标聚焦到提高中小城镇生活品质和积聚人口上来。

（2）实现城镇化模式由工业主导向服务业主导的转变，通过大力发展生产性服务业、生活性服务业扩大城镇就业容量，实现城镇化发展与产业转型升级的有机结合。

（3）实现城镇化模式由城乡分割向城乡融合的转变，更加注重打破城乡二元制度结构，实现城镇化发展与城乡一体化的有机结合。

4.人口城镇化重在农民工市民化

人口城镇化的过程，是农民进入城镇就业并融入城镇生活的过程。就是说，农民工市民化是推进人口城镇化的核心。城镇化要实现包容性增长，重头戏是解决好农民工市民化的问题。

（1）实现农民工市民化到了临界点。一方面，农民工在城镇居住呈长期化趋势，他们中的八成即使没有户籍也会留在城镇。就是说，实现农民工市民化有很强的现实需求。另一方面，农民工长期融不进城市社会，长期享受不到应有的权利，累积了大量的社会矛盾和风险。面对利益关系的失衡，社会矛盾凸显，解决农民工市民化的时空约束明显增强。

（2）尽快出台农民工市民化的国家规划。到2020年总体解决农民工市民化，需要财力等相关条件。综合多方面的情况看，关键在于战略判断和政治决心。建议用2~3年时间，初步实现有条件的农民工市民化；用3~5年时间，通过放开户籍制度和城乡基本公共服务均等化的制度安排，基本解决存量农民工的市民化；用8年时间，即到2020年总体解决农民工市民化，初步形成人口城镇化的格局。

农民工市民化牵动影响全局。推进农民工市民化，让农民工在城镇安家，享受与城镇居民同等的权利和义务，不仅有利于经济社会稳定，而且由此会赢得转型与发展的主动权。

5.推进以放开为目标的户籍制度改革

农民工市民化首先遇到的难题是城乡二元分割的户籍制度。城乡二元分割户籍制度导致城乡居民的福利不平等和权利不平等，不是一般的改革创新，而是创造条件，逐步取消。考虑到解决问题的难度，在操作层面从长计议，循序渐进。

（1）1~2年内，剥离户籍制度的福利分配功能，在中小城镇全面取消户籍制度，建立人口登记制度。

（2）3~5年内，除了某些特大城市，其他大中城市的户籍制度基本放开，全面实施居住证制度。

（3）5~8年内，全面实行以身份证代码为唯一标识的人口登记制度。

6.推进城乡基本公共服务制度对接

取消户籍制度的目的是解决城乡基本公共服务的差距问题。中央已经明确提出到2020年总体实现基本公共服务均等化的目标，这是解决人口城镇化的重大举措，应当坚定不移地推进。问题在于，由于城乡在经济发展和生活水平上的差距，城乡基本公共服务水平在大致相当的前提下可以有一定的差距，但要尽快解决制度导致的不公平的问题。

（1）在国家规划层面明确全国统一的基本公共服务均等化政策，提高基本公共服务统筹层次，实现城乡两套基本公共服务制度的对接融合。

（2）以农民工整体融入城市基本公共服务体系为核心，推动农民工"个人融入企业、子女融入学校、家庭融入社区、群体融入社会"。

（3）多种方式解决农民工基本公共服务问题，比如，针对农民工子女流动性较大的特征，可以采取教育券的途径解决。

（4）充分发挥国家和社会积极性，解决农民工的就业和住房问题。以住房保障为例，在各级政府将符合条件的外来务工人员纳入公共租赁住房保障范围的同时，对招用农民工较多的企业，在符合规划的前提下，可以考虑出台政策鼓励支持企业在依法取得的土地上建设农民工的宿舍楼。

7. 推进农地物权化的制度创新

这些年来，城镇化中暴露出来的农地问题，与法律尚未赋予农地使用权完整的物权性质直接相关：一是农村征地强拆、补偿标准过低等问题，深层次的原因是农地实际上为债权而非物权，农民难以成为征地中的谈判主体；二是农业产业化、规模化经营受制于农村土地交易市场发育滞后；三是企业可以通过自身资产抵押获得银行贷款，但按照《物权法》规定，耕地、宅基地、自留地、自留山等集体所有的土地使用权不得抵押，使得农民通过土地使用权抵押获得银行贷款面临法律障碍；四是由于农地和宅基地的物权性质不完整，农民难以通过承包地和宅基地流转，带着资本进城，由此导致人口城镇化严重滞后。考虑到2007年出台的《物权法》已经将包括农村土地承包权、建设用地使用权、宅基地使用权等列入用益物权范围，提出以下三点建议：

（1）进一步修改《土地管理法》，以确保农村土地使用权具有完整的用益物权性质。

（2）在严格用途管制的基础上，赋予农民土地用益物权主体地位，实现农村土地承包关系稳定并长久不变。

（3）建立城乡统一的土地市场，形成农村土地使用权转让、出租、抵押、入股的相关制度安排。

8.实现公共资源由按照行政级别配置向按照人口规模配置的转变

人口城镇化严重滞后于规模城镇化，深层次的原因在于公共资源按行政级别配置，而非按人口规模化配置，并由此形成了公共资源配置向大城市集中，中小城镇公共资源严重不足的局面。例如，一线、二线城市的高房价，背后的原因是公共资源、优质公共服务在中心城市的集中配置。其结果是，大城市公共服务质量高和就业机会多，但农民工市民化安置成本高；中小城镇农民工市民化安置成本低，但对农民工缺乏吸引力。

（1）按照人口在城镇集聚的规模测算不同城镇公共资源配置标准，按照基本公共服务均等化的原则，实现大中小城镇公共资源配置均等化。

（2）改革财税体制，加大各级政府对中小城镇的转移支付力度，实现新增财政城市建设资金主要用于中小城镇，实质性地提高中小城镇人口集聚功能。

（3）按照党的十八大"行政层级扁平化"的要求推动行政体制上的省直管市县建设，赋予市县在公共资源配置上的平等地位。

（4）以公益性为重点优化国有资本配置，发挥国有资本在提升中小城镇基础设施、公共服务水平上的重大作用，在这个前提下，改善投资环境，激活社会资本在中小城镇的投资。

从实践看，过去30多年来形成的规模城镇化模式，具有行政主导的特征和很强的体制惯性。如果没有政府发展理念的重大变革，推进人口城镇化的转型发展是十分困难的。为此，推进人口城镇化的政策与体制创新，关键是转变政府发展理念。实现中央和地方关系由以经济总量为导向，向以公共服务为导向的转变，才有条件解决人口城镇化面临的深层次的体制矛盾。为此，建议尽快破题以财税为重点的结构性改革，为人口城镇化的政策与体制创新开辟道路。

以居住证制取代城乡二元户籍制度

16条建议

（2016年3月）

进入人口城镇化发展的新阶段，城乡二元制度结构改革滞后的矛盾全面凸显，突出表现为传统的城乡二元户籍制度已经成为制约农业转移人口市民化、城镇化质量提升的重要制度性障碍。到2020年基本形成人口城镇化发展新格局，关键是让传统的户籍制度退出历史舞台，在全国范围内全面实行居住证制度。

一、城乡二元户籍制度形成的历史条件已经改变

经过近38年的改革开放，传统户籍制度赖以存在的经济基础和社会基础已逐渐减弱，户籍制度改革滞后与人口城镇化进程的矛盾日益凸显，需要以更大的决心加快户籍制度改革。

1.私人产品短缺时代成为历史

1958年出台的《户口登记条例》，开始将城乡居民分为"农业户口"和"非农业户口"，通过对居民常住、暂住、出生、死亡、迁出、迁入、变更等人口登记，以法律形式严格限制农民进入城市。改革开放以来，随着经济快速发展，物质产品极大丰富，吃饭穿衣等相关产品的严重短缺已经成为历史。2000—2014年，城乡居民恩格尔系数分别从39.4%、49.1%下降到30.0%、33.6%。产生于计划经济、短缺经济时代的城乡二元户籍制度不仅成为解决"三农"问题的主要障碍，而且抑制了内需潜力，尤其是严重抑制农业转移人口消费潜力的释放。

2. 工业主导的城镇化弊端凸显

城乡二元户籍制度是我国重化工业发展战略下的产物：一方面，通过粮食统购统销和工农产品价格"剪刀差"，将农业剩余转化为工业积累和城市建设；另一方面，通过户籍制度限制农业劳动力向城市非农部门迁移，以维持城市工业发展和农业基础的稳固。这一制度安排导致了城乡发展的严重失衡和城镇化进程的停滞。1966—1978年，我国城镇化率仅由17.86%提高到17.92%。

3. 劳动力红利的消减

城乡二元户籍制度为长期保持劳动力成本优势发挥了重要作用。从2011年开始，我国出现人口红利消减的趋势。根据第六次全国人口普查数据，2010年，15~59岁劳动年龄人口的总量到达峰值9.4亿人，此后就开始出现负增长，预计到2020年降至9.1亿人。人口红利的消减导致劳动成本上升。根据国家统计局数据，2003—2014年，农民工工资年均增长13.6%，高于同期的GDP增长速度。"十三五"期间，如果户籍制度改革不能取得实质性突破，当人口结构变化与城乡二元制度结构产生叠加效应时，不仅劳动力供给会减少，还会产生农民工返乡的"逆库兹涅茨现象"，进一步加速人口红利的消失。

4. "回不去"的新生代农民工

与传统农民工相比，新生代农民工正由"亦工亦农"向"全职非农"转变。一方面，新生代农民工普遍缺少务农经验，85%的新生代农民工从来没有从事过农业生产；另一方面，许多新生代农民工出生在城市，农地二轮承包时没有分到土地，而且他们中的多数人土地情结弱化，进城后就不想再回去种地。如果户籍制度改革实现实质性突破，这个庞大的劳动者群体将成为推动我国产业转型升级的重要人力资源，也将成为巨大的新兴消费群体。

5. 依靠户籍制度控制人口流动已经失效

改革开放以来，原来以控制人口流动为主要目标的户籍制度实际上并未阻挡农业转移人口流动的步伐。根据《中国流动人口发展报告2015》,"十二五"时期,我国流动人口年均增长约800万人,2014年年末达到2.52亿人。流动儿童和流动老人规模不断增长,预计到2020年,我国流动迁移人口将增长到2.91亿人。

二、深化户籍制度改革要有新思路

"十三五"深化户籍制度改革,不能把"暂住证"换个名称变成"暂时居住证",也不能长期实行户籍制度和居住证制度"双轨制",而是以全面实施居住证制度为目标,推进人口管理理念、人口管理制度、人口管理主体的重大变革。

6. 由对人口的控制向对人口的服务与管理转变

(1)由限制人口流动向引导和服务人口流动转变。深化户籍制度改革,首要任务是推进对流动人口由"限制"向"引导和服务"转变,实现对流动人口的精细化管理。

——建立有利于人口流动的政策体系。例如,加快推进各种社会保障制度之间的转移接续,为流动人口在城乡、区域间转移就业提供制度保障。

——优先解决已经在城镇就业、居住和参保达到一定年限的人员落户。确保农民在农村的各项权益,减少其后顾之忧,同时为农民进城常住或落户创造资本积累,增强进城定居的吸引力。

——引导农业转移人口向中小城镇就业和生活,实现就近城镇化。把加快发展中小城镇作为优化城镇规模结构的主攻方向,加强产业和公共服务资源布局引导,提升质量,增加数量。

(2)由人口控制向公共服务转变。改革开放以来,随着人口城镇化进程加快和流动人口规模增加,以防范控制为主要目的的人口管理模式弊端日益突出,迫切需要转型。

——由应急管理向疏导管理转变。从现实问题看,以治安管理为主的人口管理模式，越来越难以适应人口城镇化所带来的社会结构深刻变化和利益主体多元化趋势。例如，农民工合法权益有效保护的长效机制尚未建立，其中突出的是劳资矛盾没有缓冲机制。有序推进人口城镇化，需要在公平原则下，通过法律、行政等手段，构筑有效的谈判沟通和意见表达平台。

——由人口管制向人口服务转变。重点是加快社会保障制度改革，通过建立多层次的社会保障制度，以适应流动人口多样化社会保障需求，努力实现公共服务常住人口全覆盖。

（3）由"以证管人"向"大数据"管理服务转变。由于大量流动人口的非正规就业和居无定所，"以证管人"的人口管理模式，不仅难以准确掌握流动人口信息和提供精准服务，还给常住人口带来"人在证途""证明你妈是你妈"的诸多困扰。随着大数据等现代信息技术的广泛应用，有必要、有条件通过建立公民信息大数据库网，构建现代化的社会治理体系，实现"一证走天下"和精准服务。

7.由城乡二元户籍制度向居住证制度的转变

（1）以居住证制度取代城乡二元户籍制度是重大历史突破。2016年1月1日，《居住证暂行条例》正式开始施行，标志着居住证制度突破户籍制度的身份等级划分，实现身份平等。户籍制度带有深刻的身份烙印，使城市户口和农村户口之间存在着60多种城乡不平等的社会福利。实施居住证制度，就是不再区分城市和农村户籍，在城里居住就是城市居民，在农村居住就是农村居民；农民和市民只有职业的不同，没有身份和权利的不同。

（2）到2020年基本建立全国统一的居住证制度。"十三五"按照党的十八届五中全会提出的"实施居住证制度，努力实现基本公共服务常住人口全覆盖"的目标要求，需要重点推进五个方面的改革。

——扩大覆盖范围。当前，很多地区存在居住证覆盖率低的问题，各地可以探索通过多种形式提高居住证覆盖范围，积极发挥居住证作用。

例如，将非正规就业、长期居住在违章建筑内的流动人口纳入居住证体系；允许外来人口根据其所持有的暂住证作为连续居住证明免费换取居住证。争取到2016年年底，基本实现流动人口居住证制度全覆盖。

——降低申领门槛。从实践情况看，部分地区申领条件偏高，不利于掌握流动人口的信息，也容易使居住证变成第二个户籍，丧失公平性。根据《中国流动人口发展报告2013》，流动人口主要就业于私营部门或从事个体经营，他们中的相当比例既无社会保险也无租赁住房证明，很难达到居住证申领条件。因此，居住证申领条件应按照"低门槛、阶梯制、累进式"的改革路径，细化相关规定，尽量扩大政策的覆盖范围，在保基本的前提下，为不同条件的流动人口提供相应的公共服务。

——提高服务水平。积极创造条件，逐步扩大为居住证持有人提供公共服务和便利的范围，提高服务标准。在保基本的前提下，增加居住证所涵盖的公共服务，使"居住"与"福利"挂钩，根据居住时间、缴纳社会保险和对本地的经济贡献，建立"累进制"福利模式，享受不同水平的公共服务和权益。同时，要合理设置居住证制度体系，既要防止城市内部产生新的社会分化，又要避免形成"福利洼地"。

——完善技术手段。尽快建立动态的、全国联网、部门间互联互通的国家人口基础信息库和管理系统，统一社会信用代码制度和相关实名登记制度，完善社会信用体系。实施各部门数据库对接工程，整合公安、人社、计生、民政、住建、工商等部门掌握的本部门数据资源和采集系统，均储存在人口数据库中，实现数据的自动对比和更新。

——推进制度并轨。首先推进居住证与户籍制度并轨，统一以人口登记和服务管理为主要功能的居住证制度；其次推进省际居住证制度衔接；最后到2020年基本建立以身份证号为唯一标识、全国统一的居住证制度。

（3）分类、分步建立全国统一的居住证制度。

——2~3年内，剥离户籍制度的福利分配功能，在中小城镇全面取消户籍制度，一步到位建立居住证制度。除大城市外，中小城市和建制镇全面放开户籍政策，有合法稳定住所，包括租房的人员，本人以及同居生活的配偶、未成年子女、父母等，都可以在当地申请登记常住户口；在特大城市、大城市实施户籍和居住证并存的制度，逐步提高和改善持有居住证居民享有的公共服务水平，根据地方财力条件逐步放宽有固定工作岗位的农业转移人口落户。

——3~4年内，除某些特大城市、大城市外，其他中等城市的户籍制度基本放开，全面实施居住证制度。

——到2020年，在全国范围全面实行以身份证代码为唯一标识的居住证制度。居住证持有人享有与当地常住人口同等的基本公共服务；城乡居民实现在常住地依照当地标准，行使公民的各项基本权利，包括选举权、被选举权等；居住时间短的人口纳入流动人口管理体系。

8. 由治安部门的管理向人口服务部门的管理转变

人口服务与管理不仅是个治安问题，还涉及劳动力供给、就业服务、计划生育、社会保障、教育等社会问题。从现实情况看，以公安部门为主的人口管理模式难以适应多元化人口服务与管理的目标要求。借鉴我国台湾地区经验，实行"户警分立"。打破人口服务管理的"条块分割"，整合信息网络资源，探索建立以民政部门为主，由公安、统计、卫生、工商、教育、人社部门共同参与的人口综合服务管理系统，提高人口服务管理效率。

三、全面实施居住证制度的条件总体具备

总的来看，户籍制度改革经过多年的探索并取得重要成果，"十三五"全面实施居住证制度已具备条件，关键是下决心打破利益格局，实现深化户籍制度改革的实质性破题。

9. 居住证制度包含了户籍的部分功能

近10年来，户籍制度改革步伐加快，各地居住证制度不断探索，政

策效果持续显现。从各地实施的居住证制度与现行户籍制度比较看，城市户籍居民可以享受城市全面的社会保障及其福利权益；持有居住证（不包括临时居住证）人口能够享受到部分与居住地户籍居民同等的服务和待遇。二者尽管还存在差别，但差距在缩小，户籍制度所强调的以身份为标准来获取福利和权益的观念在淡化，居住证所强调的以居住、就业和缴纳社会保险为标准来获取福利和权益的观念在增强，这为到2020年在全国范围内建立统一的居住证制度奠定了重要基础。

10.基本公共服务均等化加快推进

近年来，国务院出台《关于解决农民工问题的若干意见》等一系列促进以农民工为重点的流动人口市民化的政策措施，农民工子女教育、职业培训、公共卫生和社会保障享有水平不断提高。党的十八届五中全会提出，"全面实施城乡居民大病保险制度""整合城乡居民医保政策和经办管理""实现职工基础养老金全国统筹"等改革举措，为"十三五"以实施居住证制度为目标推动城镇常住人口基本公共服务均等化创造了有利的政策条件。

11.流动人口融入城市愿望强烈

根据《中国流动人口发展报告2015》，2014年流动人口在现居住地居住3年及以上的占55%；打算在现居住地继续居住5年及以上的占56%。随着流动人口在现居住地居住时间的增长和居住意愿的增强，全面实施居住制度的社会需求越来越大。

12.信息科技手段为推行居住证制度提供技术保障

在大数据时代，信息科学技术的飞速发展不仅为推行居住证制度提供了坚实的技术保障，也为拓展居住证功能开辟了广阔的空间。目前，身份证已经可以联网管理，对人员的属地管理和跨区域管理已经基本实现。借鉴美国等国家和地区经验，利用大数据等现代信息技术，以个人身份证号为核心形成新的居住证制度，实现居住证对其记录一生、管理一生、服务一生。

四、加快推进配套制度改革

从近几年各地户籍制度改革的探索实践看，由于配套制度改革滞后，缺少全国统一的政策指导，各地居住证制度差异较大，影响其实施效果。

13.明晰各级政府的基本公共服务责任

（1）强化中央政府在基本社会保障服务中的责任。尽快实现由中央统一标准、统一提供，改变其政策不统一、主要由地方提供的局面。

（2）规范中央和省级政府在基础教育、公共卫生和基本医疗服务中的责任。进一步细化中央和省级政府的服务范围、支出比例、管理权限等，按照受益范围确定支出责任分担比例；针对流入地和流出地义务教育经费衔接困难的问题，实行义务教育全国通用的教育券制度。尽快出台全国统一的异地高考方案。

（3）强化地方政府在公共就业服务中的责任。公共就业服务的受益范围基本上是地方性的，溢出效应不大，应由地方政府承担主要支出责任。

14.以流动人口变动为基础，建立财力与事权动态匹配的财税体制

（1）完善中央转移支付制度，保障流入地的财力支持。以多种渠道增加一般性转移支付比例。在每年的增量上，多安排一般性转移支付，逐步增加其比例；将清理和取消的专项转移支付资金，转化为一般性转移支付；实施中央对人口流入地流动人口基本公共服务的奖补机制。

（2）建立辖区财政责任机制，实现城镇基本公共服务常住人口全覆盖。人口流入地政府和财政在测算人均数时要按全部人口数来计算，而非按财政供养人口来计算，以实现基本公共服务的全覆盖。以调整财政支出结构为重点，从流动人口创造的财政收入中拿出一定比例用于流动人口基本公共服务的投入，解决流动人口基本公共服务供给难题。

15.加快建立城乡统一的社会保障制度

（1）2020年实现"实际全覆盖、保障基本需求、城乡制度统一、转

移续接无障碍"。到2017年，将符合条件的各类人群纳入制度体系，重点做好农民工、非公有制经济组织从业人员、灵活就业人员的参保工作；提高保障水平，缩小待遇差距，实现对重点人群"保基本"的目标。到2020年，整合城乡居民基本医疗保险制度、城乡最低生活保障制度，实现制度统一、转移续接无障碍，建成公平可持续的社会保障制度，基本实现基本公共服务均等化。

（2）推动城乡社会保障制度并轨。打破以身份为基础的社会保险制度设计架构，以建立共享社会保障制度为目标，推进城乡社会保障制度统筹发展。适时推动制度结构相同、筹资机制相似、待遇水平相差不大的城镇居民医疗保险和新农合并轨运行。同时，通过统一筹资渠道、统一基金管理、统一机构管理、明晰权益办法，使各类城乡社会保险制度统筹发展。

（3）完善社会保障的转移接续和异地就医机制。借鉴欧盟跨国养老保险权益计算办法，建立职工基本养老保险待遇"分段计算，归并发放"的新机制，使劳动者的养老金权益不会因跨地区流动而损耗。进一步完善《城乡养老保险制度衔接办法》，保障流动人口的合法权益，探索建立失业、生育保险的转移接续办法。

16.让农业转移人口带着"土地财产权"进城

（1）把家庭承包土地纳入财产权法律保护范畴。建议在《土地管理法》第二条中增加一款"赋予农村土地使用权人的土地用益物权，使其拥有对土地使用权依法享有占有、使用、收益的权利"，建议将第十四条"土地承包经营期限为三十年"修改为"实现农村土地承包关系稳定并长久不变"，法律将其界定为"农民财产权"，纳入财产保护范畴。

（2）从法律上赋予农民住房财产权的完整产权。尽快结束现行法律限定农民宅基地"一户一宅"、转让限于本村的半商品化状况，赋予农民宅基地及其房屋所有人完整的财产权；发放统一的、具有法律效力的宅基地证书，从法律上赋予农民对宅基地使用权用益物权性质，赋予其占有、使用、收益、转让、抵押的完整权利。

（3）实现农村建设用地平等入市。建议在《土地管理法》第九条中增加一款"县级以上地方人民政府应当建立城乡统一的土地市场，主要通过市场配置土地资源"，为农民土地使用权的流转提供法律依据和制度保障；建议尽快出台建立城乡统一建设用地市场的实施方案，以严格规划和用途管制为前提，建立公开、公正、公平的统一交易平台和交易规则，打破目前地方政府独家垄断供地的格局，活跃土地二级市场，促进土地抵押、租赁、出让市场的发展和完善。

中编

坚持社会主义市场经济改革方向

高质量发展是全面建设社会主义现代化国家的首要任务。发展是党执政兴国的第一要务。没有坚实的物质技术基础，就不可能全面建成社会主义现代化强国。必须完整、准确、全面贯彻新发展理念，坚持社会主义市场经济改革方向，坚持高水平对外开放，加快构建以国内大循环为主体、国内国际双循环相互促进的新发展格局。

——习近平：《高举中国特色社会主义伟大旗帜 为全面建设社会主义现代化国家而团结奋斗——在中国共产党第二十次全国代表大会上的报告》

聚焦构建高水平社会主义市场经济体制，充分发挥市场在资源配置中的决定性作用，更好发挥政府作用，坚持和完善社会主义基本经济制度，推进高水平科技自立自强，推进高水平对外开放，建成现代化经济体系，加快构建新发展格局，推动高质量发展。

——《中共中央关于进一步全面深化改革 推进中国式现代化的决定》

第五章
从"经济建设型政府"转向"公共服务型政府"

处理好政府与市场间的关系是我国社会主义市场经济体制改革的核心议题。33年来，中改院不断建言政府改革。早在1996年，中改院就提出，政府的主要作用是提供公共产品和公共服务。有效发挥政府在市场经济条件下的作用，在很大程度上依赖于政府的自身改革。2003年，非典疫情暴发后，中改院明确提出《从"经济建设型政府"转向"公共服务型政府"（14条建议）》。此后，相继提出"政府转型"的理念和一系列的政策建议。2005年，中改院提出《加快建设公共服务型政府（24条建议）》的建议报告获"第十一届孙冶方经济科学奖"论文奖。

从"经济建设型政府"转向"公共服务型政府"

14条建议

（2003年6月）

SARS危机是我国改革发展进入新阶段遇到的一次突发性公共事件。它反映出我国改革发展实践中的某些具体偏差，反映出我国政府在公共卫生，尤其是农村公共卫生等社会事业方面的欠账太多。从SARS危机中吸取教训，最具实质性的行动步骤是加快政府改革，实现由"经济建设型政府"向"公共服务型政府"的转变。

一、从"经济建设型政府"转向"公共服务型政府"是新阶段我国改革发展的客观要求

1. 从"经济建设型政府"转向"公共服务型政府"，是经济社会协调发展的迫切要求

经济建设型政府，比照传统计划经济体制下的政府职能，是一个重大的进步。从改革的要求来说，这又只能是一个过渡。在市场经济条件下，经济建设型政府有两个严重的误区：一是政府长期作为经济发展的主体力量，起主导作用；二是不恰当地把本应由政府或政府为主提供的某些公共产品，如农村公共卫生，推向市场，推向社会。国内外大量的实践证明，长期以GDP经济增长为主要目标，忽视经济社会协调发展和社会公平的增长是一种不可持续的增长。

2. 从"经济建设型政府"转向"公共服务型政府",是我国市场化改革进程的必然选择

我国市场化改革走到今天,已为建立公共服务型政府奠定了重要的基础。第一,市场经济的主体是企业,而且主要是民营企业,政府不应当也不可能再充当经济建设的主体力量。第二,政府主导型的市场经济是不成功的,日本、韩国都为此付出了沉重的代价。从政府主导型经济向市场主导型经济转变,是市场化改革的必然趋势。第三,政府是市场经济的服务者而不是审批者,政府的主要职责是创造市场经济发展的大环境,维护市场经济秩序,为经济发展提供有效的宏观调控。为此,从审批型经济向服务型经济转变,是一个需要尽快解决的重大问题。第四,政府不是国有企业的"婆婆",也不能充当国有企业的"老板",国有资产市场化是实现国有资产保值增值的正确途径。无论从哪一个方面说,我国的市场化改革都对建立公共服务型政府提出了一系列新的要求。另一方面,也只有推动政府及时转变以GDP为中心的经济管理模式,通过为经济发展营造良好的法规政策环境和有序竞争的秩序,加大公共管理力度,保证公共产品和公共服务的充分供给,才能为经济增长提供新的动力。

3. 从"经济建设型政府"转向"公共服务型政府",是新阶段我国政府职能转变的基本目标

我国经济转轨时期,政府在经济发展中的作用十分重要。但是,市场经济发展到一定阶段,随着社会不确定因素的逐步增多,政府就要强化其公共服务的职能。在非典疫情暴发之初,政府出现应对机制不健全,某些地方和政府部门工作不力,反映了转轨进程中政府职能的现状,即经济建设的职能比较强,公共服务的职能相当薄弱。非典疫情告诫我们,政府把自己的主要职责放到管理社会公共事务、提供有效的公共服务方面,才能使社会发展与经济发展同步进行,才能够有效地应对各类突发性公共事件。

20多年改革开放没有来得及解决的大量社会问题，比如仍然在困扰我国社会稳定的贫困问题，收入分配差距不断扩大导致的"两极分化"问题，社会保障体系建设明显滞后，日趋突出的失业问题，农民增收困难、负担过重、长期背负制度性歧视的问题等，导致相当比例的人民群众感到就业不安全、收入不安全、养老不安全、社会不安全，构成了政府当前面临的巨大社会压力。

保护广大人民群众的就业安全、收入安全、养老安全、健康安全，建设有效的公共卫生服务体系，构建以弱势群体为主要服务对象的社会保障网络，完善危机管理制度和危机处理机制，维护整个社会的稳定与安全，都是政府应提供的公共服务产品。

二、实现"经济建设型政府"向"公共服务型政府"转变的主要任务

4.确立社会目标优先于经济目标的原则，加快完善政府的社会公共管理职能

根据非典疫情的经验教训，目前政府职能转变的重点是：第一，实现从优先于经济目标向优先于社会目标的转变，在指导思想上高度关注实践中突出的重大社会矛盾和社会问题。我国正处在经济转轨和社会转型的关键时期，各种社会利益关系的调整和社会重大问题的解决，是实现经济增长的重要前提。伴随经济的快速增长，迫切需要解决好失业、收入差距、城乡差距、社会弱势群体保障、腐败等问题，创造良好的社会环境。第二，建立和完善灵活、有效的社会危机管理机制。从危机预警、各类预案的准备，到危机下的统一、协调指挥机制建设，都应当作为政府的重要公共职能，加快完善。第三，加大对基础教育、公共卫生等基本公共产品和服务的供给及基础设施投入。

5.改革投资型财政体制，加快公共型财政体制建设

由于历史的原因，我国现行财政体制存在结构性缺陷，总体上说，

还是一个经济投资型财政体制。社会发展投入占财政支出的比例没有明显增加，有的还有所减少；公益性投资项目中，卫生、体育和社会福利业、教育文化等所占比例过小。为此，应当加快建立公共型财政体制，构建政府履行公共服务职能的制度基础。

我国实行的是社会主义制度，解决社会公正、公平，建立有效的社会保障制度，实行既符合基本经济制度，又有利于市场经济发展的社会福利政策，是政府应当而且必须向社会提供的公共产品。公共财政不仅是保障政府公共产品供给的制度安排，也是化解社会矛盾、减少社会风险、保持国家长治久安的制度基础。目前，完善公共型财政体制，应当从解决最紧迫的问题入手。一是要重构国家对公共卫生的责任体制，加强公共卫生和医疗基础设施建设，不断加大公共卫生在财政总支出中的比例；二是要加快建立和完善统一有效的医疗保障体制；三是重建农村的合作医疗体系，这是一项十分重要且非常困难的紧迫任务。

6. 适应开放社会和履行公共职能的要求，从封闭型的行政体制向公开、透明的行政体制转变

非典疫情把公民对社会事务的知情权提到了政府建设中相当重要的位置。在现代社会，公共信息与每一个公民的利益直接相关，具有广泛的社会性。公共信息还有极强的时间性，尤其是突发性事件的公共信息，稍事耽搁都会对社会造成不可估量的危害。因此，必须建立信息公开制度，让全社会及时了解公共信息，由此提高全社会应对各类突发性事件的能力。包括公共信息在内的公共服务和公共产品是面对全社会的，应当向全社会公开。公开政务、公开政情是政府有效履行公共服务职能的重要保障。目前，重要的是要尽快出台信息公开的相关立法，加强政务公开的制度化、法治化建设。

7. 从行政控制型体制向依法行政型体制转变，真正实现法治政府

我国的改革开放走到今天，政府与社会的关系、政府与群众的关系、政府与市场的关系都发生了深刻的变化。从权力社会向能力社会的转变，从国家社会向公民社会的转变，从全能政府向有限政府的转变，从单向控制的行政体制向协商合作的管理机制的转变，都是我国社会生活中正在发生和变化的事情。我国社会关系的日益深刻变化，已对公共服务的相关立法提出了迫切要求。加快公共服务的相关立法，不仅是政府职能转换的需要，更是社会生活对国家、对政府提出的现实要求。推进依法行政的一项重要任务，就是要从上至下加强政府官员的法律意识教育。与此同时，还要建立严格的法律问责制。依法行政的核心是依法治吏、依法治权，尤其是涉及关系社会事务的公共权力。当前最紧迫的任务是，着手逐步实现决策咨询的法定化，建立有公民代表和专家参加的咨询委员会制度。此外，要积极推进行政程序、行政执法和政策评价的法定化。

8. 从条块分割的行政体制向统一、协调的行政体制转变，真正建立高效政府

非典疫情再一次暴露了我国现行条、块分割的行政管理体制的种种弊端。在现行的行政体制下，不仅某些经济事务存在条块分割的问题，在教育、公共卫生、社会保障等诸多社会事务方面也存在着严重的条块分割问题。这说明，从中央到地方各级政府要有效地履行公共服务，必须彻底克服现行条块分割行政体制的严重弊端，严格实行公共服务的"属地管理"原则，依法授予地方政府处理突发性事件和各类社会危机的统一指挥协调权力。

依法明确界定中央与地方的职责权限，建立中央与地方的合理分权体制，是我国政府改革的重大任务。我国是一个大国，各地方的情况差异很大。在保证中央政府统一领导的前提下，应当充分赋予地方处理和解决公共事务、应对突发性事件的事权，并对此做出明确的法律规定。在这方面，我们还面临着一系列的改革课题。例如，中央政府和地方政府的事权划分问题，地方的立法权问题，干部的管理权限问题，公众对政府的监督问题等。非典疫情后，我们要充分吸取教训，从我国的实际出发，理顺中央政府与地方政府的关系。

三、实现从"经济建设型政府"向"公共服务型政府"转变的相关措施

9. 在国家相关立法中进一步明确政府的公共服务职能

根据我国市场化改革进程对政府职能转变提出的客观要求,应当在相关立法中明确规定社会主义市场经济条件下政府的公共服务职能定位。

10. 完善和逐步加强人民代表大会对政府行使公共权力、履行公共职责的监督机制

这包括优化人大代表结构,尤其是人大常委的结构,增加专家型专职人大常委。要逐步减少人民代表中的政府官员比例,最终改变政府自我评价、自我监督的体制弊端,从制度上监督保证公共服务型政府"心为民所系,权为民所用,利为民所享"。

11. 加快培育社会组织。在现代开放社会中,各类社会组织在社会事务中有着政府不可替代的重要作用,成为社会治理结构变革的中坚力量

强调政府公共服务过程的公开和透明,就是要打破传统体制下政府对公共事务的垄断,鼓励和支持各类社会组织参与社会事务,发挥其重要作用。我国的改革开放走到今天,社会组织同政府、企业共同构成了现代社会结构的三大支柱。积极发展各类社会组织,既是社会发展的客观需要,又是政府有效履行公共服务职能的重要条件。

12. 加快完善公共财政制度,为构建公共服务型政府奠定财务基础

严格各级财政的预、决算制度,严格各级人大及其常委会对财政预、决算的审议和批准,保证财政制度的公共服务目标。

13. 进一步加强政府行政管理体制和政府机构的改革与调整

2003年年初的政府机构改革,促进了政府经济管理模式的深刻变化,在一定程度上弱化了经济建设型的政府职能定位。但是,距离政府机构设置与建立公共服务型政府的要求还有相当大的距离。建立高效率的行政体制,还包括建设一支高素质的公务员队伍,政府机构改革尚有很长

的路要走。

14.加强政务公开

政府公共服务的对象是社会、是老百姓，建立公开、透明的制度才能把政府的公共服务置于社会和老百姓的监督之下。在改革和完善政府决策机制中，应当逐步提高决策过程的透明度。目前，要抓紧建立政府决策项目的预告制度和重大事项的社会公示制度，建立和完善在社会各阶层广泛参与基础上的政策听证制度。

加快建设公共服务型政府

24条建议

（2003年12月）

适应我国改革发展的新形势，并认真吸取非典疫情中的严重教训，中改院于2003年6月提出《从"经济建设型政府"转向"公共服务型政府"（14条建议）》。7月，中改院在北京召开"建设公共服务型政府"形势分析会。11月29日—30日，中改院又在海口召开"建设公共服务型政府——中国转型时期政府改革国际论坛"。根据中改院的研究，并参考中外专家的观点，现提出以下建议。

一、政府改革已成为我国下一步改革的中心和重点

党的十六届三中全会明确指出，要完善政府社会管理和公共服务职能，为全面建设小康社会提供强有力的体制保障。25年的改革实践证明，我国改革的每一步进展都有赖于政府改革的实际进程。改革走到今天，经济社会的突出矛盾和问题大都同政府改革有着直接或间接的联系。事实上，政府改革不仅成为广大公众关注的焦点问题，也成为我国下一步改革的中心和重点。

1. 政府改革的关键是实现政府转型

政府改革的滞后，是我国市场化改革进程面临的主要矛盾。改革开放以来，历次政府机构改革不尽如人意，政府职能转变未能取得实质性成果，主要原因在于没有明确也没有解决好政府转型的问题。事实上，机构改革也好，职能转变也好，都只涉及政府改革局部操作层面的调整，

并不能涵盖政府改革的全部内容。现在看来，在改革逐步深入的情况下，政府改革的实质是转型。由经济建设型政府向公共服务型政府转变，就是要探索现代市场经济条件下政府改革的新路。总的来说，我国政府在多方面仍然具有经济建设型政府的特征。建设公共服务型政府，不仅是实现政府经济管理职能的转变，更重要的是要实现政府治理方式的转变；不仅是政府应当为经济发展提供良好的市场环境，更重要的是政府要为经济和社会的协调发展提供基本而有保障的公共产品和有效的公共服务；不仅涉及政府机构的调整，更在于实现"政府再造"和推进政府的"自身革命"。

2. 政府转型对于我国市场化改革进程具有决定性的影响

从我国企业发展的内在要求看，无论是民营经济的发展，还是混合所有制经济的发展，关键在于政府确实把经济管理职能转移到主要为市场主体服务和创造良好的发展环境上来；重建社会信用体系，规范社会秩序，重要的是建设一个负责任的政府，建设一个讲诚信、有公信力的政府；建立公共财政体制，加快推进国有商业银行的股份制改革，更需要加快政府的宏观经济体制改革。在我国经济转轨的关键时期，政府转型已成为经济转型中最具实质性和关键性的改革内容。

3. 政府转型对于解决我国社会严重失衡，建设现代社会具有决定性的影响

伴随着我国经济持续快速增长，社会多方面的严重失衡日益成为我国社会稳定面临的严峻问题。如何创造更多的就业岗位，如何把贫富差距约束在经济良性循环和社会公众所要求的限度内，如何逐步缩小城乡发展和区域发展的严重差距，寻求符合我国国情的共同富裕之路，都对政府转型提出全面挑战。加快建设公共服务型政府，不仅是经济转型的客观要求，也是社会转型越来越迫切的内在需求和重要保障。

4. 政府转型对于执政党建设具有决定性的影响

在我国经济社会转型的进程中，党的建设面临巨大的内部和外部压

力。在我国基本政治制度的约束下,党的建设与政府的转型是直接联系在一起的。政府的公共服务能力反映执政党的执政能力。从经济建设型政府转向公共服务型政府,是党与时俱进,主动稳妥地实现政府转型和推进政治改革的重要举措。

5. 政府转型是一场深刻的"政府革命",对于"政府再造"具有决定性的影响

建设公共服务型政府,就是要求政府不应当再扮演经济建设主体的角色;不应当再垄断更多的经济资源和经济权力;不应当拥有部门利益和集团利益;更不应当产生令百姓痛恶的体制性、部门性的腐败问题。而应当成为为市场主体和全社会服务的公共管理和公共服务机构;应当成为能反映和代表广大人民群众利益的公共服务型政府。因此,建设公共服务型政府,不是简单地对现有政府管理体制的修修补补,不是单纯地对现有行政管理体制的增增减减,也不是一般性的政府职能调整,而是建立一个与经济转型、社会转型相适应的、以人为本的现代政府。从这个意义上说,政府转型实质上是一场深刻的"政府革命",这场"革命",对于抑制和解决严重的腐败问题,对于加快建立一个适应现代市场经济社会的有效政府,实现"政府再造",具有至关重要的作用。

二、建设"公共服务型政府"是我国政府改革的基本目标

6. 我国市场化改革进程对政府转型提出客观要求

我国市场化改革走到今天,不仅为政府转型奠定了重要的基础,而且对政府转型提出客观要求。第一,随着以公有制为主体、多种所有制经济共同发展的基本经济制度的形成,市场经济的主体应当是企业,而且主要是民营企业,政府不应当也不可能再充当市场经济的主体力量。第二,在深化国企改革的大背景下,国有资产市场化是一个大趋势,也是国有资产保值增值的正确途径。政府不是国企的"婆婆"加"老板",彻底的政企分开是国企改革的迫切要求。第三,在市场经济的条件下,

政府的主要职责是为经济发展创造良好的市场环境和实施有效的宏观调控。为此，从审批型政府向服务型政府转变，是一个需要彻底解决的重大问题。第四，按照市场经济的要求，政府应当把自己在经济领域的主要资源转移到为全社会提供基本的公共产品和公共服务方面来。因此，改革投资型财政体制，建立公共服务型财政体制是政府转型的内在要求。第五，我国加入WTO，实行开放型经济，对建立统一、有序、守信用的市场环境提出全面要求。执行规则，遵守规则，更好地为市场主体服务和实行有效的公共服务，是全面开放对政府转型提出的基本要求。

7. 应当客观地分析经济建设型政府的过渡性和局限性

从总体说，我国的各级政府带有比较明显的经济建设型政府的特征。改革开放25年来，我国以经济建设为中心，政府长期主导资源配置，实现了GDP的快速增长。与此同时，由于政府掌握的资源主要运用在经济领域，这使政府长期充当了经济建设主体和投资主体的角色。实践证明，经济建设型政府有几个严重的误区：一是政府长期作为经济发展的主体力量，起主导作用；二是解决不了政府、国有企业与国有商业银行的结构性矛盾，致使政企分开长期成为改革中的一大难点；三是重视经济建设的投入回报，严重忽视社会事业投入的巨大经济、社会效益；四是不恰当把一些本应该由政府提供的公共产品和公共服务推向市场、推向社会。应当说，这种政府模式与计划经济时期相比是一个巨大进步的模式，它大大推动了我国经济的持续快速发展。目前的突出矛盾在于：第一，在我国初步建立社会主义市场经济体制框架的前提下，政府的主要职责是为市场主体服务和创造良好的发展环境。政府继续充当经济建设主体和投资主体，越来越不适应市场经济发展的要求，甚至在某些方面已开始成为市场经济发展的桎梏。第二，经济与社会发展失衡、区域经济发展失衡、经济发展和生态环境的失衡等，都与政府的转型有直接、内在的联系。

8.政府转型的目标取向是建设公共服务型政府

党的十六届三中全会确立了以人为本的发展观。GDP的增长不是最终目的，它要以社会各方面的协调发展为重要前提。在经济体制转轨进程中，长期靠各级政府主导或直接进行投资和建设，不可避免地会导致如下几个方面的恶果：一是政府权力的异化，公共利益部门化，权力寻租无法避免；二是助长了地方保护主义，市场分割，政出多门；三是这种体制必然会以GDP为官员政绩考核的主要指标，造成许多低效率的投资，政府的社会服务功能受到抑制，在失业问题、弱势群体的保护方面难以充分发挥作用；四是市场机制发挥作用的空间被压缩，行政垄断和审批事项增多；五是政府的社会公信力降低，社会信用体系破坏，容易形成畸形的市场经济。

要走出这种路径依赖的陷阱，出路就是建立一个公共服务型政府。所谓"公共服务型政府"，从经济层面上说，政府存在是为了纠正"市场失灵"，主要为社会提供市场不能够有效提供的公共产品和公共服务，制定公平的规则，加强监管，确保市场竞争的有效性，确保市场在资源配置中的基础性作用。政府不应该直接作为微观经济主体参与市场竞争或者依靠垄断特权与民争利；从政治层面上说，政府的权力是人民赋予的，政府要确保为社会各阶层，包括弱势群体提供一个安全、平等和民主的制度环境，全心全意为人民服务，实现有效的治理而不是统治；从社会层面上说，政府要从社会长远发展出发，提供稳定的就业、义务教育和社会保障，调节贫富差距，打击违法犯罪等，确保社会健康发展。

公共服务型政府是和社会主义市场经济相适应、与执政党宗旨相一致的政府治理模式。其之所以能够实现良治和善治，是因为这种政府治理模式还有如下鲜明的特征：第一，政府必须依法行政，一切公共权力都必须符合宪法和法律，并在宪法和法律的监督之下行使。第二，政府是有限权力政府，政府公共权力由人民授予，必须严格限定在为人民服务的范围内。第三，政府是透明政府，严格实行政务公开，避免暗箱操作，自觉接受人民群众的监督。第四，政府应当是精干的政府，必须严格注重降低治理成本并提高服务质量，避免机构人员膨胀。

9. 建设公共服务型政府更有利于市场经济条件下经济的持续快速发展

从现实来说，政府转型的主要目标之一，是更好地为经济发展服务。通过创造良好环境、完善市场经济，以为企业服务来促进经济发展。从经济学上分析，公共服务型政府对促进经济发展的效率比经济建设型政府的效率更高。在市场经济条件下，经济建设型政府对于促进经济发展的作用是有限的，并且不可能长期维持较高的效率。其中的根本原因就是由于产权的问题不容易解决，委托代理的关系不容易处理。在产权关系不能明晰的情况下，一方面造成国有企业的低效运转，另一方面又容易造成腐败的加剧。如果政府从具体的经济建设和经济活动中抽身出来，企业的活力四溢，不仅国有企业会得到发展，民营企业也会得到长足发展。因此，从经济建设型政府转向公共服务型政府，经济发展不仅不会减慢，而且还会大大加快。

10. 建设公共服务型政府是解决发展失衡的关键

党的十六届三中全会提出的"五个统筹"，是一种新的科学的发展观，也是一种新的科学的改革观。过去的25年，我国在经济高速增长的同时，经济社会发展严重失衡，并已成为影响社会稳定的重要因素。从现实的情况看，解决各种失衡问题，需要从多方面治理，但关键在于实现政府转型。这是因为，诸多失衡问题的产生、发展，说到底与政府制定的经济社会发展战略、不同时期的方针政策，与政府的管理方式、管理手段密不可分。相对于其他改革，政府职能转换严重滞后，同建立与社会主义市场经济相适应的政府管理体制目标还有较大差距。因此，要解决发展失衡问题，其关键是明确政府的职能定位，合理界定政府管理经济的范围，切实把政府工作重点转变到提供基本公共产品和有效的公共服务上来。

三、建设公共服务型政府要以人为本，为社会提供最基本的公共产品和公共服务，着眼于解决当前最突出的经济社会矛盾

11. 在市场经济条件下，政府的主要任务是为全社会提供基本的公共产品和公共服务

第一，政府应该为全社会提供公共产品和公共资源，不再以投资和形成国有产权为自己的基本职能，而要以提供基本的公共产品为政府的第一职能。第二，调节市场经济。政府调控经济的最基本职能就是利用宏观经济政策调整总供给和总需求之间的平衡关系。政府对经济的调控实际上是短期和中长期兼顾、供求平衡和结构优化兼顾、经济发展与社会发展兼顾。第三，宏观调控职能，用"有形的手"纠正市场失灵。第四，全面承担改革成本，不要把改革的成本转嫁给市民、农民和企业。

在民营企业逐步成长足以取代国有经济以前，国有经济不必急于退出竞争性、营利性行业。但从经营竞争优势上说，竞争性、营利性行业还是以逐渐民营化为好，政府不必与民争利。政府逐步从竞争性行业中抽身出来，把注入这一经济领域的公共资源力量转到提供公共产品和社会服务上来，才能做到既不越位，也不缺位。

12. 从关注弱势群体的角度出发，集中解决最突出的经济社会问题

当前我国最突出的问题就是弱势群体生存和发展的基本权益得不到有效保障。为此，在建设公共服务型政府过程中要着重解决以下问题。第一，要为农民工提供最基本的人身权利保障，建立有效机制，解决农民工工资拖欠等相关问题。我国目前有1亿左右的农民工，相当于一个中等国家的人口，分布在各大城市，主要由公安机关对口管理，不仅没有享受到任何社会保障，而且经常遭受人身权利的侵害。这是我国当前社会最大的隐患之一。各级政府必须及时采取有效措施缓解这种矛盾。第二，各级政府要强化就业服务职能，关注城镇待业人员、大中专毕业生的就业问题。许多社会学专家对城镇待业青年进行了心理分析，认为

这部分群体的违法犯罪倾向最高。大中专毕业生就业难也是一个复杂的社会问题,对家庭和社会心理的冲击很大。政府必须在解决这些问题上有所作为。第三,建立最基本的救济体系,为城市下岗职工提供有效保障。目前,虽然各级政府已经重视和开始建立城镇救济体系,但是由于资金短缺和措施不到位,许多生活困难的下岗职工事实上处于无人过问的境地。第四,要严格保护居民的财产权。近几年来,在城市建设中的房屋拆迁产生了相当尖锐的矛盾,受到社会的广泛关注。主要表现在没有一个合理的补偿机制,居民的财产权受到侵害。应当抓紧在全国范围内形成规范的法律文本,采取有效措施予以解决。第五,建立社会危机的预警机制和责任机制。我国当前正处在经济转型的关键阶段,各种社会矛盾十分突出,而这一阶段保持社会稳定是关系到巩固改革成果、实现经济持续发展的重大问题。要由中央政府统筹规划,建立系统的社会预警机制,明确地方政府在防范和化解危机中的责任。

13. 以人为本,千万不要忽视农民

要特别重视农民的利益,为农民提供基本而有保障的公共产品。当前,解决农民问题要突出办好四件事:一是给农民土地使用权、处分权和收益权;二是减免农业税,取消农业特产税;三是保障农民的生存权,而且要尊重和保障他们的发展权利(包括公共卫生、教育、文化和政治权利);四是创造条件,建立和完善农村最低的社会救济制度,试行农民最低生活保障制度。

14. 注重并建立不同利益主体的利益表达机制

目前中国社会分化与失衡问题已经非常严重,尽管已引起社会和政府的高度重视,但社会失衡加剧的趋势仍然没有得到遏制。从目前的情况看,还有进一步扩大的可能。要扭转这种趋势,国家就必须承认社会利益高度分化的现实,承认不同的社会群体追求自己利益的合法性并保护其权利,要为不同群体表达自己的利益以及为追求自己利益施加压力做出制度性安排,充当规则的制定者和冲突的裁决者,要特别关注和保

护弱势群体。

15. 建立以公共服务为取向的政府业绩评价体系和科学的行政问责机制

我国当前出现的部分经济社会矛盾，与以GDP为取向评价政府和官员的业绩有密切的关系。非典疫情以来，许多专家发出了警示，我国当前已经进入社会发展的不稳定期。要从根本上解决这些问题，必须尽快废除以GDP为取向的政府业绩评价体系，纠正那种见物而不见人的片面发展观。尽快按照公共服务型政府的要求，建立以公共服务为取向的政府业绩评价体系，坚持以人为本，将政府职能切实转变为社会提供基本的公共产品和公共服务上来，强化政府的社会服务功能。与此同时，建立科学的行政问责机制，追究政府行政机关和官员在公共服务职能方面失职的责任。

16. 在现代社会，公民的知情权比什么都重要，要建立完善的信息公开制度

公民的知情权与政府信息公开化，是公民管理国家事务的基础，离开了知情权，公民参与国家事务就是一句空话。公民不了解政府信息，官员便有可能进行暗箱操作；没有信息透明，官员便可能营私舞弊，公民便可能受欺骗，也无法对政府进行监督。目前，要抓紧建立政府决策项目的预告制度和重大事项的社会公示制度，建立和完善在社会各阶层广泛参与基础上的政策听证制度。适应开放社会和履行公共职能的要求，从封闭型的行政体制向公开、透明的行政体制转变。

建立信息公开制度，让全社会及时了解公共信息，由此提高全社会应对各类突发性事件的能力。公开政务、公开政情是政府有效履行公共服务职能的重要保障。目前，重要的是要尽快出台信息公开的相关立法，尽快将公民的知情权和政府信息公开化这两项内容写进宪法。

四、建设公共服务型政府要统筹规划，加快解决政府转型中事关全局的重大体制问题

17. 加快由投资型财政向公共服务型财政的转变

我国经济社会发展过程中存在着诸多失衡和矛盾的一个重要原因，是现行财政体制存在着功能上的错位和缺陷。主要表现在将财政资金过多地运用在投资国有企业形成国有资产上，以及过多地投资于基础领域和竞争性行业，而在解决就业、社会保障、义务教育等社会事业方面的投入过少。这种情况，已严重地损害了党和政府在广大人民群众心中的形象。事实上，我国的财政总收入在总量上已经达到很大的规模，如果形成公共服务型财政的话，许多社会矛盾问题都不难解决。要下决心改革投资型财政体制，并通过逐渐调整财政支出结构，加快建立公共服务型财政体制。

18. 深化投融资体制改革，为各类市场主体提供平等、高效的投资和融资环境

当前，生产要素市场的垄断并未真正打破，不仅造成国有企业投资的软约束，也严重束缚了民营企业的发展。因此，加快投融资体制的改革是一项十分重要的任务。一是要切实实行政企分开，改变对现存国有企业的投资软约束；二是要避免国家直接向竞争性领域进行增量投资；三是要加快建立现代金融制度，消除金融业的行政垄断，增强金融资源的市场化配置；四是要加快基础领域的市场化改革进程，鼓励和支持民间投资进入我国基础建设领域。

19. 根据经济社会发展需要，重新界定中央和地方的财权和事权

我国中央和地方财权和事权的划分还存在着系统性的缺陷，主要是省级以下的财政基本上是"吃饭"财政，尤其是县、乡财政还存在大量的亏空，而且基层政府负担的事项偏多。许多本来应该由中央承担的全国性的公共产品和公共服务都要由基层政府承担，这是基层乱收费的现

象屡禁不止的体制性原因。因此,明确界定和规范政府各部门的职能分工,加强中央监管,加强地方民主政治建设,逐步推行市县地方自治,逐渐使中央和地方的关系制度化。要以立法的形式,将中央和地方政府的权力范围、权力运作方式、利益配置结构、责任和义务等明确下来。

要按照市场经济要求,调整行政区划。随着国内经济区域一体化进程的加速,原有的行政区划已经明显地表现出不适应跨区域协调和合作的要求,协调成本高、合作效率低,既不利于消除地方保护主义和条块分割,建立统一的全国大市场,又不利于发挥大城市的带动和辐射效应。在中长期可以考虑增设直辖市。

20.要关注和解决地方政府的债务问题

目前,我国地方政府所负各种债务的总体规模已经相当庞大,严重地制约了地方政府提供基本公共产品和公共服务的能力。在某些地方,地方财政已经超负荷运转,有的已到危机的边缘。建议组织大规模债务登记调查,编制地方资产负债表。应当允许地方政府公开发债,将隐性债务显性化,进而理顺中央和地方各级政府的财税和事权关系,避免县以下财政和债务发生危机。

21.加快公共服务的相关立法

现代市场经济,政府提供的公共服务需要有法可依。因此,从行政控制型体制向依法行政型体制转变,需要建立法治的政府、守法的政府。我国的改革开放走到今天,政府与社会的关系、政府与老百姓的关系、政府与市场的关系都发生了深刻的变化。从权力社会向能力社会的转变,从国家社会向公民社会的转变,从全能政府向有限政府的转变,从单向控制的行政体制向协商合作的管理机制的转变,都是我国社会生活中正在发生和变化的事情。我国社会关系的日益深刻变化,已对公共服务的相关立法提出了迫切要求。加快公共服务的相关立法,进一步明确政府的公共服务职能,不仅是政府职能转换的需要,更是社会生活对国家、对政府提出的现实要求。依法行政的核心是依法治吏、依法治权,尤其是涉及关系社会事务的公共权力。当前最紧迫的任务是，着手逐步实现决策咨询的法定化，建立有公民代表和专家参加的咨询委员会制度。此外，要积极推进行政程序、行政执法和政策评价的法定化。

五、建设公共服务型政府，需要进行现代政府理念的宣传和教育

22. 建设公共服务型政府，首要的前提是树立以人为本的新发展观

发展不仅是经济的增长，更不仅是GDP的增长，经济的发展是包括以人为本的发展。单纯的GDP增长不等于发展，如果忽视社会发展，可能会对经济发展造成严重的影响。持续快速发展的关键是人的发展，是人的基本素质的提高。树立以人为本的发展观，对政府的转型十分重要。

把全党工作重点转移到经济建设上来，是针对过去以阶级斗争为纲来说的，经济建设的对立面是阶级斗争而不是社会建设，这是从党的基本路线的高度提出的，不是政府职能、财政功能层次的问题。"经济建设"作为全党工作重点是党的十四大的概括，邓小平同志在更多场合用的是"社会主义现代化建设"作为全党工作重心，其含义更为广泛，既包括经济建设，也包含社会建设。发展应该包括人的发展即社会发展的含义在内，这才是科学的发展观。

23. 建设公共服务型政府，需要深刻理解政府管理的本质

我国正处在经济社会全面转型的关键时期，政府管理对于建立稳定的经济、社会秩序十分重要。管物、管人、管事既不是政府存在的理由，也不是政府存在的目的，政府管理的本质是提供良好的服务。许多改革的实践证明，政府有效的管理是融在良好的服务之中。建设公共服务型政府强调从管理的本质上去改变管理方式和管理手段。在我国，政府管理的本质是保障公民的权利，为公民和社会更好的服务，以得到公民的拥护、社会的拥护。要建设公共服务型政府，就需要政府为市场、

企业和人民提供服务,就需要限制政府和官员的行为,这些都与官本位等封建意识格格不入。因此,要克服"官本位",树立"民本位"的观念。

与此同时,要进行现代政府的理念教育。要从统治观念向治理观念转变。治理思想代表着一种新的公共管理模式,即多主体对公共事务的共同参与,治理的主体不但包括政府和其他公共机构,还包括私人部门和公民社会组织。从统治到良治是我国政府职能转变的方向,而要实现良治的前提是培育公众的参与理念。

24.建设公共服务型政府,需要构建新的政府文化

应当用市场经济的理念和方法实现政府转型和构建新型的政府文化。例如,第一,服务为本、公民驱动、公民取向的公民第一主义。第二,打破垄断性的集中配置、划片服务及公民群体分割,给公民以自由选择的现实权利;引入新的内部核算机制和价格机制,推动公共服务部门之间的竞争。第三,采用目标管理(MBO)、全面质量管理(TQM)等手段进行绩效管理,实行成本核算;加强财务控制,完善信息反馈,实行绩效预算。建设政务咨询制度,公开资讯制度,服务承诺制度等政府文化基本制度。重新提倡和培养公仆意识、服务意识,树立以民为本、人民至上的价值观,使之成为政府文化的核心。

当前,更要注重人文建设。现在贬低文化地位的现象屡见不鲜。有的地方每年举办许多"文化节"活动,口号是"文化搭台,经济唱戏"。我们不能赞成这种提法,把文化放在"搭台"、打下手的地位,成了招商引资的手段,贬低了文化在社会以及历史发展中的重要作用,这是不恰当的。

当前,我国的改革面临经济、社会全面转型的挑战,这是一个更深刻、更复杂的改革新阶段。经济转型要求构建现代产权关系,社会转型需要形成新的社会利益整合机制。伴随着经济社会的全面转型,广大百姓日益迫切地要求政府能够为他们提供基本而有保障的公共产品和有效的公共管理、公共服务；广大人民群众越来越期望建设一个公开、透明和清廉的政府。在这个特定的大背景下，我们需要对政府的职能和责任重新定位，需要对政府权力进行有效监管。自觉地推进政府转型，加快建立公共服务型政府，将对我国的改革发展全局产生重大影响。

推进以政府转型为主线的行政管理体制改革

10条建议

（2009年8月）

"十二五"实现我国发展方式转变的关键是政府转型。加快经济发展方式转型的关键在于实现经济运行机制由政府主导向市场主导的转变；适应社会公共需求转型的关键在于确立政府在公共服务中的主体地位和主导作用；在政府自身建设与改革上的突破，关键在于通过政府转型形成公共权力行使的规范的制度框架。可以说，我国发展方式转型的主要挑战不是经济社会本身，而是政府转型与政府决策。"十二五"经济社会体制改革能否取得实质性进展，在很大程度上取决于公共服务型政府建设能否取得重大突破。为此，"十二五"要继续以政府转型为主线加快推进行政管理体制改革，为2020年建立起比较完善的中国特色社会主义行政管理体制奠定坚实基础。

一、"十二五"行政管理体制改革的现实需求

行政管理体制改革是改革的重点和关键，在"十一五"时期已达成多方共识。但总的来看，行政管理体制改革滞后制约改革发展全局的状况并未实质性改观。党的十七届二中全会提出到2020年建立起比较完善的中国特色社会主义行政管理体制的目标，以"大部门"体制改革为标志，新一轮行政管理体制改革已经启动。"十二五"时期，政府转型对转变发展方式，实施扩大内需战略具有决定性影响。

1. 发展方式转变对政府转型的依赖性全面增强

从"十一五"改革发展的实践看，转变发展方式的深层次矛盾在于政府转型的滞后。加快实现由经济建设型政府向公共服务型政府的转变，将对转变发展方式、扩大内需产生决定性影响。

（1）政府转型与经济增长方式转型。

——改革行政主导的资源要素价格形成机制，有利于建立资源节约、环境友好型的发展体制。改革行政主导的资源要素价格形成机制，加快推进环境产权制度改革和资源税改革，对形成反映资源稀缺程度的有效价格体系，引导企业节约资源、保护环境具有重要影响。

——强化政府经济性公共服务，有利于营造公平竞争的市场环境。破除行政垄断，营造良好的竞争秩序和竞争环境，对企业提高自主创新能力、提高整个国民经济运行质量和竞争力具有决定性影响。

——建立统筹城乡发展的行政体制，有利于建立扩大内需的体制机制。打破城乡分割的行政体制障碍，加大新型城市化建设投资力度，稳步推进农民工市民化进程，对扩大投资需求具有明显带动效应：一是带动生产性投资，为转入城市的劳动力提供就业机会；二是带动城市建设所需要的基础设施投资；三是带动房地产投资，以满足城市人口的居住需求和企业的发展需求。有研究成果表明，2003—2008年，每增加1个城市人口大约会带来50万元的城镇固定资产投资需求。[①] 如果从2011年开始，城市化率每年提高1%，每年将有近1400万农村居民成为市民，每年创造7万亿元的城镇固定资产投资需求，5年时间可创造的新增城镇固定资产投资需求将高达35万亿元。

——强化政府在新兴产业中的引导作用，培育新的经济增长点。适应绿色发展战略要求，减少政府在竞争性领域投资，加大新能源和可再生能源等新兴产业的项目支持，既是应对全球能源危机的重要手段，也是培育新经济增长点的重大举措。国家信息中心预计，到2020年，我国

---

① 王建：《加快城市化是下一轮宏观刺激的方向》，《华夏时报》2009年4月19日。

可再生能源总投资将超过3万亿元。未来新能源产业有望成为我国新的经济增长点。①

（2）政府转型与社会公共需求转型。

——强化政府在基本公共服务中的最终责任，提供惠及13亿多人的基本公共服务，是稳定居民消费预期、促进居民消费的重大举措。据相关研究，把收入最低的1/5城镇居民（2007年约1.18亿人）的养老、医疗和失业等社会保险多覆盖一项，每年增加的消费支出总额就可以达到100亿元。如果把社会保障延伸到农村，所产生的刺激消费效果将更加明显。②

——强化政府的公共服务责任是提高我国人口素质的重大战略。强化政府在教育、卫生、人口等公共服务领域的主体地位和主导作用，对于全面提高人力资本投资、实现我国由人口大国向人力资源强国的转型具有决定性影响。

——强化政府的再分配功能对协调社会重大利益关系具有重大作用。逐步推进基本公共服务均等化，在国家层面建立重大利益协调机制，为广大社会成员提供平等的发展能力和发展机会，有利于缩小城乡、区域、贫富三大差距，为构建和谐社会提供体制机制保障。

（3）政府转型与推进经济社会体制改革。

——政府转型对规范政府与市场关系，完善市场经济体制，避免权力与市场结合形成"坏的市场经济"具有决定性影响。在转轨时期避免制度性腐败，取决于能否通过政府转型将一些政府不该管的事情交给市场，使政府能够正确行使经济职能。

——政府转型对正确处理政府与社会关系，完善社会体制，促进社会公平正义具有决定性影响。在转轨时期实现社会公平正义，关键是能否通过政府转型，使政府能够超越自身利益，成为社会公共利益的代表。

---

① 《未来10年新能源投资或逾3万亿》，《中国证券报》2009年7月2日。
② 胡敏：《正确认识保增长与保就业的相互关系》，《理论前沿》2009年第5期。

——政府转型对加强政府自身建设，建设高效、廉洁政府具有决定性影响。在转轨时期完善公共治理，关键是通过政府转型，使公共权力得到有效的规范和约束。

2. 行政管理体制深层次的矛盾与问题逐步暴露

国际金融危机及国内发展阶段变化对经济社会发展提出的挑战，在很大程度上是对政府转型的挑战。

（1）政府主导型经济运行机制的突出矛盾和问题。改革开放30年来，我国商品已经市场化，但资源要素尚未完全市场化，政府仍然控制着某些重要矿产资源、土地等重要生产要素的价格，低成本的投资扩张与此直接相关。政府通过控制国企、批租土地、项目审批、价格管制、行政垄断、地区保护等手段仍掌握着过多的资源配置权，在一些重要领域排斥了市场配置资源的功能，严重扭曲经济行为。

（2）政府基本公共服务职责不到位的突出矛盾和问题。居民消费既取决于其收入的多少，也取决其对未来的预期。如果政府能够适应社会公共需求转型的客观趋势，为全社会提供基本公共服务，使每一个社会成员"学有所教、劳有所得、病有所医、老有所养、住有所居"，使广大社会成员对未来有一个良好的社会预期，就会明显提高消费率。但现实情况是，政府对公共服务方面的投入不足，基本公共产品严重短缺，导致当前我国居民消费率严重不足。这是形成我国居民消费率长期偏低的重要因素。

（3）政府自身建设滞后的突出矛盾和问题。"十一五"时期，政府自身建设与改革取得重要进展。但是，政府自身建设与改革滞后的问题仍然比较突出。例如，行政成本增长过快、规模过大。1978—2008年，我国的财政收入从1132.26亿元增至61316.90亿元，30年增长53倍；而国家财政支出中行政管理费由1978年的52.9亿元增至2006年的7571.05亿元，28年增长141倍；行政管理费用占财政总支出的比重由1978年的4.7%上升到2006年的18.7%。此外，机制性腐败问题增加。近年来，利益部门化倾向具有一定的普遍性，并且成为制约和影响政府行为的重要因素之一。建设廉洁政府，从源头上遏制、预防腐败，成为政府自身建设的重大挑战。

3."十一五"时期行政管理体制改革取得重要进展，但改革远未完成经过从理论到实践的探索

"十一五"时期，建设公共服务型政府纳入国家战略决策层面。2006年10月，《中共中央关于构建社会主义和谐社会若干重大问题的决定》中明确提出："建设服务型政府，强化社会管理和公共服务职能。"服务型政府第一次被写入党的指导性文件中。2007年10月15日，胡锦涛同志在党的十七大报告中再次把"加快行政管理体制改革，建设服务型政府"作为发展社会主义民主政治的重要内容而予以强调。2008年2月，党的十七届二中全会《关于深化行政管理体制改革的意见》明确提出，到2020年，建设中国特色行政管理体制的目标。从总体说，"十一五"时期行政管理体制改革在多方面取得重要进展。而当前的突出问题有以下两点。

（1）政府职能转变尚不到位。例如，政府对石油、电力、铁路等领域，既保持着对垄断国有企业的控制，也保持着对重要资源价格的控制。再如，行政审批制取消，改为备案制。实际情况是，备案往往比审批所需要的周期更长，成为一种变相审批。

（2）政府公共服务的财政投入尚不到位。改革开放之初，在国家财政支出结构中，经济建设费所占比重高达64.1%，随着市场经济逐步完善，到2006年，这一比重下降到26.6%，年均下降1.3个百分点。但与其他一些国家相比，我国财政在公共服务方面的支出还明显偏低，离公共服务需求还有很大差距。在公共教育方面，2005年，公共教育财政支出占GDP比重，世界平均水平达到4.6%，发展中国家的印度达到3.25%，而我国仅为2.97%。在医疗卫生方面，2005年，世界各国医疗支出占GDP比重平均接近10%，印度达到5%，我国仅为4.7%。在社会保障方面，2008年发达国家财政支出占总支出比重高达30%以上，我国仅为10.8%。

二、"十二五"公共服务型政府建设的重点任务

4. 进一步完善政府的经济职能

针对经济增长方式转型进程中政府职能的突出问题，重点加强政府的中长期经济战略职能、宏观调控职能、市场监管职能，使政府的经济职能与增强可持续增长能力的要求相适应。

（1）大大强化政府的中长期经济战略职能。

——成立经济发展委员会，专司中长期经济发展战略规划。从转变经济发展方式的要求看，中长期战略规划的科学性和有效性越来越重要。应尽快成立专司经济中长期规划和宏观经济政策的经济部或经济发展委员会，增强宏观政策、中长期规划的前瞻性、预见性，确保经济增长方式转型和宏观经济环境的稳定性。

——组建独立权威的国家能源委员会。从我国中长期经济发展的客观要求看，实施大能源战略，站在全球化的高度统筹规划未来能源保障，成为大势所趋。在新一轮机构改革中，根据国务院批准的"三定"方案，已成立国家能源局。从机构性质上看，仍属于议事协调机构。"十二五"时期，宜考虑将其升格，组建国家能源委员会，使其在能源战略决策中有职有权。

——强化对外经济战略职能。我国是世界第三大贸易国，但政府的对外经济战略职能还比较薄弱。虽然履行对外经济战略职能的部门是商务部，但是相当一部分政策的制定和责任落在其他相关部门。为此，建议由商务部专司国家对外经济战略职能，以强化对外经济战略职能的统一性和协调性。

（2）完善政府宏观调控体制。适应全球经济结构调整和国内宏观经济稳定的需要，全面加强政府的宏观经济调控能力，使宏观调控能够体现前瞻性和预见性，并能够积极配合经济社会领域各项改革的实际进程。

——改善宏观调控决策机制，增强前瞻性和预见性。加强政府的国

民经济综合平衡、经济运行监测、区域协调发展、宏观经济和社会发展的预测预警和信息引导等职责；加强预算和税政管理、财税调节收入分配、公共财政体系建设等职责；加强防范和化解金融风险，推进金融业改革和发展，协调解决金融运行中重大问题等职责。由此，应尽快建立宏观调控综合协调机制和危机应急机制。在宏观调控决策中，还应采取建立专家委员会、吸纳民间智库参与等多种方式，使决策能够更加符合实际。

——把促进就业作为政府宏观调控的首要目标。在宏观调控决策和实施中，将就业指标作为宏观调控的主要依据。完善就业相关指标的统计制度，建立动态、完善的就业信息统计系统，及时、准确把握全国就业形势。使宏观调控与促进就业的相关政策和措施有机结合起来，提高宏观调控的实际效果。

——加强重点领域宏观调控的综合协调。采取综合措施，使宏观调控能够充分考虑民营经济和中小企业发展的需要。建立稳定资本市场的宏观调控综合协调机制。从稳定股市的政策来看，证券监管部门的作用很重要。为此，应当考虑对股市进行宏观调控的专项综合治理，建立综合应急机制和有效反应机制，引导股市健康发展。建立稳定房地产市场的宏观调控综合协调机制，应尽快推出系统的房地产新政，兼顾各方利益，采取综合性措施，全面解决房地产行业的出路问题。

（3）从社会反映最突出的食品药品、垄断行业监管入手，建立严格的监管体制。抓住食品药品安全、垄断行业等重点领域的突出问题，改善政府市场监管职能，建立严格有效的监管体制，是提高政府公信力的重大任务，也是有效刺激消费，扩大内需的重要措施。

——以食品药品安全为突破口，完善对消费市场的监管机制。应加快立法，建立科学、统一、权威的食品药品安全标准体系，协调涉及食品药品安全监管的部门，对现有的食品药品安全标准进行清理，并修正完善，以避免出现标准交叉、重复和矛盾的现象。广泛征求安全监管部门、专家、生产企业和普通消费者的意见,以保证标准的可信性、可行性。建立相关机制对分散在各部门中的监管权进行整合,避免各个执法部门各自为政、最终无人负责的状况。借助行业协会,发动社会参与监督。督促企业自觉按标准组织生产,从源头为食品药品安全把关。发挥媒体在食品药品监管中的独特作用。形成包括完善的法律环境、专业化的行业监管机构、多种行业自律组织、多级消费者权益保护组织、多渠道的传媒和公众监督在内的现代监管体系。

——加强对垄断行业的监管。以铁路部门改革为重点,建立公开透明、监管有力的垄断行业监管制度。制定和完善相关法律法规,将垄断行业的监管纳入法制化轨道。依法禁止和防止垄断,是市场经济下形成公平有效的竞争制度和秩序的根本性措施,要尽快将"国家能源监管委员会法""石油法""电信法""地方公用事业监管法"等列入国务院或人大常委会的立法,并加快进行《电力法》《铁路法》《民用航空法》等法律的修改工作,以适应现代监管的需要。充分发挥反垄断委员会的作用。

——探索建立独立性、权威性、专业化的监管机构。以这次扩大政府投资为契机,在监管机构改革上争取有新的突破。可以考虑在一些重要的部门进行独立监管机构的试点,结合大部门制改革,先在部门内设立相对独立的监管机构,待条件成熟以后,再根据实际情况转变为独立的外部监管机构。

5.加快建立公共职责的制度保障

"十二五"应当从理顺中央地方财税关系、公共职责分工入手,为各级政府有效履行公共职责提供体制保障。

(1)建立中央地方规范的公共职责分工体制。进一步明确中央和地方各级政府的职责范围,使其法定化、可问责。要以立法的形式,将中央和地方政府的权力范围、权力运作方式、利益配置结构、责任和义务等明确下来,逐渐使中央和地方的关系进一步制度化。

——中央政府的职责应主要是制定法律法规、方针政策和国家标准。

提供全国性的公共产品和公共服务，对各省、自治区、直辖市进行行政统筹管理和监督检查。

——省级政府的职责应主要是保证国家法律法规、方针政策和国家标准的严格实施。根据本地区情况制定地方性法规规章和政策标准，提供本区域内的公共产品和公共服务，对各市、县负有行政组织协调和监督检查的责任。

——市、县政府的职责应主要是执行国家和省级政府的法律法规、方针政策和规章标准。提供区域内各项公共产品、公共设施和公共服务，保护市县生态环境，维护公共安全、生产安全和消费安全，保证社会稳定，促进社会和谐等。

——乡镇政府的职责应主要是为"三农"提供服务，管理乡镇公共事务，化解基层纠纷，保护乡镇生态环境，维护基层稳定等。

（2）以强化公共职责为重点，优化行政层级，适当调整行政区划。进一步整合行政资源，推进行政扁平化，促进中央政令畅通，提高公共服务供给效率。

——逐步推进财政上的"省管县"向行政上的"省管县"转型。在财政省管县的基础上，逐步推进行政上"省直管县"，强化县级公共服务职能。第一，确保在2012年全国除民族自治地区外全面实现财政省直管县。第二，逐步推进行政上的"省管县"。

——在"乡财县管乡用"的基础上，进一步规范县乡财政关系。在条件成熟的地方，鼓励将乡镇政府转变为县级单位的派出机构，使县乡财政管理模式与行政层级相一致。

——整合行政资源，适当调整行政区划。与我国加快推进城市化的大趋势相适应，推进人口和经济达到一定规模的县升格为市或撤县设区；在城乡一体化程度较高的地区，把乡镇逐步变为街道办或社区。

（3）加快建立以公共服务为主要内容的绩效评估和行政问责制度。建立以公共服务为导向的政府绩效考核体系和相应的行政问责制，从激励约束机制上确保政府履行公共职责。

6.以事业单位改革为重点,加快建立公共服务体系

事业单位是我国公共服务供给体系的主体部分。政府公共服务职能的实际效果,在很大程度上取决于事业单位改革的成效。"十二五"要以创新公共服务体系为基本目标,全面推进事业单位改革。

(1)把事业单位改革作为建设公共服务型政府的重要组成部分。改革30年的历程表明,事业单位的职能是同政府的基本职能联系在一起的,离开了政府职能的转变,事业单位的改革很难达到预期效果。从事业单位本身看,分类改革的思路是按照事业单位的性质,实施不同的改革方案。问题在于,事业单位分类改革往往会演变为政府"甩包袱"。简单化地推进分类改革,难以适应社会公共需求转型的现实需求。应当明确,"十二五"事业单位改革的目标是建立统一完善的公共服务体系。要把事业单位改革与政府转型的实际进程有机地结合起来,统筹行政管理体制改革与事业单位改革。

专栏1 事业单位改革的历史考察

改革开放30年的事业单位改革取得了很大成就,主要表现在事业单位与政府的关系方面有了明显的变化,自身的人事管理、业务管理、财务管理等方面有了很大的自主权,服务经济和社会发展的创造性、生机和活力大大增强。但是事业单位改革也存在一些不容回避的问题。

一是伴随改革开放历史进程的深入、经济体制改革和社会管理体制的改革以及社会主义市场经济体制的确立,国家减少政府对事业单位的财政支持,迫使事业单位为生存、生计走向市场;扩大事业单位自主权限,实行承包制,对管理层和事业单位的员工进行创收与个人奖励密切挂钩。国家的这种"奖勤罚懒"的激励政策,的确减少了政府对事业单位的财政投入,激发了事业单位自我发展的积极性,但是由于政策不配套、制约机制和制度缺失,事业单位改革

的市场化取向十分明显，政府和事业单位原来所承担的公益性职能不断市场化，其责任也不断向社会转移。

二是扩大事业单位自主权的"放权导向"改革使事业单位权力不断扩大和膨胀，而无论事业单位自身或是政府都没有建立相应的约束机制和制度，从而造成了一些事业单位对自主权的滥用，一味追求自身利益而忽视服务对象的利益，忽视社会的利益。这些缺陷所引起的弊端使社会和公民个人承担了很大的代价，成为人们质疑的焦点。

三是事业单位改革的总体目标和总体政策缺乏。把事业单位分类改革等同于事业单位改革，缺乏事业单位改革的总体设计，造成事业单位改革的困境。

资料来源：
左然：《构建中国特色的现代事业制度：论事业单位改革方向、目标模式及路径选择》，《中国行政管理》2009年第2期。

（2）在公共服务体系框架下整体设计和全面推进事业单位改革。传统的事业单位分类改革难以有效推进的一个很重要的原因是，当前我国还没有建立起一个科学合理的公共服务体系。同时这也意味着要保留多少财政供养的事业单位机构和人员，多少要进入市场，还缺乏一个合理的依据。为此，"十二五"应当把事业单位改革置于整个公共服务体制建设框架下统筹设计和安排。

——尽快建立基本公共服务的国家标准体系。组织相关部门，按照我国公共需求结构、数量的客观变化，研究、制定全国范围内基本公共服务的标准，包括设施、设备和人员配备以及相关财政投入标准，为事业单位改革提供基础数据和技术支持。成立全国性的公共服务专家咨询委员会，为政府制定公共服务标准、法规政策和做出重大决策等提供咨询意见。

——把事业单位改革与引进公共服务市场机制有机结合起来。制定基本公共服务指导目录，按照鼓励类、限制类和禁止类，分类指导基本公共服务发展。通过公共财政资助用户、资助特定项目在基本公共服务供给环节引入竞争，提高服务质量和提高效率。针对一些政府部门在基本公共服务领域投资铺张浪费等问题，通过代建制、承包制、订购制等途径，最大限度地降低成本，提高政府基本公共服务的供给能力、质量和效率。这样，既可以有效地缓解公共服务不足的压力，又可以从外部形成对事业单位的竞争压力，激活事业单位改革。

——把事业单位改革与发挥社区、社会组织作用有机结合起来。相当一部分基本公共服务供给要靠引入社会机制。其中，重要的是充分发挥社区与社会组织的作用。以社区为例，随着我国市场经济体制的建立，涉及家庭和个人的许多福利事项已从原单位剥离出来，逐步进入社区，大量与人们日常生活直接相关的问题都可以在社区内解决。但目前我国社区定位、组织架构、经费管理还不能适应社区在保障基本公共服务方面的定位需求。"十二五"要把发展自治型社区与事业单位结合起来。大多数社会组织具有非营利性的基本特征，它们在消除贫困、尊老扶幼、帮助下岗职工再就业、环境保护、教育培训和卫生保健等方面做了大量工作。这有利于满足社会成员多样性和多层次的需求，推进社会公益事业的发展。鼓励和引导社会组织广泛参与基本公共服务供给，能够实现公共服务投入和效益的最大化。要把事业单位改革与社区建设、社会组织发育有机结合起来，统筹考虑。

（3）在教育、卫生、科研等事业单位改革上率先取得实质性突破。"十二五"是我国提升人力资本、提供自主创新能力的关键时期。在教育、卫生、科研等事业单位改革上的率先突破，可以为实施人才强国、建立创新型国家等战略目标的实现提供重要支撑。

——全面推进教育事业单位改革。统筹考虑教育行政管理体制改革与教育事业单位改革。一方面，推进教育行政管理内的决策、执行、监督分开，提高教育行政效能。另一方面，加快推进政事分开、管办分离，使各类学校摆脱"行政化"倾向。

——全面推进卫生事业单位改革。按照中共中央、国务院《关于深化医药卫生体制改革的意见》的要求，加快推进新一轮医疗卫生体制改革，在公立医院改革上取得突破，明显提高基本医疗卫生服务可及性，有效减轻居民就医费用负担，切实缓解"看病难、看病贵"问题。

——全面推进科研事业单位改革。按照建设创新型国家的要求，加快推进科研事业单位改革，推进产学研一体化，保护知识产权，创新科研成果、人才评价体系，提高科研管理效率。

7. 实质性地推进行政体制范围内决策、执行、监督三权分设的改革

从"十一五"的改革实践看，大部门体制改革的实质是有效地规范和约束权力。如果不以行政范围内三权分设为重点，相关部门合并后的行政权力结构并不能由此作出合理安排，甚至对行政权力规范和约束的难度会更大。"十二五"在初步实践的基础上，要把改革的重点放在行政范围内的三权分设上，使得大部门制改革能够在建立有效的公共权力结构上取得突破。

（1）推进以决策、执行、监督三权分设为基本要求的行政管理体制改革。

——分离决策部门的执行职责。在国务院的领导下，划分公共职责范围，成立以部委为主体的公共政策决策体系。部委不再管理执行性、事务性、技术性的事务，集中精力进行综合决策。

——合理划分中央地方的执行权，建立执行机构。在划分全国性和地方性的公共管理事务的基础上，中央政府与地方政府分别设立相对独立的政府执行机构。

——强化监督权，成立独立的监督委员会。对部门公共职责的决策、执行进行专业化的监督。吸收该领域内的专家组成独立的监管委员会，主要负责制定具有法律效力的行为规则和管制标准；研究和修改公共服务准入许可；调查公共服务供给部门的运营状况并公开相关信息；听取专家或社会人士对相关公共服务供给部门服务情况的意见并提出修改意见。

——建立协调机制,加强跨部门综合事务治理的协调性和有效性。减少和取消议事协调机构和临时性机构,建立超越于部门利益的统筹协调机构。

(2)以行政范围内三权分设的突破继续推进大部门制改革。党的十七届二中全会提出,决策权、执行权、监督权既相互制约又相互协调的要求,紧紧围绕职能转变和理顺职责关系,进一步优化政府组织结构,规范机构设置,探索实行职能有机统一的大部门体制,完善行政运行机制。按照这个要求,并从现实需求出发,"十二五"铁路行业打破行政垄断、实现政企分开的迫切性全面增强,推进"大交通"的条件已经成熟。随着我国能源体制改革的深入,推进大能源部门改革的条件已经成熟。在加快推进医疗卫生、教育、社会保障体制改革进程中,形成"大卫生""大教育""大社保"的条件已经成熟。经过"十二五"的努力,在避免政府职责交叉,整合行政资源方面取得重要突破,不仅可以大大改善政府的经济职能、社会职能,还可以为"十二五"经济体制、社会体制改革创造良好的条件,并为有效地推进政治体制改革创造有利条件。

(3)在关键领域的大部门体制改革上取得新进展。

——组建大交通部门。据国家物流信息中心的统计,我国物流成本占GDP的比例为20%以上,美国是8.5%。物流成本居高不下的重要原因是,各种交通运输未能实现协调发展。在传统条块分割的交通管理模式下,铁路、公路与航空运输各自发展,重复规划、重复建设,相互竞争现象非常突出。"十二五"要把航空、铁路、公路、水运的管理体系统一到交通运输部。这对于打破各个运输体系的利益分割相当重要。

——组建大教育部门。适应教育体制改革的实际进程,推行教育领域的大部门体制建设,实现决策、执行、监督分开,防止教育部门既制定决策又管理学校具体事务。针对教育质量最终难以负责的状况,为教育领域的政事分开创造条件。

——组建大卫生部门。适应医疗卫生体制改革的实际进程，推进医疗卫生领域的大部门体制建设，理顺卫生行政管理体制。

三、加快推进政府自身建设

国际金融危机使政府自身建设与改革的重要性提升到前所未有的高度：对政府工作的预见性、前瞻性提出挑战；对政府应对危机的应变力、执行力提出挑战；对政府提高透明度、公信力提出挑战。无论从政府转型和政府自身存在的问题看，还是从社会对政府的期待看，"十二五"都需要将政府自身建设与改革摆在突出位置。

8."十二五"加快推进政府自身建设的迫切性

进入新阶段，一方面，广大社会成员对政府自身建设的期望值加大；另一方面，政府自身建设的某些突出问题容易成为影响社会稳定的因素之一。这个特定背景下使"十二五"推进政府自身建设与改革显得尤为迫切。

（1）政府自身建设对实现政府转型具有重大影响。2003年以来，推进政府转型已得到上上下下的广泛认同。但从实际进程看，政府自身建设的很多深层次的体制和机制问题还没有得到解决，在某些方面甚至尚未破题。由于政府自身建设存在的突出问题，对建设公共服务政府形成多方面的负面影响。"十二五"政府自身建设与改革若没有重要突破，不仅政府转型将大打折扣，还将严重制约相关领域改革的进程。

（2）政府某些利益倾向的形成。这些年，受多种因素影响，部门利益、地方利益的形成具有普遍化倾向。例如，中央出台的一些政策措施，在实际执行中难以贯彻，或者走形变样，许多都与部门利益、地方利益直接相关。通过加大政府自身建设和改革的力度，使政府更好地履行公共利益代表者的职能。

（3）广大社会成员对政府自身建设有诸多期待。面对国际金融危机的冲击，以及社会转型时期社会矛盾相对突出的压力，人们更加期待加快建设一个责任政府、廉洁政府。在这种特定背景下，政府自身建设的某些突出问题久拖不决，会大大降低政府的公信力。

9. "十二五"政府自身建设的目标

"十二五"努力建设责任政府、廉洁政府、法制政府，在解决多年积累下来、群众反映比较强烈的问题上取得重要突破，明显提高政府形象和政府公信力，为经济社会发展创造良好的政策预期。

（1）行政效能显著提高。建立以结果为导向的政府业绩评估考核体系，按照勤政、务实、高效的原则，建立提高行政效能的长效机制，显著提高行政机关办事效率和服务意识，明显减少行政审批事项，精简审批程序，缩短审批办理时间。

（2）行政成本明显降低。加强和规范预算管理，实施中长期的行政成本控制计划。争取到"十二五"末，财政支出中行政费用的比重降到14%~15%，使其接近世界平均水平。

（3）腐败等问题得到有效遏制。"十二五"要在解决公车消费、公款吃喝、公费旅游等问题上取得实质性突破，切实改善行政作风。

10. "十二五"政府自身建设和改革的重点任务

（1）采取综合措施，削减行政成本。受全球经济结构调整的影响，"十二五"财政增支与减收之间的矛盾将越来越突出。以明显降低行政成本为重点加强政府自身建设与改革，将为政府各项政策的顺利实施创造有利条件。同时，削减行政成本能为结构性减税提供空间。

——制定控制行政成本的中长期规划。客观看，我国降低行政成本的空间很大。2008年中央政府削减5%的经费用于支持汶川抗震救灾，各地也积极响应，不同幅度地削减行政成本。这都没有对正常的行政运转产生负面影响。控制行政成本是一个中长期的过程，需要随着政府转型的实际进程有序推进。可以考虑制定五年规划，经过"十二五"的不懈努力，使行政成本接近或达到世界平均水平。

——采取综合性的改革措施。第一，设定行政成本控制指标，按项、按级分解。根据不同部门、不同地区的情况,逐项分解,下达行政成本降低的指标,并且把该指标作为约束性指标。第二,建立合理的行政绩效评估方式,将行政成本控制列入政府绩效考核体系。第三,加大行政成本公开透明的力度,发挥社会舆论监督作用。第四,通过改进管理方式推行电子政务,利用现代化信息技术和网络环境提高行政效率、降低行政成本。第五,在政府管理的一些环节引入市场机制,实行企业化管理,实施业务外包,少花钱,多办事。

——重点解决影响行政成本问题最突出的矛盾。抓住"楼、车、会、人"等关键环节,实行重点突破。"十二五"应当明确:第一,严格限制各级政府修建楼堂馆所,控制政府的奢靡之风。第二,严格限制政府新增公务用车,在公车改革上取得突破。第三,严格明确规定各行政机关招待费的标准。第四,严格控制会议数量与规模,全面建立和推行会议经费预算总额包干制度。第五,对行政浪费、各种巧立名目的出国公款旅游和会议旅游等加大处罚力度,并及时向社会公开。

专栏2　"十二五"降低行政费用的三种目标方案

我国行政成本占财政支出的比重自2004年达到最高值19.4%后便趋于下降,2004—2006年年均下降0.35%。考虑到金融危机下减少行政成本的压力,2006—2010年如果每年减少0.375%,4年间共下降1.5个百分点,2010年末便可达到17.2%。以17.2%为"十二五"的基期数值,有"快、中、慢"三种降低行政成本的目标方案:

第一种:快速降低方案。每年减少1.04个百分点,"十二五"末超过世界平均水平。

第二种:较快降低方案。每年减少0.45个百分点,"十二五"末初步达到世界平均水平(14.96%)。

第三种:"十二五"末行政费用开支占财政支出的比重严格限制在16%

以内。

从现实看，迅速实现行政成本的大幅度削减难度是很大的。"十二五"若能每年减少0.45个百分点，即第二个方案，在"十二五"末便可达到世界平均水平。

数据来源：
2008年两会时九三学社递交的提案《关于建立行政成本信息公开与监督机制的建议》。

（2）采取措施集中解决群众反映比较强烈的突出问题。

——在公车改革上取得实质性突破。在中央的统一领导下，成立公车改革领导小组，摸清家底，准确掌握全国公车的数量和使用效率，制定公车改革的五年规划和明确的改革日程表，争取在"十二五"末期完成这项改革。

——在解决公款吃喝问题上取得实质性突破。采取实质性措施减少公款吃喝的铺张浪费。一方面，推进依法行政，尽可能减少上级部门对下级部门不必要的检查指导。另一方面，健全政府接待制度，实行公款接待项目公示制度。

——在解决公款出国旅游问题上切实取得突破。

（3）加强政府自身制度化建设。抓住政府自身建设中的突出矛盾，使公共权力运行规范化、制度化。

——健全政务公开制度。坚决实行政府决策公开。第一，建立全国性的规范的政务信息公开制度，完善信息公开的程序和问责制度。建立政务公开指导目录，划分自动公开和核准公开的范围，明确政务公开的范围和时间。第二，把政务公开列入工作目标责任制。健全政务公开的考核评议制度和责任追究制度。第三，建立政务公开配套的法律、法规和规章，比如"政务公开程序法""政府文件公开法""会议公开法""政务公开违诺违规责任追究办法"等。

——强化行政问责制。建立符合公共服务型政府要求的绩效评估体系和行政问责制度。建立全国统一的行政问责办法，制定具体规则，规范问责程序，确保各级政府和官员行使公共权力的行为可问责。加强公共政策从决策到执行各个环节的问责。

——完善政府财政预算管理制度。重点加强对公共财政的审核、监督，通过人大、媒体、社会舆论进行公共财政的广泛社会监督。一是加大对政府预算的监督。逐步细化、规范和完善报送同级人民代表大会审批的政府预算体系。人大审议通过的政府预算收支和预算报告要及时向社会公布。二是加大人大对部门预算和预算执行的监督。逐步将中央一级预算单位的部门预算全部报送人大审批。省、市、县财政报送人大审查的部门预算要基本涵盖政府组成部门及直属机构，并逐步扩大到一级预算单位。三是加强人大对财政转移支付的监督。四是加大对重点范围的监督。加强对土地、公路（交通）等基础设施建设招标、承包、采购、验收等环节进行重点监控，加强对行政审批权和行政执法权的监督，破除各种形形色色的"潜规则"。

——尽快建立公务员财产公示制度。"十二五"逐步建立公务员财产申报、公示程序。采取公务员任前公示、任内日常公示、离任前公示、退休后的延伸公示。建立官方公示网站，所有向上级组织申报的收入和财产，均应通过媒体和网络，向社会公开，并建立规范化的信息反馈和举报制度。

——进一步深化投资审批制度改革。按照由经济建设型政府向公共服务型政府转变的要求，进一步明确各级政府职能，加快推进审批制度改革。第一，进一步深化外商投资项目的审批权下放。对涉及全国产业政策和战略布局的项目、一些限制性项目的审批权仍放在中央政府；对于鼓励类、允许类项目完全可以发挥地方政府积极性，下放到地方政府；对于鼓励类项目、不需要国家综合平衡的项目，应完全放开审批规模的限制，由市场决定，政府只需要备案审核。第二，规范土地审批权下放。中央与地方审批权可以考虑不再以数量等标准简单划分,而是以用途划分。国家部委负责掌管关系国计民生等一些重大土地用途的审批权限,除了在耕地、建设用地总量上进行调控,中央不再负责土地数量审批,同时扩大省级政府的权限。为确保地方政府审批权的合理、规范行使,应大力推进土地审批公开透明、加大监管力度。第三,下放一般社会领域的投资审批权限。在规范制度的前提下,可以将包括教育、卫生、旅游、文化等一般性社会领域的投资审批权下放给地方。

——加快制定依法行政程序制度。结合我国实际情况,制定一部适合我国国情的行政程序法,是保证我国行政机关依法行政、提高行政管理效率的有效途径,也是我国政府机构改革取得成果的重要保障。"十二五"时期,在已颁布施行的《行政许可法》《行政处罚法》基础上,尽快出台《行政程序法》,明确规定,在行政决定做出之前,重大决定要集体研究,涉及对经济社会发展影响重大,特别是影响公共利益的、专业性和技术性强的重大执法事项,需经过专家评审和论证,作为政府决策参考的依据。政府管理的依据、过程、结果都要及时向社会公开,扩大人民群众对政府的监督力度,保证各项管理活动都在人民群众监督之下进行。

推动简政放权改革向纵深发展

15条建议

（2015年8月）

按照国务院办公厅要求，中改院对国务院2014年8月—2015年7月期间"简政放权、放管结合、优化服务"相关政策落实情况开展第三方评估。中改院评估组在北京先后与商务部、教育部、中编办等相关部委座谈；赴广东、湖南等地区实地调研；召开政府、企业、社会组织、群众代表座谈会；查阅被评估单位提供的文字资料；随机走访企业、群众，听取各方面的意见。

评估组主要采取以问题为导向的评估方法。总的考虑是：

（1）与上一年有所不同，本轮简政放权改革主要不是在数量上作文章，而是在放权的"含金量"上动真功夫。"含金量"高的事项大多触及行政体制的深层次矛盾问题。为此，本次评估主要看在解决深层次的矛盾问题上有多大进展。

（2）这一年的深化简政放权改革起着承上启下的作用，既要看到重大进展，也要看到矛盾与问题。为此，需要把客观分析纵深推进简政放权改革面临着的深层次矛盾问题作为本次评估的重点之一。

（3）评估的目的是提出下一步纵深推进简政放权改革的相关建议。为此，评估组在客观反映深层次矛盾问题的基础上，立足当前，着眼长远，独立地提出相关建议。

总的来看，本轮深化简政放权改革一开始就进入"深水区"。特别是在经济下行压力增大的背景下，从中央到地方形成强力推动的工作机制，形成良好的改革态势，不仅在解决多年来未能解决的深层次问题上有重大进展，而且正在形成不可逆转的新态势。

一、在解决简政放权深层次的问题上有重大进展

本报告对解决简政放权深层次问题的进展进行客观评估。主要的评估依据是：

（1）按照全面深化改革的总体要求，把"市场在资源配置中起决定性作用和更好发挥政府作用"作为评估的重要依据。

（2）深化简政放权改革正处于"啃硬骨头""涉险滩"的新阶段。比照上一年，把多大程度破解简政放权改革向纵深发展的矛盾问题作为评估的重要内容。

（3）在经济下行压力不断增大的特定背景下，突出简政放权改革对经济社会发展影响的评估。重点是评估对"大众创业、万众创新"的影响作用。

1.行政审批改革全面破题，非行政许可开始成为历史

各类行政审批和非行政许可是多年来理顺政府与市场关系的"拦路虎"。这一年来，在提前完成本届政府承诺削减1/3行政审批事项的基础上，又取消和下放了不少"真金白银"的行政审批权，非行政许可开始退出历史舞台，政府与市场关系的新格局正在形成。

（1）投资审批制度改革取得新突破。

——取消下放投资审批权限。2014年11月，国务院发布《政府核准的投资项目目录（2014年本）》，共取消、下放38项核准权限，投资核准事项中央层面减少76%。地方也积极下放相应的审批权限。以湖南省为例，除明文规定必须由"省级政府审批"的外，相关投资审批事项"能简则简，能放则放"。

——企业投资项目核准制改备案制。已取消18项属于企业经营自主权范围的前置手续，一律不得再作为核准前置条件；在境外投资领域，

除涉及敏感国家和地区、敏感行业的项目外,其他项目全部由核准改为备案管理。

——大幅削减投资项目前置事项。从上到下,各级政府只保留规划选址、用地预审以及极少数重特大项目环评审批"两项半"前置审批事项,其他审批事项一律与核准并联办理。

——简化、整合投资项目报建手续,探索"合并审批"。湖南省株洲市对投资建设项目的项目立项、初步设计、工程实施和竣工验收,进行流程再造,实施"合并审批",整个建设投资项目审批时间由过去的1年半以上,缩短至50~80个工作日。

(2)全面清理非行政许可审批事项。

——国务院部门全面清理非行政许可审批事项。截至2015年5月,中央层面清理了453项非行政许可审批事项,其中取消258项,占57%。

——多数地方政府基本完成清理非行政许可审批。从中央到地方,非行政许可审批已开始历史性终结。

(3)清理和取消职业资格许可和认定。

——分批取消职业资格认定。调研中,企业对职业资格反映比较大,职业资格在某种程度上异化为前置条件。2014年8月—2015年7月,国务院分4批取消了207项国务院部门设置的职业资格许可和认定事项,职业资格许可和认定事项比改革前减少1/3。

——规范职业资格目录。2015年内将建立职业资格目录清单管理制度,目录之外不得开展资格认定工作。

2.行政程序标准化、信息化普遍推进,行政效能明显提高

多年来,由于行政部门自由裁量权过大,"权力任性"的现象具有普遍性,并成为行政体制的一大"顽疾"。这一年来,以政务大厅、网上办事大厅等为重要载体,行政审批标准化、信息化在全国范围内推开,大大减少了行政部门的自由裁量权,优化了办事流程,在规范权力运行、优化服务、提高行政效能上取得了重要进展。

（1）行政审批标准化进程加快。

——行政审批标准化试点在多个地方开展。许多地方通过对保留事项的办理依据、要件、标准、流程、时限等进行梳理，实行联合审批、首问负责、限时办结、服务承诺等制度办法，规范审批行为。

——推进全国行政审批标准化。国务院审改办会同国家标准委研究提出了《行政审批标准指引（2015版）》，为行政审批标准化在全国范围内普及创造了有利条件。

（2）标准化、信息化有机融合，"互联网+政务"取得重要进展。

——电子政务在全国范围内推广并取得明显成效。例如，广东省已开始布局覆盖省、市、县、镇、村五级的网上政务服务网络，政务数据中心共享平台初步实现了与68个省直单位和21个地市互联互通。

——依托网上办事平台推进行政审批标准化。依托三级网上办事大厅平台，开发行政审批标准化信息录入模块，要求各部门将审批流程和要素等录入模块并在网上办事大厅运行。

——建立投资项目审批监管平台。2015年7月，全国投资项目在线审批监管平台进入调试阶段，16个国务院部门接入，实现了在线申报、平台赋码、信息共享；2015年年底前，将进一步与地方"纵向贯通"。

（3）提高行政效能、优化服务成效显著。

——审批速度明显提速。以三一重工为例，2012年三一重工并购德国普茨迈斯特公司，德国审批用时11天，国内审批4个月；2014年并购奥地利帕尔菲格公司时，湖南省审批1周，比国外还快；收购德国普茨迈斯特的境外再投资项目，通过互联网在商务部备案，不到1天就全部完成。

——网上办理率大幅提升。以广东省为例，到2015年6月，全省60%的行政审批事项可以在网上办理，社会事项的50%可在网上办理。实现网上全流程办理率为86%，网上办结率为81.53%，企业和群众从网上申报到现场跑动次数不超过1次的事项达90%。佛山市"南海政务通"

微信公众号上线后，不仅具备办事指南查询、办事进度跟踪、实时互动咨询等功能，还率先突破网上支付难点，开通1个多月点击量近10万次，咨询办件量达1000余件。

3.商事登记制度改革实质性破题，"大众创业、万众创新"的新局面正在形成

在经济下行压力增大的特定背景下，打造"大众创业、万众创新"的制度引擎，是当前深化简政放权改革的重大任务。这一年来，从中央到地方在推进商事登记制度改革取得重大突破，"三证合一""一照一码"全面启动，在激发市场活力、企业活力上成效显著。

（1）推进"先照后证"改革，推进工商登记便利化。

——将工商登记由前置审批改为后置审批。梳理工商登记设立、变更、注销等环节应当执行的前置审批目录。分3批进行清理，将原有的226项工商登记前置审批精简85%，目前只有34项。

——简化市场主体登记手续。全国31个省（区、市）出台了住所管理规定，9个省市推进了全程电子化登记试点和电子营业执照应用。

——企业年检制度改为企业年报公示制度。2014年度年报公示率为85.1%；截至2015年7月14日，全国274.7万户企业纳入经营异常名录，占应公示企业的14%。

（2）积极探索"三证合一""一照一码"登记制度改革。制定"三证合一""一照一码"信息化建设方案和数据规范，推进法人和其他组织统一社会信用代码制度建设。目前全国29个省（区、市）开展了"三证合一"改革试点，并于年底前在全国范围内实行"一照一码"登记模式。

（3）"大众创业、万众创新"的新局面正在形成。

——大学生创业开始成为趋势。国家统计局的数据显示，2014届大学生中约有19.1万人选择了自主创业。

——新增市场主体速度加快。截至2015年上半年，全国新增市场主体685.1万户，比上年同期增长了15.4%；注册资本（金）12.9万亿元，同比增长38.4%；新登记企业200.1万户，增长19.4%，注册资本（金）12万亿元，增长43.0%。上半年平均每天新登记企业1.11万户，注册资本（金）达665.5亿元。

——吸纳就业明显增加。例如，在长沙市，2014年新登记私营企业和个体工商户带动全市就业人口22万人，同比增长67%；6780名大学生、退役军人、下岗人员通过"绿色通道"办理工商登记，实现自主创业，同比增长32.8%。

——创业带动就业的效果显著。湖南万睿医药有限公司从事药品和医疗器械经营，2014年3月8日申请，3月10日领取营业执照，然后边建设仓库、购买设备、招聘人员、洽谈业务边申请许可证，4月17日许可证取得后，即正式投入经营。2014年，该公司实现销售额1.5亿元，吸纳就业人员50人。

（4）在稳定经济增长中发挥重要作用。

——简政放权改革释放经济增长的正能量。调研中地方反映，如果没有简政放权，经济下行压力会更大。实践表明，简政放权改革进展大的地区，经济增速就相对较快。例如，2015年上半年，广东实现地区生产总值同比增长7.7%，高于全国0.7个百分点。深圳上半年经济增长8.4%，增速高于全国各省，比2014年同期提高0.4个百分点，增速比一季度提高5.7个百分点。

——通过激发企业活力稳增长。以率先实现"四证合一"的前海自贸区为例，从2013年1月—2015年6月，入驻的企业从253家增至35015家，其中金融企业从153家增至18848家，注册资本从165亿元增至19183亿元，主要经济指标均呈现倍数增长。

二、推动简政放权纵深发展面临着的突出矛盾

调研组了解到，深化简政放权改革中的突出问题，与一年前相比有很大不同，即主要不是一个放权数量的问题，而是触及到行政体制深层

次的矛盾。我们把客观分析简政放权纵深发展面临着的突出矛盾作为评估的重要内容。总的考虑是：

（1）简政放权改革处于"深水区"，面临着的矛盾和问题深刻复杂。

（2）从简政放权的实践看，深层次的体制性矛盾不解决，不仅改革的"乘数效应"难以发挥出来，还使得纵深推进简政放权的空间受限。

（3）能不能在"含金量"高的简政放权上取得决定性成果，有赖于对这些深层次矛盾的客观分析和准确判断。

4.监管转型滞后是深化简政放权改革的突出矛盾

2014年以来，国务院确立了"放管结合"的改革思路，强调加强事中事后监管。但是，由于监管体制改革尚未破题，监管转型滞后于简政放权改革的实际进程，与新阶段经济社会发展的现实需求和广大社会成员的期盼有明显差距。总的来看，监管还处于相当被动的状态，并成为简政放权纵深发展的"最大短板"。

（1）监管体制改革尚未破题。这次股市震荡直接反映出金融监管体制改革的滞后：金融混业经营已经成为现实，但金融监管仍然是分业监管，股市震荡中部门间缺乏有效协调；不少地方把工商局、食品药品监管局、质量监督局合并为"市场监管局"，但工作机制没有转变，"只有物理反应没有化学反应"；"谁审批、谁监管"在实践中往往演变成了"不审批就不用监管""要监管就要审批"。

（2）监管方式比较陈旧。一说到"监管"，习惯于"大检查、明查暗访、交叉检查、巡查、抽查"等传统方式，大数据等应用尚未普及。以湖南省为例，按传统方式搞税务稽查，70多万户纳税人需要20年才能通查一轮。利用大数据的"精确制导"，能明显提高监管效率。但很多地方在省级层面，工商、国税、地税、质监等业务系统与行政审批工作平台尚未实现信息互通、资源共享，难以形成大数据的协同监管。近年来，各地一些安全事故频发，甚至出现了天津港这种严重的爆炸事故，与监管体系建设滞后直接相关。

（3）社会参与监管严重不到位。监管中政府唱"独角戏"、社会参与监管严重滞后，由此导致"监管失灵"的矛盾具有普遍性；行业自律缺失，行业协会严重缺乏公信力，难以有效发挥传统"行帮商会"的作用。

（4）监管立法滞后。法治监管的基础仍然薄弱。例如：《反垄断法》并没有把反行政垄断纳入在内；反垄断执法工作在国务院反垄断委员会领导下由商务部反垄断局、国家发展改革委价格监督检查和反垄断局、国家工商行政管理总局反垄断与反不正当竞争执法局三个机构行使反垄断职能，存在多头执法和执法标准不统一的问题；原计划近期推出的注册制改革，由于《证券法》尚未修改，这项改革因此受到掣肘；"城市综合管理法"长期未出台，以行政规章为依据的城管执法越来越被动。

5.部门职能调整滞后是深化简政放权改革的制约因素

从调研中反映出的问题看，简政放权改革倒逼政府职能转变的特点十分突出。总体看，政府职能与新阶段经济社会转型的大趋势存在着多方面的不适应：一是政府的经济管理职能比较强，战略管理职能比较弱；二是行政审批职能比较强，市场监管职能比较弱；三是对内经济职能比较强，对外经济职能比较弱；四是经济职能比较强，社会职能比较弱。深化简政放权改革要与加快政府职能转变同步，否则简政放权改革向纵深推进的效果就会大打折扣。

（1）向市场和社会放权仍有较大空间。当前，后置审批问题仍然比较突出。例如，在长沙市开1家网吧，要按照消防、公安、文化部门的顺序审批才能取得许可证。其中消防又要经过"建设工程消防设计审核"（13个工作日）、"建设工程消防验收"（13个工作日）、"公共聚集场所投入使用、营业前消防安全检查"（7个工作日）3个阶段共33个工作日。此外"红顶中介"依靠行政权力承揽业务和垄断服务导致企业负担增加的现象具有一定的普遍性。

（2）改革触及到部门职能的重新定位问题。比如，大幅度削减行政审批事项之后，作为行政审批主要部门的国家发展改革委，职能就面临着重新定位问题：是成为专司经济社会发展规划与政策的综合部门，还是转为监管主体，面临着方向性的抉择。

（3）部门职能调整不到位直接影响简政放权效果。例如，不少中介就是直接与部门行政职能挂钩。目前，与部门职能相关的行政审批中介服务有441项。有的部门从自身本位出发，不同意把某些中介取消或转为技术性服务。这反映出，如果部门职能转变不到位，中介清理很难有大的突破。

（4）部门职能调整不到位制约权力清单和责任清单。一些部门对简政放权后要做什么并不是很清晰。在政府职能定位仍然有些方面不合理的情况下出台权责清单，有可能把不合理的权力列入权力清单中，而把缺位的责任遗失在责任清单外。纵深推进简政放权，首先要求各级政府及政府部门明确自己"该干什么"，并向社会公开，"不该干"的事项一律取消。

6.行政权力结构改革滞后是深化简政放权改革的主要掣肘

调研中看到，简政放权之所以"牵一发而动全身"，就在于它已经触及深层次的行政权力结构调整。纵深推进简政放权改革面临的主要掣肘是行政权力结构不合理。

（1）行政权力配置不合理的矛盾突出。例如，一些部委把主要精力放在管微观审批、管资源配置等繁杂的具体事务上，中长期战略规划职能比较薄弱；有的部委在决策职能不到位的情况下，反而希望扩大执法权，组建专业化执法机构和队伍。每个部委是否要组建专业化的执法机构和队伍，值得商榷。

（2）部门间职能交叉、权责不清的问题仍然存在。例如，教育部门下放了教师资格评审权，但地方上的人事劳动部门又把这项权力收了回来；在学校管理上，职业技术学院归教育部门管，技工学校归人社部门管；在职业资格管理上，民政、人社部门都有社会工作师资格证。无论是消费市场监管、垄断行业监管还是金融监管，都面临着多个部门各管一段、行政资源难以有效整合的问题。

（3）权力运行机制不合理，行政范围内决策权、执行权、监督权既相互制约又相互协调的格局尚未形成。以国家发展改革委为例，既管投资审批，又管宏观调控，还负责价格监管等微观事务，赋予其一些本应属于其他相关部委的决策权，而一些应成为决策主体的部门没有真正成为有效的决策主体；行政部门内部决策权与执行权不分，难以形成专业化的执行队伍。这样，不仅弱化了行政决策权，而且使行政执行力不强的问题凸显。综合来看，简政放权改革向纵深推进，需要向现有的行政权力结构"动刀子"。

7. 中央地方事权调整滞后是深化简政放权改革的深层矛盾

从调研的情况看，深化简政放权改革"自上而下"的特点突出，中央层面的改革举措倒逼地方改革行动。与此同时，一些地方在"指定动作"外，结合实际，在简政放权的"自选动作"上有新的特点和新的突破。但是由于中央地方事权调整与深化简政放权改革不同步，地方层面改革难以深入推进。由此，合理调整中央地方事权的现实需求全面增强。

（1）中央地方事权调整总体上滞后于简政放权进程。目前法律、行政法规、国务院决定指定地方实施的行政许可事项清单还有863项，其他形式指定地方实施的具有许可性质的事项清单还有187项。这些事项地方无权调整，只能在行政效率、办事流程上做一些优化，由此限制了地方简政放权的空间。

（2）中央向地方放权的进程和财力调整的进程不同步。以湖南省为例，2015年湖南省实际征收的涉企行政事业性收费项目为66项，其中中央立项57项，省级立项9项。要减少省级企业收费，直接涉及到中央地方财力问题，需要中央统一部署。再以株洲市为例，2014年株洲市涉企行政事业收费为5.98亿元，其中依据湖南省级文件的收费规模为0.17亿元，其余均依据国务院文件。

（3）市、县政府不适应的问题凸显。由于机构编制调整与简政放权改革不配套，并且随着上级政府和部门下放事项的增多，基层政府普遍存在人手不够、能力建设难以适应等问题。尤其是县、乡政府在多方面存在"责任大、权力小"问题，一些专业性强的管理部门，在权力下放时面临基层承接能力的问题，省级部门有专业技术、设备和人才优势，而市、县在这些方面条件相差很大，中央统筹安排与地方改革试点存在矛盾。比如，深圳前海在2014年6月制定出台的负面清单只有59条，比上海更为精简，但在"四个自贸区共用一张清单"的规定下，前海只能采用全国统一清单。

三、纵深推进简政放权改革的相关建议

从面临着的深层次的矛盾与问题来看，简政放权改革已不简单是一个政府放权和"瘦身"的阶段，而是进入到以攻克四大矛盾为重点、以调整优化行政权力结构为关键、以完善政府治理为目标的新阶段。总的考虑是：

（1）面对经济下行压力，要使市场在资源配置中起决定性作用和更好发挥政府的有效作用，推动经济转型升级取得决定性成果，需要坚定不移地推动简政放权改革向纵深发展。

（2）深化简政放权改革是一个长期过程，需要从长计议、把握全局、突出重点，着眼于到2020年形成现代政府治理的基本框架，尽快形成纵深推进简政放权改革的行动路线图。

（3）解决简政放权深层次的矛盾与问题，释放简政放权改革的"乘数效应"，需要排除各方干扰，强化统筹协调。

8.明确打通"最后一公里"的具体目标

这一年来，打通"最后一公里"成为多方面的共识。从有利于激活市场、激活企业的现实需求看，建议尽快明确具体目标，以实质性扩大简政放权的受益面。

（1）全面实施企业自主登记制度。建议在全面实行"三证合一""一

证一码"的基础上，明、后两年实施企业自主登记制度，建立全国范围内企业自主登记注册网络平台。建议鼓励支持有条件的地方，尽快组织试点。

（2）适时取消企业一般投资项目备案制。为避免备案制转化为变相审批，建议除政府和国有企业投资之外，企业一般投资项目一律由企业依法依规自主决策，不再需要备案；民营企业投资，如不涉及公共资源，不再实施招投标。

（3）尽可能少用或不用产业政策干预企业投资行为。调研中不少企业家强调："在好的环境和政策优惠之间，更愿意要前者。"用产业政策干预企业投资行为，不仅容易导致某些领域的产能过剩，还容易导致权力寻租和人为的政策不公。建议尽快对各类产业政策进行评估，在此基础上进行全面清理。

9. 把加快监管转型作为简政放权改革的重点

确立2020年基本形成法治化监管框架的改革目标，对现有监管体制进行系统性重构，把"放管结合"落到实处，提升"管"的效率，消除各方面对进一步削减和下放审批权的某些顾虑。

（1）对现有市场监管体制进行总体设计。总的来看，市场监管转型滞后，反映出现行监管体制的深层次矛盾：推进监管转型既涉及政府职能转变，又涉及政府机构调整；既涉及中央层面，又涉及地方层面；既涉及综合协调，又涉及相关立法。为此，需要出台中央层面深化监管体制改革的总体方案。

（2）以专业化、技术化、标准化为重点创新监管方式。以建立大数据监管系统为抓手，实现精准打击的信息化监管模式，形成协调监管、随机抽查、责任追溯、经营者异常名录、"黑名单"等现代化监管方式。建议从我国国情出发，认真研究借鉴发达国家在这方面的成熟做法。

（3）调动包括社会公众、媒体、法律等多方面的力量加强市场监管。从本次调研中反映的问题看，在政府唱"独角戏"的条件下，即使给监管部门增加编制，也难以全面解决监管中的矛盾与问题，根本出路在于调动多方力量，尤其是社会力量，形成全社会的监管合力，构建多元监管体系。

（4）适时调整市场监管机构。从现实情况看，以下三个方面的监管机构调整具有迫切性：

——从国家层面组建统一消费市场监管机构的时机条件基本成熟。互联网时代为建立涵盖生产、流通、消费全过程的监管体系提供了重要条件。建议尽快整合国家食品药品监督管理总局、国家质量监督检验检疫总局和国家工商行政管理总局的消费品安全监管职能。此外，从天津港等特重大事故救援中暴露出来的问题出发，要提高生产安全监管与防灾救灾效率，有必要形成专业化、技术化的国家应急救援体系，统筹消防等多方力量。

——统一反垄断职能。从反垄断的执法实践看，统一反垄断职能势在必行。建议整合商务部反垄断局、国家发展改革委价格监督检查和反垄断局、国家工商行政管理总局的反垄断执法权，组建国家反垄断局。可以考虑作为国务院的直属执行机构，也可以考虑放在商务部。

——建立统一的金融监管体制条件成熟。随着"互联网+金融"的创新层出不穷，银行业、证券业、保险业金融机构之间相互渗透和交叉的趋势不断增强，对分业监管模式提出现实挑战。建议整合银监会、保监会和证监会职能，组建国家金融监管总局，形成"统一领导、分级负责、条块结合"的金融监管新体制。

10. 实现职能定位调整优化与规范部门权责清单有机结合

在某些部门职能定位不合理的条件下，部门权责清单的出台难以取得预期效果。为此建议：

（1）按照经济社会发展要求调整优化部门职能定位。例如国家发展改革委，需要尽快明确其在中长期规划和宏观政策方面的职能定位，弱化其监管和审批职能，以此为"锚"进行实质性的职能调整。

（2）调整优化部门内设机构。例如商务部市场秩序司、市场建设司、市场运行司等，有必要进行整合。

（3）按照新的部门职能定位规范部门权责清单。由此，使部门权责清单的出台能够充分体现政府职能转变和管理流程优化。

11. 调整优化行政权力结构与规范部门权责清单有机结合

为使部门权责清单的出台建立在行政权力结构优化的基础上，建议统筹谋划、尽快启动新一轮大部门制改革。

（1）调整综合性部门和专业部门之间的关系。例如，理顺国家发展改革委与专业部委之间的关系，部分职能交由专业部委行使更为有效的，应尽可能交由专业部委行使，强化国家发展改革委的战略规划和统筹协调职能。

（2）调整专业部门之间的关系。能由一个部委统一行使的职能，尽可能整合到一个专业部委；专业部委职能交叉部分，明确主体责任。

（3）实现决策权、执行权、监督权既相互独立又相互制约。在已实施大部门体制的部门进行改革试点，形成三种权力的专业分工，强化政府治理的有效性，建议全面深化以三权分设为重点的大部门制改革。

12. 在全国范围内推广普及行政审批标准化、信息化

从广东省的改革实践看，行政审批标准化、信息化有利于形成克服部门利益的倒逼机制，有利于全面优化行政服务流程，提高行政效能。建议：

（1）以行政审批标准化、信息化规范约束政府行为。推广网上服务大厅模式，形成标准化的综合办事指南，实现行政审批公开透明，让人们清清楚楚地看到行政审批卡在哪个部门。

（2）抓紧出台全国行政审批标准化、信息化的改革方案。加强中央层面的顶层设计，形成覆盖中央、省、市、县、镇、村六级的网上政务服务网络，推进行政事项编码、经办部门、项目名称、设定依据、服务对象等标准化和统一化。

（3）建立全国统一的社会信用体系。借鉴海南食品药品监管的经验，推行"法人承诺制"，原由事前审批事项改由企业自行承诺、自行承担法律责任和接受事后的违规处罚。充分运用大数据资源实现企业信用信息互联共享，实现"一处失信、处处受限"。

13. 加快清理"红顶中介"，推行"一业多会"

以清理"红顶中介"、规范发展社会组织为重点发挥行业协会、商会的自律作用，提升社会组织对政府放权的承接能力。建议：

（1）摸清"红顶中介"的家底。为避免瞒报，建议聘请第三方机构参与调查，并且发动社会监督。

（2）自上而下清理与行政审批相关的中介服务事项。取消无法律法规依据的中介服务项目，有法律依据的中介服务项目实现规范化。

（3）推行"一业多会"。在推动"红顶中介"去行政化的同时，形成有效的竞争机制，使得更多的社会组织有能力承接政府下放的行业管理事项。

14. 建立中央与地方公共职责分工体制

以合理划分中央与地方事权规范各级政府权责清单，形成合理的中央地方分级分层体制，建立中央地方公共服务职责分工体制，使简政放权改革能够在理顺中央地方关系上有所作为。建议：

（1）"放权"与"放钱"同步推进。以中央部委为重点，全面清理、废除对企业的不合理收费，带动地方清费减负；建立以一般性转移支付为主的中央转移支付体系，确保地方政府拥有与下放事权相匹配的财力。

（2）按照中央、省、市（县）三级政府的框架梳理各级政府权责清单。明确界定全国性、地方性、跨区域公共产品职责，明确交叉事项的主体责任；随着更多事权的下放，机构编制、经费和人员配备向基层政府倾斜。

（3）规范"条条"与"块块"之间的关系。例如，对基本社会保障等应归入中央政府管理的全国性事务，由分级管理改为中央垂直管理；

建议随着地方试点组建市场监督管理局,将市场监管划归地方管理,人、财、物改为同级政府掌管,便于地方政府负总责和实现有效问责。

(4)赋予地方改革试点权。例如,广东自贸区前海蛇口片区有条件直接实现与香港商事制度接轨并形成更为精简的负面清单。建议中央突破"四个自贸区共用一张清单"的做法,赋予其更大试点权。株洲探索建设投资项目审批改革,对其他地方有比较好的借鉴意义,建议给予试点权限,鼓励其进一步总结经验、深化改革试点。

15.加快简政放权改革的相关立法、修法

调研中发现,无论是中央部委还是地方政府,都提出进一步下放权力面临着现行某些法律法规的制约。建议以加快法律法规"立改废释"引领简政放权改革向纵深发展。

(1)推动政府职能法定化。例如,推动市场监管由行政为主向法治监管为主转变,形成市场监管的法律框架:研究出台综合性"市场监管法",强化市场监管的权威性;修改《食品安全法》和《药品管理法》,实行最严格的食品药品质量与安全监管制度;将反行政垄断纳入《反垄断法》,对国有垄断行业等相关行业监管内容进行清理、修改,使这些行业监管体现公平竞争;适应金融领域混业经营的大趋势,修改《中国人民银行法》《银行业监管法》《证券法》。

(2)推动行政程序法定化。例如,修改《国务院组织法》,明确行政决策权与执行权分开的原则,严格依照法律条文设置执行机构。尽快出台"行政程序法",对行政行为的实施方式、过程、步骤、时限作出系统的规范。

(3)推进机构编制法治化。尽快制定出台"国家机构编制法",实现编制管理主体法定、程序法定,以预算控制编制。

第六章
从国有企业转向国有资本

早在20世纪90年代初,中改院就提出《从国有企业向国有资本过渡(8条建议)》,并建议:加快实现从国有企业管理向国有资本管理过渡,从国有资产管理向国有资本管理转变,从追求国有企业数量向追求国有资本总体效益的转变,从追求营利向重点追求公益性的转变,等等。1994年以来,相继提出《从整体上搞活国有经济(20条建议)》《关于利用资本市场加快国有企业战略重组(20条建议)》《以国有大型企业为重点,积极稳妥地推进股份制改革(22条建议)》《完善公司治理结构,加快建立现代企业制度(30条建议)》。1998年,提出"建立完善国有企业治理结构的建议"。进入21世纪以来,提出《以公益性为重点调整优化国有资本配置(16条建议)》。

从国有企业向国有资本过渡

8条建议

（1993年11月）

从单纯地搞活国有企业，进而发展到搞活国有资产，从国有企业的概念转变为国有资本的概念，这是从传统计划经济向市场经济过渡的一个质的飞跃，是建立现代企业制度的根本性问题，也是建立社会主义市场经济体制的一个核心问题。

一、现代企业制度说到底，意味着把国有企业现存的国有资产推向市场，实现国有资产市场化

1. 现代企业制度建立的关键问题，是国有企业产权问题

产权是一项含义广泛而深刻的财产权利，它自然不是指传统计划经济体制下的"经营管理权"，也不应当是"放权让利"思路的经营权或经营自主权，它是一项独立的财产支配权。产权改革，不单纯是一个明晰化的问题，也不仅是企业内部机制的转换问题，它更重要的是对企业财产的独立支配，运营和处分。产权是现代市场经济的概念，应当按照市场的价值规律和竞争规律，在产权市场上进行流转、交换，更新组合，实现资源配置的最优化和经济效益的最大化。

2. 现代市场经济的中心问题，在于搞活资本，追求资本所带来的利润最大化、价值最大化、效益最大化

这是市场经济的基本规律。社会主义市场经济，具有现代市场经济的一般共同规律，也面临着怎样搞活资本，实现资本的最大效益和价值。

国有资产是整个社会经济中最庞大的资本,对国民经济发展具有举足轻重的影响。国有资产在市场经济中怎样搞活,怎样保值和增值,怎样发挥其经济和社会效益,这是社会主义市场经济面临的一个重大问题。

3. 在传统计划经济体制下,国有资产管理和运营的最大特征,是直接的行政配置资源,而不是市场配置资源

与此相应,国有资产表现为实物化、静态化、垄断化、管理多头化等,由此造成资源配置不合理、重复浪费、效益低下、企业缺乏活力等弊端。实行企业改革以来,对国有企业采取了一系列放权让利措施,企业产权转让也有一些试验,但并没有形成系统的和彻底的产权改革,国有资产仍然被传统体制禁锢和制约着,不能在市场上流动、转让和优化组合,难以去追求更好的效益和最大的价值量,甚至人为地导致不断贬值(如在股份制企业中,国有股不能上市转让)。而与此产生明显对照的是,非国有经济,如乡镇企业、三资企业等,由于不受计划经济体制的约束和主管部门的行政控制,基本上直接接受市场调节,具有相当的活力,发展速度和经济效益大大高于国有经济。国有经济的地位和作用已经面临着严峻的考验。其出路在哪里?出路在于把国有资产推向市场,与其他经济成分共同发展、平等竞争。在市场经济条件下,国有经济的地位和作用不可能像过去那样人为地、强制性地去维持,只有在与其他经济成分长期并存、公平竞争中去获取,优胜劣汰,这是市场经济的内在要求。国有资产只有在市场上按照市场规律获取最大的价值量和效益量,才能保值和增值,不断地巩固和加强其实力,由此获得对其他经济成分的竞争力和竞争优势,最终发挥国有经济的主导地位和作用。

二、从单纯地强调搞活国有企业,进而发展到搞活国有资产,即让国有企业的现存国有资产转变为国有资本,这是建立现代企业制度的基本前提

我国实行企业改革迄今已十几年,为什么国有企业总是很难搞活,

为什么企业改革成效不明显？这是因为我们一直沿着"放权让利"的思路进行企业改革，视角总盯在企业身上和企业内部，传统体制的一些根本性的东西并没有多大触动，如政企不分没有解决，企业仍处在主管部门的行政控制之下，政府的传统管理职能没有根本转变。很显然，这些根本性问题不解决，企业自身的产权结构、组织结构内部管理机制和社会负担问题也不可能解决，现代企业制度，真正意义上的企业法人制度也就不可能建立起来。

4. 国有企业改革，首先不是企业自身问题，或企业内部机制问题

国有企业改革的核心，或者说整个经济体制改革的中心环节，最终应当归结为搞活整个国有资产。只有搞活国有资产，解决国有资产的整个管理体制和运营机制问题，才有可能搞活国有企业，解决企业内部的经营机制问题。所以，企业改革不只是微观改革，实质上牵涉着整个宏观改革，是一个全系统配套的问题。企业改革要从根本上触动传统经济体制，就要把国有企业现存的国有资产推向市场，由此带动国有资产宏观管理体制和整个运营机制的根本改革。

5. 从单纯地搞活国有企业，进而发展到搞活国有资产

从国有企业的概念，转变为国有资本的概念，这是从传统计划经济向市场经济过渡的一个质的飞跃，是建立现代企业制度的最根本的问题，也是建立社会主义市场经济体制的一个核心问题。

三、实现国有资产市场化，能最大限度地在市场经济竞争中发挥国有资本的主导作用。它要求我们从根本上改变传统的所有制概念

6. 实行国有资产市场化，要求使国有资产由过去的实物化管理，变为市场经济下的价值化管理

这并不会改变社会主义的公有制基础。因为国有资产由实物形态向价值形态转换，是按照等价有偿的商品交换原则进行的，在国有资产的

实物形态转移出去的同时，收回了同等价值的货币资本，国有资本并没有丧失。而将这部分货币资本转而投入到其他更高效益的领域，则将获得比原有资产更大的资产价值。社会主义公有制基础不仅不会因此改变，反而会不断地巩固、发展和壮大。

7. 实行国有资产市场化，也不会削弱国有经济在整个国民经济中的地位和作用

因为国有经济的主导地位和作用，并不是国有企业在数量上的绝对优势，也不是把所有的经济领域都集中在国家手里。国有经济的主导作用应当主要体现在对关系到国计民生、国家经济命脉和不宜开展竞争的行业和产业进行控制和经营，其他一般性的行业和产业应当按照市场经济的要求，由国有经济和其他非国有经济、多种经济成份共同发展、平等竞争。国有经济应当也完全可以通过市场竞争，在质量、效益和实力上发挥主导作用。传统的所有制概念应当大大加以改变。

8. 在我国的改革实践中，国有资产市场化已经有了不同程度的试验

如股票市场的建立，产权交易市场在一些地方的出现，企业股份制的广泛试点，国有资产的授权经营等，这为系统全面的国有资产市场化改革打下了一定的基础。目前，我国正在加快建立社会主义市场经济体制，宏观调控的改革即将全面实施，实行国有资产市场化是全面深化改革的迫切要求，是解放和发展国有经济的严峻现实，是由计划经济向市场经济过渡最迫切需要解决的重大问题。对此，我们应当有一个清醒的、深刻的认识。

从整体上搞活国有经济

20条建议

（1995年5月）

在市场经济条件下，国有企业改革要着眼于国有经济的总体竞争力和整体素质，充分发挥国有经济的主导作用。为此，我们应当采取的改革思路是：加快实现国有资产向国有资本的根本转变，从国有企业数量目标的追求转向国有资本总体效益的实现；建立国有控股公司，着力培育国家"种子队"；优化国有资产管理，实现国有资产的保值增值；大力深化与国有企业密切相关的配套改革。按照这个思路，提出从整体上搞活国有经济的若干建议。

一、在提高国有经济总体效益和竞争能力中发挥国有经济的主导作用

1. 从国有资产的现状出发确立搞活国有企业的新思路：少办、办好

从搞活国有资产的全局考虑搞活国有企业，应当在改革的思路上实行转变，即从着眼于搞活每一个国有企业，转变为从总体上搞活国有资产。从理论上讲，构建社会主义市场经济的新体制，并不需要维持计划经济时代形成的国有企业大摊子；从实际上讲，国家也无力维持现有的全部国有企业。有关统计数字是有足够说服力的：

——到1993年年底，我国国有资产为34950亿元，其中经营性国有资产占74.5%。

——国有资产负债率为74.3%。

——1994年年末，城乡居民储蓄存款余额为21518.8亿元。

——国有工商企业资本金年利润为7.4%，居民储蓄年利息为10.98%，1994年通货膨胀率在20%以上。

以上基本数据说明：

第一，国有资产号称约35000亿元之多，实际上，扣除债务，仅有8982.11亿元。

第二，国有企业欠银行的25967.85亿元（按74.3%负债率计），同居民储蓄存款额（21518.8亿元）大致相近。也就是说，银行借给国有企业的钱，82.87%是老百姓的存款；老百姓的存款，实际上是拿的负利息，而国有企业资本金利润率比利息还低。这个摊子若维持下去，老百姓赔，国家更赔，这种不利民也不利国的事情怎么能够延续下去呢？

在市场经济条件下，借钱做生意是正常现象。但是，企业负债率总有一个限度，号称3万多亿元的国有资产，70%以上是负债，这超出了正常的负债比例。从总体上讲国有企业负债总额应当不超过50%。

国有企业改革的出路，必须从中国的实际出发，背着高达70%以上的债务，办那么多国有企业，这是国家无法承受的。实有国家资产只有近9000亿元，那就量力而行，缩小国有企业规模，集中国家财力，将国有企业少办、办好。

2.国有经济要逐步减少在一般竞争性领域的比重，将国有资产主要集中在基础产业、关键领域和公用事业领域

市场经济的最大共性，是市场经济主体从追求利润最大化、追求自身经济利益最大化出发，在市场中展开竞争性经营。由此容易形成利益的短期性和局部性，使很多竞争主体集中在周期短、见效快、利润高的经济领域，而不大关注周期长、见效慢、利润少的经济项目。市场经济自身存在着局部利益与整体利益、眼前利益与长远利益、个体利益与社会利益的矛盾。因此，国家要通过制定相关的经济政策和产业政策，以及运用强有力的手段，发挥国有经济在一些基础的和关键性的行业和领域的主导作用，控制和调节经济的运行，引导市场经济向着健康的方向发展。

从国有资产的社会整体效益、宏观经济效益和长远发展效益看，国有资产效益最优化主要应体现在基础效益、主导效益和社会公共服务效益等方面。

基础效益。从全局和长远效益考虑，国有资产应当大量集中投资于基础设施和基础产业，如邮电、交通、港口、供水、供电及资源勘探、煤炭、石油、电力、钢铁、化工、有色金属、大型水利工程等方面，为整个国民经济的发展奠定坚实的基础。

主导效益。在遵循平等竞争的前提下，国有资产应当也必须在某些关键性行业和领域，如金融保险业、航天航空业、高新技术、军事工业和特殊行业等方面占主体地位，起主导作用。

社会公共服务效益。国有资产应当义不容辞地在社会公共服务领域和环保、科研、教育文化事业领域发挥重要作用，逐步有更多的投入。

3.国有经济的主导作用应主要体现在效益与竞争能力上，从而在社会总资产中占有优势，并对国民经济具有控制力与影响力

要真正发挥国有经济的效益与竞争能力，国有资产应当从一般竞争性行业向基础产业、关键性领域和特殊行业转移和集中。但这并不意味着国有资产的运营没有竞争，因为：

第一，在关系到国计民生和必须由国有经济占据主导地位的竞争性行业和领域，国有资产并不退出竞争，而要展开主动的竞争。

第二，在国有资产重点投入的基础产业和某些公用事业领域，国有资产的运营也要通过开展竞争来进行，以提高资产效率和效益。国有资产既可以与非国有经济竞争，也可以相互开展竞争。

第三，国有资产在基础产业和某些公用事业领域间的相互竞争应当是适度的，要避免国有资产在这些领域条块分割、多头所有、盲目立项、重复建设，造成资源配置新的失调。

国有经济的主导作用和地位，并不在于国有企业数量上的绝对优势，也不在于把所有的经济领域都集中在国家手里。国有经济应主要在关系国计民生的领域进行控制和经营，对于一般性的行业和产业，国有经济也完全可以通过与非国有经济共同发展、平等竞争，在质量、效益和竞争实力上发挥主导作用。

4.要充分发挥国有资产的配置优势、组织优势、结构优势。按照优胜劣汰的市场机制，使国有企业实现优胜劣汰

要充分发挥国有资产的三个优势：配置优势。一是管理和经营好国有资产存量，通过经营者的作用，使其在市场竞争中不断保值、增值，扩大国有资产的规模；二是增加国有资本金的投入，形成新的国有资产实力。组织优势。一是利用国有资产的雄厚实力，建设和发展对国民经济有重大影响的大型项目和企业；二是通过控股、参股的方式，吸引和控制非国有资金和非国有企业，实行集团式发展，促进企业组织结构的调整。结构优势。一是推动国有资产存量的优化组合，减少国有企业的亏损面，提高国民经济整体效益；二是实现国有资产增量的优化组合，保证国有资产投入到国民经济发展的方向性产业和薄弱环节中，对整个国民经济产生的控制和引导作用越来越大。

二、实现国有资产向国有资本的根本性转变，从总体上搞活国有经济

5.按照市场经济的要求，尽快将国有资产转化为国有资本

现代市场经济是以搞活资本为中心的，其本质在于追求资本的最大利润和最大价值，追求资本的最大经济效益。通过国有资产向国有资本的转变，进而实现国有资本的增长。

——市场流通化。国有资本在资本市场和资产市场上，进行充分的流动，实行产权的转让和重新组合，按照市场竞争规律进行运营，实现资源配置最优化。

——价值最大化。国有资本在市场流通中，寻求最大的货币价值量，实现经济效益的最大化，使国有资本不仅保值，而且更大地增值。

——营运独立化。国有资本在市场上进行独立地营运，国家一般不直接经营国有资本，国有资本营运的主体是企业法人，享有国有资本的法人所有权。

——管理间接化。国有资本实行统一管理、集中管理与分散管理相结合，一般应通过国有资本中介运营机构实行间接管理，保证国有资本得以在市场上自主运行，不受行政直接干预。

6. 实现国有资产向国有资本的过渡，必须对国有企业实行严格的成本核算

一些仍然需要国有企业重点承担的社会职能，可以运用经济手段进行调节，原则上应取消政策垄断，让非国有企业在适当范围内参与经营和竞争。例如，对基础设施建设，既可允许非国有企业在一定程度上的介入，又可对包括国有企业在内的所有介入者采取公开的综合经济补偿政策等。对少数国有企业执行政策性任务和社会义务，可以采取相应的办法，专门核算其付出的成本并予以补偿，也可制定"公共盈利率"指标，同利润率指标一起作为考核和奖惩的依据。至于在转轨过程中，国有企业仍然承担着应由社会承担的责任等方面的问题，应当在改革中进行职能分解，逐步由社会承担和解决。在市场经济条件下，要分离国有企业的社会职能，使国有企业以利润最大化为目标，与其他非国有经济一起面向市场，共同竞争，由此才能真正从整体上搞活国有经济。

7. 实现国有资产向国有资本的过渡，要解决国有资产实物化管理与价值化管理的矛盾，让国有资产走向市场

计划经济条件下的国有资产，表现为实物形态，国家对生产资料以及产品进行直接的实物控制。在市场经济条件下，国有经济资源要求按照市场规律在全社会范围内重新配置，这就必须实行国有资产的实物形态向价值形态的转化。这种转化过程是按照市场经济的等价交换原则进行的。国家收回了同等价值的货币资本，拥有价值形态的资本所有权，国家并没有失去这部分资产，却在转化过程中搞活了国有经济，增强了国有经济的力量。国家通过把收回的货币资本转而投入到其他更高效益的领域，则将获得比原有资产更大的资产价值。社会主义公有制基础不仅不会改变，反而会不断地巩固、发展和壮大。

三、加快建立国有控股公司，着力培养国家"种子队"

8.面对对外开放的严峻挑战，国有企业迫切需要提高规模经济效益，加强专业化分工与协作，尤其是要通过组建集团性控股公司，来提高在世界经济舞台上的竞争能力，迅速占领市场和打进国际市场

国内、国际两个市场的沟通，会对国内不少产业及其相关产品形成巨大冲击，受冲击最大的是重化工基础产业和高新技术产业，这些产业约占我国工业总产值的1/3，而且主要是国有企业。我国工业企业数量多，规模过小，长期处于高消耗、高成本、低产出、低效益的水平上。我国国有企业作为民族工业的主体，面对国内、国际市场上的严峻挑战，迫切需要通过调整企业结构，提高规模经济效益，改变专业化分工和协作水平低下的状况。要借鉴日本、韩国工业化起步的经验，依靠政府的指导扶植来推动企业的合作、联合和企业集团的组建，以加强企业的国际竞争力。要以组建国有控股公司为突破口，重新构造国有资产的中介运营体系，来冲破传统体制的束缚，大大推进企业结构的调整和企业集团的改造，组建新型的集团性企业。

9.国有控股公司作为专门从事国有资产经营的中介投资机构，应是独立的企业法人

国有控股公司专门从事国有资产的运营，由国家授权行使国有资产的所有权，负责国有资产的投资经营。它本身通常并不从事具体的业务经营活动，而是由其控股的业务性企业从事具体的生产经营活动。因此，国有控股公司是国有资产的中介投资机构，它隔断了政府与大量业务性企业的直接联系，有利于实行彻底的政企分开，保证业务性企业的独立经营。国有控股公司不是行政性的机构，而是一个独立的经济实体，是企业性的法人。控股公司称为母公司，被控股公司称为子公司，国有控股公司通过持有其他公司（业务性企业）的足量股权或通过订立支配性契约，而对其他公司进行实际控制。这就是说，母公司对于子公司的控制关系有两种：一种是通过掌握一定数量的股权，而在子公司股东会中拥有多数表决权，并由此决定子公司董事会的主要成员，从而对子公司进行实际控制；另一种是通过签订支配性契约，使某公司对他公司产生决定性影响或成为他公司的主要债权人，从而形成前者对后者的实际控制关系。

10. 按照国有经济发展的内在要求，加快在重点产业组建国有控股公司

目前我国已开始在航空工业、石油化工、有色金属3个行业系统进行国有控股公司的试点。从我国的现实需要出发，特别是从更有效地经营国有资产、实现规模经济效益和通过部门间的合作产生更大竞争力的需要出发，今后我国应当在以下范围和领域组建国有控股公司：

——国家需要实行垄断和控制的产业，如公用设施、邮电、通信、航空、铁路、银行、能源、重要原材料产业等。

——我国需要实行规模经济效益，加强专业化分工与协作，进一步发展的行业，特别是需要加强国际竞争力的产业，如钢铁工业、汽车工业、机械工业等。

——我国需要重点扶植的高科技产业，如电子工业、精细化工、生物工程等。

——我国迫切需要调整企业结构和产品结构，加强技术改造，促进产业升级，提高专业技术水平的产业，如纺织工业、建筑工业等。

11. 组建国有控股公司，必须将传统的国有企业进行公司制改造，并保障企业产权的独立性

国有控股公司主要采用股权控制方法，通过拥有子公司足够的股权来控制子公司。这就需要将大量传统的国有企业改组为股份有限公司，以便实现控股。产生控股关系的具体方式有五种：一是大量收购业务性公司的股份，以实现对其控股；二是将公司的业务分立，成立一个或多个子公司；三是将现有企业集团公司，改组为控股公司；四是重新投资设立国有控股公司和被控股公司；五是将现有国有资产结构进行调整，有目的地规定某些业务性国有企业将利润上缴或转移给控股公司，形成控股关系。国有企业的股份制改革，既是经济转轨中国有企业转换经营机制的要求，又是国有控股公司对大量业务性国有企业实现控股的需要。我们应当对国有企业股份制改造的全局性作用有充分的估计。

这有两方面的问题：一是国有资产管理部门与国有控股公司之间是财产授权委托关系，国有控股公司依法行使国有资产所有权，有独立的企业产权，国有资产管理部门以及其他政府部门不得任意干预和非法干预国有控股公司的经营活动；二是国有控股公司与控股的企业之间是一种由投资控股引起的经济关系，彼此都是独立的企业法人。要防止在建立控股公司中搞行业垄断，尽可能以优势企业和行业牵头，组建多行业与综合性相结合的国有控股公司。

12. 建立国有控股公司一定要运用经济手段，而不能用行政手段，防止控股公司走到传统体制的老路上去

建立国有控股公司，一定要防止搞成行政性公司。要注意不应当在原有政府主管部门基础上来组建，而应另行建立控股公司，或扶持集团性企业变为控股公司。

组建控股公司除国家必须垄断的行业和公共事业之外，不应当建成全行业性的企业。一个行业只有一个控股公司，这样会造成经济垄断，严重妨碍开展良性竞争，不符合市场经济的原则，目前国家在航空工业、石油化工、有色金属3个行业系统中，进行组建行业性控股公司的试点。航空工业、石油化工、有色金属工业都属竞争性行业，不应当形成全行业垄断控制的局面。

组建国有控股公司,要遵循经济规律,运用经济办法。不能采取"拉郎配"、人为"捏合"等行政办法,强行组建控股公司,而是要用经济政策进行指导和扶持,用经济杠杆进行引导,用法律法规进行规范,主要通过企业自身的联合、兼并、股份收购等办法,建立以资产为纽带的控股公司。也可以借鉴日本的"行政指导"的做法,通过政府劝告、说服、诱导等软性行政措施,来有意识地指导企业的联合与协作,从而建立控股公司。但要切实防止"行政指导"变成强制性的行政指令。此外,控股公司只是国有资产经营的一种形式,不能要求所有的企业都改组为控股公司和被控股公司,应当允许和鼓励国有资产经营形式的多样化。

四、在优化国有资产管理中搞活国有资本

13.应尽快确立国家级的国有资产委托程序

确立委托程序,首要的问题是,谁作为委托人?即谁是国有资产所有者的代表?近些年来,围绕这一问题争论不断,都始终未落在实处。先后有三种来自国家正式行政程序的规定:1998年在《国家国有资产管理局"三定"方案》中规定,由国有资产管理局行使国有资产所有者的代表权;1990年在《国务院关于加强国有资产管理工作的通知》中又决定,由财政部和国家国有资产管理局行使国有资产所有者的管理职能;最后是1992年在《全民所有制工业企业转换经营机制条例》中确定国务院代表国家行使所有权。尽管三种规定差异很大,但都出于一个共同的前提——国有资产应是国家统一所有,因此要找出一个总代表。然而,国务院行使国家所有权如何操作?若没有具体的实现形式,那么国家统一所有的所有权就仅仅是一种名义上而不是实质上的所有。因此要尽快地在法律上建立国有资产的委托程序,确立国有资产国家所有的具体实现形式:一方面规范已有的改革实践,一方面推进全国的国有资产管理体制的改革。

14. 确立地方公有产权，更有效地管理国有资产和调动地方积极性

划分中央和地方的资产产权，是市场经济的基本要求。在市场经济条件下，要求产权多元化，使财产有效地运用与配置。高度集中、统一占有和控制的国有资产，不利于公有资产的有效利用与配置，特别不利于形成有效的资本市场，不利于进行产权交易，不利于国有资产的优化配置。

确立地方公有产权，是对传统体制的重大改革，有利于进一步推动改革的发展。传统体制的一个重要问题是国家既经营国有资产，又拥有货币发行权，国有资产与银行相通，造成国有企业的"软预算的约束"。这样，既不利于国有企业的有效运行和优胜劣汰，也不利于形成良好的社会信用关系和健全的金融体制。确立地方公有产权，有利于强化地方国有企业的预算约束。同时，划分地方公有产权后，也有利于提高地方政府管理公有资产的积极性，通过股权多元化来推动公司改造，并把产权改革的风险分散给地方，增强国有资产管理和运营的效率和效益。

从国有资产在事实上已经划分为"中央管理的资产"与"地方管理的资产"，在国有资产的收益分配上，也已经形成了"中央收益"与"地方收益"的事实。在这种情况下，应当合理确立地方公有产权。

适当划分一部分企业产权归地方所有。可以有两种做法：一是现有地方企业划归地方所有；二是将国有企业的一部分产权划归地方所有，即中央让出一部分产权。在产权划分之后，国家控股公司的组建权限于中央政府拥有的产权部分。对于地方公有产权，地方政府可以根据需要投资组建控股公司。

15. 加快国有资产存量结构的调整与所有权的转让

根据有关部门调查的情况看，近一两年来，一些地方政府为盘活国有资产存量，调整资产结构，纷纷开始转让一部分国有资产的所有权。这一势态发展的特点是，出售的重点从小型国有企业逐渐向大中型国有企业转移；出售的对象从亏损企业逐渐向盈利企业转移；寻找买主的重

点开始从国内向国外转移，且大多要求控股权；小型国有企业从承包、租赁直到转向出售给企业职工个人。

国有资产所有权转让的收入由当地政府决定其使用方向，一般用于偿还原国有企业所欠的银行贷款，安置职工，调整产业与产品结构，作为新的投资等。

在进行国有产权制度改革中，一个争议最大的问题就是如何认识国有资产的流失问题。对此，应全面地、历史地看。一方面，由于现存制度的低效率，不进行产权制度变革，国有资产已在大量流失；另一方面，要进行产权制度改革，一些历史上遗留下来的问题都应计入改制成本。这是因为，企业所欠的债务，大量的冗员，作为传统体制的"遗产"，是一个想甩甩不掉、也不能甩的包袱，只能在制度变革中消化掉。若能通过制度的变革，用一部分国有资产的出售收益一揽子解决历史上的欠账，在此基础上建立起具有效率的新型产权制度。应该说，这不属于国有资产的流失，只是阻止国有资产进一步流失的必要手段。

16. 搞活国有资本的出路在于企业重组

企业重组，即企业组织结构调整及其资产结构重组，是促进国有资产优化配置的重要手段。企业重组和资产流动组合是市场经济所固有的一种经济自我调节机制。在社会主义市场经济运行中也必然会出现产品、行业、产业结构的失衡，企业组织结构的不适应，以及资本结构的不良，引起资产存量的低效使用和沉滞，因而形成一个企业自主重组的机制和启动企业间资产流动再组合是社会主义市场经济构建的一项重要内容。改革十几年来，我国已有这方面的试验，效果显著。因此，应加快构建新经济体制，特别是重视产权主体，建立产权交易市场，在产权改革基础上推动企业重组。

企业重组可采取的形式主要有：联合重组；兼并、合并收购重组；分立重组；破产重组。

当前企业重组也可以从企业债务重组入手，进行企业产权重组和结构重组。实行债权转股权，不是由现在的银行来控股，而是通过产权市场转让给各种金融中介机构、企业集团、外资和社会公众，也包括国有资产经营公司、控股公司等，还可以划出一部分给养老基金、失业基金等。由此形成股权分散，产权多元化，可以更有效地解决企业与政府的关系。

五、整体上搞活国有资产需要同步推进相关配套改革

17. 加快商业银行体制改革

商业银行体制的改革必须正确解决银行企业自主权的真正兑现和国有企业生存发展的问题。不容忽视的现实在于，在确立商业银行体制中，要把商业银行办成真正的商业银行，在实际操作上难度很大。如果转变中的国有商业银行彻底按照商业银行的原则决定贷款对象，许多国有企业将不具备贷款资格。如果停贷，相当一批企业会自行破产。解决这个"两难问题"的思路，应从如何解决国有企业现有的违约贷款（逾期贷款、风险贷款、呆账贷款）入手。现在国有企业破产，债务就落到银行的流动资金账户上。所以，目前还不宜全面实行企业破产，对实行股份制改造的企业，可考虑将借款凭证变为股票，使贷款转为商业银行的参股投资，或者将借款凭证转变为可转换债券，使贷款转化为硬性约束的企业负债；如果企业不宜实行股份制，可将借款凭证转变为低息的长期企业债券，由企业分期偿还。对与债权、债务关系不够明确或无人承担还贷责任的违约贷款，可以核实数额，分期报损。对于债权债务关系发生变更的违约贷款，应落实还贷责任，确保收回贷款。此外，鉴于目前几家商业银行的呆滞贷款的余额很大，相当一部分欠款企业已无力偿还。在新的银行体制运转和资金管理过程中，对呆滞贷款不能久拖不决。可以考虑将债权转股权（在组建股份制企业的过程中），债务债券化。对于已宣布倒闭破产的企业的债务，确实无法收回的，应核销报损。

为适应市场经济发展的需要，可以多条途径来发展商业银行。

（1）从与国有大中型企业有更多联系的角度出发，可以考虑国家专业银行的商业化。四大专业银行可以先搞"一行两制"，分账管理，然后再商业化。

（2）进一步发展现有的股份制商业银行，包括全国性和区域性的商业银行，如以交行为代表的九大商业银行，应逐步承担有关对国有大中型企业的借贷。

（3）鼓励成立一些新的商业银行，如可由城市信用社改造成地方性的股份制的商业银行。

（4）按市场经济择优汰劣规律，在市场经济竞争中产生一些商业银行。最终形成以国家商业银行为主体，多种所有制形式（股份制、合作制、中外合资、外国独资），多种组织形式的商业银行群体，从根本上适应基本完成我国国有企业改革之后社会主义市场经济主体构架的需要。

18. 重点推出社会保障制度改革。应当尽快建立以养老、失业保险为重点的社会保障制度，建立多层次的社会保障体系，以保障国有企业改革的顺利推进

国有企业改革的深化必然要求有一个有效的社会保障体系与之配套。否则，改革将无法继续深入，已经取得的成果在很大程度上也无法巩固。社会保障体系是否建立，已经成为深化国有企业改革的前提条件。因此，要继续坚持社会保障水平与国力相适应的原则，本着有利于政治、经济、社会稳定的精神，从实际出发，在统筹规划的前提下，以失业、养老保险为重点，带动其他社会保险事业和社会福利、社会救济与优抚等事业的发展。就社会保障筹资方式而言，应当坚持多种方式筹资的方针。对于失业、医疗等短期项目，筹措的基金应当能够满足当年的支付，不足部分国家财政应采取措施予以弥补。对养老、伤残等长期项目，可采取积累式、现收现付式及部分积累式、个人账户等多种办法筹资。要积极慎重地实行政府、企业和职工合理分担的"三方负担原则"，逐渐地实现全国统一的、多层次的社会保障体系。

在取消政府对国有企业劳动力配置的行政干预、落实企业劳动用工自主权的基础上,要大力发展就业培训和就业服务体系,为劳动者就业和再就业创造更有利的条件。

鉴于目前我国社会生产力水平的实际情况,应当允许试行多种形式的养老保障制度。例如建立法定养老保险与企业补充养老保险、个人养老储蓄相结合的,多层次的养老保险体制;开征养老保险税筹集养老保险基金,承担的比例在不同所有制和经济效益不同的企业之间可有所不同;结合产权改革,从企业资产中划出合理部分作为养老保险基金,以解决筹资不足问题。此外,还可以考虑通过实行"新人新制度,老人老制度"的办法扩大基本养老保险的覆盖面。即凡是劳动合同制职工以及国家实行劳动合同制后招用的固定职工、新办集体、外商投资、私营等企业的职工,可统一按《国营企业实行劳动合同制暂行规定》的有关退休养老的待遇办法执行。这样既不考虑企业的所有制性质,也不考虑企业的经济条件,为企业职工在不同所有制企业之间的流动创造了条件。

医疗保障制度改革的基本目标,是形成一个社会统筹与个人账户相结合、比较合理的互助互济的医疗保险机制。鉴于这个新的医疗保险制度进入实施估计至少还需2~3年时间,所以当前还应当积极努力进行以国有企业职工为主体,兼顾社会各阶层的医疗保障制度改革的探索。包括建立医疗保险专门机构,逐步扩大医疗保险产业规模;建立健全医疗保险法律法规,建立有效的医疗费用控制机制;建立重病难病保障基金,缩小医疗照顾人群范围;对医疗单位享受公费医疗人员进行单独管理,实行定额包干、超支不补、结余留用等办法。

19.要通过深化改革,建立和完善内部人员控制制度,创立国有企业改善管理的内在动力和约束机制

加强和改善国有企业管理,应当建立在改革的基础上。国有企业管理有赖于其他方面的改革,如企业产权制度改革,公司制改造和法人治理结构的建立,人事制度的改革,社会保障制度的建立等。国有企业管理的主

要责任在企业，政府要为企业改善管理创造必要的外部环境和条件。

要十分重视企业家队伍的建设和企业家职业风险机制的建立。实行企业家职业化；建立企业家市场，通过市场竞争机制产生企业家；建立重奖重罚制度，奖优罚劣。

建立企业家的职业风险机制，一旦企业经营失败，出资者将损失资本金，而经营者则丧失声誉，这是比任何一种单纯的物质惩罚都更为严厉的惩罚。随着企业的亏损、破产和倒闭，这些经营者将被解聘，从而失去企业的经营者地位，并难以在企业界另谋与之相当的高级职位，至多到知名度较低的企业中担任较原职务低一档的职务；严重的名誉扫地，没有人再聘其当经理，甚至从此断送作为一个企业家的职业生涯。通过这样的市场竞争办法，促使企业的经营者对其经营的他人资产十分精心。

20. 应当重视在市场经济条件下职工与企业的稳定关系，使之结成利益和命运共同体，由正确协调企业内部利益关系，达到效率型管理的目标

在确立劳动力产权的基础上强化企业的利益激励机制，从根本上解决企业管理中日益突出的矛盾。

实践表明，效益低下的问题大都直接表现为企业管理不善。例如，最近我国有关部门对2000家亏损企业进行调查，由于企业管理不善造成亏损的高达81.7%。在经济转轨过程中，企业管理问题日益突出，它的原因是多方面的：有体制转换时期的过渡性因素，也有企业管理层和职工素质不高的因素；但不容忽视的是，由于利益关系调整给企业管理带来的问题逐步突出，它是影响企业管理的深层次因素。在市场经济的大环境下，正确地协调企业同管理者、劳动者的利益关系，企业的科学管理才有可靠的基础，企业的进一步发展才能注入长久的动力与活力。这个问题，对改善国有企业的管理更具现实性和迫切性。

随着改革的深入，企业原有的利益格局已不再适应向市场经济过渡的需要，企业内部矛盾日益凸显，协调利益矛盾成为企业管理的首要问题。

在经济转轨过程中,企业尤其是国有企业利益关系的深层次调整引发的利益矛盾日益突出。

例如:劳动者的利益与企业利益的矛盾。随着传统平均主义大锅饭分配体制被打破,劳动力配置的市场化,劳动者会自发地流向自身利益最大化的岗位。由于多方面情况的制约,目前劳动力的流动有很大的自发性和盲目性,而且劳动力技术水平越高,人才的流动性越大,并出现高科技人才向一般管理岗位和劳动密集型企业流动的现象。这种现象的出现,对企业管理带来极大的影响。

短期利益与长期利益的矛盾。现实的经济生活表明,企业的短期行为与劳动者(尤其是经营管理者)过分追求自身短期利益直接相关。在市场竞争环境下,管理者和职工追求短期利益是不可避免的,但它容易造成企业管理行为的短期化,并会在一定程度上破坏企业和职工自身的长期利益。

货币资本投入利益与劳动力资本投入利益的矛盾。在向市场经济转轨的过程中,不少国有企业过分强调货币资本的投入,而忽视劳动力资本的作用。货币资本与劳动力资本在投资回报上存在着相当大的差距。这就容易引起职工利用各种机会和手段追求短期的货币投资收入,而忽视人力资本的投资。企业和职工都忽视人力资本的投资,使企业的管理水平难以从根本上得到提高。

通过确立劳动力产权,正确协调企业同管理者、职工的利益关系,奠定企业科学管理的坚实基础。所谓劳动力产权,就是劳动者不仅应获得工资收入,而且应在一定程度上享受产权收益。即依据劳动价值把企业利益收入的一部分作为企业职工在本企业的股份,其所得份额由其工作时间、工作岗位、工作贡献等因素决定。通过劳动力产权获取的股份具有不可转让性、不可交易性、不可继续性。

确立劳动力产权,把企业利润收入的一部分转移到企业职工的劳动力产权收益上，能有效地把职工的利益与企业的利益直接联系在一起，能有力地推动企业经济效益的提高。劳动力产权本质上不是把国有资产量化到个人，不能把它简单地等同于个人的所有权，事实上它是一种特殊的产权。

劳动力产权通过职工股份的形式使职工股份与企业的公共积累同步增长，能比较好地解决个人收益与企业公共积累之间的矛盾。由于对职工增加了一块弹性大、与企业盈亏结合紧密的按股分红收入，改变了职工收入仅由刚性较大的工资性收入组成的格局。对由于股份分红把职工与企业利益联成一体，职工对企业的关切度高，强化了参与管理与决策的意识，职工与企业形成了命运共同体，从而能较好地解决长期利益与短期利益的冲突，解决劳动者同管理阶层的矛盾。

实现劳动力产权有助于企业获得高水准的管理队伍和高素质的稳定的员工队伍。随着生产社会化的发展，人力资本在经济发展中发挥越来越大的作用。西方市场经济国家近20年来，大都开始采用扩大合伙制、泛股制、员工特股计划等办法，以致力于协调劳资关系，强化企业利益管理，推动经济增长。实行社会主义市场经济完全应当把企业的利益分配关系解决得更好，从而使企业管理有更好的利益基础，劳动力产权的确立，是分配制度上的一次革命，有效的激励机制将使人力资本与物力资本达到最优结合，发挥最佳效益，并将奠定企业长期发展的动力基础。同时，由于劳动力产权中劳动者所得份额由其工作时间、工作岗位、工作贡献等因素决定，有助于激发广大职工提高自身素质，强化人力资本的竞争性，使人力资本的作用得到更大、更充分的发挥。

建立在利益关系前提下的企业与职工的密切结合，是现代市场经济条件下普遍追求的重要目标。劳动力产权的推行，既是国有企业改革的重要内容，也是改善国有企业管理的根本性措施。由利益管理产生效益管理，可能是市场经济条件下企业科学管理的有效途径。对此，应当经过试点逐步推开。

完善公司治理结构，加快建立现代企业制度

30条建议

（1998年12月）

坚定信心、勇于探索、大胆实践，通过深化国有企业改革，力争到20世纪末大多数国有大中型企业初步建立现代企业制度，经营状况明显改善，开创国有企业改革和发展的新局面，这是中国经济体制改革面临的重要而艰巨的任务。

一、坚持建立现代企业制度的改革方向，关键是建立和完善现代公司治理结构

1. 在实行国有经济战略重组中寻求建立公司治理结构的有效途径

合理的产权结构是建立公司治理结构的重要基础。按照党的十五大要求，在国有经济的战略调整中，对于关系国家经济命脉的企业需要国家独资或绝对控股，对于非国家经济命脉的行业应培育多元化投资主体。对于前一类企业，由于数量很少，可以由国家直接控股或成立国有资产管理公司。而对于上述后一类企业，由于大部分国有资本逐步退出，企业的国有股权比例将会下降，非国有股权比例将会上升；同时，分散的个人投资者也可能通过机构投资者进入企业。因此，企业国有股权过于集中和个人股权过于分散的问题都可以得到解决，从而形成多元化的产权主体。在产权主体多元化基础上建立起股东大会、董事会以及由董事会挑选的总经理，由此能够建立起有效的公司治理结构。因为国有股权

不处在绝对控股地位，政府就不可能单独任命企业的董事长和总经理，也不会越过董事会去干预企业的经营。同时，由多个明确的产权主体组成的董事会，将为股东的利益对自己挑选的总经理形成产权约束，监督其为股东的利益管理好企业，制止他为谋取个人私利而损害所有者利益的行为。当前建立有效的公司治理结构，重点是那些已经由单一的国有企业改造为多元投资主体的有限责任公司或股份有限公司。

2.发展企业交叉持股，实行股权多元化

在深化企业重组中实现股权多元化，是指将国有产权的中央政府所有、分级管理的格局变为多种机构均代表国家所有者行使所有权职能。可以考虑的方式有：划分中央与地方所有、实行机构持股或法人持股。无论从中国经济转轨的经验还是从国际上由统制经济向市场经济的转轨实践来看，发展企业交叉持股是解决控制权过分集中的一个重要途径。例如：在产品结构、技术结构类似的企业之间交叉持股，形成横向结合；选择往来密切、交易相对固定的上下游企业发展交叉持股，形成纵向一体化；已有的企业集团母公司之间交叉持股。

3.规范和改善上市公司的治理结构

（1）解决国家股的产权主体问题。没有一个真正对国有资产负责的持股主体，公司治理结构中就没有国家股东的地位，就很难使公司的行为符合国家作为所有者的目标。

（2）改变股权过度集中的状态，培育多种形式的持股主体。股权过度集中不仅使小股东的权益受到损害，而且也是"内部人控制"问题产生的重要原因。

（3）逐步统一股票市场，解决国家股和法人股的流通问题，完善所有者的控制权。

4.试行"国家间接控股型"股份有限公司制，使国家对企业股份的控制间接化

（1）在大中型国有企业实行股份制，股东对企业的权利和义务按所

拥有股份的比例来享受和承担。

（2）国家不再直接控制企业股份。国家所有的股份交由足够分散的国有法人分别持有。国有法人对所持国有股的权利包括股票的转让权、收益权、投票权等国际通行的股东所拥有的所有权利。

（3）在国家间接控股的模式下，一个国有企业中国有股占主导地位，是指所有国有法人所持有的国有股之和占企业股权的主导或控股地位（如50%以上），而不是指某个单一的国有股东就具有这一地位。

（4）"国家间接控股型"股份有限公司制中的企业决策以股票的数量比为依据，企业管理人员的任免由股东及其产生的董事会决定，不再由政府任命。

（5）在国家间接控股模式下，国家主要通过集合股权、控股率管理、非常处置等途径实现对企业的影响。

5.通过投资主体多元化完成国有独资公司向有限责任公司和股份有限公司的过渡

改制后的国有独资公司只有单一的所有者，由此产生的一系列企业制度安排实质上依然为政府直接干预企业、企业依赖政府提供了制度上和操作上的理由和方便。因此，国有独资公司应当作为迈向有限责任公司和股份有限公司的一种过渡形式。

（1）应当严格将国有独资公司形式限定在生产特殊产品的领域或特定的行业，防止原国有独资企业过多过滥地"转变"为国有独资公司。

（2）对已改制为国有独资公司的企业（集团），严格实施产权界定和资产评估，尤其是实施规范的公司制运作。

（3）积极探讨以职工持股会参股、引入外商投资、股票上市、引入国内法人投资等多种形式实现多元化产权结构，通过多种形式实现多元化投资主体来寻求完成国有独资公司过渡阶段的出路。

6.培育机构投资者，实现公司治理结构制度创新

因此，以各种基金组织为主体的机构投资者有效地参与企业重组，将有利于形成公司所有权结构的多元化，为公司治理体制的建立奠定基础。

（1）根据国有企业所有权结构的不同，机构投资者参与公司治理结构应有不同策略，如在"抓大"过程中将国有资产委托基金公司管理，在"放小"当中把政府的股权转移给公众，运用投资基金进行企业重组。

（2）通过信托投资机构受托管理养老保险基金和其他保险基金以及投资基金，以增量资产和存量资产的结合对企业进行重组。

（3）发挥银行作为事实上机构投资者和信贷者监控企业的作用，减少股东与信贷者相分离时产生的利益冲突和代理成本。

二、依照《公司法》建立和完善有效的公司治理结构

7.股东大会必须切实履行公司最高权力机关的职能

（1）建立股份有限公司股东大会的股东出席法定人数制度。在贯彻资本多数决定原则的同时，应防止多数派股东滥用资本多数决定。例如，为平衡持有不同种类股份的股东的利益，有必要规定表决权行使的例外规则，如拥有利润分配优先权的股份没有表决权、对决议事项有利害关系的股东不能行使表决权等。

（2）应当确保有表决权的股东能够享有按照自己的意志行使表决权的机会，促使更多的股东，特别是中小股东行使自己的权力，增加对公司的关切度。必须建立亲自表决、委托表决和通讯表决相结合的制度，并且规定无论何种表决均应用书面形式进行。

（3）改变现行立法中股东大会由董事会专属召集的规定，赋予股东对股东大会的自行召集权和监事会的特别召集权。同时，股东年会召开的具体时间应予规定，使股东权利在有限时间内得到落实。

8.根据董事会行使职权的需要和实践中提出的问题，完善董事会的组成和董事的行为准则

（1）健全董事会的组成规则。董事会的组成应当做到公司外部成员

和公司内部成员相结合。

（2）增设累积投票制度，以使中小股东也有机会选出他们推荐的董事，实现公司董事会组成的多元化。

（3）推动董事会运营的合理化。现行《公司法》规定的董事会职权、董事会运行方式和董事的责任，是董事会运营合理化的基础。在此基础上，增加董事会运营规则的密度十分必要，包括强化董事会的监督职能、改革公司代表人制度、建立董事对第三人责任的制度等。

（4）应对执行董事与董事长的权限划分作出明确规定。董事长为公司的法定代表人，其对外代表公司，所以专属于董事长行使的某些法定职权。执行董事只能在执行董事会决议、行使日常执行权方面发挥作用，而不能对外代表公司或越权行使专属于董事长和董事会的权力。

（5）赋予董事长"加重表决权"，即在董事会会议上对某项决议进行表决时，董事长在可决票与否决票的票数相等的情况下，有决定性的投票权。

9.强化监事会的监督力度

（1）扩大监事会职权，不仅应赋予监事会对公司财务状况的检查权，而且还应赋予其对公司业务状况的调查权，并有权要求董事长和总经理提出有关报告。同时，不仅应赋予监事会应有的职权，还应确认其应当承担的义务和责任。如，因监事会没有及时、合理有效地行使监察权，而使公司或第三人受到损害时，有关监事应对公司或第三人负赔偿责任。

（2）为使职工监事制度不流于形式，应当明确规定当职工监事为两人以上时，其中至少有一人应为工程师、经济师或其他业务骨干。

（3）监事会在行使职权核对拟提交股东会的会议报告、营业报告和利润分配方案等财务资料，发现疑问时可以以公司名义委托注册会计师、审计师帮助复审。此外，除对现有监事加强业务培训外，可以聘请有关专家、社会知名人士，特别是财务、税收、审计、法律方面的专家担任监事。这些专家与股东代表、企业职工代表共同执行监事职责，使监事会的构成更趋合理，从而有效保证监事会的工作效率和水平。

10. 必须规范经理权制度

我国现行经理权制度存在的主要缺陷在于，经理与董事会之间的权利界区不甚合理、某些迫切需要赋予经理的权利未予明确、经理权的限制方式不尽明确等。因此，恢复经理的代理人身份，建立适合我国国情的经理权制度，需要研究。

（1）经理权的法定名称。要使经理人复归为公司代理人，在立法上应以"经理权"取代"经理职权"这一体现传统立法思维的称呼。

（2）现行公司法规分别在有限责任公司和股份有限公司组织机构一节中设置经理权的相关内容，尤其在股份有限公司中，将其与董事会并列，这是不妥当的。要将经理定位为公司代理人，应将经理权的有关规定移入公司法的总则部分，以使经理权规则避免重复。

（3）由于我国经理权未被定位为代理权，加上我国没有《商法典》，经理权由《公司法》单独调整，使经理权的授予、行使、解除等共性规则很难在《公司法》中得以全面体现。因此从长远看，我国应在制定《民法典》或《商法典》时对经理权实行综合调整，制定经理权的一般运行规则，并以《公司法》调整经理权的特殊问题。

11. 适时修改《公司法》

（1）现行《公司法》仅规定股东大会决议违反法律、行政法规，侵犯股东合法权益的，股东有权向人民法院提起要求停止该违法行为和侵害行为的诉讼。为保护股东合法权益，应将这一规定细化。一是将"决议违反"的范围扩大到违反公司章程；二是应将决议违法之诉区别为"撤销决议之诉"、"确认决议无效之诉"和"停止侵权之诉"等；三是应将可以提起诉讼的股东具体化。

（2）公司立法应对董事资格股份条件作出规定，要求董事自被选任时起的一定时间内，必须个人持有一个最低数额的公司股份，将其作为担任董事的资格股份,董事在任职期间不得转让其资格股份。这样规定,有两个好处:一方面可以从经济利益上强化董事对公司的关注力;另一方面也可以将资格股作为担任董事的质押,一旦董事违反其责任与义务规定时,可用来作为对公司的直接赔偿。

(3)通过立法使监事会的监督到位。在修改公司法中强化监事会,包括增加监事会人数、规定监事中懂财务会计、法律人员的比例和上市公司监事会的外部组成人员的比例。《公司法》应当明确规定,当公司董事、经理的行为损害公司利益,并经纠正无效时,监事会应代表公司提起诉讼。

12. 公司治理结构应在法制框架内设计,不能搞法外运作

目前,建立公司治理结构必须严格遵守《公司法》的规范。如果公司法不适应新形势,可以修改《公司法》条文或颁布《公司法实施细则》,但不能违反《公司法》搞法外运作。例如:

(1)国家股股权代表必须法定化,包括对国家股股权代表的来源、资格作出明确规定;明确具体规定国家股股权代表的权利和义务。

(2)法律应对董事资格、董事会的组成及其职能增加某些规定。董事会由内部董事和外部董事组成;董事会行使监督董事和经理执行职务的职权等。同时,法律还应对监事会的组成及职能增加某些规定。监事会成员中必须有精通公司业务及财务、法律方面的专业人员;监事会享有事先监察权,包括有权直接调查公司的业务及财产状况等。

(3)以法的形式规范股东大会中的通讯表决制度时,应充分考虑有效保护股东权益。一是仅将通讯表决作为股东可以选择的形式,而不是作为必须采取的形式;二是股东向公司返回通讯表决的函,即应将该股东作为出席股东大会对待,统计在出席股东总数之内;三是为避免董事将不利于董事会的投票抽走,应建立通讯投票监督制度。

(4)进一步完善公司会议议案提请制。可以规定代表股份5%以上股东所提议案,应列入股东大会会议议程;股东有权就会议议程中的任何事项提出质询。在《公司法》内完善股东提案制度，是公司内部组织机构相互制衡的重要方面。

三、当前，建立有效的公司治理结构的重点，是要制订正确的约束机制和激励机制，使企业家行为规范化

13. 现代企业家是当前最短缺的人力资源，对其应当合理定价

要使企业家能够迅速成长起来，最主要的是建立起约束机制和激励机制，使企业家行为规范化。企业经营者和企业职工一样共同持股，是共同富裕的重要基础。通过持股经营，可以对经营者建立起长远的激励机制；同时，由于受到其他股东的监督，尤其是广大企业职工股东的监督，对经营者的约束机制也会更强。在实践的层面上，应当通过调研制定和出台使经营者成为投资者的政策措施。经营者既拿工资，又能分享利润，才能从根本上促使其成为职业企业家，终生为企业、为国家做贡献，同时也在其中体现个人的价值。

（1）依据《公司法》或制定相关法规，从制度上保证企业经营者个人收入与企业经营绩效挂钩。

（2）在确保企业商业秘密不被泄漏的前提下，依法保证企业经营者参与持股，并使其持股收益合法化、透明化。

（3）出台相关的法律，保护企业经营者合法收益不被侵占。

14. 对企业家不仅要定价，也要注意定位

改革开放以来，国有企业所处的新的外部环境特征表现在：一是融资结构的单一性，企业在融资方式上几乎没有选择权；二是国有企业具有回避意识形态风险的特殊功能，某些具有非国有性质的企业也采取了国有形式；三是国有企业在获取资源上的便利条件，刺激了一些人获取资源优先权的动机。因此，国有企业的治理结构呈现复杂性。在这种情况下，相对企业经营者定价问题而言，更重要的是其定位的问题，即除企业经营者的角色外，是否在某种程度上还兼具所有者的性质。更进一

步的分析表明，当前有四类国有企业：第一类是改革前已建立的老国有企业。其领导人是政企不分体制下的标准代理人，稳定性差，在政企、企业之间变动频繁。第二类是改革前建立，改革以来出现长足发展的企业。其领导人发挥了决定性作用，并已不再仅是政府任命的行政官员和受所有者之托的职业经理，而是具有了某种创业者的性质。第三类是改革以来建立的企业。其中相当数量的企业连本带息偿还了贷款。其领导人既是经营者，又是创业者。第四类是改革以来由创业者自筹资金建立的具有国有企业"资格"的非国有企业。其领导人对企业通常有很强的或完全的控制权。对于继续深化国有企业改革，规范企业治理结构有意义的思路在于：

（1）分离部分经营者兼有的经营者和所有者双重身份，如对上述第四类企业应还其非国有企业的本来面目，而对第二、第三类企业，也应将其作为创业者或所有者的合理权益予以确定。

（2）由利益相关者通过谈判，解决靠国家贷款起步、后还本付息的企业创业者的权益问题。

（3）通过与国有经济的战略性改组相结合，解决经营者双重身份问题。

（4）完全沟通国有企业与非国有企业经营者的流动渠道，形成统一的经营者市场；在解决部分经营者的所有者身份的同时，按照市场的标准来界定经营者的责任、权力和报酬。

（5）通过制度建设和人员培训，在国有企业中建立起高度透明的财务关系，对侵害国家和职工利益的行为进行严厉处罚，逐步形成尊重和保护有关当事者利益、有效率的企业治理机构。

15.充分运用内外机制防范委托代理风险

由于利益不相同、责任不对等、信息不对称等因素，我国企业目前的委托代理制度是有缺陷的。有效的公司治理结构的重要内容是指通过形成内部激励、约束和监督机制以及借助外部机制包括资本市场、产品市场和经理市场等来防范委托代理风险。

（1）增强企业的监督动力。如由多种形式的代理人来分享企业剩余利润，代理人也应取得部分剩余索取权；鼓励职工按所提供的资金、技术和人力资本参与持股，增强职工的监督动力；通过股份制改造使国有企业实现股权多元化，增强国家以外的所有者监督的动力；由经济机构而不是完全由行政机构派出对国有独资企业的国有资产代表人，代表人应当多元化。

（2）努力实现对企业家管理的市场化和企业化。对企业家的管理不能采取行政方式，而必须坚持市场标准。企业家是专门从事企业经营管理，使企业保值增值的专职人员，而不是完成党政任务的工作人员。企业家的目标与传统的厂长、经理的目标不同，甚至是背离的；企业家的目标是企业利润最大化，而传统企业厂长、经理的目标是只对上级负责。传统意义的国有企业厂长、经理不能称为企业家；企业家是市场经济的产物，只能产生在内部有比较完备的公司治理结构约束和外在的市场竞争压力的条件之中。要努力从三个方面使企业家的选择、任命、提升和淘汰做到企业化、市场化：一是对企业经理人员实行公开招聘、竞争上岗、择优录用、执行企业化工资制；二是将企业经理人员由党政机关考核改为由市场进行评判，即在商品市场、资本市场上通过利润率、销售额和产品市场占有率、股票价格等市场指标来考核企业经理人员的业绩；三是注意发挥企业家竞争机制的作用，按市场的办法而不是按行政的办法使企业经理人员优胜劣汰。

16.将上级主管部门任命经理的行政组织制度转变为董事会选聘经理的经济组织制度

年薪制是与由董事会选聘经理的组织制度相联系的一种收入制度，当这种组织制度没有在严格意义上真正发展起来，甚至仍然由行政主管部门任命经理的行政组织制度占主导的情况下，年薪制的有效性必然会受到制约。当前最迫切的不是如何完善年薪制，而是调整经理人员选聘制度。

（1）经理选聘制度的滞后使收入制度在激励、约束经理行为方面的效力受到制约，必须通过收入制度和选聘制度的有机组合来寻求解决经理激励和约束问题的出路。

（2）偏离所有者利益的经理行为主要是在所有者缺乏有效监督条件下产生的。通过董事会选聘经理的制度安排，既是有效推进年薪制的基本前提，也能提高所有者对经理行为的监督效果。

（3）现阶段国有企业大量亏损主要来自项目投资的决策性失误，是经理人员损害所有者利益的机会主义行为的典型特征，选择有效的经理选聘制度是解决这一顽症的可行方案。

17. 正确解决"内部人控制问题"

要解决"内部人控制问题"，纠正内部人偏离股东要求而对企业带来的不利影响，包括：

（1）构建合理的公司法人治理结构，强化内部制衡，如董事长不兼总经理，监事会独立于股东会，分别由国有资产管理部门、非国有股东、职代会直接选派国有股监事、非国有股监事、职工股监事。

（2）加强职代会的监督权力，真正发挥职工的监督作用，如设想除一般监督权外，给予职代会否决权和弹劾权，对不称职的董事、监事、经理人员予以否决或弹劾。

（3）建立外部市场竞争机制，如逐步同步国有企业与非国有企业的税收、补贴等各种或明或暗的政策待遇，加快完善资本市场，建立经理市场等。

18. 创造企业家健康成长的外部环境

（1）政府必须为企业家的成长创造一个较好的宏观氛围。要把企业家看作现代生产力的先进代表，创造条件使企业家的社会地位和自身素质不断提高。

（2）必须充分认识国企改革的目标、任务和途径确定之后，缺少合格企业家的问题日益突出。政府和社会各界对此一方面不能搞揠苗助长，急于求成；另一方面要采取措施，加快培养。例如，要努力探索在建立有效的金融市场、灵活的劳动力市场、简单透明的公司税收制度以及符合实际的破产法规的过程中，塑造企业家队伍。

（3）当前要注意两点：一是加紧对企业家这种人力资本进行深入研究，弄清如何采取适当的步骤，逐步实现企业家人力资本的剩余控制权和剩余索取权。企业家的人力资本只有得到认同和补偿，企业家队伍才能得以巩固和壮大。二是对企业家的功能和作用必须全面评估，不能求全责备。要正确对待企业家在法律框架内的正常经营活动，不应对他们可能发生的失误大惊小怪，而应满腔热情地支持他们大胆实现企业利润最大化，大胆实行符合社会主义市场经济原则的企业制度创新。

四、建立有效的公司治理结构，必须实行严格的政企分开

19. 在企业制度创新中实现政企分开

政企分开的正确含义应有两个方面：一是政府应当停止对竞争性行业企业生产经营的直接干预，二是国家所有者职能必须到位。要使国家所有者职能到位，必须改革企业制度。现代公司是既能保障所有者权益，又使企业能以独立法人身份进入市场参与竞争的、比较有效的企业制度。国有企业制度创新应当努力做到产权清晰、权责明确、政企分开、管理科学，其要点在于：

（1）保障包括国家在内的所有者权益，使所有者对其投资的企业拥有最终控制权。

（2）企业拥有包括所有投资者投资和借贷形成的边界清晰的法人财产，依法取得独立法律地位，进入市场独立运作。

（3）政府不再直接干预企业经营，但对企业债务也不再承担无限责任。

20. 深化国有企业的公司制改革，才可能从根本上解决包括政企不分在内的一系列体制和经营管理问题

这主要表现在：

（1）通过深化公司制改革，可以确立有限责任制度，依法重新构建企业和政府的关系，做到产权责任清晰。国家所有者退居到股东的地位，依法以股东的方式行使权利。包括国家在内的所有者只以投入企业的资本额为限对企业债务承担责任，从根本上改变政企不分、企业吃政府大锅饭的体制。

（2）可以建立企业法人财产制度。企业依法取得包括各个股东投资和借贷形成的企业法人财产，以此确立企业的独立法人地位。企业在市场中独立运作法人财产，以全部法人财产对债务承担责任，自负盈亏。

（3）可以形成企业资产的流动机制。股份制奠定了企业财产流动性的基础，使资本的注入和出资者的更换、增减能顺利进行。

（4）能形成转换机制，增强企业内部管理的动力。如董事会作为投资者的代表经营企业，来自所有者追求经济效益最大化的动机和极力避免市场风险的本能，会对经理人员提出严格要求并认真监督，会促成企业的动力机制和约束机制，会端正企业的市场行为，形成制度创新、技术创新和管理创新的动力。

（5）会促进企业与职工建立新型的关系。企业作为独立法人与职工按劳动法建立契约关系，逐步使企业根据生产经营的需要确定用人数量和人员结构，职工自主择业，形成有效的劳动力流动机制。

（6）有利于形成科学的领导体制和组织制度。通过公司法人治理结构，使所有者（代表）进入企业，建立起适应市场竞争的科学的领导体制和决策体制，在企业内部形成投资者（代表）、经营者和劳动者三方的激励和制衡关系，使三者的合法权益得到保障，三者的行为受到约束，真正做到管理科学。

21.政府应注重研究和总结公司法人治理结构规范运作

当前,政府在引导国有企业深化改革时要特别注意:

(1)严格按公司法建立层次分明的人事管理体制,构建权责明确的管理体系。在公司内,要管事管人相一致。

(2)董事会成员与经理、副经理不能高度重合,一般情况下董事长与经理应分设。

(3)公司组织体制和领导体制,要严格按公司法运行,规定可以追究董事信托责任的董事会议规则和决策程序。

(4)在国家法律、法规范围内,公司董事会职权内决策的事项,政府不再干预和审批。

22.国有资产的管理运作机构应当从政府机构里分离出来

当前在实践层面上,所建立的国有资产经营委员会(以下简称国资委),目的是使国有资产管理机构能够用盈利标准监督和考核企业,使国有资产管理机构能够脱离具有社会经济管理职能的行政部门的控制。国资委将把管理国有产权作为唯一的或最重要的职能,因而在实质上是一个建立在商业化经营基础上的企业管理委员会。国资委的建立和运作可采取渐进的方式,以避免体制变动过大造成各方面关系不协调。可以设计一些过渡步骤,如国资委先管理一部分中央级国有企业(集团),数量逐渐从行政部门转换过来,转移速度视国资委的管理能力和所管理企业的业绩而定。具体做法,一是可参照国际上国有企业管理模式;二是可参考深圳、上海等地国资委(国资经营公司)的转轨经验;三是在实际运作中细化国有资产管理委员会和国有资产经营公司的分工和职能,不搞层层代理。

23.认真总结各地在改革实践中创造的政企分开的成功经验

广东顺德在政府主导型的市场经济实践中,努力探索现代企业制度的创新之路。一是政府退出大部分竞争性行业;二是努力实现企业投资主体多元化;三是建立有限责任公司或股份有限公司,其中公司管理层持股占很大比例。同时，建立国有资产的三级管理模式，真正实现政企分开、政资分离：第一层由政府成立国有资产管理委员会，作为政府管理国有资产的职能部门；第二层由若干个国有资产管理公司组成，对国有资产保值增值负责；第三层是国有的独资、控股、参股企业组成的有限责任公司和股份有限公司。其法人财产权到位，实行自主经营、自负盈亏，并普遍建立了股东大会、监事会、董事会及经理层相互制约的公司内部管理机构。由于实现了政企分开、政资分开，顺德市政府从直接管理经济、经营企业中解脱出来，强化了宏观经济管理和社会管理职能；政府工作的重点逐步放在基础设施建设、社会管理和公共服务上来。全市形成了公平、开放的市场环境，建立了运作较为严密的执法和监督机制；政府创造条件让各类企业平等竞争，逐步实行国民待遇；市场对资源配置起基础性作用，各种经济活动按市场规则运作。顺德等地的成功经验，应在全国推广。

24. 国家（政府）在推进或出台国有企业尤其是大型（特大型）国有企业改革重大举措时，要注意特别立法，或建立听证制度

我国政府在经济体制转轨中所具有的重要而不可替代的作用，既反映了从计划经济体制向市场经济体制转变的历史痕迹，又说明了现阶段政府作用的必要性。在深化国有企业改革、使大中型国有企业在有限的时间内从根本上摆脱困境的过程中，政府始终要注意：

（1）既要在已有的法律的框架内运作国企改革的重大措施，又要根据实际情况对重大操作特别立法，或者对特大型国有企业建立听证制度。

（2）听证制度可以由国务院组建或委托国家经贸委设立的专门委员会或特别议事机构来实施。

（3）在采取某项重大改革措施时，不能因此又为后续的改革人为设置障碍。

（4）重大改革措施的制定和出台，要兼顾中央与地方的利益，发挥两个积极性。

五、学习和借鉴发达市场经济国家公司治理结构的成功经验

25.要完整地理解和掌握国外公司治理结构制度安排的合理体系，不能搞简单的"拼装组合"

由于理论工作者的努力，主要发达市场经济国家公司治理结构的模式已被比较完整地介绍到中国。例如：

（1）由于历史渊源、股权结构及金融体制等条件不同，英、美等国的国家股份所有权广泛分散，金融市场非常发达，外部市场对公司的控制起着重要作用；而德、日等国的公司股权比较集中，全能银行对公司的融资起着重要作用，并成为董事会的重要成员，公司的董事会对企业起着重要的控制和监督作用。

（2）英、美等国的企业治理结构优点是存在着来自金融市场的外部压力，市场机制对公司的控制促使资源优化配置，使股东受益，有利于经济的发展；其缺点是经理过分地关注有利的财务指标而忽视长期绩效。德、日等国的企业治理结构，因为不受分散股东追求短期利益的压力影响，董事会能关注长远发展的市场份额的占有；但由于缺乏来自发达资本市场的压力，使得企业内部监督的问题未能妥善解决。

（3）英、美类型的公司治理结构更多地依靠外部市场的控制作用，而德、日公司治理结构更多地依靠董事会的约束力，等等。显然，我们不能简单地以为将各国公司治理结构的优点和长处组合在一起就能为我国所用，并能产生良好的效果。事实上，未经技术创新和管理创新"拼装组合"而成的公司治理结构，是不可能良好运作甚至是完全不能使用的。我国公司治理结构实践层面上产生的问题，如"主办银行"试点进退两难，就已经充分说明了这一点。

26.正确认识发达市场经济国家公司治理结构发展演进的趋势，合理选择我国公司治理结构的制度安排

最新的研究表明：

（1）并不存在一种完全适用于各国的最佳的公司治理模式。

（2）公司治理本质上要处理的是由所有权和控制权相分离而产生的代理问题。

（3）发达国家公司治理要解决的核心问题是作为委托人的股东和作为代理人的经理之间前者如何有效地监督和约束后者。

（4）我国建立有效公司治理体制必须解决更复杂的困难：给企业经营者以充分的经营自主权可以带来企业效率的提高，但同时可能导致股东利益的损失；国家作为大股东对企业进行监督和控制，由于地位特殊使这种必要的监督和控制难免带有行政色彩，导致对企业过多的干预。

27. 我国公司制的体制构架已初步形成，应当借鉴发达市场经济国家的经验从正确处理不同利益者的关系出发进一步加以规范

我国从1994年开始的建立现代企业制度的试点工作已经取得初步成效。根据发达市场经济国家的实践，从广泛的意义上讲，公司治理结构是用以处理不同利益相关者即股东、贷款人、管理人员和职工之间的关系的一整套制度安排。其要点是：

（1）如何配置和行使控制权。

（2）如何监督和评价董事会、经理人员和职工。

（3）如何设计和实施激励机制。良好的公司治理结构能够利用这些制度安排的互补性质，选择合理的结构来降低代理成本。

从协调各种不同利益主体的关系出发，理想的公司治理体制应当做到：

（1）它给经理人员以足够的自由来管理好企业。

（2）它确保经理人员从股东利益出发使用这些自由去管理好企业。

（3）经理人员知道股东们的期望，股东有足够的信息去判断他们的期望是否正在得到实现。

（4）这种体制能给投资者（股东）以充分的流动性（自由地买卖股票）。尽管现实中这些理想状态难以完全达到，但毕竟应是合理公司治理

体制努力的方向。

28. 在努力探索投资者（外部人）如何监督和约束经理人员（内部人）的过程中，建立合理的公司治理结构

某些国外专家对"内部人控制"问题的研究大致可以做如下概要的表述：

（1）转轨经济中存在着"内部人控制"问题的趋势。

（2）股东主权的模式对付"内部人控制"可能无效。

（3）公司治理结构与一个经济中其他制度的安排，在企业的内部组织之间存在着互补关系。

（4）当企业陷入资金危机时企业的控制权会自动地从内部人转移到外部人（主银行）手中。

（5）转轨经济中企业内部组织的制度发展方向充满不确定性。

（6）只有一系列制度的有机发展才能最终决定银行机构和资本市场在公司治理结构上的相对重要程度。这一研究对我们的启示：一是应当在所谓"内部人"和"外部人"的相互关系中探索公司治理结构的合理形式，而不论这种相互关系是否具有国别特征；二是从经济利益的根本点出发，界定"内部人"实行的控制和"外部人"对"内部人"的控制；三是如果把"外部人"界定在"投资者"的范围内，仅仅把主银行划在"外部人"当中是不够的，政府、外部董事（非执行董事）及社会中介组织机构都可能成为"外部人"；四是从"外部人"的内涵和外延扩大化趋势来分析我国公司治理结构的现状，将使我们对建立有效的公司治理结构的复杂性有更加清晰的认识。

29. 充分发挥董事会在公司治理结构中的积极作用是一个现实的选择

有关专家的研究成果表明：董事会的质量与股东的利益息息相关。董事会质量较高的公司的股票回报高于董事会质量较差的公司。质量较高的董事会从事的管理活动更有效率，公司在未来也会更成功。这是因为：

（1）董事会是公司的最高控制系统，它本身具有天然的内部监督机制。

（2）如果公司董事会能有效地监督管理层作出正确的经营决策，这样公司的业绩将超过那些董事会作用较弱的公司，无效的董事会是导致公司被收购或产生其他机构性缺陷的重要原因。

（3）由外部董事控制的董事会有利于改变高层经理人员的机构和提高公司业绩，可以将外部董事的合理比例作为衡量董事会有效性的标准。

（4）当董事会有效行使其职能时，公司的机构成本便会降低，股东的财富便会增加。所以，我国的公司治理结构，无论借鉴国外何种成功的模式，重视和发挥董事会的积极作用，始终是一个重要的议题。

30.借鉴发达市场经济国家的经验，建立有效公司治理结构的核心是构造合理的制衡关系

公司治理结构最明显的特征是：根据权力分工和效率优先的原则，在企业内部实行所有权与经营权相分离，决策机构、监督机构和执行机构相制衡的格局。

一方面，要明确股东大会和董事会之间的信任托管关系，其要点为：

（1）董事会受托经营公司，成为公司的法定代表。

（2）受托经营的董事不同于受雇的经理人员，不领取报酬。

（3）在法人股东占主导地位的条件下，其派出代表充当被持股公司的董事。

另一方面，要明确董事会与经理人员之间的委托代理关系。其要点是：

（1）经理人员作为代理人，其权力受到董事会委托范围的监督和限制。

（2）公司对经理人员执行有偿委任的雇用，董事会有权依据经营绩效对经理人员予以激励或解聘。

以公益性为重点调整优化国有资本配置

16条建议

（2012年5月）

我国进入发展新阶段，国有企业改革和国有资本调整，日益成为影响和牵动经济社会发展全局的重大问题。从现实需求出发，以公益性为目标调整和优化国有资本配置。首先，有利于经济发展方式转变：改变经济结构、改善投资结构，重在国有资本的合理配置；改变国民收入分配格局，理顺利益关系，需要国有资本及其收益能够成为社会福利的重要来源。其次，有利于适应全社会公共需求的变化：在公共产品短缺的新阶段，社会对国有资本作用的关注和期待，主要不在于国有资本规模增大了多少、利润增长了多少，而在于能够在多大程度上让广大社会成员普遍分享国有资本增值创造的社会福利，在多大程度上有利于国计民生。本着适应基本国情，满足社会需求，有利于经济发展方式转变的原则，提出以强化公益性为目标推进新阶段国有资本战略性调整的建议。

一、我国进入发展新阶段，强化国有资本公益性的现实需求全面增强

1. 随着我国进入公共产品短缺时代，国有资本公益性不足的矛盾逐步凸显

中央早在2003年党的十六届三中全会就曾明确提出，"完善国有资本有进有退、合理流动的机制，进一步推动国有资本更多地投向关系国家安全和国民经济命脉的重要行业和关键领域"。2002—2010年，全国

国企数量平均每年减少7500家左右，但同时销售收入年均增长18%，利润年均增长23%。2002—2011年，中央企业的资产总额从7.13万亿元增加到28万亿元，营业收入从3.36万亿元增加到20.2万亿元。从国有资本规模扩展和利润增长的指标看，这10年来国有资本战略性重组取得明显成绩。当前的问题在于，国有资本在一般竞争性领域规模过大、范围过宽的矛盾仍然比较突出。例如，2003—2008年，国有资产在房地产业的扩张最快，年均增长33.5%；2009年国资委分管的129家央企中，超过70%的企业涉足房地产业。而央企开发建设的保障性住房，到2011年仅占全国已建成保障性住房面积的13%~15%。

2. 更好地发挥国有资本的主导作用，对强化国有资本公益性提出新的要求

目前，国有资本占绝对优势地位的行业主要在自然资源类产业等上游产业或基础领域。在石油石化、电力工业和通信三大行业，2009年国有资本占全部央企资本总额的68.13%。现实的突出问题是，这些行业价格不合理的现象比较普遍。以基础电信运营领域为例，国有股占比为71%，但截至2010年，我国宽带上网平均速率排名全球第71位，不及美国、英国、日本等30多个经济合作组织国家平均水平的1/10，平均1兆每秒网速的接入费用却是发达国家平均水平的3~4倍。强调国有资本在适应社会公共需求变化中的主导作用，不仅在于国有企业在多少行业具有控制力，更重要的是行业发展的成果能够在多大程度上惠及广大社会成员。

3. 改变利益格局失衡，对强化国有资本公益性提出新的要求

根据2008年的数据，石油、电力、电信、烟草等行业的员工人数不到全国职工人数的8%，但其收入相当于全国职工工资总额的60%左右；从行业内部的工资收入差距看，基本趋势是，国有资本比重越高，职工收入越高。当前，在利益格局严重失衡的背景下，如何通过强化国有资本公益性，改变国有垄断行业不合理的收入分配格局，使国有企业成为"社会稳定器"，成为新阶段市场化改革不可回避的重大改革任务。

4. 实现国有资本营利性和公益性的有机统一，对强化国有资本公益性提出新的要求

这些年，随着国有资本收益的提高，国有资本收租分红的比例并未有多大改变。2010年，全国国有企业实现利润19870.6亿元，同比增长37.9%，其中化工、电力、有色金属、交通等行业利润增长超过1倍。目前，国资委管理的国有企业根据行业不同，其上缴红利占其利润的比例分为4类，分别是15%、10%、5%和不上缴。按照国际惯例，上市公司股东分红比例为税后可分配利润为30%~40%，实际上其他国家国有资本向国家上缴盈利普遍高于这个水平，英国盈利较好的企业上缴盈利相当于其税后利润的70%~80%。相比而言，2007年恢复"红利"征缴以来，央企中上缴比例最高的资源性行业及垄断行业，上缴红利仅占税后利润的15%，明显偏低。

5. 为民营经济和中小企业创造良好的政策环境和制度环境，对强化国有资本公益性提出新的要求

未来5~10年，为民营经济和中小企业创造良好的政策环境和制度环境，成为转变经济发展方式的重大任务。由于国有企业在某些行业的强势地位，非公经济在许多行业的"玻璃门"始终难以打破。近几年，银行贷款大约80%给了国有企业，民营中小企业融资难的问题越来越突出。为此，加大力度落实《国务院关于鼓励和引导民间投资健康发展的若干意见》，重要的措施之一，在于逐步将更多的国有资本配置在公益性领域，使竞争性领域的国有资本进一步减少，为民营经济腾出更大的发展空间。这样，把国有经济和非公经济两者各自的优势发挥好，为民营经济和中小企业发展开辟更大的政策空间和制度空间。

二、把强化公益性作为新阶段优化国有资本配置的战略目标

6. 确立强化国有资本公益性的战略目标

第一，新时期国有资本的主导作用，应当更加显著地体现为全社会福利水平的普遍提高，为此，应当确立国有资本在提高普遍福利上的目

标。第二,国有资本要发挥社会稳定功能,需要带头进行收入分配改革,在调节收入分配差距上有所作为。第三,国有资本的盈利,不能主要服务于国有资本规模的扩张,而应当服务于公益性支出的增加。

7. 确立国有资本在提高普遍福利上的目标

第一,与我国2020年基本实现基本公共服务均等化的目标相衔接,规定新增国有资本配置在公共产品领域的约束性指标,使公益性服务惠及农村、落后地区和困难群体,使新增国有资本投入到公益性服务上的比例不低于60%。第二,确立基础领域提高产品服务质量、降低价格的目标,倒逼国有垄断行业改革。第三,在同一行业,区分公益性和非公益性环节,规定公益性环节国有资本最低配置比例目标,限制非公益性环节的国有资本投入。

8. 确立国有资本在缩小收入分配差距上的目标

第一,控制行业收入差距。根据2009年国家统计局公布的数据,我国收入最高和最低行业的差距达11倍。这是一个相对保守的数字,但即使是这个数字也大大高于国际平均水平。例如,2006—2007年最高和最低行业工资差距,日本、英国、法国为1.6~2倍,德国、加拿大、美国、韩国在2.3~3倍。考虑到我国行业间工资差距过大的垄断因素,"十二五"期间应重点控制垄断行业的过高收入。在这个前提下,将行业差距缩小到7倍左右。第二,控制垄断行业工资总额增长。通过5~10年的努力,将垄断行业职工工资收入占全国职工工资总额的比例从60%左右降低到40%以内。第三,参考各行业的平均标准,制定国有企业高管薪酬标准。把垄断行业高管薪酬与一般竞争性行业的高管薪酬差距控制在30%以内。

9. 确立国有资本收租分红的改革目标

强化国有资本公益性,重要的途径是通过对国有资本收租分红,扩大公益性支出,使国有企业分红能够逐步承担基本公共服务均等化新增财力需求的30%~40%,即承担2.8万亿~3.7万亿元。国有企业"十二五"累计利润预期为10.8万亿元,要承担起2.8万亿~3.7万亿元的社会福利建设新增支出，国有企业平均分红比例在"十二五"期间需要提高到30%左右。

三、改变国有资本配置格局，加快实现国有资本的公益性回归

10. 调整投资结构，使新增国有资本投资主要配置在公益性领域

例如：第一，将更多的新增国有资本投资到随着市场范围扩展而出现的公益性领域，这将有利于降低交易成本，有利于提高以普遍福利为目标的投资效率。第二，将更多的新增国有资本投资到与人的基本生存权、发展权相对应的公共产品和准公共产品领域，提高劳动力素质，促进产业发展由物质资本投入为主转向以人力资本投入为主，比如教育、医疗等基本公共服务。第三，将更多的新增国有资本投资到环境保护等具有正外部性的领域，促进产业结构的优化调整和发展方式转型。第四，将更多的新增国有资本投资到事关国计民生和国家安全的战略性领域，强化国有资本对非国有资本的引导和支持作用。

11. 国有资本逐步从一般竞争性领域退出，重点转移到公共产品领域

第一，着力解决长期困扰我国居民的看病难、看病贵问题，需要加大新增国有资本在医院建设、医疗设备采购、医护人员培训等方面的投入。第二，着力解决住房难的问题，需要国有资本发挥更大的作用。目前，全国各省市"十二五"开工总规模只有3000万套左右，比住建部公布的3600万套低大约17%，建议国有资本加大保障房领域的投资力度，确保保障房建设计划的顺利实施。

12. 把竞争性领域的国有资本，集中配置在事关中长期国民经济持续快速增长的新兴战略产业，充分发挥国有资本优势，参与更高层次的国际竞争，以提升国家竞争力

在国际竞争日益激烈的背景下，民营经济不可能马上替代国有经济的国际竞争优势，国有资本在这些领域的优势不仅不能轻言放弃，相反还应当加强。其中资源、能源等领域的重要国有企业，是国家经济安全的重要保障，是我国参与国际竞争最重要的基础。建议进一步做强做优这

些领域的国有企业，使其成为具有国际竞争力的世界一流企业。在载人航天、绕月探测、特高压电网等领域的重大工程项目中，一些国有企业取得了一批具有自主知识产权和国际先进水平的创新成果，建议在高科技领域增大国有资本比重，使国有资本在引领国家科技进步中发挥更大作用。

13. 对必须保留在其他竞争性领域的国有资本，要增加收租分红比例，并主要用于公共产品领域投入

国有资本依靠竞争盈利，但其营利性应当建立在公益性的基础上，盈利的最终目的是增加公益性。第一，建议尽快出台国有企业支付资源使用租金和利润分红的法律法规，根据《关于试行国有资本经营预算的意见》和《中央企业国有资本收益收取管理办法》等相关规定，制定详细的、可操作的利润分配方案。第二，把国有企业的资源使用租金和利润分红纳入全口径财政收入预算。第三，对通过国有资本收租分红所获得财政收入的使用范围做出调整，由以往对国有企业的再投资改为重点用于弥补社会保障等公共事业领域的资金缺口，以进一步增强基本公共服务均等化的财政支出能力。

四、改变国有资本配置格局，需要加快垄断行业改革

14. 对改革严重滞后的铁路、食盐等行业，尽快实现政企分开、政资分开

加快铁路管理体制改革：第一，加快推进政企分开、管运分离，可以考虑完成交通运输部门的大部门体制改革，将目前铁道部的政策制定和监管等职能纳入交通运输部，把铁路经营和运输职能分离出去，可采取组建铁路公司的形式，允许民营资本参与投资。第二，改革铁路投融资体制，通过一系列资产重组化解铁路债务。第三，加快网运分离。除路网部分由国家控股经营之外，其他部分放开市场，引入竞争。

建议在食盐行业，参照粮食流通体制改革的模式，尽快实现政企分开、政资分开：第一，将当前盐业管理与食盐销售分离。第二，改变各

省食盐各自为政的局面，实现食盐行业的全流通。第三，在食盐生产与销售环节引入竞争机制，放开市场，允许民营资本进入，彻底打破垄断。第四，强化食盐行业的市场监管，加强对生产和销售环节的监管。

15. 对电力、电信、石油、民航、邮政等行业，应将自然垄断和竞争环节切实分开，在自然垄断部分强调国有资本主导，在竞争性环节对民营经济放开

自然垄断行业由国有资本垄断经营，其本意是更有利于实现公益性。但就电力、电信、石油、民航、邮政等行业而言，并不是所有环节都具有自然垄断性质，除网络基础设施部分外，相当多的生产环节都可以放开市场引入竞争。第一，通过资本市场的国有股减持，在非自然垄断环节退出一部分国有资本，给民营经济进入这些领域腾出一些空间。第二，在自然垄断环节，通过建设-运营-转让模式（BOT）、移交-经营-移交模式（TOT）等多种形式鼓励民间资本参与投资。第三，完善基础领域的准入制度，对垄断行业要逐步放松或解除管制，广泛引入市场竞争机制，鼓励民间资本参与基础领域的公平竞争。

16. 对城市公用事业，要尽快健全特许经营制度，形成合理的价格形成机制，积极引导社会资本参与

未来5~10年，我国城市化进程将大大加快，城市公用事业将全面快速增长。这一领域具有十分明显的公益性，但仅仅靠各级政府和国有企业来经营，很难满足社会需求。为此建议：第一，实现城市公用事业政事分开、政企分开、事企分开，建立完善的市场竞争机制、企业经营机制和政府监管机制。第二，打破垄断经营，引入市场竞争机制，提高城市建设运营效率。第三，充分利用资本市场，彻底改变城市公用事业政府投资的单一模式，允许社会资本参与投资城市公用事业。第四，健全特许经营制度，形成合理的价格形成机制，利用已有的经营性公用事业资产，以特许经营方式向社会资本、资本市场进行多元化融资，积极引导社会资本参与，有效缓解公共事业建设资金短缺的状况。

第七章
完善市场经济基础制度 更好发挥市场机制作用

市场经济体制改革研究是中改院33年始终关注的大课题。早在1993年,中改院组织编撰并陆续出版了"走向市场经济的中国"一套10本中英文丛书,深入探讨了中国走向市场经济的重大理论与现实问题,先后提出"把国有资产推向市场""公有制实现形式"等重大理论和改革思路。面对银行大量不良债务,1995年形成《以解决不良债务为重点加快商业银行体制改革(30条建议)》,提出通过债务托管解决不良债务,推进银行商业化、股份化改革的建议。2013年7月,中改院提出《改革跑赢危机的行动路线(30条建议)》,成为党的十八届三中全会《中共中央关于全面深化改革若干重大问题的决定》起草的参阅件。2024年7月20日,中改院在京举办"加快构建高水平社会主义市场经济体制——学习贯彻二十届三中全会精神"座谈会,建言"加快构建高水平社会主义市场经济体制"。

市场机制作用在经济快速增长中有效抑制通货膨胀

50条建议

（1994年12月）

目前的通货膨胀是改革开放以来第三次也是最高的一次通货膨胀，并明显地对经济生活产生了种种不良影响，客观上导致部分群众实际生活水平下降和困难，必须引起足够的重视。在经济生活中，应始终把抑制通货膨胀当成突出问题来抓，争取尽快有所缓解，坚持抑制继续攀高。

一、1994年一系列重大改革进展比较顺利，宏观经济形势总体是健康的。必须恰当估计通货膨胀的影响，在加快改革、发展中有效地抑制通货膨胀

1. 目前的通货膨胀仍在可承受的范围内，1995年应把经济增长速度控制在10%左右，在继续保持较高的经济发展速度中治理通货膨胀

宏观调控使1995年的总体经济形势有了很大改善，"软着陆"的目标基本实现。以建立社会主义市场经济体制为目标的几项重要改革措施陆续出台，总的来说进展比较顺利。从总供给与总需求的关系看，保持了基本平衡，其中消费品90%以上供大于求或供求平衡，没有发生类似1988年那样的抢购现象。1994年的通货膨胀与以往有很大不同，具有很强的特殊性，许多重要经济指标表明，1994年的经济状况与1993年上半年相比，已有明显改善。应当对当前宏观经济形势有清醒的、全面的认识，在加快发展中加强和改善宏观调控，从而使经济"软着陆"目标进

一步取得成功。我国自1979年以来，经济每年平均增长9.3%，零售物价每年上升6.44%。今后几年我国的经济增长仍要保持9%以上，在经济转轨时期，经济增长率如果低于8%，则会带来企业大量亏损、停产、产品积压、失业严重等问题，并有可能危及社会稳定。今后一两年，经济增长率至少应保持9%~10%，这样才能使国民经济的良好发展势头得以继续。

2. 在市场化和经济结构调整阶段，由改革所引起的物价总水平在一定时期和一定程度的上升是难以完全避免的

应当在保持基本稳定的条件下逐步推进并完善各项市场化改革，在改革中抑制通货膨胀。1994年的较高通货膨胀，除了因1993年固定资产投资规模过大、增幅过高、投资需求拉动价格上升等原因，主要因素是由于结构性的物价调整或放开、公务员工资制度改革、汇率并轨、税制改革等带来的生产成本提高和人们心理预期所引起的。对此不能掉以轻心，但也不必大惊小怪。改革必然付出一定的代价，只有在加快并完善各项改革后，才能消除通货膨胀的体制根源。

3. 充分估计通货膨胀对社会生活的影响，把有效治理通货膨胀作为经济快速发展中宏观调控的重要目标来抓

较高的通货膨胀率导致了相当部分群众实际生活水平下降，社会不安定因素增加。一些停产、半停产、效益不好的国有企业的职工和退休职工，或者工资不能按期如数发放，或者退休金因物价上升的较高造成生活困难，各方面反应强烈。因此在实际工作中要切实把抑制通货膨胀作为宏观调控的重要目标，防止通货膨胀搞乱经济关系，误导资源配置，扭曲利益格局，影响社会稳定。

4. 1995年在加快改革中把通货膨胀率控制在15%左右不仅必要，而且可行

随着推动1994年通货膨胀的一些主要因素的消化，1995年的通货膨胀压力会有所缓解，但1994年的通货膨胀会对1995年产生"翘尾巴"影响，纺织品价格上调的后滞效应以及房改等新的涨价因素会推动物价上涨，尤其是农产品价格还会呈缓慢上涨的趋势，因此对1995年的通货膨胀必须有充分的估计，采取一些必要的措施，把通货膨胀控制在15%左右。控制通货膨胀率的目标定得太低，实际上很难达到，易失信于民，或者即使达到低的通货膨胀目标，经济速度回落过快，可能出现"滞胀"，这些是必须引起注意的。

二、农副产品价格上涨是1995年通货膨胀的重要原因，其中受政府主动出台的结构性调价影响很大。目前，必须把增加农副产品的有效供给当作抑制通货膨胀的突出矛盾来抓

5. 抑制通货膨胀必须首先适当控制农产品的价格上涨，真正花大力气抓农业生产，确保丰富而高效的农副产品供给

1994年通货膨胀的一个最主要特点是粮食及各类农副产品价格涨幅高。1995年1—8月份，食品价格上涨在零售价格上涨中的份额为60%，3种主要粮食价格涨幅明显，大米、小麦、玉米分别比1994年同期上涨84.7%、48.8%、40.1%。粮食价格上涨带动了饲料及肉、禽、蛋的价格上涨。在目前中国工薪阶层的收入比例中，基本生活费用支出占一半以上。在农副产品涨幅过大的情况下，对人们日常生活影响也十分突出。应当看到，在取消低价收购、取消补贴后，农产品价格比较真实地反映了它的价值，或者在市场定价之后，我国农业要素稀缺得到了反映，所以农产品价格上涨是必然趋势。明年仍有上涨的基础和空间。因此，从上到下应形成共识：11亿人的大国要真正把农业作为基础来重视，从根本上减缓农产品价格上涨的速度和幅度。

6. 严格控制耕地流失，避免东南沿海出现稻谷产量较快下降的局面。适当调整对稻谷的合同定购价，使稻价高于麦价。认真解决粮食供求中的品种、品质矛盾

由于我国城镇居民稻谷消费比重占其口粮的60%~65%，而且呈逐步上升趋势，只要稻谷的供给偏紧，整个市场就会偏紧。而我国水稻主

要产区的南方，由于经济的发展，对增加比较利益偏低的水稻生产热情下降。因此，不采取有力措施控制耕地的减少，不适当调整稻谷与其他品种粮食的比价关系，要恢复南方稻谷的产量是很困难的。要采取有力措施控制耕地的流失，强化耕地的复垦补偿制度。鉴于目前政府拥有的储备粮平抑不了质量较高的市场上的粮食的价格，建议放开粮食的合同收购价格。要适当鼓励北方增加稻谷生产，北方稻谷品质好，特别适合于中国北部和东部地区居民的需求。增加北方稻谷的生产，对于缓解中国北部和东部优质大米的供给，作用将日益突出。

7. 目前可适当扩大利用国际市场来调节国内稻谷的供求

鼓励有外汇支付能力的东南沿海发达省份适当增加一定数量的大米进口，以调节国内市场稻谷的供求。如按目前的市场价格计算，广东珠江三角洲地区的早稻价格为每吨人民币1400～1600元，中晚季优质稻每吨为1700～2400元，折合成米，分别为2000～2300元和2350～3300元左右。因此，只要有外汇支付能力，目前增加进口部分大米，在经济上并不吃亏。在扩大进口稻谷的同时，必须对国际市场稻谷的供给有十分清醒的认识。目前世界稻谷消费的比重已占粮食消费比重的50%左右，并且是一个逐步上升的趋势，预计今后20年左右上升的幅度达70%以上。国际90%的稻谷供给来自亚洲，而亚洲稻谷的耕地已很难扩大。因此，国际市场上稻谷也会偏紧，中国大量进口稻谷无疑会迅速拉动国际市场稻谷的价格。从长远来说，11亿人口的大国靠国际市场调节国内稻谷的供求是很不现实的。

8. 粮食购销体制走购销都放开的路子，建议对5000万吨合同定购粮实行"保量放价"办法

在粮食收购中的政府定价过低，引起了诸多矛盾，如农民不愿向政府粮食部门交售粮食，政府只能购到低质粮食，难以发挥平抑市场粮价的功能；政府粮食部门的购销差价过大，粮食生产者的利益被中间环节截留过多，与国际市场的价格相差太大，不利于政府利用国际市场的粮

食来调节国内粮食市场的供求与价格波动等。因此粮食购销体制要尽快全面放开。目前,可考虑把5000万吨合同订购粮实行"保量放价"的办法。

9.逐步放开棉花收购价格,加速主要农产品的市场化进程

目前,棉花收购矛盾十分突出。如果不让农产品价格真实地反映其价值就会伤害农民利益,反而影响供求。由于流通体制改革不彻底,造成中间费用过高,农民没有得到应得的收益,城市居民也为此付出了一定的代价。一项可考虑的政策建议是,在放开收购价格后,政府政策目标的定位应重点放在控制影响农产品价格的中间费用上。

10.必须重视农业投入不足的问题,切实增加农业投入

多年来对农业的资金投入不足,一直是农业发展的一个卡脖子环节。农业基本建设投资占国家基本建设投资总额的比重不断下降,而且近一年来工农业产品交换的剪刀差仍在不断扩大。各级政府,尤其是经济发达地区重工轻农思想是客观存在的,而且很难转变。因此要统一认识,加大对农业投入的力度,尤其是增加对农业的科技投入。

三、在很长一个时期内,我国经济增长主要依靠投资增长。由投资过热引起通货膨胀的主要问题是投资结构不当和投资效益低下。重要的在于加快投资体制改革,最大限度地控制投资拉动的通货膨胀

11.关键是投资体制改革要加快

当前和今后一个时期中,我国经济的快速增长在很大程度上取决于投资增长。从1981—1993年,投资率与经济增长率的相关系数为0.63,中国经济增长的60%左右依赖于投资增长。今后若干年投资对增长仍有很强的拉动力。随着投资的高增长,在一定程度上会拉动通货膨胀,我国几次通货膨胀都反映了这个问题,具有一定的普遍性。但问题不在于投资本身,而在于投资体制尚未根本改变。目前,由于投资体制的不合

理，国家直接投资效益远远低于社会投资效益。因此，要加快投资体制改革，使投资主体进一步多元化，投资结构合理化，投资效益最大化。

12.对投资总量的控制要恰当和适度

目前，关键的问题是保持投资增长的同时，通过加快改革的办法解决投资结构和投资效益问题。如果对投资总量控制力度过大，经济发展会受到影响。而没有发展，通货膨胀问题更难以解决。在当前主要生产资料已接近成本价时，应适当放松投资调控力度，有选择地增加投资，否则，因缺乏必要的投资量而产生的负效应会突出地影响整个宏观经济形势。

13.鼓励和支持社会各方面的投资，形成竞争性的多元投资主体

目前，国家直接投资约占社会总投资额的60%~70%，而且投资效益低，所以要严格控制国家直接投资的范围和总量。要通过形成社会多元投资主体，提高投资效益，把投资对通货膨胀的影响降低到最小。国家投资应逐步从一般竞争性领域撤出，转到基础领域、关键部门和公用事业中去，尤其要加大对基础设施的投入，在市场经济中实现国有资产效益的最优化。我国的投资增长和经济发展，都受到来自基础设施和基础产业的"瓶颈制约"，这与我国投资结构集中于加工业等一般竞争性领域相关，因此要优化投资的结构，在调整投资方向时实现投资效益的最大化。

四、大量外资流入是通货膨胀压力升高的新因素，因此相关政策必须跟上，但必须坚持扩大利用外资的开放政策

14.外资的流入对我国经济增长有着积极作用，必须放宽外商投资领域，鼓励更多的外商直接投资

资本流入在我国表现为直接利用外资的增加，这些投资大多用于急需发展但又缺乏资金的基础产业和工业等方面，因而发挥了很好的作用。1993年引进外资实际促进经济增长率为13.4%。相对于世界经济的不景

气，中国经济的持续高速增长提供了吸引外资的极好机遇。近几年，国际资本大量流入发展中国家，1993年高达1048亿美元。中国必须抓住机遇，放宽外资投资领域和比例等限制，在基础设施等领域加大吸引外资的力度。

15. 重视研究外资大量流入对通货膨胀的影响，并寻求积极有效的宏观调控手段

近年来外资流入量大幅增加，1993年达367.7亿美元，1994年1—8月外商直接投资达204亿美元。国际资本的大量流入引起本币和外币的供应相对过多，在一定程度上推动了通货膨胀。1994年宏观经济政策对此准备不足，因此有必要在研究和探讨外资大量流入过程中，如何实施有效的宏观调控。在注重外资流入的同时，对资本外流问题要引起足够的重视。目前，资本外流现象非常严重，估计已有2000多亿美元，对通过各种渠道流出的资本，国家应制定一个长期、明确的政策，适当限制资本的流出，使资本流出合理化、规范化。

16. 应加快对外商投资企业实行国民待遇

通过实施优惠政策吸引外资在一定时期内是十分必要的。随着我国加快向市场经济过渡，外资企业与国内企业需要平等的竞争。如果仍过度对外资企业实行优惠政策，很不利于市场经济环境的形成。对外资企业实行国民待遇，是国际间吸引外资的成功经验。要从我国的实际出发，尽快对外资企业实行国民待遇并逐步使之法制化。否则，对外资企业长期过度优惠会对资本外逃形成诱惑力。

17. 对外资进入投机性领域进行必要限制，鼓励并支持出口导向型直接投资

外资流进、流出的变动性太大会造成经济的波动。近年来，部分外资有流入投机领域的倾向，因此有必要认真研究，制定必要的政策措施。目前，外资企业的进出口额占全国进出口额的1/3，必须坚持出口导向型利用外资策略，进一步提高外资效益，强化我国产品的国际竞争力。

18. 未来两年外资进入我国可能会滑坡，政策调整须十分谨慎

周边国家对外来资本的竞争十分激烈，都在千方百计地吸引外资。西方发达国家经济的复苏也会加大国际资本供求矛盾。而且，随着近年来中国劳动力特别是合资企业的职工工资增长幅度加大，使得中国低劳动力成本的比较优势快速消失，从而减弱我国与周边国家对外资的竞争力。因此，对引进外资形势不能过于乐观，外资政策必须相对稳定，并逐步向国际惯例靠拢。

五、汇率剧烈波动和外汇储备量过大对通货膨胀有重要影响，要充分运用汇率杠杆调节宏观经济，稳定汇率，加强外汇管理，逐步实行人民币完全可兑换

19. 要充分估计汇率波动和外汇储备对通货膨胀的直接影响，并采取措施减少外汇对通货膨胀的压力

这次通货膨胀与来自外汇方面的重大变化有直接关系：一是1993年市场汇率的盲目波动对价格总体水平上升起了很大推动作用。1993年年初调剂市场汇价是6.8元人民币/1美元，1993年中间汇价盲目上涨到10元人民币/1美元。后经政府采取措施，市场汇价迅速回落。但汇率的剧烈波动，影响群众对人民币的信心，引起物价上涨；同时，进口产品价格受汇价影响上涨后，难以完全回落到原有水平。二是1994年汇率并轨后，国家调低汇率，人民币贬值使进口的生产资料和机器设备等生产成本加大，推动了物价上涨。三是目前外汇储备过大，引起货币供给大量增加，外汇储备这一块的货币供给已占新增货币的67%，从而加剧了通货膨胀的压力。

20. 国家要采取稳定汇率的政策，避免汇率的盲目波动和人民币升值

要使汇率保持在合理的水平，以便能逐步实现人民币完全可兑换。通常当国内通胀比国外高时，预期汇率会下跌，但国内目前却出现汇率

上升情况。中国"复关"后，市场全面放开在一定时期可能引起人民币升值。人民币升值在短期内有利于抑制通胀，但从长期来看是不利的，会增加出口的生产成本和产生汇率波动压力，形成境内资金外流，最后导致外汇储备大幅度地减少，或者最终导致人民币贬值。

21. 要加强对外汇的管理，堵住外汇市场的漏洞

要降低外汇储备量，严格用本币作为支付手段，禁止用港币或美元作为支付手段。要严格对国内企业售汇买汇的控制，堵住外汇市场操作的漏洞。要控制外汇结存的增加，降低外汇储备量。要防止大规模外汇资本闲置浪费和资本大量流出。

22. 要加速建立统一的外汇市场

外汇调剂市场应当与银行间的外汇市场并轨。如果不能并轨，则应逐步取消外汇调剂市场。要使银行间的外汇市场获得更大的发展。

23. 应当逐步创造条件，实行人民币完全可兑换

要实现经常账户的全部可兑换，取消对非贸易项目供应外汇的限制。加快金融体制改革，加强和完善中央银行的功能，建立发达的商业银行体系，充分发展资本市场和外汇市场，加快建设国际金融中心，以吸引国外资本的流存。

六、利用目前外汇储备的有利条件，适当加大进口，利用国际交换来调节国内供求关系

24. 在目前国际收支、外汇储备非常强的情况下，要考虑减少进口限制，调节国内市场需求

通货膨胀从根本上讲是由供求矛盾引起的，利用国际交换来弥补国内结构性生产不足，调节国内市场的供求关系，是抑制通货膨胀的有效办法。要运用指导性计划和经济手段，鼓励进口国内相对短缺的原材料和半成品及一部分成品。进口计划要有更大的前瞻性和灵活性，避免出现某些物资忽而进口不足，忽而进口过度的现象。在外汇储备较强的情

况下，可考虑适当放宽某些进口限制，加大进口。

25.加快完善外贸体制改革

促进外贸发展要扩大外贸经营范围，赋予企业进出口自主经营权，要逐步取消一般进出口限制，加快实行进出口配额公开招标、拍卖制度。

26.实行出口导向政策，防止资源外流

要严格控制国内原材料和初级品的出口，特别是要控制国内短缺资源的出口，鼓励出口高附加值的加工产品。

七、货币扩张政策是发生通货膨胀的根源。要加快金融体制改革，控制货币增长速度，适当提高银行利率，优化银行信贷结构

27.要充分估计目前的金融体制对通货膨胀的重大影响，加快金融体制改革

通货膨胀本质上是一种货币现象，本次通货膨胀的潜在压力主要是1990—1992年货币供应偏多造成的，这3年名义GNP增长了50%，M2的年平均余额则增长了108%，后者比前者高出58个百分点。加快金融体制改革，充分发挥银行体系调节货币供应量的作用是十分必要的。中央银行要有相对独立的货币政策，调控货币供应量。加快商业银行体制改革，尽快形成商业银行的自我约束机制。

28.保持稳定的货币政策，控制货币供应量

避免经济出现大起大落和发生严重的通货膨胀，需要一个稳定的货币政策。为此，必须保证中央银行的相对独立性。中央银行作为货币管理部门，必须具有很高的权威，能够抵挡来自政府和企业对实施货币政策的压力。鉴于货币供应增长速度过快，大大高于GDP平均增长速度，今后应把货币供应量M1和M2的调控目标确定在20%~25%之间。

29.加快国家银行商业化、企业化的改革，硬化信贷约束机制

目前国有专业银行商业化、企业化经营进展缓慢，银行仍然主要依

据行政指令，采用行政手段控制贷款，并在贷款深度负利率的情况下运转。银行的硬约束机制和风险责任制都没有很好解决。因此，必须加快对国有专业银行的重组，使之按企业化的财产结构和组织结构进行运作，实现银行的自主经营、自负盈亏、自担风险和相互竞争。对规模过大、调度不力的国有商业银行，要分立为多家银行，要排除政府对商业银行的行政干预。

30. 实现银行利率市场化，目前要适当提高银行利率

要充分发挥利率杠杆调节宏观经济、稳定货币、控制投资规模、抑制通货膨胀的作用。应当根据市场供求关系和宏观经济政策来调整银行利率。目前，国有银行贷款利率，低于通货膨胀率，从而造成市场扭曲，为腐败和寻租行为创造了机会。应当适当提高银行利率，改变社会的通货膨胀预期，提高社会资金的使用效率。

31. 应当加大对非国有经济的贷款比重，优化银行信贷资金的使用

我国经济的高速发展，很大程度上是依靠非国有经济创造的，而国有企业却占用着80%的银行贷款，投入产出效益十分低下。应当改变商业银行的贷款方向和结构，对于长期效益低下，资不抵债、没有前途的国有企业，应当停止贷款，促使国有企业改革或重组。应当加大对非国有经济的贷款比重，支持非国有经济的更快发展，从而影响和促进整个经济的增长。

八、财政收支严重失衡，预算软约束，是造成通货膨胀的重要因素。要重视运用财政政策，合理调整财政需求，增加财政收入，以控制通货膨胀

32. 财政赤字过大对通货膨胀有直接影响，要控制财政赤字，合理调整财政需求

目前的通货膨胀与财政赤字规模越来越大有很大关系，1984—1993年，财政累计出现硬赤字1128.26亿元，都是通过向银行透支弥补的，造

成中央银行货币扩张。由于财力短缺，财政对国有企业的补贴、应由财政安排的公用事业和基础设施投资，也要依靠银行用贷款安排，又迫使中央银行增加货币。因此，要严格控制财政赤字规模，预算赤字占国内生产总值的比重应使其降到3%以下。要从紧控制支出，压缩财政补贴，严格控制行政经费开支；同时要努力增加财政收入，严格控制减免税，强化税收征管。

33.财政直接投资过大会加重财政收支失衡，要严格控制财政直接投资的比例

财政投资应当控制在公用事业、基础设施建设和基础产业范围内，要加大结构调整的力度，集中力量解决瓶颈制约的矛盾，增加有效供给。

34.加强税收征管，严格依法征税，增加财政收入

要完善中央和地方税务机构，改革税收征管制度，改革税收征管员制为税收自动申报制，建立偷漏税重罚制度。要开征消费税，控制消费需求。建立个人财产申报制度，严格征收个人所得税。

九、消费基金过快增长是导致通货膨胀的一个重要因素，要通过对消费基金的控制和引导以抑制通货膨胀

35.应当注意消费基金的过快增长造成需求过热，带动物价上涨

由社会集团消费和工资过快增长所引起的消费基金扩张，对通货膨胀有很大影响。据测算，在投资需求扩张时，投资中转为工资、社会集团消费等部分约占40%，如此庞大的数字进入消费领域，必然会推动需求过热。要严格控制集团消费。集团消费在我国消费基金增长中占有很大的比例，它不仅带动需求扩大、物价上升，而且加大了党政机关的财政开支和投资需求扩张。特别是要控制党政机关的集团消费和投资中转为集团消费的部分，对此要作出具体的制度规定。

36.要控制工资的大幅度增长，工资增长应与生产率增长同步

1994年全国工资总额计划比上年增长18.4%，实际工资增长在30%

以上，是历年增长最快的。国有部门工资外收入增长更快，相当于工资的1/3，有的甚至超过了工资，而国有企业全员劳动生产率年均仅递增8%。工资增长带来成本上升和消费水平的提高，不可避免地会拉动消费物价的上涨。因此，应当控制工资过快增长，避免出现工资、物价轮番上涨的现象。在国有企业，控制工资增长的措施可以与实现劳动力产权结合起来，企业职工通过职工持股计划享有劳动力产权，并同企业的长远利益紧密结合。它可以使控制工资增长有可靠的基础，又可以消除企业与职工的利益矛盾，调动劳动者的积极性。

37.注意引导社会短期消费转向长期消费

加快以出售住房为主的住房制度改革，以成本价将住房出售给购买者。这样，既可以把一部分消费基金引到长期消费上来，又可以减少住房建设占用银行信贷，实现住房资金自身循环。应鼓励本企业职工购买本企业股票，可考虑在职工自愿基础上，将职工内部股转为职工持股基金。

38.要引导社会消费基金向投资转移

当前，可考虑的具体办法：一是适当发展国内投资基金，引导一部分社会消费基金和居民储蓄转入投资基金；二是在社会保障制度改革中，逐步加大个人账户的比重，创造条件逐步向公积金过渡，目前可先实行住房公积金制度。

十、1994年通货膨胀与价格改革引起的成本推动和心理预期有直接关系。应当看到，价格改革不可避免地会在短期内引起一定程度的通货膨胀，要在保持基本稳定的条件下逐步推进并完善价格改革，在实现价格市场化过程中抑制通货膨胀

39.正确认识价格改革对通货膨胀的影响，由价格改革引起的物价上涨短期内是不可避免的

目前通货膨胀很大一部分是由结构性价格调整引起的。粮食、棉花

收购价格大幅度提高，农用生产资料和原油的提价，成品油、钢材、煤炭等价格放开与1994年的通货膨胀有着直接的联系。1994年零售物价上升的20%中，属于结构性调价和放开的部分，估计要占70%～80%。将传统计划经济体制下扭曲的价格体系加以改革，使之合理化、市场化，对于促进有效竞争加快经济发展有重大作用，虽然它在短期内会推动物价总水平上涨，但这种通货膨胀是不可避免的，在一定时期是必要的；而随着价格市场化的机制形成并稳定后，这种通货膨胀是不可能持久的。中国"复关"后，必须进一步进行深层次的价格改革，使之与国际市场接轨。

40. 考虑到目前通货膨胀压力很大，1995年的价格改革要十分慎重

1994年价格改革的范围和幅度都很大，对通货膨胀有很大影响。鉴于1995年我国有可能"复关"，考虑到国有企业对价格上涨因素难以消化，目前通胀压力很大，所以1995年价格改革要十分慎重。鉴于运输价格的调整对企业生产成本影响很大，可考虑推迟出台。

41. 正确掌握价格控制手段

不要过多运用行政手段控制价格或调整价格。对价格的控制方面应当与价格改革的方面相一致，不能用行政手段使价格改革倒回去。对日常生活必需品的价格控制，应当依据市场供求状况，正确把握控制力度，尽可能少采用国家定价、最高限价、计划供应之类的办法。政府的价格管理政策要稳定，不要太随意性，也不要频繁进行价格调整，以免造成群众对价格上涨的心理预期，或囤积商品、待价而沽。

42. 政府要从对价格的控制重点转到市场建设上来

价格合理化必须以充分的竞争和健全的市场为基础。价格市场化并非都直接引起价格上升，在充分竞争的条件下，某些价格水平会有所下降，并逐步形成合理、稳定的价格水平。因此，要加快市场体系的建设，建立全国统一的市场，消除市场分割和封锁，反对行政垄断市场而妨碍竞争。

十一、国有企业改革滞后,使国有企业对价格改革因素难以消化,这是造成通货膨胀的深层次原因。控制通货膨胀要从根本上解决国有企业的问题,加快推进国有企业改革

43. 要充分估计到国有企业改革滞后对通货膨胀所造成的重大影响,国有企业效益低下,不能适应市场机制,是今年出现较高通货膨胀的要害所在

现阶段的突出矛盾是,国有企业投入产出比例非常悬殊,效益严重低下。它不仅消化不了结构性价格上升和农产品涨价的因素,而且还要搭车涨价。国有企业大面积亏损,资金严重短缺,使银行利率不能上调,过高投资需求难以抑制,使货币总量难以控制。国有企业问题是我国通货膨胀居高不下的最深层次原因和新旧体制矛盾摩擦的反映。要真正缓解以至解决通货膨胀问题,不从根本上搞好国有企业改革,把国有企业的高投入、低产出转为低投入、高产出,从而实现整个经济的良性循环,那是很困难的,甚至会导致整个经济的滞胀。因此,必须高度重视和解决国有企业的问题,深化国有企业改革。

44. 下决心分类深化国有企业改革,以转换企业经营机制,优化国有企业结构,提高国有企业效益,缓解通货膨胀压力

国有企业改革目前可考虑的措施是:在不影响社会安定的条件下,对一些长期亏损、资不抵债、产品没有市场的企业,分步实行破产;将一些规模很小、效益不好、人数不多、资产数量不大的小企业,通过改、股、租、卖等办法,逐步转为非国有企业或国有民营企业;在一般中型企业中,认真落实企业自主权,实现政企分开,迫使企业自负盈亏,优胜劣汰;在少数大型企业中,积极搞好公司制改造和建立现代企业制度的试点,逐步实现企业制度创新和机制转换。通过分类改革,以尽可能减少国有企业对社会资金资源的巨大浪费,从总体上优化国有企业的结构,明显提高国有企业的效益。从而既有效解决企业本身面临的种种困

难，又能够消化因基础产品价格上升对成本的影响，缓解通货膨胀的压力。

45.积极慎重地将企业债务重组与企业本身的改革、重组有机结合起来，通过一部分债权转股权的方式解决国有企业的历史债务问题

首先应当将需要进行债务重组的企业改造为股份制企业，在此基础上对企业的经营状况和债务状况进行分类分析，严格确定债务重组的范围。承担债务重组的机构应是资产经营性质的机构而不是行政机关，如由专业银行控股的信托投资公司或证券公司、具有经营国有资产能力的控股公司。债务重组应与企业产权制度改革相结合，要做到企业产权在公有制为主体的前提下使股权分散，同时解决公有制所有者的缺位问题。

46.当前要深化国有企业改革有赖于一套比较完善有效的社会保障制度的建立

要积极推进社会保障制度的改革，可以考虑在认真研究、广泛宣传后，逐步实施先行推出社会保障制度改革，在此基础上再扩大国有企业的优胜劣汰。社会保障制度改革方案应当以养老、失业保险为重点，同时积极推进医疗、工伤等社会保障制度的改革，建立多层次的社会保障体系。

十二、区域经济发展与不平衡，导致中国区域间通货膨胀的重大区别。实事求是，从国情出发制定区域性控制通货膨胀措施，是面对现实、立足长远、抑制通货膨胀的重要政策

47.允许各区域制定不同的符合实际的控制通货膨胀的政策

区域发展不平衡是中国长期存在的问题。区域发展不平衡使区域间通货膨胀具有较大差别。要重视研究区域通货膨胀，解决统一的货币信贷政策与各地经济增长现实差别的矛盾。国家可以根据国民经济发展的实际情况，对东部、中部、西部分别提出不同的控制通货膨胀的目标和其他重要经济指标（如货币供应量目标）。国家要为促进区域经济发展制

定政策性信贷和融资政策，要把抑制区域性通货膨胀、保持币值稳定作为重要任务。

十三、非经济性因素对通货膨胀有重要影响。要采取措施，消除非经济因素对刺激通货膨胀的消极影响

48.必须对通货膨胀的非经济因素引起高度重视，这些非经济因素包括行政垄断、人为哄抬物价、心理预期等

具体分析非经济因素对通胀的影响并制定相应的对策，消除其对经济正常运行带来的负效应具有重要意义。当前，要对传统的计划经济体制中长期存在的行政垄断因素对经济改革过程的消极影响有足够的估计。制定具体的措施，如出台《反垄断法》，抑制由于市场垄断造成的通货膨胀。非规范的政府干预行为形成的行政垄断因素必须得到科学的治理，要通过制定相应的行政法规来正确界定、约束政府非规范行政干预造成的通胀因素。

49.充分认识中国市场化建设的艰巨性，依法建立规范的流通秩序，防止哄抬物价的人为因素潜伏发展或恶性膨胀

应当通过艰苦细致的组织、宣传工作，教育广大群众，整顿市场环境。同时要采取有力措施打击哄抬物价的不法分子，把因哄抬物价造成的物价上涨诱发的通货膨胀消灭在萌芽状态。总结推广各地平抑市场物价、加强工商行政管理的经验，克服"搞市场经济不需要物价管理"的错误认识，创造条件逐步实现完全由市场健康地决定物价的良好市场环境。

50.要加强对社会各阶层及企业集团、机关团体消费心理和通货膨胀预期的分析研究，将这项工作作为建立和完善科学的宏观调控体系的重要组成部分认真抓出成效来

中国人民银行定期公布货币供应量目标，并着手制定和定期公布价格目标或抑制通货膨胀的政策目标。组织有关专家和研究机构多渠道、

多层次、多种形式地进行社会消费心理和通货膨胀预期调查，不定期地向社会公布调查结果。努力向政府决策部门提供准确的消费心理和通货膨胀预期信息，促成政府与公众对通货膨胀的协调行动，消除不必要的隔阂和扭曲状态，形成全社会总体上健康成熟的通货膨胀心理预期。深化统计系统改革，严格执行《统计法》，保证国家统计的严肃性、独立性、科学性，保证对通货膨胀的分析建立在统计资料科学与权威的基础上。

以解决不良债务为重点加快商业银行体制改革

30条建议

（1995年12月）

我国经济体制转轨时期面临着的一项艰巨任务：如何积极妥善地解决传统计划经济体制下所造成的大量债务问题。不全面彻底地解决债务问题，国有经济的战略性改组和国有银行商业化改革都难以迈开步子，取得实质性进展。债务问题已成为牵动和影响我国改革和发展全局的关键性因素。本报告从我国这一基本现实情况出发，提出以解决不良债务为重点加快商业银行体制改革的若干建议：在解决债务过程中，把国有经济战略调整与国有银行商业化同步推进；尽快建立权威性的债务托管机构，全面实行债务托管，力争在"九五"期间彻底解决债务问题；以解决债务问题为契机，稳步推进银行组织体系向公有制为主体的股份化商业银行转变；经济转轨时期，尤其在解决债务过程中，必须把防范金融风险放在首位。

一、银行大量不良债务已成为影响和牵动全局的关键性因素，必须把商业银行改革与国有企业战略调整同步推进

1. 银行不良债务已成为制约改革和发展的重要因素，对此必须有清醒的估计和准确的判断

据有关材料估计，目前银行的贷款中约有20%左右难以收回本与息，有30%左右只能收息而很难收本，这两项加起来，已达到贷款总额的

50%左右。问题的严重性还在于，由于历史性因素，特别是目前国有企业的经营状况，近年来不良资产呈上升趋势。

目前不良债务的严重情况已在多方面产生极其不利的影响，并且已成为牵动和影响改革发展全局的关键性因素。一是在大量不良债权债务的情况下，由于考虑经济社会稳定的复杂因素，银行不得不按照行政指令继续向少部分债务沉重、经营困难的国有企业注入资金，这在很大程度上制约了国有经济结构的调整。因此，规范的硬债权债务约束机制形成不了，国有资产的保全就成了一个严重的问题。二是大量的不良债务给国有商业银行带来严重影响。它不仅成为银行经营效益低下的直接原因，而且已经对银行的生存和发展构成威胁。

大量的不良债务已严重制约国有银行的商业化改革。在经济转轨时期，加速推进国有银行的商业化，对于中国宏观经济和微观经济改革都有着全局性的影响。没有银行的商业化，中央银行通过市场调节货币、通过货币政策来稳定经济就缺乏微观基础；没有银行的商业化，国有企业的改革就缺乏最重要的条件，即消除国有银行对企业的软预算约束；没有银行的商业化，也不可能按市场原则配置资源，以实现提高社会经济效益的目的。总之，如果不尽快妥善解决大量的债务问题，加快建立中国商业银行体制，就不可能有中国经济的全面市场化，就难以真正建立起社会主义市场经济体制，有效的宏观调控也缺乏坚实的基础。

2. 经济转轨时期国内储蓄的主体是社会公众，大量不良债务直接影响社会的稳定

经过十几年的经济体制改革，我国国民收入分配格局发生了深刻的变化，并由此引发国内储蓄由政府和国有企业储蓄为主，转为个人储蓄为主。在国民储蓄总额中，1979年个人部分占23.55%，企业部分占33.65%，政府部分占42.8%；到1991年，三者占国民储蓄总额的比重分别转变为71%、25%、4%，1995年估计三者的比重分别为70%、25%和5%。可见，目前我国国内储蓄近70%来自个人，而个人储蓄90%通过银行集中与分配。如果不妥善解决大量的不良资产问题，就会直接影响到广大储蓄者的利益，由此对保持社会稳定产生不利影响。对此，应当有清醒的估计。

3. 从解决债务问题入手，加速国有经济战略调整

过去国有企业主要依靠政府、依靠财政注入资本，而现在主要依靠银行。目前国有企业的负债率处于明显偏高的状态。我国国有经济总资产为4.13万亿元，而总负债为3.10万亿元，资产负债已达75.1%。有两个数字更能说明问题：国有企业的资产盈利率目前大约为6%~7%，而贷款的平均利息率为12%左右，如此之高的资产负债率和如此之低的资产盈利率，使国有企业的亏损严重，运作陷入困境，国有企业只得把亏损以赖账方式转嫁给银行。由此看来，银行给企业的贷款少部分已成为呆滞款项，一部分实际上已变成企业的资本。这部分贷款银行也是很难收回的。所以，解决银行的不良资产需要与国有企业产权重组资本重组结合起来进行，从制度创新中寻求银企间的新型关系和解决债务问题的根本性措施。

庞大的不良债务是传统经济体制和经济体制转轨时期遗留给国有经济的历史性包袱。这个问题如不能得到切实解决，国有经济的战略性改组就无法真正进行。"九五"时期，是我国建立社会主义经济体制的关键时期。十几年来，我国的改革走了一条循序渐进的道路，从最容易取得成功的领域开始并逐步推进，由此获得了举世瞩目的巨大成就，经济体制和运行机制发生了实质性变化；但同时我们把改革的难点问题，尤其是国有经济内部的问题累积起来，留到了目前的这个阶段。现在看来，债务问题尤其突出，是拖不过去的。我们应在"九五"期间下定决心彻底解决这个历史遗留问题。只有这样，我们才能主动地对国有经济进行重新改组，才能保证在本世纪末初步建立社会主义市场经济体制。

4. 银企债务关系恶化久拖不决会导致信用危机，从国际经验看愈早解决愈主动

从国际经验来看，从20世纪90年代初，日本的金融机构就背起了因

80年代后期累积的房地产、股票等泡沫经济崩溃所产生的不良债权的包袱。当初对泡沫经济崩溃的影响认识不足的日本金融当局，只是静观事态的发展。而每年土地、股票等资产价格都在下降，不良债权的金融也在增大。与不动产相关的不良债权增大所造成的金融危机，最近在美国、法国和北欧各国时有发生。日本在反省处理金融危机的对策时认为，由于早期对策迟缓，导致了日本金融体制的危机，政府也因此而被强加了巨额资金的负担。因此，损害商业银行健全性的最大癌灶就是不良债权的发生，对此症宜早发现早治疗。

就现状而言，庞大的不良债务问题不解决，国有专业银行走向自负盈亏的商业银行迟早会出现信用危机，十分危险。国有企业背负着沉重的债务包袱，债务越滚越大，生产经营难以为继，最终将陷入无法摆脱的债务危机，也有可能因此而诱发严重的经济与社会问题。中国商业银行的不良资产也已到了非彻底解决不可的地步了。

5.债务问题是国有银行向商业银行转轨无法逾越的障碍，解决债务问题对于企业和银行均具有紧迫性，且时机较为成熟

目前债务问题已造成银行和企业关系的恶性循环：银行加强对债务的管理与催要，对企业申请的新贷款持谨慎态度；企业一方面无力偿还债务，抱怨银行逼得太紧，另一方面又难以取得新贷款以发展生产。

沉重的历史债务包袱使企业发展如履薄冰，转轨建制、优化结构、提高技术水平、建立现代企业制度等均遇障碍。银行方面面临的困难也很突出：一是加大了贷款资金风险和损失，银行资产难以保全；二是资金难以合理流动和优化配置，存量不活，增量不优；三是信贷约束软化，金融调控乏力，因而信贷资产质量提高异常艰难，银行无法按商业银行机制运转；四是货币政策传递和宏观金融管理都无法取得预期效果，中央银行不能实施有效的宏观监管。这种格局必然使国有专业银行向国有商业银行转轨步履维艰。

我国已提出了"九五"时期进行国有经济的战略改组、彻底调整国有企业结构的改革任务。此外,《中国人民银行法》《商业银行法》颁布实施。这些都为寻求债务问题的解决,进而推进银行的商业化和国有资产的市场化创造了条件。因此,债务问题解决的时机已基本成熟。

二、以债务托管为主,结合多种措施,力争在"九五"期间全面解决债务问题,加快推进银行商业化

6. 成立具有权威性的全面解决债务的托管机构

从中国专业银行和国有企业的债权债务现状出发,迫切需要由政府组织建立一个从中央到地方(省、市)具有权威性和过渡性的债务托管机构,一揽子负责经营、管理和处置目前国有商业银行的不良资产,并进而推动国有企业的重组。该机构可考虑以现行国有资产管理局为主体筹建,要力争在"九五"时期完成其债务托管使命。

债务托管机构的主要任务有两个:

第一,从国有银行接管企业的不良债务,把银行解放出来,确保银行经营和业务正常运作,使银行的商业化能真正迈开步子。从此,商业银行不再承担任何指令性政策性贷款,完全按照商业化原则实施贷款。

第二,托管机构通过拥有相关企业的债权,参与企业重组,进而推进企业全面市场化改革。通过重组企业债权调整企业结构,加快国有企业尤其是中小企业的产权流动,并强化企业经营管理,提高整体经济效益,在解决历史债务的同时,防止新的银企不良债务的形成。

我国国有企业的债务问题有其特殊性。债务托管机构的运作应当充分考虑到国家、企业、银行等多方利益的协调。在我国,实际上只有一个债权人,即国有银行。由于债权人(国有银行)和债务人(国有企业)最终由同一个"人"(国家)所拥有,所以原则上讲核销债务即可解决。然而,在同一名义所有者(国家)之下,与企业债务有重大利害关系的有三个部门:国有企业期望注销和减免更多的债务,国有银行则反对这样做,除非银行系统能得到足够的补偿,财政部门也不愿用更多的财政

收入为企业重新注资，造成国家财政紧张和扩大赤字。所以，债务托管方案的顺利实施，关键是在债权人和债务人都作出一定牺牲的情况下寻求各方利益的平衡。

同时，如何科学合理地界定到一定时点的不良信贷资产，并将其从银行的全部贷款中剥离出来，直接转给债务托管机构，也是需要在债务托管中认真研究的重要操作性问题。可以设想的方案是，专业银行的基层行（处），在清产核资中，把《商业银行法》实施以前的不良债权逐笔登记造册，经当地人民银行、财政、审计与企业主管部门共同认可后，上报各自上级行，经过一定的分离程序转给托管机构。

7. 债务托管机构接管不良债权后，银行、政府、企业、托管机构等均应为化解债务作出贡献

——作为债权人的银行必须为一次性解决不良资产作出牺牲。在债务托管过程中，以具有吸引力的折扣向托管机构转让债权，争取通过这种方式解决20%左右的不良资产。这个折扣应由银行的呆账准备金和一定的资本金来承担。在债务剥离过程中债权人的必要付出是值得的，尽管银行必须较显著地减少资本金，缩小规模，但有助于从整体上搞活国有银行的国有资产，有助于银行摆脱历史包袱进入真正的商业化经营，更好地加强债务约束。

——债务托管机构需要政府适当注资，由中央财政和地方财政共同注入一定数量的资金以便托管机构购买银行的不良债权，设想这部分注入能占到不良债权的10%左右。这样做，不仅能减轻银行债务负担，而且可以改善银行资产质量，满足银行资产流动性需要，有效调整信贷结构。"九五"期间政府拟对那些历史包袱和社会负担重，却又在国民经济中占有重要地位的国有大中型企业投入一笔资金。建议这笔投入直接注入债务托管机构来统筹解决大中型国有企业的负债问题，有望获得较为理想的产出。

——政府应支持托管机构通过多种方式筹资购买债权，力求筹措到购买不良资产总额25%左右的资金。债务托管机构可采取发行债券、建立债务重组基金等办法筹措国内外投资者的资金，以此购买专业银行对相关国有企业的不良信贷资产，从而对负有专业银行债务的相关国有企业拥有债权。托管机构可对企业的部分产权转债券。托管机构也可先接管银行的不良债权，然后进行债券化处理，并把这部分债券拿到国有企业债务流通市场进行转让，可以转让给其他投资银行、非银行金融机构或其他企业。通过这种办法来减轻企业债务并收回一部分资金，补偿银行的损失。当然，这就需要培育国有企业产权流通市场和债务流通市场与之相配套，需要我国证券市场的进一步发展和完善。

——在企业重组中，力求获得20%左右的不良债权补偿。根据国际上通行的做法，当企业处于过度负债、自身难以清偿到期债务而陷入困境时，大多采取两种途径来处理。一是出售企业资产或进行破产清偿以抵偿债务；二是对企业进行改组，通过各种方式调整资产负债结构，使企业获得新的生存基础，寻求新的发展机会。托管机构接管不良债权后，应加快推进企业重组，区别情况，采取相应转化措施，盘活资金存量。也可通过债转股、招商、租赁、转让、拍卖等方式化解不良债权。

——争取25%左右的不良债权的良性化。在债权托管过程中，对于不良债权需严格区别，分别处理。对于相当一部分尽管债务沉重但产品有市场、发展有前景的企业债务可采取暂时免息、停息和推迟偿还本金等办法支持企业发展。并由债务托管机构与企业重新签订债务偿还协议，使一部分不良债权转化为良性债权。

8. 债务托管机构接管银行不良债权后，对于关系国计民生的大型企业可试行债转股，化解企业不良债务

对于大型国有企业可在债务股权化中进行产权重组。国有企业现存债务问题的根源是产权问题，其产权界限模糊和产权主体虚置，对企业经营管理者缺乏产权约束和财务压力。这个问题不解决，债务问题就难以从根本上得到解决。因此债务托管机构必须在接管银行债权后对企业进行公司化改造，实现产权重组，达到解决债务负担的目的。在债务问题上，也应贯彻"抓大放小"的战略方针，对于关系国计民生、具有战略意义的大型国有企业，因非企业因素形成的债务，托管机构可将所有不良债权转换成企业股权，并尽可能将这部分股权转让给投资银行，由投资银行持股。对于那些特大型的基础工业企业，其贷款中凡属于财政拨款改贷款的，均可改为由政府投资形成的股权。这部分股权由国家控股公司从托管机构购买而持有。

9.债务托管机构可委托非银行金融机构参与债务重组

由于不良债务数量庞大，债务托管机构应积极鼓励非银行金融机构、资产经营机构等中介机构提供资金参与债务重组。中介机构参与债务重组的好处：一是在解除国有企业不良债务的同时进行企业改制，通过中介机构的介入，改变原国有企业国家单一所有的股权结构，将国有企业改造为有限责任公司或股份有限公司；二是能优化银行资产负债结构，为银行商业化创造条件；三是有助于塑造一大批资本市场的投资主体，为我国资本市场的形成与完善奠定基础。目前，全国企业产权交易发展的势头强劲，为中介机构购买托管后的不良债权，参与债务重组提供了充分的信息来源与运作空间。因此，完全有条件在债务托管后，加大非银行金融机构等中介机构参与解决银企债务的力度，为不良债务的解决寻求资金支持。

10.债务托管机构应加快推动企业产权交易，在国有资产的流动中盘活不良信贷资产

产权是一种商品，既包括物权又包括债权，既包括价值形态又包括实物形态，既包括有形资产又包括无形资产。企业产权交易实质上是进行存量分解，实现资产存量优化配置，也是化解银行不良信贷资产的市场手段。随着产权交易市场的发展和对外开放的进一步深化，国内机构投资者，尤其是外商对通过购买托管机构的债权来收购某个企业的做法会越来越感兴趣。债务托管机构可引进外资和民私营资本,把一部分国有企业改为多元所有企业,化解部分债务。一部分企业也可通过出让部分资产的形式归还债务。

11.债务托管机构应加大企业兼并、合并及破产的力度,在企业重组中解决一部分不良债权

目前我国不少效益较好的企业远没有达到规模经济。因此,通过兼并,企业只需投入少量资金和调整生产管理方法,就可达到扩大生产规模、降低生产成本的目的。企业在合并中形成了新的生产组织,释放生产力,这有助于活化一部分不良债权。破产、拍卖一些企业,清偿不良债权。现在银企之间的一部分不良债权债务,因体制和历史的因素,已经变成死账,应对其实施破产。托管机构在全面介入破产企业的清盘活动中,最大限度地解决债务问题。债务托管机构对一些严重资不抵债又没有转制前途的、不关系国计民生的中小型国有企业,可以采取公开竞争拍卖、有偿转让等方式使之民营化,并回收一部分资金。

部分小型国有企业的债务可由企业的职工平均承担,职工通过向托管机构购买债权的方式向企业入股,相应拥有企业的产权,将企业改制组成股份合作制企业。这样,不仅托管机构可以活化一部分债权,而且企业经过改制后,领导及管理体制发生变化,经营机制得到转换,经济效益也会好转。这样把债务重组的一部分成本转给了职工,职工用支付的这部分成本获得了企业的所有权和日后的收益权。

12.通过制度变革建立市场化的新型银企关系,防止新的不良债务的产生

在经济转型时期,债务托管是实行银行商业化及推进企业改革不得已而为之的措施。这对于解开银企间的债务链,使双方放下包袱走向市场是有积极意义的。但弄不好容易给企业造成误导——借债可以不还,使一些企业寻求摆脱困境的途径时,走上逃债的误区,将给整个信用秩序带来灾难性后果。因此,在债务托管过程中,政府应当发出明确的信号：债务托管仅对历史债务而言，而且下不为例。国有银行商业化已经开始，银行也是企业，因而将完全根据效益原则发放贷款，银企双方均以利润最大化为目标。以债务托管为契机，企业应与银行建立起正常的资金借贷关系，形成"举借债务—发展生产—获取效益—归还债务"的良性循环。

13. 解决历史债务须与建立现代企业制度相配套

国有企业投资的低效率和经营管理的低效率是造成企业高负债率和银行巨额不良资产的根本原因。通过银行与企业间债务的重整可在一定程度上减轻企业负担，提高一些企业的经营效率，但是逐年降低企业高负债率，消化银行不良资产的最根本途径是国有企业效率的稳定提高。否则，旧债刚解决，新债又会产生，负债率很难降低。因此，债务重组必须与明晰国家和企业间的产权关系、政府和企业的关系相结合，加大国有企业战略调整的力度，加快建立现代企业制度。

14. 经济转轨时期要尽可能减少商业银行承担的社会义务

在实现国有专业银行商业化的过程中，还存在着某些非商业性金融业务。国家政策性银行成立以后，原则上国有商业银行不应再承担非商业性金融业务。如果一方面要求国有银行加快改革，向商业银行转化；另一方面又要求其承担一定的社会义务，如给亏损企业贷款等，这不仅不能从根本上解决债务问题，而且国有银行的商业化改革将难以进行。在目前的过渡阶段，如果国有银行还不得不承担少量的非商业性金融业务，对此必须予以量化。具体操作可以参照国外的经验，即根据银行在当地的业务量，主要是吸收存款的数量，规定其中应有一定的比例用来扶持和发展当地的企业和地方建设，并对此实行分账管理。

15. 大力培育和拓展资本市场，为债务重组和产权流动创造良好条件

资本产业的兴起是在财产所有权与企业法人财产权大规模分离的基础上发生的市场经济内部的新的产业分工。这一分工产生的合理性和必然性在于：唯有专门从事资本经营和投资活动的资本产业存在，才能超

越直接从事商品生产企业的狭隘眼界，在不同部门、不同企业、不同地区和国家范围合理而高效地配置资本。

我国国民经济正处于国际化过程之中，整个世界也正处于经济一体化过程之中。世界经济一体化的本质是各国资本的国际化与一体化国际资本市场的形成。各国之间的经济竞争不再仅仅表现为产品贸易的竞争，而是集中表现为在统一的世界资本市场上的资本竞争。在这种情况下，为在一体化世界经济格局中实现我国的经济强国之愿，我们必须通过大力拓展我国的资本产业，参与国际资本竞争。

我国作为一个经济大国，不仅具有丰富庞大的自然经济资源，而且通过几十年的努力拥有了规模巨大的实物资产。从世界经济总体格局分析，我国目前并不具有绝对优势产业，但却存在着一种巨大的潜在资本优势。通过大力培育和拓展我国的资本市场，这种巨大的潜在资本优势就会转变为巨大的现实资本优势，从而为债务重组和产权流动提供空间、奠定基础。

16. 在国有经济战略性改组中保持经济的持续增长，有助于消化和吸纳不良债权

根据发达国家的经验，经济的发展能给不良债权的消化创造良好的条件。就中国现状而言，大量的债务是历史形成的，依靠发展保持经济的持续增长可以消融一些债务。因此，必须在加快市场化进程中，促进资本结构的调整和社会资源的有效配置，使社会资本特别是国有资本发挥更大的效益。加大吸引和利用外资的力度，一般竞争性领域主要由非国有经济进行投资，国有资产应主要在基础领域、关键部门和公用事业中发挥作用。这样既有利于经济发展也有利于债务问题的解决。

17. 在债务托管后，综合运用多种措施，力争全面化解不良债务

中国债务问题的复杂性，要求在托管后吸收解决不良债务的其他思路的一些可行做法：因为国有企业不良债务不完全是企业经营不善带来的，而主要是长期以来形成的企业制度不合理、产业结构和企业社会负

担过重等因素综合作用的结果。因此，可由国家财政拨款核销一部分托管后的债务；也可将托管后的债权一部分转变成托管机构的股权，由托管机构对企业持股；也可向非银行金融机构和国有资产经营机构转让债权，进而实现"债权—股权"的转换。政府必须在政策上支持投资银行和非银行金融机构购买托管后的不良债权，如让投资银行购买一部分效益好的企业的股权，以保证其资产质量等级。

三、结合债务问题的解决，推动银行组织体系变革

18.加快银行业产权制度改革，逐步对国有商业银行实行股份制改造

由国家独资的四大国有专业银行，今后要不要进行产权制度改革，主要取决于要把国家银行办成什么样的商业银行，是国家独资的商业银行还是国家控股的股份制商业银行。从国际上国有商业银行发展的经验和我国银行的现状看，国家控股的股份制商业银行具有更多的优越性。

法国、意大利、西班牙、奥地利等国家，过去都是实行银行国有化的国家，由于国有化不成功，这些国家的政府被迫拍卖国有银行，实行股份制。如奥地利政府将拥有的两家大银行的股份减少至51%，法国把原来已经国有化的法国兴业、东方汇理、法国商业等银行重新出售，意大利把意大利信贷和意大利商业银行出售。墨西哥政府出售了在18家银行中的股份，获得120亿美元的收益。波兰政府保留对银行30%的股权。还有一些国家的政府保留对银行的少量"金股权"，即拥有充分的投票表决权，使政府对收购兼并拥有否决权，以确保银行不被外国收购。

从国际惯例看，绝大多数国家政府都控制政策性银行和专业性金融机构，如进出口银行、邮政储蓄银行、房地产储蓄机构等，而对商业银行实行股份制。从我国的情况出发，加快国有银行的公司制改革，并选择一两家国有银行进行试点，在此基础上逐步实现国有银行向公有制为主体的股份制商业银行的过渡。

19. 在债务托管后为保证商业银行资本金的充足率，应吸收投资基金等机构投资者入股

国有银行的国有资本金经债务托管后估计会相应缩减20%左右。在此情况下，可吸收企业和机构持股补足资本金，并由此形成广泛的公有股和较为合理的股权结构。同时，一部分区域性的商业银行还可让出10%~20%的比例吸收外来资本入股。这是我国商业银行走向国际化、参与国际竞争的有效途径。

20. 国有独资商业银行要尽快建立起企业法人治理结构

目前应加快将国家专业银行转变为国有独资公司，并真正依《公司法》操作。国有独资公司是有限责任公司的一种，它虽仅有国家这一个股东，但依《公司法》成立和组织，因而不同于原有的国家专业银行。因此，必须强调认真按照《公司法》操作。首先，在转变为国有独资公司之前，认真进行国有资产的评估；其次，在组织机构上，依《商业银行法》规定建立监事会、董事会、董事长、经理的产生及职权均应执行《公司法》的规定，公司机构的运营应严格依《公司法》办理，国家作为股东，享有股东权。

21. 以解决债务为契机，可试行将一家专业银行组织机构先行调整，形成大商业银行、区域性商业银行和合作银行并举的格局

我国原有四家专业银行的组织体制的特点表现为：银行的数量少，但每个银行的规模很大；银行的分支机构按行政系统设置；多数分支机构只从事管理，不从事经营，即三级（或四级）管理，一级经营。这是一种自上而下按行政系统分配资金的体制。实践越来越证明，这种组织体制已不大适应国有银行向商业银行的转变。首先，按行政系统设分支机构，管理层次多，管理成本高，经营效益低。其次，银行规模过大，银行数量过少，并且按农业、工商业等业务分工设置银行，每家银行在各自的服务领域内都处在垄断地位，因而阻碍竞争，影响效益；而且少数几家国有独资银行也不适应众多的不同类型、不同所

有制企业的融资需要。

调整国有专业银行的组织结构，需要和我国商业银行组织结构的整体设计结合起来考虑。我国银行的服务对象主要是企业，这些企业大致分三大类：一是大型企业和企业集团；二是中型企业或地方性企业；三是小型企业。根据这三类服务对象，可以设计三种类型的商业银行，即全国性的大商业银行、区域性商业银行和合作银行，这种组织结构类似日本的商业银行体系。借鉴日本的经验，我国的大商业银行主要为大型企业和企业集团服务；区域性商业银行以中型企业、地方企业为主要服务对象，也可以参加对大企业融资的银团贷款；合作银行则主要为各类所有制的小型企业融资。

构筑我国商业银行的组织体系可以从两方面入手：一是调整和重组原有的银行机构；二是建立一批新的商业银行，包括合作银行。对于原有的国有专业银行，由于其规模过大，并且有垄断性，因此改革的途径应该是对原有的银行试行分解，使其适当缩小规模，增加银行的数量。目前，可考虑选择一家专业银行先行试点。

22.加快培育和发展一批新的商业银行，为专业银行的改造与债务重组拓展空间

适应我国经济发展需要，应当在进行国有银行改革的同时，加快培育和发展一批新的以公有制为主体的股份制商业银行。

在国家专业银行商业化改革面临诸多障碍的情况下，商业银行的制度创新与增量改革，不仅具有制度结构替代上的变革效应，而且有助于弱化存量市场化改革的阻力，促进专业银行制度的逐步调整，从而使进一步改革的社会成本递减。并且在商业银行发展过程中，其提供的金融产品在金融市场交易中占有相当大份额时，又会逐步吸纳处于改制过程中的国有企业的资金需求，从而使其对国家专业银行资金供给依赖度减弱，专业银行的社会经济压力会在一定程度上减轻，改革的步伐会进一步加快。

四、解决大量不良债务过程中，必须把防范金融风险放在首位

23. 在最大限度避免金融风险的前提下积极妥善解决不良债务问题

经济转轨时期，我们在解决大量不良债务中面临两难问题：一是不加快解决大量不良债务，势必会加大始终存在着的金融风险；二是在解决大量不良债务过程中，有可能会发生金融风险。出路在于，在最大限度防范金融风险的前提下，积极稳妥地解决债务问题。由于形势的快速发展和变化，债务问题久拖不决，迟早会发生金融风险，为此必须加快解决债务问题。在解决债务问题过程中，又要时时防范全局性的金融风险出现。

近年来国际金融风险的加大，给我们提供了两个方面的重要启示：一是诸如墨西哥金融风潮、巴林银行破产等告诫我们，在坚定实行经济对外开放的前提下，必须加强宏观调控，从本国实际出发制定有效措施，防范金融风险。二是一些国家目前正面临着的金融危机都同债务过重、经济困难直接相关。如日本的呆账、坏账已高达12000亿美元，使日本的金融体制面临战后最严重的金融危机。这表明，大量债务问题不解决，严重的金融危机是随时可能发生的。

就我国的基本国情而言，既不能寄希望于由政府大量注入资金，又不可能通过加重社会负担来解决大量的债务问题。唯一的出路是依靠市场化改革来化解不良债务，在加快建立和完善市场经济体制中积极寻找妥善解决不良债务的有效办法。

24. 采取多种措施减少和防范商业银行的信用风险

我国经济转轨时期，由于大量不良债务的存在，国有银行在一定程度上面临信用风险，甚至有可能出现局部的信用危机。特别是目前尚未从制度上完全杜绝新的不良资产的产生，这又加大了国有银行的负担。由于现阶段国有银行同国有企业和社会公众利益的直接联系，银行的信

用风险必然直接导致经济和社会的震荡。经济转轨时期没有哪一种风险比来自银行的信用风险更具有全局性的影响。因此，防范金融风险第一位的是要想办法减少和杜绝可能发生的银行信用风险。

从根本上解决国有银行信用风险，应当在改革中采取多种解决办法，例如银行适当出让一部分股权和鼓励机构投资者参股，补充和扩大银行资本；尽可能在短期内把银行一切政策性、社会性业务分离出去，加快银行的商业化步伐；适当减少银行的营业税收，提高银行准备金比例和处理债务问题的能力，等等。

25. 在逐步推进利率市场化中提高资金使用效率，防止不良债务的不断增加

当前中央银行宏观金融调控的主要手段是规模和利率的双控制。这种控制手段容易导致专业银行资金与规模的脱节，使资金的闲置与资金的不足并存，资金利用效率难以提高。同时，被控死的利率水平既不能跟踪物价，又不能合理反映资金供求关系，缺乏弹性和灵活性。就中国企业现状而言，由于低利率对贷款需求没有抑制性，企业只有贷款冲动，而无还贷约束，从而不断形成新的不良债务。因此，逐步实行利率市场化既是市场经济的客观要求，也是有效防止银行新的不良债务形成的重要措施。

从对中国宏观经济模型的计算和模拟分析中可以推论：中国的经济增长每年可吸纳大约16%的货币供给增长，而不致引发严重的通货膨胀。在中国目前的经济运行机制下，不必担心利率变动对通货膨胀有明显的影响。通过将官方利率和实际存在的市场利率逐渐并轨，将使判断均衡利率水平成为可能，并有可能使资金约束放松，有效投资增加，银行不良债务减少，实际国内生产总值增加。

从我国的现实情况出发，放开利率可采取渐进方式。目前可首先调整利率的浮动幅度，实行可调控的浮动利率，促使利率在改善企业和银行经营状况中发挥较大的作用，并逐步过渡到市场利率。

26. 借鉴国际经验，实行储蓄保险制度

由于改革开放以来，我国储蓄结构发生了变化，国内储蓄的主体是个人，银行对国有企业的贷款及建设资金主要来自老百姓的存款，数千亿元不良债务涉及存款人的利益如何保护的问题。这是一个需要高度重视的大问题。与此同时，保持中国经济的持续增长，迫切需要银行集中广大社会公众的更多资金予以支持。因此，保护存款人的利益，就是保护银行在公众中的良好信誉，就是保证中国经济稳步增长的主要资金来源。

借鉴一些发达国家的经验，为减少因债务等问题引发金融风险而导致存款人利益损失，我国目前就应当着手实行储蓄保险制度，并抓紧制定相关的储蓄保险法。从法律上严格规定储蓄保险机构的责任准备金及存款人在一定条件下可获得的存款保险金，使存款人的利益得到切实保护。这也将有助于预防局部的挤兑等金融风险的发生。

27. 从实际出发，努力改进限额控制下的资产负债比例管理

《巴塞尔协议》改变了国际商业银行以资产总量比高下的传统，提出了以银行资本和资本充足率评价银行实力和防范银行金融风险的新概念。《巴塞尔协议》规定，商业银行的资本充足率必须达到8%。我国国有专业银行在向商业银行的转化中总资本对全部风险资产的比率逐步达到8%，是可以做到的。问题在于，国有企业市场化改造完成不了，国有商业银行就不可能摆脱不良资产的困扰。因此要根据实际情况，区别不同类型的商业银行，分阶段制定中国商业银行自身的资本充足比率。作为配套措施，还应当通过降低营业税、适当股份化、提留准备金和增加附属资本等来多渠道补充银行资本。对实行股份制改造的商业银行，可以采取扩股形式增加自有资本，从而提高资本充足率。对国有独资的商业银行，可以从税前利润中按一定比例提取自有资本金。

此外，要从实际出发，努力改进限额控制下的资产负债比例管理。目前国有专业银行全面实施的限额控制下的资产负债比例管理办法表明，资产负债比例管理暂时还不能取代贷款限额管理。因为要完全取消贷款

限额管理,有待银行环境的改善,如政策性业务和经营性业务的严格分开,银行能够实行真正商业化的自主经营,金融市场包括资本市场与货币市场的进一步开拓和完善规范等。在同时实行贷款限额管理和资产负债比例管理的情况下,可以把资产负债比例管理的要求有机地纳入贷款限额管理的序列,逐步创造条件最终实行完全意义上的资产负债比例管理。

28. 加快建立和完善商业银行资产风险管理制度,加强严格的监督和内部控制

为了有效地防范金融风险,我国银行业参照国际惯例,并根据自身环境和条件,初步构造了以审贷分离、资产负债比例管理、资产风险量化管理为代表的资产风险管理制度框架,并在实践中积累了一定的经验。从转轨经济的实践角度,我们还需要从宏观上重视建立商业银行的风险分析制度,包括信用分析、市场风险分析、宏观经济环境分析等。同时,充分认识银行风险分析的相对性,完善银行资产风险补偿机制。要完善呆账准备金制度,即采取对不同风险权重的资产提取不同比例的风险准备金的办法,并随着负债成本上升、风险明显加大,适度提高呆账准备金比例,以保证足够的自留资金抵御和补偿风险。要建立风险调整的资本收益系统,把收益、风险、自有资本有机地结合在一起,对每笔收益进行风险调整,并按每一种业务的风险准备相应的自有资本,为可能的损失提供足够的补偿和保障。

要建立评审制度,对贷款对象的信用度、风险度进行评估审查。按信用等级发放贷款,并对贷款项目的可行性、效益性进行评估分析,对企业的经营风险及抗风险能力进行监测。

要加强稽核监管,建立现代商业银行的内部控制制度。按照银行内部合理分工产生的相互联系、相互制约关系,建立一系列具有控制职能的方法、措施和程序,并予以规范化、系统化,使之成为严密、完整的内部监控体系。

要深化银行内部管理体制改革,搞活经营机制,强化银行会计和财务管理。从强化管理的角度,建立起一套财务事前预测、事中监控、事后检查的稽核制度。要以效益为核心,对银行各主要部门的经营目标、责任与成果进行经常性调控和考核,特别是对资金组织、资金应用及本息回收情况进行系统监管。

29. 通过理顺财政与银行的关系,有效地防范金融风险

要严格划清财政与信用的界限,正确界定财政资金与信用资金的作用范围。严格规定和执行中央财政发生赤字时不得向中央银行透支,而是通过发行长短期债券从市场筹集资金。为此应大力推进公开市场操作,把国债主要是国库券作为严格划清财政和信用界限的现实选择。

要增加财政资金使用的透明度,财政部应定期向社会公众公布财政资金使用状况,增加市场资金的信息量,通过市场运行机制来增强正确划分财政与银行关系的力度。

严格区分政策性贷款和金融性贷款,防止银行的财政化倾向;坚持竞争性生产建设项目必须通过市场获得资金支持,降低增加新的不良债务的可能性。

30. 确立中央银行实行银行监控的权威,加大政府对金融监管的力度

经济转轨时期金融秩序混乱是造成经济秩序混乱的根源,经济发展越快越要加强金融监管。要认真贯彻《中国人民银行法》和《商业银行法》关于银行监管的有关条款,在中央银行和商业银行之间、商业银行和商业银行之间、商业银行和存款人之间建立起正常规范的监管机制,努力实现银行监管机制的统一性、权威性和协调性。

目前具有实际意义的是如何真正确定中央银行作为银行监管唯一主体的法律地位和权威,使其能够真正独立公正地行使包括检查监管权、管理权、制裁权在内的法律权力。为此,建议在中央银行领导下建立银行监管局,并通过立法或行政法规,赋予其相应的权力。与此同时,要注重通过吸收金融专家和社会的力量加强中央银行实施金融监管的力度

和提高金融监管技术化程度。

中央银行要努力掌握和分析金融信息，消除因信息不灵造成金融风险的可能。为此，中央银行的监管内容要从过去对金融机构合规性监管为主转变为合规性监管与风险性监管相结合，变事后监管为预防监管；要从过去现场稽核为主转变为现场稽核与非现场稽核相结合，变被动监管为主动监管；监管手段要从过去的手工操作转变为大量运用计算机等现代化工具，变人力监管为科学监管。

在营造公平的金融竞争环境、逐步允许外国商业银行参与中国银行业竞争的过程中，要加强对外资的监管。在外资参与中国金融业竞争的进程中，要根据中国金融市场的发育程度和银行监管的实际水平，逐步放开对外资进入中国金融行业的限制；对外资银行机构经营人民币业务应持谨慎态度，要在解决不良债务的过程中，鼓励外资参股或购买部分商业银行一定比例的股份。

打破垄断：引入竞争的基础领域改革

22条建议

（1999年11月）

在我国当前的宏观经济背景下，扩大内需和拉动社会投资，重要的途径之一是加快基础领域改革。这是因为，当前制约社会投资启动的原因是一般加工业投资饱和，民间不愿投，而市场空间较大、具有长期稳定效益的基础设施产业和服务业，如电信、铁路、航空、城市基础设施、教育、金融等产业门槛过高，存在较强的行政垄断，过多的行政干预和过滥的不合理收费，使社会资金的进入受到市场准入的限制。尽管改革开放以来，某些行业、局部地区为了发展的需要，有限度地引入民间资金和外资投资基础设施，但是从整体上看，基础领域市场化改革并未有实质性的突破，尚未建立比较完善的市场竞争机制。基础领域投资体制改革的严重滞后不仅对国民经济的发展产生严重制约，而且远不能满足广大群众日益增长的消费需求。更为紧迫的背景在于，我国即将加入WTO，而我国基础领域与发达国家相比，不论是在管理体制和经营机制方面，还是在技术装备、资金、人才、管理、服务等方面均有很大的差距。因此，如何把握好近两三年的时间，加快推进基础领域改革，初步完成基础领域引入民间投资和建立竞争机制的改革任务，已成为相当严峻和迫切的重大课题。

一、从我国经济社会发展的全局出发，正确判断基础领域改革的迫切性

1.加快基础领域改革，推进基础领域投融资的市场化进程，是通货紧缩压力下我国宏观经济政策的重要内容

1998年以来，针对我国出现通货紧缩的趋向，政府实施积极的财政政策，加大对基础领域的投资。这一政策选择不仅对制止经济下滑、改善宏观经济环境起到重要作用，而且也反映了我国经济发展对基础设施的内在需求。从基础设施和经济增长的内在关系来看，当一国经济发展到一定阶段，就需要相应增加基础设施的供应，这时增加基础设施投资所产生的边际效益将会大大超过用于其他方面的等量投资的边际效益。问题在于，面对基础设施庞大的投资需求，政府的力量是有限的，政府不可能成为投资的主体，真正的主体是企业和社会。如果社会投资没有启动，仅仅依靠政府发行国债、扩大政府的直接投资来刺激经济增长，其效果只能是暂时和有限的。

民间投资迟迟不能启动的根本原因在于我国基础领域的管理体制和运行机制严重不适合基础领域发展的需要，产业门槛太高，民间资本进入受到市场准入的限制。因此，只有通过开放基础设施投资领域，放松市场准入限制，采取多种措施，充分调动民间和社会各方面投资的积极性，让民间资本大规模地进入基础领域，加快改变基础设施落后面貌，才能为经济长期稳定发展奠定基础。

2.产业结构失衡是我国经济增长低速、通货紧缩的深层次原因，基础领域改革是改变制约我国经济增长的产业结构偏差的重要环节

交通运输、邮电通信、金融保险、教育科技等第三产业部门不仅是连接第一、二产业与市场的中间环节，还是第一、二产业发展的重要条件。我国第二产业的产出比重过大，是传统计划经济体制下片面推行工业化的产物。当我国的市场经济有了一定发展时，由于市场制约，工业

增长不能恢复到较高速度,从而主要由工业增长支撑的经济增长就不可避免地受到影响。目前世界经济结构有了根本性的改变,以制造业为主的第一、二产业比重逐步下降,包括金融、旅游、电信等在内的服务业比重已上升为50%,少数国家更是高达2/3左右。而20世纪90年代以来我国交通运输、邮电通信、金融保险业及教育科技在GDP中的比重一直是很低的,有的还有所下降。从我国现实的情况分析,交通运输、邮电通信等基础领域发展滞后的局面,与基础领域的改革滞后直接相关。正是基础领域行政垄断,不仅导致基础设施供不应求、产品短缺、服务质量差、收费价格高,而且造成一些竞争性较强的行业,如制造业、加工业、零售业等出现投资过度,供大于求,恶性竞争,加大企业投资的风险,导致供给结构与需求结构的严重脱节,造成资源配置的低效率。这是我国整个经济不能转入效率提高型持续增长轨道的直接原因。目前国民经济运行中的通缩现象表明,我国经济发展必须以较大的经济结构调整为前提,而基础领域改革为产业结构调整提供了有利条件。通过基础领域市场化改革,使社会资金向基础领域转移,既能改变基础领域供不应求的状况,又能通过投资结构的转变实现产业结构的调整。

3. 市场经济的发展和社会的稳定对公共产品提出新的要求,加快基础领域改革是政府保证公共产品供给的有效途径

20世纪50年代以来,随着科学技术的进步,社会财富的增长,人民生活水平的不断提高,公众对公共产品的需求也不断提高。人们需要有安全稳定的社会环境,效率高、服务好的发达的基础设施,和谐的生态环境,良好的福利待遇等。面对公众日益增长的需求,西方发达国家为了提高公共产品和服务的供给效率,改善服务质量,满足公众需求,减轻财政支出的负担,纷纷对过去由国家垄断垂直经营的公用事业部门,如供水、供电、通信、航空等进行市场化、私有化改革,将这一部分公共产品和服务供给交给私人资本去完成,政府提供的公共产品则更多地集中于医疗、教育、社会保障等福利性支出，这一改革不仅极大地促进了基础领域的发展，而且也促进了整个社会福利水平的提高和社会的稳定发展。

长期以来，我国政府在公共产品的提供上，一是偏重生产性、营利性的经济类基础设施，而对社会保障、文教、环保等公共事业的投入长期不足。二是在公共事业的投入上，没有把经营性的和非经营性的分开，导致公共产品领域不断扩大，财政形成沉重的负担，使财政支出捉襟见肘。这既限制了基础设施的发展，使这个新经济增长点难以发挥对推动经济增长的贡献作用，又限制了公共事业的发展，难以满足社会公众对公共产品的日益增长的需求。政府只有有所不为，才能更好地有所为。通过基础领域改革，把一部分竞争性、经营性强的传统公共产品交给民间去投资，减轻财政负担，才能使财政对生产经营领域的投入转到提供基础教育、卫生、文化等公共服务及健全社会保障体系上来。同时，加强对经济的宏观调控，促进经济结构协调平衡并不断升级，通过财政资金投入方式的根本转变，重点保证政府向全社会提供最有效的公共产品，由此为经济发展和社会稳定创造最重要的保障条件。

4. 中国加入WTO后所形成的大开放的格局倒逼基础领域的改革，基础领域改革的时间和空间都已经十分有限，对此要有清醒的判断

我国即将加入WTO，改革开放也将进入与国际接轨、与跨国公司合作竞争的新阶段。在短时期内，对基础领域来说，其所带来的冲击与机遇并存。目前我国基础领域与发达国家相比不仅在技术、装备、资金、人才、管理和市场化等方面均处于明显劣势，更重要的是，我国基础领域尚未建立完善的竞争机制，企业尚未在真正的竞争环境下磨炼过内功，基础设施产业的管理体制和充分的市场经济下的管理体制相比，还有很大的差距，缺少规范行业行为的法律文件等。因此，我国加入WTO后，对基础领域的冲击肯定会有的，但是，冲击才会带来发展，企业的发展来自利润的动力和竞争的压力，引入竞争是提高水平的有效手段。从现在到加入WTO、到取消对部分行业的保护期限，只有两三年时间，留给基础领域自我调整和发展的时间已经十分有限。在有限的时间里，基础领域的产业和企业要增强危机感和紧迫意识，充分利用我国加入WTO带来的压力，大刀阔斧地推进改革，尽快完成基础领域引入民间资本建立竞争机制的基本任务。以改革推动基础领域优先发展，提高基础领域自身竞争力，尽量减少外国资本进入对自身的冲击。

二、基础领域改革的目标是建立充分的市场竞争机制

5.加快打破垄断、引入竞争机制是基础领域改革的重中之重

当前基础领域存在的问题很多，矛盾重重，如政企不分、产权不清、行业垄断、人浮于事、互相扯皮、服务质量差、经营成本高、集团利益重、资源浪费严重、信息封闭、技术落后、设备老化、管理僵化等。垄断造成的经济低效的种种现象普遍地存在于我国基础领域。因此，解决基础领域各种矛盾的关键是竞争，竞争是反对垄断力量、保护消费者利益的最有效而且是唯一有效的手段。在竞争的环境下，所有企业的管理者的刺激机制建立在可比较的绩效标准基础上，从而促使管理者尽可能降低成本，提高生产效率，提供更好的产品和服务。竞争还能产生许多信息，消除所有者与代理人、管制者与被管制者之间的信息不对称，打破信息垄断，迫使企业按照边际成本或平均成本的原则定价，以实现分配效率，从而促使整个社会效率的提高。

竞争在一定时期对不同的所有制企业都有兼容性。在竞争的环境下，不仅私有企业会提高效率，国有企业也会提高效率。但如果不存在竞争，被管制的私人企业效率不一定高于国有企业，也可能会低于国有企业。基础领域国有企业效率低的根源在于缺乏竞争。因此基础领域改革的重中之重就是增加市场竞争，而不是在竞争建立之前，就匆忙进行所有制的变革。

6. 我国基础领域引入充分竞争的关键是尽快形成以市场为基础的价格竞争机制

价格机制是市场机制的核心。建立反应灵敏、信号准确、功能齐全、运转健康的价格制度是基础领域改革的基础性工作。长期以来，我国在基础设施产业主要不是根据一定的经济原理，而是较多地考虑非经济性因素来制定管制价格的，具有较大的行政规定性。这种定价原理不仅缺乏对企业生产效率的刺激，企业没有自我发展的潜力，而且，许多管制价格低于边际成本，这也不符合社会资源配置效率的要求。

近几年，政府放松了对部分电信、电力产品（服务）的价格管制，导致这些基础设施产业中的某些业务领域资本过度进入，无序竞争，从另一极偏离价格形成的经济原理。可见，我国基础领域价格管制亟须改革。

随着市场经济改革的深入进行，基础领域价格管制应主要针对自然垄断行业，而不是一般非自然垄断性业务领域。由于多家企业竞争性经营，竞争机制会自动调节价格，因此对竞争性强的基础领域产品价格，要逐步放开，根据供求关系，由市场决定价格。只有自由竞争形成的价格，才能反映资源相对紧缺程度，指导投资者的投资方向，实现资源的有效配置。

对带有自然垄断性行业的产品和服务，其定价方法应遵循"公平合理、切实可行"的原则，由政府、企业、消费者共同谈判、协调，针对市场准入、价格、服务建立约束市场供求双方的准则，达到既能最大限度保护消费者的应有权益，又能保障生产者开展正常经营的积极性。同时，还要提高价格管制效率，防止有的行业和企业滥用市场垄断力量谋取高额利润，充分发挥价格机制在市场经济中调节资源配置的作用。

7. 政府管制应以维护有效竞争为前提

我国在过去被认为自然垄断的一些部门引入竞争，这是一个重大进步。目前需要解决的突出矛盾是，一些行业中一部分业务带有自然垄断特征，因其显著的规模经济，直接的、过度的竞争反而会导致浪费和低效率，出现消极的竞争结果，如电网、信息网、供水网、铁路网等物质网络经济，这些部门内部存在竞争有限的问题。但是这并不意味着这些领域就不能引入竞争。在这样的部门引入的竞争是为争夺市场而进行的竞争。通过拍卖机制，选择谁成为主要生产者。主要生产者一旦确立，市场潜在进入者的竞争压力和对正在市场上的供给者行为加以很强的约束机制，会促使现有生产供给者提高经营绩效，提高本企业信誉，提高竞争新市场的能力。

政府管制是维护自然垄断性行业有效竞争的前提和基础。当政府决定对那些具有相当市场垄断力量的国有企业进行市场化改革，引入竞争机制时，企业利益和社会利益的冲突就十分明显。为了保护消费者的利益，防止垄断者利用垄断权力获取其他部门的市场权利，政府应通过设计适当的管制机制，采取适当的政策措施来控制企业的垄断力量，例如通过取消壁垒或调整垄断性市场结构，增强现实或潜在竞争的力量；打破企业对信息的垄断，获得有关企业降低成本潜力的信息，进行价格管制等。

8. 区别对待、分类推进，探索基础领域建立竞争机制的有效途径

基础领域不同的行业引入竞争的方式和途径是不一样的，要积极探索各行业改革的整体方案。

中国电信改革：总的原则和方向应是统一规划、多元投资、开放经营。具体做法：第一，在政府成立授权的专业机构经过充分调查、科学研究的基础上，统一制定信息基础设施建设规划，并以立法的方式保障其权威性。第二，对信息基础设施建设实行统一标准、统一规范，确保通信设施先进、实用和各种网络之间互联互通。第三，在投资方面，为了保障竞争，需强调投资结构的多元化。这样既可以拓宽投资渠道，加快建设速度，又可以优化资产结构，改善经营状况。第四，在电信基础设施和服务业务的经营方面，打破垄断，实行长话与市话和传输网络与电信业务的分离，保证电信部门内部竞争机制的建立。

电力行业的改革：应当进一步放松管制，政企分开，网厂分离，竞争上网。具体做法：第一，政企分开。一是国家电力公司要将自己定位在企业的位置上进行公司化改造，而不要办成第二个电力专业主管部门；二是中央政府要改变政企不分的管理模式，科学界定政府、电力企业、电力行业管理的职能，减少政府对电力行业的行政干预。第二，网厂分离，竞争上网。即发电与输、配电分离，国家电力公司独资经营管理国家电网，国家电力公司所属的发电公司按区域分解成若干独立的经营实体，并在此基础上进行股份制改革，成为独立的股份制公司，实行所有发电企业，无论国有、中外合资、股份制企业都在公开、公正、公平的原则下竞争上网，迫使电力企业加强管理、降低成本、降低电价。第三，进一步放松管制。在发电领域进一步打破垄断，放松限制，逐步放宽用户对电力企业选择的限制，允许大用户通过输电网向发电公司直接购电，输配电企业只收一定的"过网费"，不再从事电力买卖。

中国铁路改革的大方向是：上下分离、分类建设、分类经营。具体做法：第一，上下分离。打破目前铁路运输行业的大一统管理体制，将铁路的基础设施（路网部分）与路网上的运营设备部分（客货运输）分开，分别组建线路公司和运输公司，把运输经营推向市场。第二，分类建设。铁路的线网建设中要区分公益性铁路建设和商业性的铁路建设。一些属于国土开发，消除地区间经济发展不均衡，加强民族团结，支持边疆建设，满足军事需要等类型的铁路具有明显公益性，这类铁路不能通过市场经营获得正常的收益和回报，其建设应由国家投入。除公益性铁路网之外的商业性铁路具备了市场化建设和经营条件，对其建设和经营能产生足够的商业利润。这种类型的铁路，应建立市场化的多元投资机制，鼓励地方和广大民间投资主体投资铁路，拓宽铁路建设资金的来源渠道。第三，分类经营。目前我国铁路运输企业除商业运营之外，还承担大量以优惠价或无偿方式提供的公益性运输业务，如抢险、救灾、支农、军运、专列等，这部分业务造成的亏损应由国家有关部门来承担。

中国民航的改革：我国民航虽然局部初步实现了政企分开和企业分割，但管制尚未完全放开，表现为不完全竞争。为了使人为推动的民航竞争市场进一步生存、发展、壮大，民航业尚需进一步改革。具体做法：第一，进一步放松管制，鼓励竞争，保护企业间竞争的有效进行。第二，产品竞争发展到一定程度时，鼓励企业相互之间的兼并与联合，将产品市场竞争转向资本市场的竞争。第三，在管制价格达到均衡价格后，应逐步放开价格的管制，通过竞争抑制企业提高价格和取消垄断利润。

9.扩大股份制规模，培育基础领域市场的竞争主体

基础领域竞争机制建立与基础领域企业的产权制度改革是同步进行的。只有建立明晰的产权关系和完善的内部治理结构的企业，才是基础领域市场的竞争主体。股份制正是在保持投资主体多元化的条件下，最适合现代基础领域发展要求的投资组织制度和企业组织制度。现代股份公司管理体制的一个重要特征是资本所有者和经营者的分离。在基础设施产业推行股份制的好处：一是能在较短的时间内集中大量的资金，实现资金使用社会化；二是能使具有专业技术知识和管理经验的经营者享有独立的经营权利，有权独立地开展经营管理，提高经营效益；三是股份制把投资者的责任权利紧密结合在一起，引入动力机制，投资的损失浪费现象会大大减少，工期也会进一步缩短，从而提高了基础设施项目的建设效率和效益；四是有利于建立政企分离的政府管制体制；五是股份制有利于优势企业和核心企业通过资本市场形成以资本为纽带的现代企业集团，优化市场竞争主体结构。由此看来，股份制应成为基础领域企业的主体形式。对未来一些营利性的运输、通信、能源等基础产业和基础设施，要大力鼓励采用股份制的方式进行建设，加快推进基础领域股份制规模的扩大。

三、尽快采取有效措施吸收民间资本进入基础领域

10.尽快引入民间资本是基础领域改革的关键环节

当前，基础领域改革的主要矛盾是引入民间资本。这不仅在于民间

资本的进入能够解决基础领域的资金短缺、投资不足的问题，而且民间资本的进入还是基础领域建立竞争机制、投资约束机制和风险机制的基本条件。首先，引入民间资本与竞争机制建立是相辅相成的，如果某一行业政企分开、引入竞争后，没有大量的民间资本进入，只有少数几个国有企业经营，其结果要么是行业的竞争难以真正形成，要么是进入竞争的企业缺乏持久的竞争力，从而形成新的几个寡头垄断格局。这比单一行政垄断更损害国家和消费者利益，电信、电力改革都提供了这方面的案例。其次，引入民间资本是投资风险约束机制建立的基础和前提。民间资本产权清晰、自我决策、自担风险、自负盈亏，具有很强的自我约束能力，投资比较谨慎和理性，能够充分论证项目的可行性，减少项目决策的失误率。一旦投资以后，为了维护自己的利益，民间投资者更加关注项目，加强管理，降低成本，从而降低项目投资风险。

当前，民间投资迟迟不能启动的重要原因，是基础领域产业门槛太高，阻碍民间资本的进入。目前在基础服务和新兴服务业均存在较强的行政垄断，过多的行政干预和过滥的不合理收费，使民间资本的进入受到市场准入的限制。正是基础领域的投资体制严重滞后，不仅导致基础领域普遍缺乏竞争力，而且使这些有发展前景的产业，不能成为拉动国民经济的新增长点。

11. 采用多种途径和方式，吸引民间资本进入基础领域

从国际经验来看，民私营经济进入基础领域的方式多种多样，每种方式都有利有弊。不同部门的企业可根据本部门和业务的特点，结合自身的情况，在市场化不同阶段，慎重选择引入的方式，尽量趋利避害，降低风险。

（1）管理合同。当政府不想把某基础领域完全让私人经营，或者在放手让私人经营以前，通常都先采用管理合同的方式。管理合同是指一家私营公司与一家基础领域的国有企业签约，由这家私营公司代为管理国有企业的日常经营活动，私营公司不需投入资金，也不全盘承担包括收缴费用在内的一系列事情的商业风险。管理合同方式有助于帮助政府摸清企业及其市场的情况。私营企业之所以愿意承揽管理合同的部分动机，是希望由此能在将来的特许权颁发或私有化过程中享有特殊待遇。他们将对这个企业及其市场了解更多，并可能由此击败其他潜在投标者。

（2）租赁。即由私人公司经营并维持一家国营企业，自己承担商业风险，其收入直接从收费中得来。租赁形式一般要求对收费作出承诺，收缴的费用必须至少能弥补运营和维修的成本，并通过确保收费的管理以及经营成本的最小化来提高经营者的积极性。

（3）经营权转让。基础设施经营权转让是政府以特许经营的方式将已建成的基础设施经营权以一定价格在一定期限内出让给购买方进行自主经营，期满后，受让方将基础设施无偿归还转让方，然后可能重新招标。这是吸引民间资本直接投资基础领域，盘活基础领域现有大批固定资产的一种很有效的方式。经营权转让方式在供水、海港、机场和收费公路领域是普遍运用的方式。在这些领域，政府需要私人投资，但从长远看又不愿意放弃资产所有权，可以采用这种方式。

（4）开放某一细分市场，鼓励民私营企业的加入。这种方式是对基础领域某一细分市场完全或部分取消垄断，并允许私人投资者自担风险进入市场。被批准进入的私人企业与现存的国有企业的关系有两种情况：一是互相补充型，二是互相竞争型。如果竞争型市场准入战略被采纳，尽管在许多情况下在国有企业和私人投资者之间建立起"平等竞争市场"是比较困难的，但竞争压力还是会促使国有企业提高业绩表现和改善企业形象。如果互补型的市场准入战略被采纳，则效率高的私人企业将起到模范作用，从而通过互相比较的竞争，间接影响国有企业的业绩表现。以上这两种准入战略也是培养政府和公众对私人参与基础设施建设信心的机会，可以促进公共企业非国有化的发展。

（5）出售国有资产。将一部分基础领域的国有资本卖给民私营企业，是国家实现以价值形态管理经济的有效办法。

(6) 优先股融资。一些基础设施本身带有特殊性，涉及国计民生，对这一类项目，如果引进民间资本进行建设，政府就面临是否可以牺牲对基础设施的控制权来换取私人资本的投入问题，利用优先股的方式，可以解决这一问题。优先股是一种旨在保持基础设施控制权掌握在国家手中的一种融资方法。

(7) 股份合作制。股份合作制是吸引民间资本直接参与基础设施项目建设的一种有效方法。它主要是由一家或几家企业（或个人）与政府授权的国有资产投资经营公司联合成立项目公司对项目进行投资建设，并按协定比例出资和占有股份。此种形式，由于有政府的参与可以提高投资者对投资的信心，由于有私人资本的参与可以提高资金使用效率和经营服务水平。

(8) 捆绑组合型。这是一种通过两个或两个以上项目（无投资回报项目和有投资回报项目）的捆绑与组合，将投资负担与投资回报相结合，从而形成一个项目成为另一个项目的信用保证的投融资方式。采用这种方式的先决条件是两个或两个以上项目同属于一家项目公司。这种投融资方式的操作是多种多样的，如道路的修建与道路两边土地的开发捆绑组合，污水处理与排污收费项目组合等。对于一些小型基础设施项目还可采用公与民相组合的方式，如民建公助、公建民助或民建公营、公建民营等，通过这种方式可以把民间资本引入那些看起来无投资回报但能产生较好社会和生态效益的项目中去，如公园、道路、污水处理等。

12. 建立公私营合作中心是民间资本进入基础领域的必要保障

当前我国基础领域已经有了许多公私营合作的尝试，特别是在能源与收费公路部门。但是由于每个公私营合作的个案都有其独特性，目前还未能归纳出各类模式的优点及其需要改进的地方。为了有效地推进民间资本进入基础领域并保证其实施能使所有利益相关者（政府、消费者、企业等）受益，对于民间资本的进入提供能力建设和体制扶持，政府应当尽快建立促进公私营合作的专门机构——公私营合作中心。这个中心是一个不同于一般政府部门运作的机构，是在融资与管理方面具有附加职能的政府部门。这个中心的职能在于保证将一批具有投资潜力的可行性项目推向市场；培养一批具有公私营合作项目专业知识的人才队伍；为所有考虑公私营合作形式的官员准备相应的手册工具；成为公私营合作的权威，担负着重要的协调职能，保持政策的连续性以及贯彻执行，为私营企业提供融资方面的咨询和代理服务，增强竞争性投标的透明度，减少项目资金的浪费、欺诈与滥用等。

公私营合作中心的成功运作和职能的发挥还必须有相关政策、法律及制度作为保障。为了避免民私营企业进入基础领域后可能出现的误解、失望、损失、企业经营者与官方的意见分歧，民私营企业进入基础领域之前，相关法律和制度框架必须在政府与民私营企业之间达成一致，而且相关制度安排的细节和具体条件还应对大众公开，从而保证企业与政府之间的合约履行朝着有利于公私合营顺利进行的方向进行，一旦出现违反合约行为，需要采取一些处罚措施。

13. 政府要加大政策扶持力度，提高民私营经济投资积极性

由于基础领域所提供的服务是面向全社会的生产者和消费者，具有竞争性与垄断性并存、公益性和营利性并存的特征，政府要对民间资本加大政策扶持力度，提高民间资本的融资能力，降低民间资本的投资风险，促进民间资本的可持续发展。从国际经验来看，政府对民间资本投资基础设施的扶持可归结为四大类。

（1）提高收费，实物资助及扩大特许权限。政府通过充分建立与特许项目配套设施来达到提高收费的目的。

（2）赞助和二级贷款。政府赞助和二级贷款的提供是为了在项目的启动阶段推动特许权所有者的融资活动，以及减轻原始资金的开支负担。赞助是无须偿还的，有时政府还提供无息长期贷款。二级贷款，即后于一级贷款而先于股东分红偿还的一种贷款，是补充在资金构成中一级贷款和个人股之间的断层的一种手段,在出现成本上涨或收费不足的情况下,二级贷款显得尤其重要。

(3)收入担保。即政府保证收入低于一个特定的最低水平时,以现金向特许权人补足。这种利益与共的方法的目的是稳定股东的投资信心直至项目圆满完成。总的来说,这种方法对提高私营融资的影响力很大,但政府要承担的金融风险也会相对提高。

(4)个人股、借贷利率和外汇兑换率担保。政府提供个人股担保就意味着特许权公司在盈利达到政府担保的最低个人股回报时,可以选择让政府买下。借贷担保实际上是政府为贷款的偿还提供一个现金流量不足担保,与个人股担保一样,如果项目不能产生足够的现金来偿还债务,国家就必须使用公共财产来补足。外汇兑换风险担保也是当汇率变动所造成的损失超过最低额度,由政府来补贴。这一类政府扶持风险是最高的,因为这与项目的营运行为密切相关。

政府对私营付费特许项目的资金扶持,其类型和数额必须明确、公正。具体地说,政府扶持的项目应当是那些基础薄弱但具有现金流量潜力的项目,也只有这些项目,才适合进行私营特许。这类项目政府可以不直接投资,但需要政府给予一定扶持来吸引大量的私人投资。但政府的扶持一定要有最高限额限制,要以促进项目成功为目的。如果对政府扶持上限不作控制,不但起不到调动私营部门积极性的作用,反而会造成政府所扶持项目的成本从消费者转到纳税人身上。

14. 启动民间投资进入基础领域要高度重视发挥证券市场的重要作用

我国基础设施资产的资本化、市场化程度很低。以电力行业为例,我国是第二大电力供应国,电力资产总值和美国相差不多,总装机容量和发电量是2.7亿千瓦,是美国的4倍。但是,美国电力行业上市公司总市值是3500亿美元,英国是1200亿美元,而我国到目前为止,海内海外上市的电力公司共有7家,加在一起市值大概是72亿美元,我国以电力资产总量衡量是一个超级大国,但整体的资本化程度却属第三世界,资本化程度低意味着基础设施总量上没有充分利用股市资金，导致基础设施资产的长期固化、低效，限制了基础领域通过资本市场实现产业结构调整的能力。

目前，我国证券市场已有960多家上市公司，但主业在基础领域的上市公司只有60多家，基础设施产业利用证券发展的空间还很广阔。从国际经验来看，基础设施产业市场需求稳定，行业风险小，收益较为稳定，利润成长性好，具有很高的长期投资价值，而且基础领域企业盘子大，不易被炒作，具有稳定股市的作用。为了将证券的发展与基础领域改革和产业结构的调整结合起来，当前国家应当赋予交通、能源、通信等瓶颈产业以优先运用股票、债券筹资的权利，向上市公司注入公用事业资产，架起资本市场和发展基础设施之间的桥梁，利用资本市场盘活基础领域庞大的国有资产并引入增量资金以求大力发展。

从基础设施进入证券市场的模式上，可以考虑：第一，在大城市运用投资控股运作模式。大城市基础设施较为发达，有相当的优质资产，可以作为发起设立股份公司的基础。第二，在中小城市，可以对当地发展前景暗淡但又有配股资格的上市公司加以改造，注入当地优质公用事业资产，调整经营结构，逐步发展成为当地公用事业的主要投资主体。第三，对于发展前景一般的上市公司，鼓励并引导它们投资收益比较清晰稳定的公用事业、基础设施产业，达到分散公司经营风险，给股东稳定回报的目的。

四、以建立独立监管机构为目标，加快基础领域政府管制体制的改革

15. 在市场经济条件下，应尽快明确规定政府对基础领域管制的基本职能

实行政企分离的政府管制体制后，企业以追求利润最大化为经营目标。但由于基础设施经营企业的许多经营业务具有自然垄断性质，这些企业就有可能利用其市场垄断力量，通过制定垄断价格，提供较低的服

务质量而取得垄断利润。这就需要政府采取必要的管制措施来规范企业的市场行为。在政企分离的政府管制体制下，政府管制的职能应主要包括以下内容。

（1）制定有关政府管制法规。即针对特定基础设施产业的技术经济特征，政府要通过法规的形式规定政府管制机构的设置、责权划分、市场结构的重大调整等内容。这些法规应由政府立法机构制定，确定新的政府管制体制的基本框架，这实际上就是政府管制体制改革的纲领性文件。

（2）颁发和修改企业经营许可证。企业经营许可证的颁发和修改职能可授权各基础设施产业的专门政府管制机构来执行。经营许可证应详细规定企业应当承担的各项义务，在价格、服务质量、公平交易等方面的业务规范。同时，政府管制机构还应根据具体产业的发展状况和供求变化等因素，修改经营许可证的部分条款。

（3）制定和监督执行管制价格。对基础设施产业的价格管制是政府管制的重要内容。政府应根据具体基础设施产业的成本状况、科技进步、生产效率的提高潜力等因素制定管制价格水平，并周期性地实行价格调整，以刺激企业提高生产效率。

（4）实行进入市场的管制。一方面，基础设施产业政府管制体制改革的重要目标是促进竞争，发挥竞争机制的作用，这要求允许新企业进入产业；另一方面，基础设施产业具有较显著的规模经济和范围经济，这又需要控制进入产业的企业数量，以避免过度竞争。这就要求政府实行进入市场的管制。这种管制实质上就是控制发放经营许可证的数量和时间。

16.尽快建立独立的专门的管制机构，是维护基础领域公正、平等竞争机制的前提

作为行政执法机构，行政管制者代表的应该是公共利益，即站在中立的立场上，尽量避免受到任何利益集团的干扰，制定出来的任何一项公共政策，必须尽可能体现各相关利益集团的利益。为了使管制者保持中立的立场，应该在取消政企合一的政府管制体制的同时，在电力、电信、煤气、航空等基础产业设立独立的专门的监管机构来执行政府管制的新职能。只有这样，才能真正实现基础领域政府管制体制的政企分离。

监管机构和一般政府部委相比，有很大不同，尽管各国对独立监管机构的定义不一样，但独立监管机构至少具有这样几个方面的共同特征：一是有较大财政上的灵活性，它们可以向监管企业收取管理费，财政独立、自负盈亏。二是管理机构与被监管的公司没有利益冲突。三是监管机构应免于政治的压力，有充分的自主权。四是监管必须有独立的很强的专业能力。监管是很复杂的，监管机构要有自己的技术鉴定能力。五是人员比一般公务员薪水要高，其工资不是来源于税收，而是来自行业本身的运营。

17. 以建立独立监管机构为目标，加快推进我国基础设施产业的管制体制改革

为了尽快解决我国基础领域管制体制政企不分或政企同盟问题，维护市场有效竞争，我国政府应改革由原来部委行使管制者职能的管制模式，尽快建立独立的监管机构。由于基础设施产业具有专业技术性强的特点，我国应在特定的基础设施产业单独成立精干、办事效率高的专门管制机构。考虑到建立新的管制机构又会增加人员编制，而原有部委又面临着职能削减、冗员过多的情况，独立的新的管制机构可以从原有基础设施产业管理部门中招聘一批懂技术、善管理的人员。同时，由于政府管制必然涉及经济、政治、技术、法律等方面，这就要求向社会招聘一些专家参与政府管制，从而形成由行业管理专家、技术专家、经济学家、法学家等组成的专门管制机构。结合我国各基础设施产业改制的情况，特定行业监管机构成立的思路是：

（1）建议电信行业组建一个具有法律地位的，由通信产业的技术管理专家、经济学家和法学家组成的电信管制局，直属国务院管辖，原有市县的电信管理机构也相应实行政企分离，形成电信管制局的垂直管制网络，对全国电信进行公平、有效控制，在条件成熟时，逐步取消信息产业部。

（2）对电力产业实行有效管制也必须建立一个与政府部门分开的独立的管制机构，这个机构可被称为电力管制局，作为事业法人，由国务院建立并接受国家监督。

（3）铁道行业目前并未真正实现政企分离，难以实行有效管制，造成实际上的管制者缺位。为此，建议成立独立的监管机构——国家铁路监管局行使管制职能。

（4）从民航业改革情况来看，民航已初步实现政企分离，民航总局及各地方的管理局实际上正在担当着民航业管制者的重任。目前的关键是：一要通过立法，明确民航管理局的管制者地位；二要借鉴国外独立管制机构的经验，改革现行的民航管理体制，实现完全的政企分开，使其成为真正独立的民航监管机构。

18. 在政府管制体制改革中，要防止管制者从政企不分到政企同盟

政府管制体制的核心内容是政府与企业的关系。因此，政府管制体制改革的关键是调整政府与企业的关系。我国基础设施产业一直实行的是典型的政企合一管制体制。改革开放以来，有些行业为了引入竞争，开始进行政企分离为特征的管制体制改革。在这一过程中，过去的政府管理部门（各部委）逐步从所有者、管理者、经营者过渡到市场的管制者，具有行业管理职能和市场准入管制职能。由原来的部委充当管制者的一个最大特点就是，行政管制者同时又是行业的主管部门，甚至是原有企业的老板。在我国由于缺乏监管管制者的市场，管制者的产生与公开投票机制是相互分开的，管制者不用追求选票的最大化，它追求的目标几乎是和企业一样，即部门效益最大化，因此它在制定规则的时候，很容易偏向它原来管辖的企业集团。管制者与企业之间这种在父子关系基础上形成的天然利益同盟对正在建立过程中的政府管制体制及其效果的消极影响是致命的：第一，既是行政部门又兼行业主管的管制者不可能站在中立的立场上平等对待所有的市场参与者，新的市场进入者或非国有企业很可能受到歧视；第二，这种政企同盟一旦形成，便完全有可能在立法和执法过程中蔑视消费者利益集团和新进入企业集团的力量，置他们的合法权益于不顾；第三，由于目前的政治法律制度还无法打破这种政企同盟，管制者在滥用其行政职权的同时，使这些受管制产业的资源配置效率惊人地低下。

19. 把立法提到重要日程，用法律制度确定独立管制机构的法律地位和法定权力

从发达国家基础设施产业政府管制改革的经验来看，政府管制改革要以立法为先导，按法定程序进行改革，以法制为依据进行政府管制。我国基础领域政府管制体制改革沿袭先改革、后立法的传统。由于行政管制法律体系的严重滞后，虽然某些领域取得一定的改革成效，如民航、电信等，但由于缺少总体法律框架，产生许多问题，如政企职责不分，部门互相扯皮，市场秩序混乱，重复投资建设，项目效益低下，损失浪费严重等。尽管颁布了相应产业的立法，但这些法律是由产业主管部门起草的，有一定的局限性。更重要的是，我们已经颁布的一些法规中缺乏明确的、统一的、具有权威的专门执法机构进行统一执法，而是交给一些现行的国家行政管理部门进行统一执法，而这些管理部门之间存在着职能交叉现象，这必然引起管理部门责权不明、执法严度不一，互相推诿、有法不依等问题。

为适应社会主义市场经济要求，解决当前基础领域改革中存在的问题，提高管制效率，我国基础领域应加快立法，目前应提上重要议程的立法应当是中国电讯法、中国航空法。同时，修改电力法和铁路法。这些法规由全国人大联合有关部门根据不同基础设施产业的技术经济特征，结合现行的政府管制体制和改革的目标进行制定和修改，然后由全国人大颁布实施。基础设施产业政府管制法规的主要内容应包括：改革的目标、程序；确定专门的执法机构，明确其责权；规定企业经营许可证的具体内容，明确企业的责权利关系；对价格、服务质量、市场进入条件等重大政策问题作出规定。

为了提高独立执法机构的公正性，了解公众的反应，也可考虑在有关基础设施产业建立消费者协会之类的机构。基础领域政府管制的框架应是政府管制立法，按照法律设立专门的、独立的监管机构依法执行有关管制法规，消费者协会再对管制机构实行社会监督。

五、统筹规划，总体设计，先立后破，积极稳步推进基础领域改革

20. 统一规划，总体设计，防止基础设施项目的重复建设

基础领域的市场化改革刺激投资的积极性和主动性，并提高投资效益和减少资源浪费，但是仅仅靠市场调节基础领域的投资活动是不够的。基础设施发挥作用时间长，有些甚至是永久性的，所需投资大，并且沉淀下来很难收回，基础设施投资总量和投资结构对国民经济的平衡发展极为重要。因此，必须要有宏观调节的补充，只有把市场和宏观调节结合在一起，才能保证投资活动既有利益又能使国民经济平衡协调发展。政府对基础领域的宏观调节既有总量调节又有结构调节。在当前我国基础设施相对短缺和结构失衡的背景下，结构调节尤为重要。结构调节要求政府对全国基础设施建设总体考虑，全盘布局，统一部署，整体规划，把重大的基础设施投资项目都纳入国家的整体规划中去，使基础设施建设的资源在全国范围内调拨使用，从而使大的基础设施投资在符合国民经济总体要求的基础上实现高效发展。

21. 先立后破，循序渐进，是基础领域市场化改革的基本思路

基础领域市场化改革要立足长远，不能要求一步到位，应该允许有一个过渡的时间。但是在改革具体步骤的实施上，又必须坚决果断，迎难而上，有计划、有目标、有时间表、有步骤、分阶段地推进。

借鉴国际经验，中国基础领域改革也必须循序渐进，先立后破，其改革步骤建议为：制定法律框架，成立独立的管制机构，确定改革目标，进行方案设计，这是改革的准备阶段。对基础领域国有企业实行股份制改造，改造的方式可以有多种，债权转换、出售部分国有资产、发行股票吸收民间资本，改变企业股权结构，从而实现企业所有权和经营权彻底分离，这是改革的启动阶段。在这一阶段，国有股可以控股，但要吸收其他入股者参与管理。

国有控股企业要加强管理，争取扭亏为盈。在这一过程中，政府要成立专门的投资公司，负责股份制改革后的国有资产（国有股）的管理和运作，并对没有入股的国有资产，如土地、建筑物及其他资产进行管理运作，利用这些资产和国家提供的补偿金偿还分摊的债务。当股份制企业扭亏为盈后，争取使这些企业的股票公开上市，成为规范的上市公司。

基础领域的股份公司在资本市场运作一段时间后，在市场运转规范正常的情况下，再完全取消相应的政府管理部门。

22. 加快配套体系的建设，为基础领域改革创造良好的外部环境

基础领域改革离不开金融、财政、社会保障、社会中介等部门和企业机构的支持与配合。因此，要加快配套体系建设，为改革创造良好的外部环境。

（1）银行要为基础领域市场化改革发挥"融资中介"和"投资桥梁"的作用。按照我国《商业银行法》规定，银行虽不能直接投资基础设施，但它可以通过提供全方位的服务，促进基础领域改革顺利进行。如为基础领域投资企业提供融资咨询、财务顾问服务；加大对基础领域投资企业信贷支持力度；建立基础领域投资的风险预警机制和风险防范机制等。

（2）资本市场要为基础领域股权转换、资产重组提供良好的市场环境。

（3）加快人事制度和社会保障体制的改革，使各基础设施产业原管

理部门分流出来的公务员能够得到妥善安排，尽量减少基础领域政府管制体制改革中来自现有集团成员的阻力和摩擦。

（4）财政要大力支持基础领域的市场化改革，并尽力给予优惠政策和资金的扶持。在民间投资低速的情况下，财政要扩大直接投资，增加基础设施产品和服务供应。除此之外，在今后更多情况下，财政要善于运用低息、贴息参股，财政偿债资金、政府订货、专项补助等方式，充分发挥财政对公共产品供给的指导、协调和支持作用。

（5）政府要改革对各类行业协会、研究咨询机构和社会中介组织的管理办法，减少官办和垄断色彩，引入竞争机制，使其成为自筹经费、自我管理、独立行使社会职能的法人。向基础领域企业提供政策咨询、信息收集、技术开发、经济研究、改制方案、财务分析、人才培训、资产评估等高质量的全方面服务，使其真正成为政府与企业之间的桥梁和纽带，成为维护市场竞争秩序的主导力量。

由物质型向服务型消费转型

15条建议

（2014年4月）

"十三五"时期，随着我国进入工业化中后期，消费结构开始由物质型消费为主向服务型消费为主转型。13亿多人的服务型消费全面快速增长，既是我国经济转型升级的最大亮点和突出优势，也是经济转型升级的重要推动力。把握我国进入服务型消费新时代的大趋势，就能抓住转型发展的历史机遇，赢得供给侧结构性改革的主动权。

一、"十三五"：服务型消费全面快速增长的新阶段

把握消费升级的大趋势，释放13亿多人的服务型消费新需求，引领服务型消费新供给，成为"十三五"时期深化供给侧结构性改革的战略重点。

1. 由物质型消费为主向服务型消费为主转型的大趋势

（1）中等收入群体成为重要的消费主体。"十三五"时期我国进入中高收入阶段，将有3亿左右的人口成为中等收入群体。中等收入群体的趋优消费成为推动消费结构由物质型消费为主向服务型消费为主转型的重要力量。

（2）"80后""90后""00后"等新生代消费主体的崛起。目前我国"80后"的总人口数是2.28亿人，"90后"是1.74亿人，"00后"是1.26亿人，三大群体总人数大约为5.28亿人，成为服务消费、时尚消费、互联网消费的主力军。

（3）物质型消费需求增速趋缓，服务型消费占比不断提高。2000—

2014年,我国城镇居民人均服务型消费支出从1960.92元提高到7563.44元,年均增长9.4%,2014年服务型消费支出比重达到45.32%的高位。

2.服务型消费成为拉动经济增长的新引擎

(1)服务型消费领域的产业发展速度远高于GDP增速。2015年,我国GDP增速为6.9%,第二产业增长率为6.0%,而服务型消费领域的相关产业大都保持两位数的增长,全国实物商品网上零售额增长31.6%,远超过社会消费品零售总额的增长速度。

(2)服务型消费为主的消费成为经济增长的主要驱动力。服务型消费的快速增长使投资与消费在拉动经济增长中的地位、作用发生历史性变化。2014年,我国最终消费支出对GDP增长贡献率为51.6%;2015年,最终消费支出贡献率为66.4%,比上年高出14.8个百分点,消费在拉动经济增长中"第一推动力"的地位逐步稳固。

(3)服务型消费带来巨大的投资需求。以健康消费为例,预计到2020年,我国医疗卫生市场总规模将突破1万亿美元;据中国科学技术战略研究院研究预测,到2020年,我国仅生物医药产业将形成约8万亿元的支柱产业。

(4)服务型消费成为引领创新创业的重要载体。根据《2014年度创业者报告》,创业者最看好的行业基本上都是服务行业。例如,2014年底,全国网店直接带动就业累计逾1000万人,其中大学生创业的网店带动就业人数约为618万人,贡献率达到六成。

3.消费结构升级成为经济转型升级的驱动力

(1)服务型消费推动经济服务化。2008年国际金融危机爆发以来,在国内外经济形势发生深刻复杂变化的背景下,我国服务业增加值从2008年的13.1万亿元增长到2013年的26.2万亿元,已经实现了规模上的倍增,2015年服务业增加值更是高达34.16万亿元。

(2)服务型消费推动高端制造的兴起。"服务型消费+高端制造"正在塑造"中国智造"的新模式。尽管智能制造发轫于西方,但最大的消费市场在中国。《可穿戴设备研究报告》显示，2015年，我国智能可穿戴设备市场规模为125.8亿元，增速高达471.8%。

（3）服务型消费带动新支柱产业兴起。按照国际上的标准，产业增加值在国民生产总值中所占比重达5%左右的产业可以达到支柱产业水准。大健康产业占GDP的比重将接近5%，"十三五"头两三年就有望跻身支柱产业之一。据测算，2014—2050年，我国老年人口的消费潜力占GDP的比例将从8%左右增长到33%左右，养老产业有望成为最具发展潜力的支柱产业之一。

二、"十三五"：消费结构变化下的经济社会生活变革

消费结构变化是一场深刻的革命。我国进入消费新时代，服务型消费正在引发经济社会生活等方方面面的变化。13亿多人的服务型消费全面释放，意味着生活方式、生产方式、商业模式、社会结构走向现代化，意味着共享社会发展基本格局的形成，并引发政策和制度结构的深刻变革。培育发展新动力、拓展发展新空间、构建产业新体系，需要把释放13亿多人的服务型消费作为供给侧结构性改革的战略重点。

4.服务型消费引发生活方式的深刻变革

（1）更加追求生活品质。随着"80后""90后""00后"等新生代社会群体成长为社会的中坚力量，人们对生活品质的追求越来越高，由此形成推动产业变革的新动力。

（2）更加追求绿色、健康。我国进入高收入阶段，人们更加追求绿色、健康的生活方式，由此形成全社会推动绿色转型、绿色增长的新动力。

（3）更加追求高质量教育、文化产品。2005—2006学年，仅有65名中国籍中学生持因私护照赴美读中学；而到了2012—2013学年，美国私立高中已有23795名中国籍学生，7年间增长了365倍。

5.服务型消费引发生产方式的深刻变革

（1）以生产为中心转向以服务为中心。尽管社会仍然需要简单的加

工制造，但加工制造在经济中的作用越来越小；服务在整个社会化大生产中的地位作用凸显，经济越来越服务化；生产的本质是服务，制造商越来越倾向于提供整体服务解决方案；价值创造越来越向服务环节倾斜，简单加工制造环节的利润越来越微薄。

（2）大规模定制化时代的到来。消费者对个性化、差异化产品需求的增长，促使传统的大批量标准化流水线生产向大规模定制化转型。总的趋势是：不少消费者在服装、配饰、家居用品、家装、汽车等领域选择私人定制产品，企业按客户需求定制相关产品；在传统行业利润微薄的条件下，采用大规模定制化生产可使企业获得差异化的竞争力，并保持相对较高的利润率；消费者参与产品研发和设计，消费者与生产者互动越来越成为制造业形成差异化产品和服务、降低市场风险的重要手段。

（3）"互联网+"对传统产业的创造性颠覆和重构。服务型消费新时代，消费和生产都越来越离不开互联网带来的增值服务，由此引发"互联网+"对传统产业的颠覆和重构。

6.服务型消费引发商业模式的深刻变革

（1）企业发展更加依赖创意。能不能形成新的创意，满足消费者差异化、多样化的需求，成为企业立于不败之地的关键因素，由此推动创意经济时代的来临：创意密集型产业取代土地、劳动力密集型产业成为一个大趋势，创意决定着企业的生死存亡。

（2）企业更多地成为服务解决方案供给商。与传统企业生产一种产品或服务不同，新时期的企业，尤其是创新型企业，越来越多地成为服务解决方案供给商。

（3）企业越来越依赖专业化的核心竞争力。由于消费者对服务质量的苛刻追求，一种服务的解决方案往往需要多家专业化企业联合完成。在这种情况下，企业越来越依赖于专业化的核心竞争力。

7.服务型消费引发社会结构的深刻变革

（1）服务型消费推动中产阶层的兴起。中产阶层作为一个社会角色，很重要的特征是具有趋优消费，不只满足于传统的物质性消费，还追求生活质量，追求服务型消费。

（2）服务业成为扩大就业的主渠道。2015年服务业占GDP的比重达到50.5%的历史最高水平。未来5年，服务业增加值按年均8%的增长测算，每年新增就业人数将达到1200万人左右。就是说，只有形成以服务业为主体的产业结构，才能形成新增就业不断扩大的新常态。

（3）服务型消费有利于调整利益结构。释放教育、医疗等服务型消费需求，需要政府加大教育、医疗等公共服务支出和不断提高基本公共服务均等化程度，有利于打破服务业垄断格局，从而减少垄断造成的收入分配不平等。

三、"十三五"：消费结构变革驱动投资转型

我国进入服务型消费新时代，供给侧面临突出的结构性矛盾，表现在物质型消费的某些供给过剩与许多服务型消费供给不足的矛盾并存。关键问题在于，要在加快从投资主导向消费主导转型上尽快达成共识，适应服务型消费趋势，加快改变以传统重化工业项目为主的投资结构，实质性扩大服务业领域的投资。

8. 物质型消费供给过剩与服务型消费供给不足的结构性矛盾突出

（1）物质型消费供给过剩。物质型消费供给过剩不仅表现在传统制造业，新兴制造业也开始出现产能过剩问题，甚至有的项目一上马，市场供给就已经出现过剩。

（2）服务型消费供给严重不足。我国作为一个成长中的经济体，服务型消费热点不断涌现，但在教育、养老、健康、文化等领域服务型消费供给短缺的矛盾比较突出。

（3）有效供给不足导致服务型消费大量外流。以教育为例，人们对高质量教育的需求快速增加，但国内教育质量多年来改善缓慢。我国自费出国留学人数由2011年的31.48万人增长到2014年的42.3万人，如果

按人均支出10万元估算，需要支出4000多亿元人民币，而且留学人员呈现低龄化趋势。

9.适应服务型消费趋势推进投资转型

（1）供求失衡的根源是投资消费结构失衡。物质型消费领域产能过剩与大多数服务型消费领域供给严重不足并存，重要的原因就在于我国投资消费结构长期失衡，投资结构与消费结构不匹配。

（2）以消费结构升级为导向的投资转型。在去产能的过程中，切实将产能过剩的重化工业和过度基础设施投资降下来，把投资的重点转向教育、医疗、社会保障等公共消费领域。这不仅能够改善国内消费预期，而且能够有效缩小城乡差距和化解社会矛盾。

10.加大生活性服务业领域的投资

（1）加大社会需求最急迫的生活性服务业投资。居民和家庭服务、健康服务、养老服务、旅游服务、体育服务、文化服务等是社会需求量大、有效供给不足的重点领域。

（2）加大人口城镇化相关生活性服务业投资。据测算，我国每增加一个市民，在教育、医疗、文化、基础设施等领域需新增综合投资至少10万元，人口城镇化率每提高1~1.5个百分点，需新增1500万~2000万人，年综合投资在1.5万亿~2万亿元。人口城镇化率提高1个百分点，将拉动最终消费增长约1.6个百分点。

（3）培育、做大生活性服务业支柱产业。加大健康产业投资，争取到2020年，大健康产业占GDP的比例由目前的4%~5%提升到10%左右。推动传统媒体与新兴媒体融合发展，争取到2020年形成一批实力较强的文化企业集团，使文化产业增加值占GDP的比例由目前的6%左右提升到8%左右。鼓励社会资本进入基本生活照料、康复护理、精神慰藉、文化服务、紧急救援、临终关怀等领域，到2020年使养老产业对GDP的拉动作用由目前的3%左右增加至6%左右。

四、"十三五"：推动房地产由规模型转向服务型

我国进入服务型消费新时代，房地产不再是简单满足基本居住需求，而是融入了大量的服务型需求。"十三五"时期，在去库存的同时，推动房地产业由规模型转向服务型，已成为房地产业可持续发展的重要方向。

11. 房地产处于从规模型转向服务型的历史拐点

（1）规模型房地产发展不可持续。2010年，我国房地产投资增速为33.2%，达到历史的高点，近5年来一路下滑，2015年，全国房地产投资增速下滑至2.8%，比2014年回落7.7个百分点，成为1998年以来的最低位。

（2）服务型房地产需求逐步增大。一是随着我国人口老龄化进程加快，房地产刚性需求与以往相比在减弱，规模发展的峰值已过；二是"80后""90后"逐步成为购房的主要群体，这部分群体更加追求房地产的服务品质，更加追求个性化的房地产服务，单纯居住型房产已不能满足这部分社会群体的需求；三是随着城镇化进程加快，人们的生活工作节奏明显加快，一家人都参加工作成为普遍现象，房屋不仅承载着家庭对居住功能的需求，还需要满足家人对健康、医疗及家政等服务的需要；四是随着社会中高收入群体的扩大，人们对房产服务功能需求明显提升，养老地产、旅游地产、文化地产受到购房者追捧。

（3）以房地产向服务型转变扭转企业业绩下滑。1998—2014年，我国房地产开发投资由3614.2亿元增长到95036亿元，年均增速超过20%。但企业利润快速下滑，2014年，营业利润同比负增长近36%。在房地产整体低迷的大背景下，万科、保利、恒大等服务型转型领先的企业却逆势而上，获得比较好的业绩。万科2015年中期报告显示，公司上半年净利润67.9亿元，同比增长23.6%；保利地产上半年净利润的增速更是超过40%。

12. 初步形成房地产服务化的新格局

（1）探索服务型房地产新业态。着力推动房地产细分市场的发育，在具有良好市场潜力和发展前景的商业地产、养老地产、旅游地产、产业地产、文化地产等领域，形成专业化的细分市场，形成一批具有专业品牌、高品质的房地产商，推动房地产形成新的产业链，实质性提升房地产行业附加值，扭转行业利润不断下滑的局面。

（2）发展服务型房地产新模式。超越原有的以住宅为主的发展模式，转向以服务为中心实现商业模式创新。这就需要在房地产领域推行大规模定制化服务模式，使相当一部分房地产商能够把设计、研发作为核心业务做精做专，形成为客户量身定做、提供整体解决方案的发展新模式。

（3）发展"互联网+房地产"。支持房地产企业运用大数据、云计算、移动互联等新技术提升服务水平，发展客户参与房地产设计的新产品、新模式、新平台，成为房地产转型升级的重中之重。

五、"十三五"：形成消费驱动经济增长的新格局

以全面释放服务型消费潜力为重点，形成消费拉动经济增长的新格局，对"十三五"转型闯关成功具有决定性意义。深化供给侧结构性改革需要在形成服务型消费有效供给的体制环境上尽快取得突破，争取到2020年消费总规模达到50万亿元左右，使消费对经济增长的贡献率稳定在65%左右，基本形成服务型消费引领新业态快速发展的新格局。

13. 形成服务型消费有效供给的制度环境

（1）破除服务型消费供给制度瓶颈。放开市场，引入竞争，鼓励和引导各类社会资本投向社会急需的服务型消费领域。简化审批流程，取消不合理前置审批事项，加强事中事后监管。放宽新注册服务业企业场所登记条件限制，允许居民在家创业。

（2）着力改善服务型消费市场环境。提高服务业消费市场监管标准，实行统一执法，形成企业规范、行业自律、政府监管、社会监督有机结

合的监管体系。建立完善全国统一的信用信息共享交换平台，实施失信联合惩戒，逐步形成以诚信为核心的服务业监管制度。

（3）完善服务型消费质量标准体系。建立健全服务型消费质量标准体系是完善市场秩序、扩大服务型消费的重要条件。加快建立家政、养老、健康、体育、文化、旅游等服务型消费领域标准体系，推动消费质量标准与发达国家接轨。

14. 到2020年消费总规模达到50万亿元

（1）以10%左右的消费增速拉动经济增长。2015年，社会消费品零售总额达到30.1万亿元，同比增长10.6%，而同期GDP增速为6.9%。就是说，消费增长如果低于10.6%，GDP增速有可能会比6.9%低。

（2）消费增速下降应引起高度重视。尽管"十二五"期间，我国社会消费品零售总额由2011年的18.39万亿元增长到2015年的30.09万亿元，年均增速达到13.4%。但应当清醒地看到，消费增长率总体上是呈现下降势头的。2011年，社会消费品零售总额增长率为17.1%，5年来一路下滑至2015年的10.6%。客观地看，在工业去产能、房地产去库存的条件下，消费以10%左右的速度增长是有一定难度的。

（3）关键是扩大服务型消费供给。社会消费品零售总额保持10%左右的增速，到2020年，我国社会消费品零售总额将达到48.3万亿元。这样的消费增长规模，可以为工业去产能、房地产去库存创造有利条件，赢得时间，最大限度地避免"转型阵痛"。

15. 消费对经济增长的贡献率稳定在65%左右

（1）消费对经济增长的贡献率不应低于60%。尽管2013—2015年，消费对经济增长的贡献率从48.2%增长到66.4%，但应当看到，这是在产能过剩严重的条件下实现的。也就是说，未来在过剩产能"出清"的条件下，消费率对经济增长的贡献率应当更高。

（2）使消费对经济增长的贡献率稳定在65%左右。总的来看，"十三五"期间，消费对经济增长的贡献率将稳定在60%~65%的区间，可以在确保6%~7%经济增长的条件下,实现投资消费的动态平衡。

(3)形成以服务型消费拉动投资的良性循环。使消费对经济增长的贡献率稳定在65%左右的合理区间,要避免走投资主导拉动经济的"回头路"。如果走了"回头路",不仅不利于工业去产能和房地产去库存,还会积累更大的经济运行风险。稳定经济需要增加投资,但投资的增加应当建立在消费驱动的前提下,建立在投资效益提升的基础上。未来几年,比较理想的状态是通过供给侧结构性改革,以服务型消费拉动投资,在产业创新的条件下,实现投资消费两旺。

(4)以服务型消费引领新业态快速发展。形成"互联网+生活性服务业"新业态,以"互联网+"形成教育、文化、旅游、餐饮服务新业态,形成一批"服务型消费+高端制造"的新业态品牌。以服务型消费引领智慧城市新业态,形成一批比较成熟的智慧城市产业集群,形成一批专业化的知名国产品牌。

推进消费导向的经济转型

9条建议

（2021年5月）

当前，我国进入消费新时代，消费成为拉动经济增长的第一动力，实现增长方式由投资导向转向消费导向是客观趋势；加快构建以国内大循环为主体、国内国际双循环相互促进的新发展格局，关键在于扩大内需，在于发挥14亿人消费大市场的规模效应和集聚效应。

一、消费对经济增长的贡献

1.消费成为经济增长的第一拉动力

1978年，我国最终消费支出对GDP增长的贡献率仅为38.7%，而资本形成总额（投资）对GDP增长的贡献率达到66.7%，是最终消费支出对GDP增长贡献率的2倍。党的十八大以来，随着我国经济由高速增长阶段转向高质量发展阶段，消费对经济增长的拉动作用开始趋于稳定。2013—2019年，我国GDP增长速度分别为7.8%、7.4%、7%、6.8%、6.9%、6.7%和6.1%；这7年间，仅2013年消费对经济增长的拉动点数低于投资1个百分点。2014—2019年，消费对经济增长的拉动点数分别高出投资0.8、3.3、1.5、1.4、1.6和1.6个百分点，消费已连续6年成为拉动经济增长的第一动力。

2.消费对经济增长的贡献率开始趋于稳定

从发展阶段看，一个经济体经过前工业化、工业化、后工业化阶段，消费率呈现U形曲线走势。与改革开放初期有很大的不同，近10年来，消费对经济增长的贡献率持续增长是建立在消费结构升级的基础上。服务型消费的快速增长，使投资与消费在拉动经济增长中的地位作用发生历史性变化，消费在拉动经济增长中的主角地位逐步确立。2011年，消费对经济增长的贡献率达到65.7%，高于投资对经济增长的贡献率14.6个百分点。这10年间，消费对经济增长的贡献率稳定在60%左右。据统计，2011—2019年，消费对经济增长的贡献率平均为60.5%，而同期投资对经济增长的贡献率平均仅为39.9%，低于消费20个百分点以上。

3. 消费对经济增长的拉动作用逐季回升

2020年的新冠疫情对我国经济发展产生严重冲击。由于我国新冠疫情较早得到防控，成为全球唯一率先实现经济正增长的主要经济体。其中，消费对经济增长的拉动作用逐步恢复。2020年，我国经济增长速度为2.3%，其中，最终消费支出对经济增长的拉动点数为-0.5个百分点，低于投资对经济增长拉动2.7个百分点。2020年1—4季度，我国GDP增速分别为-6.8%、3.2%、4.9%和6.5%。随着我国疫情防控率先取得较好效果，消费市场逐步恢复，我国超大规模市场的潜力得以不断释放，消费对经济增长的拉动作用逐季回升。数据显示，2020年1—4季度，最终消费支出对GDP增长的拉动点数分别为-4.3、-2.3、1.4和2.6个百分点。也就是说，从第三季度开始，最终消费支出对经济增长的拉动点数由负转正，这表明最终消费支出已经从前两个季度下拉态势中恢复过来，并呈现持续恢复的势头。

二、消费成为拉动经济增长的重要动力

4. 消费对经济增长的贡献率将逐步恢复

（1）2021年我国经济增长速度将恢复至8%以上。2020年，我国经济增速为2.3%，成为全球唯一实现经济正增长的主要经济体。着眼于国际国内形势，2021年《政府工作报告》提出2021年我国经济增长6%以上的预期目标。与此同时，国际货币基金组织、世界银行、经合组织三

大国际组织对2021年我国GDP增速预测值分别为8.2%、6.9%、6.8%，高于全球平均水平3.0、2.7、1.6个百分点。总的来看，2021年我国经济增长速度有可能达到8%以上。

（2）消费对经济增长的贡献率将恢复至50%以上。随着我国新冠疫情得到较好的控制，居民收入稳定增长，2021年，我国消费有望持续回升。2021年1—2月，受同期基数较低影响，社会消费品零售总额同比增长33.8%。与2019年1—2月相比，社会消费品零售总额增长6.4%，基本上恢复消费的常态化增速。有学者预计，2021年，消费对经济增长的贡献率将达到57.7%，拉动GDP增长4.9个百分点。

（3）促进消费与投资有效融合。消费与投资构成扩大内需的两大组成部分，两者对促进经济增长至关重要。当前，强调消费导向并不是不要投资，而是要通过消费需求来引导更有效、更合理的投资，最大限度地提升投资效率，避免无效投资造成产能过剩与资源浪费。2021年，我国经济发展牢牢把握扩大内需这个战略基点，关键要在促进消费和扩大投资的结合点上取得实质性突破。

5. 消费对经济增长的贡献率将逐步趋于稳定

经济增长依靠内需支撑，符合大国经济的一般规律。目前，欧美发达国家最终消费支出对经济增长的贡献率一般在70%~80%。从近5年的情况看，消费对我国经济增长的贡献率波动幅度较大。即使2015年全年消费对经济增长的贡献率达到69%，但这是在投资增速快速下降的条件下实现的。近几年来，随着投资增速进一步反弹，消费对经济增长的贡献率出现再次回落的趋势，尤其是在疫情情况下，经济增长再次主要依靠投资驱动。当前，我国消费市场快速恢复，消费对经济增长的拉动作用由负转正，并呈现稳定提升的态势。未来10~15年，消费对经济增长的贡献率将稳定在65%~70%。

6. 消费支撑经济可持续增长

（1）2021—2035年将实现5%左右的中速增长。改革开放以来，我国GDP增长速度明显加快,经过40多年的发展,不仅成为世界第二大经济体,而且与美国经济总量的差距不断缩小。据统计,1978—2019年,我国GDP年均增速达到9.4%。2020年,受新冠疫情影响,全年GDP增速仅为2.3%。2021年到2035年的经济发展质量关系到我国基本实现社会主义现代化。综合各方面的预测判断,2021—2035年,我国GDP增速将保持5%左右的年均增速。

(2)14亿人的消费需求释放将拉动经济中速增长。消费是经济增长的原动力,但消费需求释放能带来多大程度的增长,则需要进行相关的定量分析。课题组通过构建"消费释放-人力资本-长期增长"模型,以2019年为起点进行预测。2019年,我国消费率为55.4%,居民消费率为38.8%。未来5~15年,经过努力,我国消费率可以达到65%~70%,居民消费率可达到55%~60%。以此为基准情景,考虑乐观情景与谨慎情景,对我国经济增长的情景作初步预测。在基准情景下,未来15年,我国经济增长实现5%左右的增长是有可能、有条件的。

三、消费导向转型的经济增长

7.经济增长:由投资主导转向消费主导

(1)投资主导的经济增长模式难以持续。从现实情况看,投资拉动经济增长要明显快于消费,但投资如果满足不了需求,便是无效投资。近10多年来,在投资主导的模式下,物质型消费供给过剩,不仅表现在传统制造业领域,而且新兴制造业也出现产能过剩问题。按照全球制造业的一般标准,当企业产能利用率在90%以下且持续下降时,产能过剩的问题将会出现并且有可能恶化。据统计,2006—2019年,我国工业产能利用率平均为76.9%。与此同时,投资效率持续下降,并给地方政府带来不同程度的经济金融风险。

(2)从投资拉动转向消费拉动。当前,某些物质型消费领域产能过剩与大多数服务型消费领域供给严重不足并存,重要的原因就在于我国投资消费结构长期失衡，投资结构与消费结构不匹配。从投资率和消费率变动趋势角度看，1978—2019年我国投资率总体呈现上升趋势，1982年处于历史最低点，仅为31.9%；2010年上升到历史最高点，为47%，上升幅度达到15个百分点；到2019年，投资率仍然保持在43.1%的高位。在这个特定背景下，实现经济增长由投资导向转向消费导向，既是经济高质量发展的现实要求，也是满足城乡居民对美好生活向往的重要举措。

（3）2025年最终消费率将达到60%左右。我国进入新发展阶段，降低经济增长的波动，需要不断提升最终消费率。到2025年，最终消费率提高到60%左右，其中，居民消费率提高到45%左右，使消费成为稳定经济增长的内生动力。

8.产业结构变革：由工业主导转向服务业主导

（1）从工业主导转向服务业主导的大趋势。我国进入工业化后期，产业结构演进的一个基本趋势是从工业经济向服务经济转变，形成服务业主导的新格局。2019年，我国人均GDP约为10276美元，第三产业占比为53.9%；就业结构中第三产业就业人数占比为47.4%。尽管第三产业吸纳就业接近五成，成为绝对主力，但与高收入国家相比还相差20多个百分点。初步预测，如果"十四五"期间我国服务业占GDP的比例达到60%左右，服务业就业占比达到55%以上，人均GDP将达1.2万美元左右，从而步入高收入国家行列。

（2）服务业开始成为拉动经济增长的主要动力。随着我国开始进入工业化后期，服务业成为国民经济的主导产业，服务业对经济增长的贡献率持续提升。2015年，服务业对经济增长的贡献率首次超过工业并突破50%，达到55.9%。2010—2019年，服务业对国内生产总值的贡献率从39.0%增长到59.4%，提高了20.4个百分点，而同期工业对国内生产总值的贡献率从57.4%下降至36.8%，下降了20.6个百分点。这"一升一降"反映了我国经济增长动力机制发生重大转变。

（3）服务业结构逐步优化。近年来，我国生产性服务业占比有所提升，但与发达国家相比，我国生产性服务业占比仍然偏低。未来5年，随着技术研发的不断深入，我国生产性服务业占服务业的比重将逐步提升，到2025年有望达到55%左右。

9.产业链变革：消费结构升级引领产业链走向中高端

（1）产业结构升级取决于消费结构升级。一个经济体的消费结构升级要快于产业结构升级。没有消费需求释放，产业结构调整将成为无源之水。只有围绕消费升级的方向进行投资、创新和生产，才能最大限度地提高投资和创新的有效性、提升产业竞争力，进而实现经济提质增效。未来几年，需要加大消费对产业升级的引领作用，以消费升级带动产业升级，引导相关领域的科技创新和基础设施建设、公共服务等领域的新投资，促进产业结构升级和创新消费供给，进而加快培育形成经济发展的新动力。

（2）技术升级在一定程度上取决于消费结构升级。中长期的经济增长依赖于技术进步，但技术进步不是随机的，而是有着明确的需求导向和市场导向。世界科技史表明，几次工业革命的基本出发点都是为了满足不断扩大的市场需求。例如，美国航天航空领域不断推出新技术，很重要的原因之一就在于这些技术可以很快地投入市场，转化为社会的消费需求。因此，技术升级重要的是适应消费结构升级的趋势，适应市场需求变化的趋势。

（3）以消费结构升级引领新业态快速发展。在当前新业态不断涌现的基础上，适应新消费、新群体的趋势，加快创新生活性服务业的业态。加快线上线下融合，培育新型服务消费。例如，以"互联网+"形成家庭服务、健康服务、养老服务新业态，以"互联网+"形成教育、文化、旅游、餐饮服务新业态。

赢在2020转折点的改革行动

30条建议

（2017年3月）

我国经济增长与增长方式正在发生趋势性变化，经济转型开始成为经济生活的主题。深化以经济转型为目标的供给侧结构性改革，对开启蕴藏着的经济增长新动能，对发挥经济发展方式变革的决定性作用，以及对利益结构冲击的深度和复杂程度，都不亚于1978年开启的改革开放。它不仅决定我国经济发展的未来，而且将对全球经济增长产生重大影响。

2017—2020年是我国经济转型的"最后窗口期"。抓住2020年这个时间节点，以结构性改革破解结构性体制矛盾，不仅有利于解决经济转型的短期矛盾，而且将实现经济发展的新旧动能转换，努力赢得一个10~20年的重要发展期。

一、经济转型决定增长前景

尽管短期的经济增长面临某些不确定性，但由于经济转型升级蕴藏着巨大的增长潜力，未来5~10年，我国的发展仍将处于重要的战略机遇期。这是我国中长期经济持续增长的最大潜力。

1.赢在转折点的时间窗口在2020年

2020年是经济转型的历史关节点：产业结构正由工业主导向服务业主导转型。到2020年，服务业占比可能达到58%左右，初步形成服务制造化和制造服务化相互融合、金融与实体经济相互促进的新格局。到

2020年，户籍人口城镇化率有望达到50%左右，城镇居民服务型消费比重将由目前的40%左右提高到50%左右，消费总规模有可能扩大到50万亿元左右。到2020年，服务贸易规模有望超过1万亿美元，占我国贸易总额比重将达到20%以上。

2. 着力解决经济转型滞后的突出矛盾

到2020年，以研发为重点的生产性服务业占GDP的比重要从2015年的15%左右提升至30%左右，全面提升制造业和农业的服务化水平，解决企业层面转型滞后的矛盾。国有企业去产能基本完成，初步实现传统国有企业向创新型企业的转型升级。解决区域层面转型滞后的矛盾，初步完成包括东北老工业基地、资源依赖型省市的经济转型升级。

3. 释放经济转型升级的巨大增长潜力

经济转型将带来增长动力的转型，形成保持中速增长的重要源泉。未来几年，我国在信息消费、健康消费、旅游休闲消费、教育消费、文化消费、养老消费、体育消费、绿色消费等新型消费领域，都将产生数万亿级别的市场规模。户籍人口城镇化将直接带动近百万亿元的投资与消费需求。消费对经济增长的贡献率将稳定在65%～70%。

4. 以经济转型实现未来10年6%～6.5%的中速增长

在服务业领域行政垄断和市场垄断逐步打破的条件下，服务业年均增长速度将保持在9%左右，按照这个增速测算，每年将带动经济增长3.8～4.3个百分点。加上人口城镇化、消费结构升级带来的巨大增长叠加效应，有望使经济增长速度在未来5年保持在6.5%左右，未来10年保持在6%左右。

5. 推进经济发展方式的革命性变革

未来5～10年是经济转型出现革命性变革的重要阶段：推动新一轮科技革命与经济转型有机融合。到2020年初步完成从"工业2.0"向"工业3.0"的升级，2025年基本完成"工业3.0"的升级，在"工业4.0"上形成一大批具有国际领先水平的产业集群。以大数据、云计算、物联网、智能化、传感技术等新技术推动生产方式、生活方式变革，使新经济比重到2020年达到40%左右，2025年达到50%左右。以制度创新带动科技创新与产业创新，形成和放大创新的联动效应。

6.以经济转型带动社会转型

以经济转型创造更多中高收入就业岗位，奠定橄榄型社会形成的重要基础。从国际经验看，进入高收入阶段的国家，中等收入群体比例之所以超过50%，重要前提是50%以上的人口成为城镇居民，并大都在服务业领域就业。未来5～10年，如果能够顺利推进经济转型，我国的中等收入群体比重有可能达到45%左右。

7.以经济转型倒逼治理转型

经济转型涉及市场治理、社会治理、政府治理的深刻变革，牵一发而动全身。以经济转型倒逼政府转型，重塑政府与市场、政府与社会关系，到2020年，初步实现国家治理体系和治理能力现代化。

8.以经济转型提升我国对全球经济的重要影响

以我国的服务型消费为例，尽管起步晚，但绝大多数领域呈现爆发式增长，旅游、教育、电子商务、手游、物流、机器人等新型消费市场规模均达到全球第一，某些领域通过2～3年就达到市场规模全球第一。未来10年左右，服务型消费有望推动我国成为全球第一大消费市场。我国对世界经济增长的贡献率将保持在25%～30%。

二、结构性改革决定经济转型进程

经济转型的本质是通过结构调整和制度变革，实现结构再平衡和结构升级。以结构性改革破解结构性体制矛盾，对经济转型具有决定性影响。

9.服务业对社会资本全面开放

未来几年，深化供给侧结构性改革的重点是加快推进服务业市场开放。打破服务业领域的行政垄断、行政管制和行政壁垒，1～2年内全面放开竞争性领域、非基本公共服务领域价格管制，争取到2020年使服务业领域市场化程度接近工业领域的水平。研发设计、第三方物流、融资租赁、信息技术服务、节能环保服务、检验检测认证、电子商务、商务咨询等领域有序放开市场准入，取消某些不合理的经营范围限制。教育、医疗、健康、养老、文化等非基本公共服务领域全面放开市场准入，基本公共服务领域原则上引入竞争机制。争取到2020年，除了高档娱乐服务业外，全国基本实现服务业用地与工业用地"同地同价"，实现体制内外人才政策待遇平等，实现各类所有制企业平等参与政府采购。

10.以振兴实体经济为目标加快税收结构调整

经济转型升级客观要求推进税收结构性改革。改革以企业税、流转税为主的税制，进一步提高直接税比重，改革个人所得税征收方式，扩大财产税征收范围，探索启动开征遗产税、赠与税等新型税种。加快房地产税立法，推进消费税改革，将房地产税和消费税作为未来地方政府的主体税种，降低对增值税的依赖。

11.以职业教育为重点推进教育结构改革

总的来看，我国教育改革滞后于经济转型进程，并成为制约经济转型升级的重要因素。未来5年，要下大决心深化教育结构性改革。例如支持社会资本、外资兴办职业教育。简化设立职业教育学院的审批，在土地使用、财政支持、政府购买、人才培训等方面给予民办职业教育机构和公办机构同等的地位和待遇。鼓励以股权出让、股份合作、联合培养等多种方式，引导社会资本进入公办职业教育机构。推动一批普通本科高等学校转变成应用技术型高等学校和高等职业教育学校。

12.以扩大中等收入群体为重点深化收入分配制度改革

建议适应全面建成小康社会进程，与国家减贫计划相配套，出台"扩大中等收入群体国家规划"，通过健全劳动者报酬的保障机制、基本公共服务均等化、减轻中低收入者税负等，努力实现到2020年中等收入群体占比达到45%、规模扩大到6亿人左右。

三、以落实农民土地财产权为重点释放经济转型的巨大红利

以落实农民土地财产权为重点推动城乡关系二次变革,有利于盘活农村土地资源,释放城乡一体化巨大红利;有利于为国内过剩资本找到新的投资空间,形成农业农村发展的巨大新动能;有利于开拓经济转型的内需空间,为去产能、去库存开辟巨大市场空间。这是推进农业供给侧结构性改革的重大举措。

13. 以落实农民土地财产权释放内需潜力

当前,我国解决农业农村现代化的客观条件出现新的变化。国内资本由短缺走向过剩,全社会对绿色食品、高质量农业的需求日益增多,如果土地产权制度安排得当,就有条件引导部分社会资本流向农业农村。由此,形成农业农村发展的新动能。

14. 扩大农村土地承包权流转范围

农村土地承包权限于本集体经济组织内流转,不仅容易压低交易价格,还容易形成新的"地主"。按照党的十八届三中全会提出的"允许农村集体经营性建设用地出让、租赁、入股,实行与国有土地同等入市、同权同价"的精神,建议在严格农村土地用途管制和规划限制的前提下,扩大农村土地承包权的流转范围,简化农村土地承包权流转程序,使农村土地承包人可依法自主决定土地承包权流转。

15. 从法律上赋予农民长期而有保障的土地财产权

建议修改《土地管理法》:赋予农村土地使用权人的土地用益物权,使其拥有对土地使用权依法享有占有、使用、收益的权利;突破土地承包经营期限为30年的限制,实现农村土地承包关系稳定并长久不变。

16. 落实农民宅基地及住房财产权

从法律上赋予农民对宅基地使用权的用益物权性质,赋予其占有、使用、收益、转让、抵押、继承的完整权利。改变目前以成员资格无偿

分配的制度，明确使用期限；尽快结束现行法律限定农民宅基地"一户一宅"、转让限于本村村民之间的半商品化状况。

17.打破城乡建设用地市场分割，统一城乡用地市场

打通城乡资本、土地和住宅市场，实现双向流通，推进乡村房地产与城市国有房地产两个市场接轨。建立两种所有制土地"同地同价同权利"的平等制度，形成公开、公正、公平的统一交易平台和交易规则，只要符合相关法律，遵守交易规则，无论政府、农民集体、国有土地用地单位等，都可以在统一的土地交易市场从事土地交易。

18.到2020年让城乡二元户籍制度成为历史

尽快制定并实施"以全面实行居住证制度取代城乡二元户籍制度"的具体行动方案，到2020年基本建立以身份证号为唯一标识、全国统一的居住证制度；统筹推动户籍制度和农村土地财产权制度改革，让农民"带着土地财产权进城"。建议党的十九大明确宣布，2020年全面取消城乡二元户籍制度。

四、以自由贸易为主线加快推进开放转型

在经济全球化与国内经济转型历史交汇的大背景下，推进以自由贸易为主线的开放转型，将不仅为经济转型与结构性改革注入强大动力，而且对全球自由贸易和经济全球化带来重要影响，使我国由经济全球化的重要参与者转变为主要引领者。

19.以自由贸易战略引领经济全球化

从短期看，自由贸易和经济全球化进程将经历一个重大调整，但从中长期看，自由贸易大趋势难以逆转。经济全球化新动力正在孕育形成。2015年，服务贸易占全球贸易的比重达到23%；若按附加值计算，这一比重估计达到50%左右。技术革命和信息革命大大降低全球化成本，推动全球化向前走。这就需要主动适应和引领经济全球化，积极参与WTO，推进开放、包容、共享、均衡的自由贸易进程，促进经济全球化可持续

发展。

20. 以建立自由贸易区网络为目标推进"一带一路"进程

在经济全球化新变局的大背景下,"一带一路"成为经济全球化的新主角。在推进基础设施互联互通与产能合作的同时,需要明确把自贸区网络建设作为"一带一路"的重要目标。按照先易后难、循序渐进的原则,采取"早期收获计划"、框架协议、双边投资协定等形式,共建形式多样的双边、多边自贸区。例如,以打造东盟－中国"10+1升级版"推动与东南亚国家的合作进程;加快推进上海合作组织自由贸易进程;推进中国－海合会自贸区进程;提速亚太自贸区建设,以建立RCEP为突破,争取到2020年亚太自贸区实现重大突破;争取2020年建立中欧自贸区。建议以服务贸易为重点,尽快合并中欧投资协定谈判和中欧自贸协定谈判。

21. 尽快形成以服务贸易为重点的开放新格局

服务业市场开放是服务贸易发展的基础。建议尽快形成国家层面服务业市场双向开放的行动计划,明确2020年服务贸易占外贸总额比重达到20%以上的目标,推动服务贸易与服务业市场开放的融合:出台服务业对外开放政策目录,打破各类垄断,稳定、增强社会资本和外资的预期;推进教育、文化、医疗、健康等生活性服务业,以及建筑设计、会计审计、商贸物流、电子商务等生产性服务业有序对外开放,支持外资以特许经营方式参与能源、水利、环保、市政等基础设施建设运营;支持具备条件的服务业企业"走出去"开拓国际市场。

22. 以服务贸易为重点推进国内自贸区转型

这几年,国内自贸区以负面清单为重点的改革取得重要进展,但负面清单目前仍有122项,其中80余项针对服务贸易。推进以服务贸易为重点的开放转型,关键在于把服务贸易开放先行先试作为国内自贸区建设的主要目标。参照国际经验,尽快减短负面清单,争取到2020年把自贸区服务贸易负面清单压缩到40项以内。

23.加快推进产业项下的自由贸易进程

从不同区域的特定优势出发,支持具备条件的地区率先实行旅游、健康、医疗、文化、职业教育等产业项下的自由贸易政策,走出一条开放转型的新路子,为全国范围内的全面推开积累经验。比如,海南可以探索健康医疗、旅游、职业教育项下的自由贸易。

24.全面推进粤港澳服务贸易一体化

推进粤港澳服务贸易一体化重要的是在管住货物贸易的同时全面放开人文交流。鼓励并支持粤港澳三地青年人积极开展多种形式的沟通、对话、交流;率先在广东实施港澳居民自由落户政策;鼓励港澳人才到广东就业创业;推进三地服务业投资自由化,扩大港澳在广东省服务业投资自由化的范围;创新粤港澳服务贸易负面清单管理模式,加快粤港澳通关体制一体化,推进三地行业标准与管理规则对接。建议在中央层面建立协调机制,加强对粤港澳服务贸易一体化的指导、督办、落实;建立三地共同参与的联席会议制度,形成粤港澳服务贸易一体化的合作机制。

25.强化国家对外经济战略职能

作为开放大国,我国面临越来越多的全球经济事务。务实推进开放转型、有效防范开放风险,亟须改变对外经济职能分散、缺乏统筹的格局,强化统一领导、统一协调的对外经济职能。建议加快谋划、统筹研究我国新阶段对外开放战略体系建设,强化对外开放中长期规划协调职能;整合协调各部委对外经济合作和对外援助职能;整合分散在不同部门的国际人才管理职能,成立国家移民局,专司国际人才管理事务。

五、处理好政府与市场关系决定结构性改革成败

以政府与市场关系为重点深化结构性改革,决定经济转型进程。深化结构性改革,要紧紧抓住政府与市场关系这个"牛鼻子",使市场在资源配置中起决定性作用,在激发市场活力、企业活力上形成良好的制度

预期，并实现全面深化改革的重大突破。

26. 以市场手段为主推进"去产能、去库存、去杠杆"

"去产能、去库存、去杠杆"的本质是实现市场自身的供求平衡，主要由行政力量推动很难持续奏效。这就需要按照中央经济工作会议提出的"防止已经化解的过剩产能死灰复燃"要求，尊重市场规律，形成更多运用市场手段、法治手段的改革行动方案，推动企业优胜劣汰、优化重组。

27. 强化政府在"降成本、补短板"上的重要职责

一方面，以降低制度性成本激发市场活力。最大限度地实现企业注册登记便利化，形成全国统一的企业简易注销方案，适时取消企业一般投资项目备案制。一般投资项目一律由企业依法依规自主决策，对企业违法行为，政府以事后监管为主；推行法人承诺制。另一方面，以补短板促进去产能和去库存。例如，去库存主要的矛盾在三四线城市。政府的主要作用不在于限制中心城市房地产市场交易，而在于加快补人口城镇化这个"短板"，为三四线城市房地产去库存找到现实出路。

28. 形成政府主要管资本的国有资本管理新体制

国有资本从低效、无效的产能领域退出，更多配置在高效的产能领域和公益性领域，是供给侧结构性改革的重大任务，也是国企转型升级的关键所在。建议：把实现国有资产管理体制由"管企业"向"管资本"的转型作为深化国企改革的主攻方向。尽快出台国有资本投资、运营公司的改革方案。以发展混合所有制为重点扩大社会资本参与。垄断行业尽快向社会资本推出一批重大项目，敢于让利，让社会资本有盈利的预期。要明确界定公益性国企和竞争性国企，这是国有资本战略布局调整的前提。建议从国家层面形成"关系国家安全和国民经济命脉的重要行业和关键领域"明确的目录与标准，为国有资本有进有退提供指导；将政府履行国有资本所有权的宏观管理、资本运营、监督评价三种职能严格分开行使。

29.推进以监管变革为重点的简政放权改革

无论是加快服务业市场开放还是防范经济金融风险、落实国家食品安全战略,都需要把监管变革摆在政府改革的突出位置。当前的突出矛盾是,行政审批与市场监管合二为一的体制下,重审批、轻监管的格局难以改变,监管的独立性、权威性、专业性难以实现。建议:把监管变革作为深化简政放权改革的重点,实现由行政型监管为主向法治化监管为主转型;加快调整金融、垄断行业、食品药品监管权力结构,推进监管与行政审批的有效分离。

30.加强经济转型的顶层设计

经济转型具有长期性、系统性、深刻性、复杂性和艰巨性,需要在全社会形成共识,更需要有打持久战和攻坚战的准备。建议:尽快出台面向2025国家经济转型的中长期规划,强化经济转型与结构性改革的统筹协调与顶层推动,鼓励地方结合实际探索创新,充分发挥基层的首创精神。

以扩大内需为导向完善社会主义市场经济

24条建议

（2018年8月）

未来几年，我国加快完善社会主义市场经济体制有着特定的背景：经济转型升级对完善社会主义市场经济体制提出新的要求。加快制造业转型升级、破解服务型消费供给短缺、加快以服务贸易为重点的开放转型等成为重大任务；发展的外部环境明显变化，对完善社会主义市场经济体制提出新的要求。加快完善社会主义市场经济体制的重要选择在于以更大的决心和魄力深化改革开放，释放内需的巨大增长潜力。

一、把充分释放内需潜力作为完善社会主义市场经济体制的战略基点

作为13亿多人的大国，经济转型升级蕴藏着的巨大内需潜力，是我国经济中长期发展的"压舱石"，更是我国应对经济全球化新变局的"最大底气"。

1. 我国正处在经济转型升级的历史关节点

（1）我国进入工业化后期，产业结构正由工业主导向服务业主导转型升级。根据人均GDP、产业结构、城镇化率、第一产业就业比重等指标判断，我国总体上开始进入工业化后期。预计到2020年，我国服务业占比有望从2017年的51.6%提高到55%左右，基本形成服务业主导的产业结构。

（2）我国进入消费新时代，消费结构正由物质型消费为主向服务型

消费为主转型升级。2017年，我国城乡居民恩格尔系数下降到29.3%，首次低于30%。以促进人的全面发展为重要特征的服务型消费逐渐成为全社会消费的重心。2016年，我国城镇居民服务型消费支出占比达到45.2%，预计到2020年，这一比重将提升到50%左右。

（3）我国进入全面开放新阶段，开放结构正由货物贸易为主向服务贸易为重点转型。2012—2016年，我国服务贸易年均增速9.6%（以人民币计价），高于同期货物贸易9.7个百分点，高于同期GDP增速2.3个百分点。2017年，我国服务贸易规模达到6960亿美元，预计到2020年，服务贸易规模有可能增长到1万亿美元左右，占外贸总额比重有可能提升到20%左右。

2.我国经济转型升级蕴藏巨大的内需潜力

（1）消费结构升级蕴藏巨大内需潜力。2017年我国最终消费支出占GDP的比重为53.6%，如果到2020年能达到60%左右，届时消费规模将达到45万亿~50万亿元，新增市场空间将达10万亿元以上。

（2）产业结构升级蕴藏巨大内需潜力。我国服务业占GDP比重仅略高于低收入国家水平，低于世界平均水平与中等收入国家水平。如果到2020年我国服务业占比达到中等收入国家的平均水平，服务业规模将有望达到50万亿元左右，新增市场空间将达10万亿~12万亿元。

（3）人口城镇化和乡村振兴蕴藏巨大潜力。预计到2020年，我国户籍人口城镇化率将由2017年的42.35%提高到45%左右，常住人口城镇化率将由2017年的58.52%提高到60%~65%。人口城镇化与乡村振兴的"双轮驱动"将带来巨大投资消费需求。以消费为例，2017年，我国1个城镇居民的消费水平相当于2.65个农村居民。如果农村居民消费水平能接近或达到城镇居民的消费水平，一年可带来10万亿元的新增消费。

3.内需潜力的充分释放能够支撑我国经济的中速增长

（1）内需潜力释放有条件支撑我国经济未来10年6%的增速。如果

2020年我国消费规模达到50万亿元左右，未来几年经济增速有望保持在6.5%左右。以服务业为例，过去10年服务业每增长1个百分点，可以带动经济增长0.43个百分点。如果服务业保持8%~9%的增速，每年将带动3.8~4.3个百分点的增长。

（2）内需潜力释放奠定我国高质量发展的重要基础。一是充分就业基础上的增长。服务业年均增长9%，每年吸纳就业将达到1000万人左右，到2020年服务业就业人员有望达到4亿人，占总就业人员比重达到50%左右。二是收入分配结构优化基础上的增长。如果服务业占比能够提高到55%左右，国民收入分配中的劳动者报酬占比就有可能从2016年的47.46%提高到2020年的50%左右，由此我国中等收入群体比重有望提高到35%左右。三是符合绿色要求的增长。初步测算表明，如果服务业占比提高到55%，以2012年GDP总量估算，到2020年能耗总量将减少14.16%，二氧化硫排放总量将减少18.23%。

（3）13亿多人的内需大市场是我国应对经济全球化新变局的"压舱石"。我国是世界上拥有全部工业门类的发展中国家。有研究估算，2016—2021年我国消费增量将高达1.8万亿美元，相当于2021年英国的消费市场规模。面对经济全球化的新变局，关键是把我国内需潜力这一巨大优势利用好、发挥好。

4. 新阶段充分释放巨大内需潜力的时代性课题

（1）加快制造业转型升级，破解制造业大而不强的突出矛盾。从规模上看，我国制造业增加值约占世界制造业20%的份额，已成为全球制造业第一大国，但生产性服务业占服务业的比重为50%左右，与发达国家74%的平均水平相差20个百分点以上。

（2）扩大有效服务供给，破解服务型消费供给短缺的突出矛盾。例如，2017年，我国60岁及以上人口已达到2.4亿人，占总人口的17.3%。预计到2055年，这一比重将达到35%。例如，按照"百名老人5张床位"的国际标准计算，我国养老相关服务供给仍存在巨大缺口。

（3）加快服务贸易的创新发展，破解服务贸易比重偏低的突出矛盾。2016年，我国服务进出口额占我国贸易总额的比重为15.1%，2017年下降至14.5%，不仅远低于部分发达国家，也低于世界平均水平（23.7%）。2017年，我国旅行、运输、建筑等三大传统服务贸易占比为65.6%；金融、保险、知识产权、技术、电信、计算机和通讯等技术含量相对较高的服务贸易额仅占14.4%。

5. 关键在于处理好政府与市场关系

（1）用市场化的办法释放内需潜力。市场经济是释放内需潜力的有效机制，没有市场经济体制这一基础，有效需求难以识别，有效供给难以出现，内需潜力难以有效释放。立足释放内需潜力，不断扩大市场决定资源配置的范围，尽快形成内需潜力释放与经济增长相互促进的良性循环。

（2）推进服务业市场开放进程。改革开放40年来，我国市场开放的重心主要在工业领域，服务业领域市场化改革严重滞后，导致服务业领域"有需求、缺供给""有产品、缺品牌""有服务、缺标准"等现象比较普遍。

（3）尽快改变城乡二元分割的经济结构。由于城乡二元分割，资源在城乡间的自由流动受到制约，农村巨大的市场潜力尚未完全释放、激活。

（4）加快形成各类市场主体公平竞争的市场环境。由于产权保护制度化法治化进程缓慢、税费负担较重等诸多因素，民间投资一度出现断崖式下滑，民营经济发展面临着某些政策与体制性障碍。

（5）破题中高级要素的市场化改革。我国已经拥有世界第一的人才规模和世界第二的研发投入，但由于创新要素受不合理的体制束缚，人才的规模优势、研发投入规模优势难以转化为自主创新优势，科技创新与经济转型升级相脱节的矛盾比较突出。

二、以降低制度成本为重点振兴实体经济

我国巨大的内需潜力优势要转化为实体经济的发展优势，关键在于通过深化改革降低制度成本。这就需要加快产权保护和要素市场化配置，大幅减轻企业和居民负担，扭转资源配置"脱实向虚"的趋势。

6. 加快以制造业转型升级为重点的实体经济发展

大国经济的根基在于实体经济，实体经济根本在于制造业。13亿多人的内需潜力为制造业转型升级提供了巨大的空间。例如，尽管我国不是机器人发展最先进的国家，但机器人的最大市场在我国。2017年全球工业机器人出货量达到38.1万台，同比增长29%，中国地区增长高达58%。2017年我国机器人销量达到13.8万台，占全球比例由14.5%上升至36%。问题在于，能否以市场化改革打破制约实体经济发展的某些制度性障碍。

7. 以大幅降低企业税负为重点，改革税收制度

（1）大幅降低企业税负。世界银行数据显示，2016年所有国家（地区）平均总税率为40.6%，而中国总税率为68%，远高于平均水平。建议尽快对实体经济实施"休养生息"，进一步加大减税力度，着力减轻中小微企业税负、减轻企业社保支出。

（2）加快改革税收制度，建立具有国际竞争力的税收制度。以"简税制、低税率"为导向深化税收体制改革。建议在国内部分自贸试验区、海南自由贸易港先行探索。

（3）着力降低企业融资成本。有调查显示，2017年上半年企业民间融资成本在12%~15%，2018年普遍上涨至20%以上。把降低企业融资成本作为深化金融改革的重要目标，创新普惠金融，提高政策性金融支持中小微企业发展的力度，扩大直接融资比重。

（4）着力降低行政成本。把降低财政供养人数作为深化党政机构改革的重要目标，在省市县对职能相近的党政机关探索合并设立或合署办公，尤其是市县要加大党政机关合并设立或合署办公力度，机构限额统

一计算；更多采取政府购买公共服务等办法，推行"养事不养人"。

8. 以创新要素的市场化释放创新活力

（1）以激活创新要素为导向，改革科技体制。对科研人才全面松绑，赋予科研人才更大的自主权，使人才的规模优势、研发投入规模优势转化为自主创新优势。

（2）承认并充分保护科研人员的合法利益。对科研人员科技创新收益和成果转化收益不设上限，鼓励落实科研人员带着科研项目和成果创办企业。形成市场导向的人才流动机制，推动中高级人才自由流动。形成人力资本股权化的制度性安排，强化知识产权创造、保护、运用。

（3）在市场竞争中加快培育大国工匠。完善市场秩序，形成"工匠精神"的土壤；以培育高技能人才为重点放开职业教育市场；鼓励和支持企业推行技术工人员工持股。

9. 以混合所有制改革为重点，加快国有资本战略性调整

党的十九大明确提出"做强做优做大国有资本"。"做强做优做大国有资本"关键是调整优化国有资本战略布局，在推动产业结构变革、扩大实体经济有效供给中发挥重大作用。

第一，规模庞大的国有资本要反映社会需求变化，成为公共产品和公共服务的重要提供者。第二，国有资本配置要充分考虑市场公平竞争的要求，要破除行政垄断，为民营经济发展创造新的制度空间。第三，从国际视角看，需要参照国际惯例，用管资本的办法取代管企业的办法，优化国有资本布局。

10. 以产权保护制度化法治化为重点，稳定社会资本预期，激发社会资本活力

当前，民营经济在我国国民经济中的地位作用举足轻重，可以概括为"56789"：税收贡献超过50%，国民生产总值、固定资产投资、对外直接投资占比均超过60%，高新技术企业占比超过70%，城镇就业超过80%，对新增就业贡献达到90%。这就要完善产权保护司法程序，加快

建立产权保护中的政府守信践诺机制，以出台民法典为重点，强化产权保护立法。

三、以服务业市场开放为重点，深化供给侧结构性改革

以服务业市场全面开放为重点深化供给侧结构性改革，既是适应我国社会主要矛盾变化、满足城乡居民服务型消费需求的重大举措，也是使巨大内需潜力转化为产业变革新优势的重大举措。

11. 充分释放内需潜力的关键是服务业市场开放

进入服务型消费新阶段，扩大内需的重点在服务业领域。争取到2020年基本形成服务业市场开放的新格局，服务业领域的市场化程度达到70%左右，服务业领域对外资开放的，应同等向国内社会资本开放；对国内社会资本开放的，在保障国家安全的前提下扩大向外资开放。

12. 以打破垄断为重点加快服务业市场开放

（1）破除服务业领域的市场垄断和行政垄断。推动服务业领域国有资本战略性调整，全面推进垄断行业向社会资本开放；打破服务业市场分割和区域壁垒，凡是法律法规没有明令禁入的服务业领域，都应该向异地社会资本开放。

（2）加快形成市场决定服务价格的新机制。区分基本公共服务与非基本公共服务，实施差别定价机制；对基本公共服务领域，政府仍保留定价权以保障公益性；对非基本公共服务，全面放开价格管制。

（3）加快服务业发展的政策调整。实现服务业与工业用地政策平等；实现体制内外人才政策待遇平等；实现政府采购政策待遇平等。

13. 突破服务业市场开放的观念束缚和利益掣肘

（1）突破服务业市场开放的观念束缚。

——服务业市场开放有利于提升综合实力。当前，以研发为重点的生产性服务业仍相对滞后。例如，我国企业组装苹果手机所获利润仅占整机利润的1.8%，绝大部分利润最终流向价值链上游的美国苹果公司。

据伦敦波特兰公关公司公布的年度"软实力"影响力国家排名，2017年我国名列第25名，与世界第二大经济体的地位严重不符。

——服务业市场开放有利于提升服务业竞争力。开放和竞争是加快产业发展变革的根本途径。在加入WTO之初，不少人也担忧我国制造业会受到冲击，结果却是我国形成了制造业发展的巨大优势，并成为世界第一制造业大国。当前，在新科技革命与服务业高度融合的背景下发展现代服务业，更需要充分利用国际先进管理和先进技术培育服务业领域的国际竞争新优势。

（2）服务业市场开放要突破利益掣肘。

——打破部门利益。例如，有的部门"避重就轻""避实就虚"，在简政放权中采取合并同类项的办法变相保留审批权。一些重大改革的设计、谋划，需要超越具体部门，采取"中央决策、部门执行"的改革模式。

——打破行业利益。以出租车行业为例，长期以来"打车难"问题得不到根本解决，关键在于出租车行业利益固化。尽管社会呼吁多年，改革进展一直不大，直到网约车的出现真正动摇了其垄断地位，才逼迫其开始改革。

四、以服务贸易为重点加快形成对外开放新格局

当前，服务贸易与服务业市场开放高度融合。立足释放13亿多人的内需潜力，扩大对外开放，既是促进国内经济转型升级的迫切任务，又是有效应对全球化新变局的重大举措。把握国内经济服务化与全球服务贸易进程历史交汇的新机遇，推进以服务贸易开放为重点的开放转型，开创对外开放与国内市场化改革相互促进的新局面。

14. 把扩大服务贸易作为释放内需潜力、应对经济全球化变局的重大举措

（1）服务贸易发展倒逼国内服务业高质量发展。通过扩大服务贸易加快实现国内服务业标准与国际对接，将形成对外开放倒逼国内服务业

参与国际竞争的新态势。

（2）服务贸易发展，增强我国应对美国贸易挑战的主动权。2017年，我国对美国货物贸易顺差为2758亿美元，但美国对我国的服务贸易顺差为385亿美元，占美国全部服务贸易顺差的15.9%，比2008年提高了12个百分点左右；我国是美国第一大服务贸易逆差国，对美国的服务贸易逆差是2008年的近8倍。

（3）服务贸易发展提升我国在全球自由贸易规则重构中的话语权。研究测算，如果我国的服务贸易潜力充分释放，到2030年，我国将成为全球最大的服务进口国，占全球服务进口总额的13.4%，约为目前的3倍，领先于美国（7.7%）和德国（5.8%）。

15. 适应消费需求升级，主动扩大优质产品与服务进口

（1）建议以取消药品及常见病所使用的医疗器械进口增值税为起点，取消服务进口领域不合理的限制措施。根据财政部2017年最新关税税率调整，我国进口药品最惠国税率为2%~4%，而进入销售环节，还需要在此基础上征17%的增值税，较高药品税赋使得进口药品价格上升30%左右。

（2）进一步降低高端消费品关税水平。我国在高端消费品等领域的关税水平仍然较高，建议进一步降低奢侈品、日用消费品进口关税水平，防止国内消费外流。

（3）尽快加入世界贸易组织《政府采购协定》。2016年，我国政府采购规模为25731.4亿元，占全国GDP的比重为3.5%，而发达国家政府采购规模占GDP的比重为15%至20%。未来5~10年，如果我国政府采购规模达到GDP的10%，并且逐步向全球开放市场，这不仅有利于提升采购质量，还将大大提升我国在全球自由贸易进程中的话语权。

16. 推进"一带一路"产能项下和服务项下的自由贸易

（1）实施旅游产业项下的自由贸易政策。在海南自由贸易港建设中率先对旅游、健康产业相关设备进口实行免关税等政策，对旅游、健康

产业的产品生产、加工、制造实行保税物流、保税展示、保税维修服务等政策。

（2）实施医疗健康产业项下的自由贸易政策。建立健康产业基金、健康科技园区、健康服务业合作示范基地等合作平台，形成"资金、政府、科研"的合作体系，打造一批面向"一带一路"沿线国家和地区的国际化医疗保健机构。

（3）探索金融项下的自由贸易政策。针对人民币国际化进程中的矛盾问题，以重点项目为依托，积极开展人民币在"一带一路"沿线国家和地区的跨境使用。

（4）探索能源项下的自由贸易政策。例如，我国西北地区和中亚国家在能源领域具有明显的互补性。可以考虑率先实施能源矿产资源项下自由贸易，推动我国西北地区能源开发技术、标准、设备等走出去，为建立中国－中亚自由贸易区创造有利条件。

17. 以服务贸易为重点创新负面清单管理

2018年6月底，我国公布了《外商投资准入特别管理措施（负面清单）（2018版）》及《自由贸易试验区外商投资准入特别管理措施（负面清单）（2018版）》，大幅放开了投资准入。未来几年，既要进一步削减负面清单长度，更要着眼于服务贸易发展创新负面清单制度，并显著提高负面清单管理的透明度。在实行"准入前国民待遇"的同时，更要突出"准入后国民待遇"，让民企、外资和国企享受同等待遇。

18. 加快形成以服务贸易为重点的开放新高地

（1）以服务贸易为重点加快国内自贸试验区转型。国内自贸试验区需要在服务贸易发展和服务业市场开放上先行探索，更好承担起我国新时期更大程度对外开放压力测试的重要作用。例如，更大范围突破服务业对外开放的限制，探索服务贸易新规则。

（2）以服务贸易一体化推进粤港澳大湾区建设。粤港澳大湾区是一个大战略，打好粤港澳大湾区这张牌，重要的是尽快实现粤港澳服务贸易一体化体制机制建设的实质性突破。例如，率先实现广东服务业对港澳的全面开放；在管住货物的前提下全面放开人文交流；建立粤港澳大湾区服务贸易一体化通关监管体制等。

（3）尽快形成海南自由贸易港服务贸易新高地。以服务国家重大战略为目标，以中国特色自由贸易港为主题，以服务贸易创新发展为主导，加快形成海南服务贸易新高地。例如，尽快把国家赋予博鳌乐城国际医疗旅游先行区的政策向全岛推开；加快推动免税购物的市场开放，突破现行某些不符合国际消费中心的政策规定，高标准建设国际旅游消费中心；加快推进邮轮旅游产业开放，以邮轮旅游为重点构建"泛南海旅游经济合作圈"。

（4）以服务贸易为重点加快构建自贸区网络。以双边多边自由贸易应对来自美国的单边贸易摩擦，重要举措是构建以服务贸易为重点的自贸区网络，务实推进与欧盟、日本、东盟等经济体的服务贸易自由化、便利化进程。

五、以优化营商环境为重要目标处理好政府与市场关系

我国拥有13亿多人的内需大市场，蕴藏巨大的投资潜力。同时也要客观看到，我国的营商环境还有较大差距，还有较大提升空间。在市场对内对外开放加快的今天，能否形成国际化、法治化、公平透明的营商环境，成为处理好政府与市场关系的重大任务。

19.以打造国际化、法治化营商环境为重点深化简政放权改革

（1）优化营商环境在政府改革中的地位作用全面凸显。在国际国内市场深度融合、资本进出自由的条件下，一个国家和地区要取得中长期的发展优势，首先要有良好的营商环境，要能够吸引资本流入。

（2）各国政府围绕优化营商环境的竞争日益激烈。经济全球化新变局下，国与国之间的经济竞争，越来越表现为改善营商环境、吸引外资流入的竞争。

（3）持续对接国际通行的经贸规则，建设国际一流的营商环境。建议参照世界银行标准，结合我国实际，形成我国优化营商环境的指标体系和评价体系，并纳入地方政府政绩考核评价标准体系。

20.以提高政府效能为重点激发市场活力

（1）市场活力缺失很大程度上反映政府办事效率低下，反映政府部门不作为。例如，2017年，我国开办企业便利化指数为85.47，比上一年提高了1.8%；在全球排名第93位，比上一年提高了43位，但与发达经济体相比还有较大的差距。例如，从开办企业所需程序来看，我国平均需要7项，经济合作与发展组织（OECD）高收入国家平均为4.9项，韩国仅需2项；从开办企业所需时间来看，我国平均需要22.9天，OECD高收入国家平均需要8.5天，韩国仅需4天。

（2）以提高行政效率提升市场的活力，尽快形成市场决定资源配置的格局。在当前国际国内特定背景下，如果政府办事效率低下和政府不作为的矛盾不解决，相当多的改革难以奏效，激发经济活力的举措也难以奏效。

（3）在政府向市场放权中提升政府效能。建议借鉴新加坡和香港地区经验，尽快实施企业自主登记制度，取消企业一般投资项目备案制。

21.更大范围地实施竞争政策，营造公平竞争的市场环境

过度使用产业政策容易扭曲市场环境，不利于公平竞争。加快确立竞争政策的基础性地位，对确有必要的产业政策，尽快优化实施模式。第一，减少具体领域的产业规划，缩小产业政策范围。第二，优化改变产业政策模式，减少歧视性产业政策的制定，以无差别的功能性产业政策逐步取代歧视性产业政策。第三，减少产业发展一般性的财政补贴，更多地支持产业发展涉及的基础研发。第四，更多地补贴消费者。比如，要支持新能源汽车，与其补贴生产者不如补贴消费者，既扩大市场规模又鼓励竞争，同时还避免寻租腐败。第五，更多地采用政府采购的办法，以公平竞争为标准，引入竞争机制。

22. 在加快市场开放中重构市场监管体系

（1）市场开放要实现"放得开、管得住"。以最近P2P频繁暴雷为例，互联网金融是个创新，但由于金融监管没有跟上，使得行业风险不断积累。

（2）推动行政审批与市场监管严格分开，确保监管机构独立公正行使监管权。当前，市场监管仍保持着行政审批与市场监管"合二为一"的突出特征，以行政审批取代监管的矛盾比较突出。建立公平公正的市场秩序，关键是把行政审批与市场监管严格分开。

（3）加强重点领域市场监管。一是加快建立专业化、稳定化、体系化的食品药品监管系统，形成完善的食品药品国家治理体系；二是尽快形成服务业市场监管标准和有效的监管方式；三是明确把新经济监管作为市场监管部门的重要职责，对新经济实施有效监管。

（4）以防范系统性金融风险为重点完善金融监管。第一，在去杠杆中的上市公司股权质押已成为引发股市暴跌的重要来源，应尽快形成股权质押风险的应对机制。第二，加强房地产市场监管，严格控制银行信贷资金过度流入房地产领域。第三，建立地方政府隐性债务风险预警机制和化解机制，实现地方各级政府资产负债表编制全覆盖，推动隐性债务显性化、透明化、可治理。第四，尽快形成防范人民币汇率风险的常态化监管机制。

23. 以强化公共服务为重点推进政府职能转变

（1）以基本公共服务均等化基本实现创造良好的消费预期。住房、医疗、教育、养老等领域的基本公共服务保障水平低导致城乡居民对未来预期不稳，是制约消费需求升级的突出矛盾。

（2）在政府"保基本"的同时，在公共服务领域引入竞争机制，满足多元化的社会需求。统筹考虑服务业市场开放与事业单位改革。按着法定机构的改革方向，凡不承担行政事务的事业单位，一律取消行政级别、行政编制；提供竞争性服务的事业单位，一律转化为市场主体；基本公共服务领域的事业单位，推动企业化运作，建立公益法人治理结构，形成公益性、专业性的法定机构体系。

24. 推进政府职能法定化

推进政府职能法定化，有利于在建设法治市场经济上创造良好的社会预期。建议以强化公共服务立法为重点逐步实现各项职能法定化。例如：制定出台卫生法，为医疗卫生体制改革中的政事分开、管办分离创造条件；修改《教育法》，为社会资本、外资办教育提供法律依据；出台公共文化服务保障法，区分公共文化服务与非公共文化服务，为明确政府文化职能和文化领域的市场开放提供法律依据。

"改革开放是决定当代中国命运的关键一招，也是决定实现'两个一百年'奋斗目标、实现中华民族伟大复兴的关键一招。"释放经济转型升级蕴藏的内需潜力，加快完善社会主义市场经济体制，不仅对我国中长期经济发展有着决定性影响，而且对全球经济有着重大影响。当前，改革又到了一个新的历史关头，推进改革的复杂程度、敏感程度、艰巨程度不亚于40年前。这就需要进一步解放思想，以更大的决心和魄力突破利益固化格局，推出一批管用见效的重大改革举措；这就需要激励政府、企业、社会主动作为，积极有为，形成"让改革者想干事、能干事、干成事"的良好改革氛围。

"十四五"深化要素市场化配置改革的重大任务

15条建议

（2020年7月）

中央全面深化改革委员会第十四次会议强调,"必须发挥好改革的突破和先导作用,依靠改革应对变局、开拓新局"。从现实情况看,无论是畅通国内国际双循环,还是释放国内巨大内需潜力,都对推进要素市场化改革、优化要素市场化配置提出现实需求。

一、把深化要素市场化配置改革作为"十四五"应对变局开拓新局的关键一招

1. 大变局下"十四五"深化要素市场化配置改革的现实需求

从国际看,当今世界正面临百年未有之大变局,既表现在生产力层面的新一轮科技革命和产业变革,又表现在生产关系层面的全球治理体系和国际经济政治格局的深刻调整。从国内看,"十四五"经济发展面临着结构性、体制性、周期性等问题相互交织,短期与中长期问题相互叠加。依靠要素规模投入促进经济增长的难度明显加大。在此背景下,无论是应对外部环境变化、有效抵御外部风险挑战,还是适应国内发展的阶段性特征、充分发挥国内超大规模市场优势,都需要加快实现深化要素市场化配置改革的重要突破,明显提升要素配置效率,在畅通国内大循环中促进国内市场和国际市场更好联通,更好利用国际国内两个市场、两种资源,赢得大变局下国际合作竞争的主动。

2."十四五"深化要素市场化配置改革重在推动经济体制的制度集成创新

在内外环境明显变化的背景下,深化要素市场化改革,需要在经济体制关键性基础性重大改革上突破创新,需要更加突出改革的系统性集成。以此"突出改革实效,推动改革更好服务经济社会发展大局"。例如,要素市场化改革离不开产权制度改革、离不开价格制度改革;推进要素市场化改革的重要任务是包括土地等在内的要素确权;要把要素市场化改革和产权改革、价格改革等有机结合起来,统筹设计、同步推进,形成制度集成创新的新格局。

3.坚持目标引领和问题导向相结合分类推进要素市场化配置改革

一方面,深化要素市场化配置改革,核心是充分发挥市场在要素资源配置中的决定性作用,打破要素自由流动的体制机制壁垒,保障各类市场主体平等获取生产要素。另一方面,从实际出发深化要素市场化配置改革,需要突出重点、分类推进。例如,随着科技革命的推进,要素的范畴也在不断拓展,除了传统要素外,数据等成为新的要素。在传统生产要素领域,重点是消除资源配置扭曲,把劳动力、土地、金融等配置到生产率更高的领域,使实际经济增长达到潜在生产可能性边界;在数据等新的生产要素领域,重点是加快产业数字化、智能化改造,推动先进技术市场化转化与扩散。

二、"十四五"着力推进土地要素市场化配置改革

4.以土地要素市场化配置改革释放我国高质量发展的新动力

一方面,土地成为我国要素市场化配置改革的突出短板。数据显示,10年来平均每年供地880万亩左右,2018年国有建设用地的供给总量中,政府划拨的仍占60%,通过招拍挂出让的不到40%。另一方面,土地要素市场化配置改革将释放巨大的增长潜力,并在提升农民财产性收入、促进城乡要素合理双向流动中发挥重要作用。"十四五"必须以新的思路

开辟土地要素市场化配置改革新路径。

5. 发挥市场在土地资源配置中的决定性作用

一是逐步减少中央政府对土地指令性计划管理，取消行政集中的用地指标管理制度，并赋予省级政府更大的用地自主权；二是进一步深化产业用地市场化的配置改革，充分利用市场经济盘活存量用地和低效率用地，扩大国有土地有偿使用的范围，推进国企存量用地的盘活利用，完善盘活存量建设用地的税费制度；三是实现政府的土地管理与经营职能分开，推动地方政府摆脱土地财政依赖；四是改革土地要素价格形成机制，由市场竞争决定土地价格。

6. "十四五"率先建立健全城乡统一的建设用地市场

一是全面推进农村土地征收制度改革，实行农村集体经营性土地和国有土地同等入市、同价同权，并建立公平合理的集体经营性建设用地入市增值收益分配制度与入市激励机制；二是尽快实现农村宅基地制度改革的实质性突破，建立农村宅基地自愿退出机制，盘活存量闲置宅基地，并按照"适度放活宅基地和农民房屋的使用权"的要求，进一步探索宅基地"三权分置"改革。在近期内按照立足存量、先房后地的原则，优先推进农村住房财产权的对外流转，通过自主经营、租赁经营、委托经营等多种方式盘活农村住房。在此基础上，逐步实现房地一体的农村宅基地使用权跨集体流转；三是进一步完善跨地区耕地占补平衡、增减挂钩的政策，建立全国性建设用地、补充耕地指标跨区域交易机制，允许各地区用地指标通过市场化方式自由交易；四是推进土地管理制度逐步由城乡二元向城乡统一过渡，实现各类土地在明细产权前提下在一个平台上无障碍交易。考虑到土地改革全面性和重要性，建议制定"十四五"土地要素市场化单项改革的行动方案。

7. 适应土地要素市场化改革推动城乡融合发展的体制机制创新

"十四五"时期，一是注重规划引导。优化区域城镇体系规划布局，发挥其对推进城乡融合相关改革的引导作用。二是强调公平竞争。完善公平竞争制度,切实改变城乡企业竞争地位不平等、"三农"权利被边缘化的格局。三是突出改革实效。关键是进一步发展农村非农经济产业,改变目前农村粮食供给的单一功能,由此明显提升农村经济活动的回报率;四是守住底线思维。要禁止破坏农村资源环境等行为,强化"三农"政策的兜底和"保基本"作用。

三、"十四五"要加快推动劳动力、资金、技术、管理等要素的市场化配置

8.以促进劳动力城乡流动为重点推动劳动力市场化配置改革

"十四五"人口流向将决定区域发展格局的走势。适应这个大趋势,关键是促进城乡、区域间的人才社会性流动和高端人才市场培育,显著提升劳动力配置效率。一是继续深化户籍制度改革,放开放宽除个别超大城市外的城市落户限制;二是尽快实行以公民身份证号码为唯一标识、全国统一的居住证制度,并建立城镇教育、就业、医疗卫生等基本公共服务与常住人口挂钩机制,推动农业转移人口市民化;三是加快构建人才的社会性流动和吸引全球高端人才的体制机制,进一步完善劳动力价格形成机制与保障机制,加快与国际人力资源市场的对接。

9.以完善多层次资本市场为重点推进资本要素市场化配置改革

"十四五"时期,一是继续放开金融服务业市场准入,增加服务小微和民营企业的金融服务供给,疏通金融和实体经济的传导机制;二是加快深化资本市场改革,拓展多层次资本市场内涵;三是在科创板试点基础上进一步拓展注册制改革,为新经济提供更加便利快捷的上市渠道,也为承接中概股回归创造条件;四是疏通货币市场和债券市场利率向信贷市场传导的渠道,通过加强公开市场操作打造利率走廊,实现利率市场化。

10.以科技成果产权激励制度改革为重点推动技术要素市场化配置改革

适应"十四五"科技革命与产业变革大趋势,要加快构建科技人员

职务科技成果产权激励制度。一是赋予科技人员职务科技成果所有权或长期使用权,进一步下放科技成果使用权、处置权和收益权,让科技项目研发与科技人员受益直接挂钩;二是进一步扩大创新主体自主权,支持科研单位和人员共有成果所有权,将"先转化、后奖励"改变为"先赋权、后转化",完善科技成果转化激励政策;三是加快发展技术转移机构和技术经理人,支持高校、科研机构和科技企业设立技术转移部门,形成科技成果转化的机制化安排。

11. 以数据产权界定和数据交易市场培育为重点推进数据要素市场化配置改革

"十四五"要抓紧制定相关法律法规,明确数据产权界定,对数据的所有权、使用权、收益权、处置权等进行规范。在保障国家安全的基础上,加快形成数据要素市场定价机制、市场交易方式和市场监管上的规范性制度和规则,加快培育数据交易市场,并与国际数据市场在数据确权、数据认证、数据定价、数据监管等方面的规则对接。

四、"十四五"以制度型开放深化服务业市场化改革

12. 把深化服务业市场化改革作为"十四五"深化市场化改革的突破点

在内外环境变化的特定背景下,深化服务业市场化改革既是释放巨大内需潜力的关注点,也是释放服务贸易优势以赢得国际合作竞争新优势的关键;既是推进高水平开放的重大举措,也是深化市场化改革的重大任务;既是应对变局的主动之举,也是开拓新局的主动之举。要着力以制度型开放深化服务业市场化改革,形成"十四五"市场化改革的重大突破。

13. 当务之急是加快形成公开市场、公平竞争的市场环境

一是打破社会资本进入服务业的各类有形和无形壁垒,尽快打破不合理政策体制对社会资本的束缚,尽快实现体制内外服务业企业政策平等,全面实现服务领域的平等竞争;二是以产业政策转型促进服务业市

场化改革。强化竞争政策的基础性地位，推动产业政策转型。尽快修订《反垄断法》，将竞争政策及相应的公平竞争审查制度、反行政垄断制度纳入《反垄断法》。大幅减少产业补贴与扶持项目，用竞争政策有效协调产业政策及相关经济政策；三是充分发挥科技革命对深化服务业市场化改革的推动作用，以更大的市场开放鼓励和支持传统服务业的数字化转型与创新。充分利用新科技，推动服务领域监管变革。

14. 关键是加快推进规则、规制、管理、标准等与国际对接

一是以规则、规制、管理、标准等国际对接形成服务业市场化改革的倒逼压力。对标"非禁即入+过程监管"的高水平市场经济基本做法，进一步大幅放宽市场准入，最大限度取消准入后限制，建立既准入又准营的服务业企业管理规则；二是在医疗健康领域率先引入国际管理与标准，推动这些领域的制度型开放。例如，允许符合当地标准且高于我国现行标准的服务业企业、具备相关职业资格的人员，经备案后直接开展相关经营与业务活动；三是适应服务业市场化改革进程，推动监管模式、监管体制的系统性变革。

15. 以强化法治建设为重点更好发挥政府作用

一是修订《中国人民银行法》，更加注重货币政策、宏观审慎政策和金融监管的协调；二是注重金融监管的法律建设，为解决影子银行、货币政策传导机制不畅等问题明确法律规则；三是尽快制定债券法，作为债券市场统一的基础性法律，着力完善债券市场监管体系；四是完善市场退出机制的法律，重点是加快修改《破产法》和制定个人破产法。

以理顺政府与市场关系为重点构建高水平社会主义市场经济体制

9条建议

（2024年7月）

党的二十届三中全会提出"高水平社会主义市场经济体制是中国式现代化的重要保障"，明确"到二〇三五年，全面建成高水平社会主义市场经济体制"的战略部署，对全面深化改革提出了更高的目标要求。无论从改革开放40多年的实践看，还是从现实内外形势深刻复杂变化看，构建高水平社会主义市场经济体制是一个长期过程，处理好政府与市场关系仍然是关键所在。

一、有效发挥政府作用成为处理好政府与市场关系的首要任务

1. 新阶段有效发挥政府作用的特定背景发生重要变化

10年前，党的十八届三中全会明确提出，使市场在资源配置中起决定性作用，更好发挥政府作用。这是一个重大的历史性突破。10年后，党的二十届三中全会正式提出"全面建成高水平社会主义市场经济体制"的基本目标。40多年的改革开放实践证明，使市场在资源配置中起决定性作用是激发市场主体活力、创新力，放活做大市场的根本条件，是处理好政府与市场关系的前提。与10年前相比，处理好政府与市场关系，有效发挥政府作用面临着新形势、新挑战。

（1）发展与冲突成为全球面临的突出矛盾。当前，全球地缘政治、

地缘经济格局正在出现新的结构冲突与对抗，风险与挑战不断上升，对我国的改革发展提出严峻挑战。如何在统筹发展与安全中有效发挥政府作用，是一个重大课题。

（2）以人工智能为代表的科技革命正在深刻改变人类的生产生活方式，重塑世界经济格局。如何充分发挥政府在促进科技创新中的重要作用，成为应对科技变革挑战需着力解决的重大课题。

（3）我国城乡居民消费结构升级正处在历史关节点，有效发挥政府公共消费的重要作用，优化国民收入分配格局，成为扩大内需、增强经济内在活力的重要条件。

2.新阶段有效发挥政府作用面对两大课题

（1）适应全球科技竞争与科技变革日趋激烈的新形势，政府需要在创新环境、创新平台、创新基础设施建设等方面破题发力，成为科技创新的重要推动者和创新体制机制的建设者和维护者。

（2）适应城乡居民消费结构与老龄化加速演进的新趋势，政府要加大在教育、医疗、社会保障等方面的财政投入占比，并且采取重要举措解决高龄少子化的新矛盾、新问题。若以加大公共消费比重为重点调整财政支出结构，估计到2035年城乡居民服务型消费支出占消费总支出的比重有望由2023年的43.16%提升到60%左右。

3.以严格规范政府监管行为为重点创造更加公平、更有活力的市场环境

落实党的二十届三中全会提出的"必须更好发挥市场机制作用，创造更加公平、更有活力的市场环境"，需要严格规范政府监管行为，强化公开、公平、公正竞争的市场环境。

（1）需要全面清理地方政府以强化监管为名设置的各种制度障碍和市场壁垒等行为，从法律层面明确规范政府监管行为。

（2）需要全面强化竞争政策基础性地位，实现各类所有制企业一视同仁、平等竞争。

（3）需要强化对民营企业的财产权、创新收益权和经营自主权等公平执法。

二、以做优国有资本为重点促进各种所有制经济优势互补、共同发展

4. 新阶段做优国有资本是一篇大文章

这几年，总体上国有资本实现了"做大做强"的重要突破。截至2023年底，全国国资系统监管企业资产总额比2012年底增长3.4倍；2012—2023年国有企业实现的增加值年均增长8.1%。[①]

党的二十届三中全会提出"促进各种所有制经济优势互补、共同发展"。从现实看，国有资本"大而不优"的矛盾突出，并成为制约国企与民企优势互补、共同发展的突出掣肘。落实党的二十届三中全会精神，要把做优国有资本作为深化国企改革的重大任务。

5. 以强化国有资本的基础性作用为重点做优国有资本

（1）要充分发挥央企在能源、资源、资金等方面的优势，加大对数据、算力等人工智能基础设施投资力度，成为以人工智能为重点的重大基础设施的主要建设者。

（2）要充分发挥央企国资创新平台、人才、资金等方面的优势，在补齐我国基础创新短板中发挥主导性作用，成为基础创新的重要推动者。

（3）要有效发挥央企产业布局优势，促进部分央企国资加大对乡村振兴、城乡融合等领域的项目投入力度，使其成为缩小城乡差距、推进共同富裕的重要促进者。

（4）要有效发挥央企在产业链、供应链等方面的优势，推动建立与中小企业间的供需匹配、协同创新、成果共享等合作机制，使其成为民营企业的重要带动者。

---

① 国务院国资委党委：《不断创新发展中国特色国有资产监管体制》，《求是》2024年4月16日。

6. 以做优国有资本为导向深化国企国资改革

（1）对央企尤其是基础领域的央企，从全局战略出发，对其考核尤其是税收与利润指标提出整体的战略性安排。

（2）选择部分竞争领域的央企开展对标《全面与进步跨太平洋伙伴关系协定》（CPTPP）中的"竞争中性"规则试点，在充分激发试点央企发展活力的同时，增强内外企业对我国打造公平竞争市场环境的信心。

（3）优化完善以"管资本"为主的国有资产监管体制，并赋予部分央企在基础领域的投资布局及带动民营经济发展中的更大自主权。

三、以深化要素市场化改革为重点充分发挥市场机制作用

7. 在要素市场化改革中统筹效率与公平

党的二十届三中全会提出，"保证各种所有制经济依法平等使用生产要素、公平参与市场竞争"。例如，2023年我国城乡居民财产性收入之比达到10∶1，远高于2.39∶1的城乡居民收入差距平均水平。[①] 究其原因，不能不说与农村土地要素市场化配置机制尚未建立、城乡统一的土地交易市场面临多方面制度性障碍等相关联。

8. 以深化要素市场化改革扩大市场配置要素范围

党的二十届三中全会提出，"促进城乡要素平等交换、双向流动，缩小城乡差别，促进城乡共同繁荣发展"。

（1）在严格土地用途规制和规划限制的前提下，通过农村土地市场配置，以实现其效率最优化和效益最大化。

（2）以加快全面实行城乡统一的居住证制度为重点深化劳动力要素市场化改革，推动农民工市民化进程，让"农民工成为历史"。

9. 以深化要素市场化改革激发经济活力

要调动各方面积极性，尽快推出一批适应"人民群众新期待"的改革举措，增强人民群众对改革的获得感。

---

① 数据来源：国家统计局国家数据库。

（1）要把自上而下的顶层设计与自下而上的基层创新相融合，鼓励支持社会各方面参与改革。

（2）要以强化反垄断执法为重点规范要素市场交易行为，健全公正执法司法体制机制，完善要素市场治理体系。

（3）要以扩大制度型开放为重点加大服务业市场化程度，主动对接国际高标准市场规则体系，不断完善产权保护、市场准入、公平竞争、社会信用等市场经济基础制度；要按照"两个毫不动摇"的基本要求，尽快纠正某些地方不利于民营经济发展的做法，并出台民营经济促进法等。

下编

坚持以开放促改革

开放是中国式现代化的鲜明标识。必须坚持对外开放基本国策,坚持以开放促改革,依托我国超大规模市场优势,在扩大国际合作中提升开放能力,建设更高水平开放型经济新体制。

——《中共中央关于进一步全面深化改革　推进中国式现代化的决定》

第八章
以高水平开放赢得未来

扩大开放，是中改院33年的研究重点。1991年11月1日建院当天，中改院就以"海南对外开放战略"为主题研讨设立海南特别关税区。2016年，中国改革研究报告《转型闯关——"十三五"：结构性改革历史挑战》中首次提出二次开放的战略重点是服务贸易。2017年初，中改院撰写出版《二次开放——全球化十字路口的中国选择》改革研究报告，系统提出二次开放的基本内涵与政策建议。2019年，中改院撰写出版《新型开放大国——共建开放型世界经济的中国选择》，提出"要适应经济全球化新形势主动推进高水平开放"的政策建议，指出"以加强制度性、结构性安排为重点实现高水平开放的新突破"的建议。33年来，中改院坚持以开放促改革的研究方法，不断提出相关建议。例如，提出从一次开放到二次开放、建设新型开放大国、以服务贸易为重点的二次开放的行动建议，提出开放是最大改革、最大发展、最大安全等观点,并产生重要影响。

当前,面对世界百年变局加速演进的严峻挑战,中改院先后提出"以高水平开放赢得未来""以扩大内需为基本导向的高水平开放""以制度型开放为重点的高水平开放"等研究观点和判断,引起广泛关注。

以服务贸易为重点形成对外开放新格局

9条建议

（2016年2月）

加快形成以服务贸易为重点的对外开放新格局，积极推动服务业市场双向开放，既是二次开放倒逼市场化改革的重点，也是形成有利于经济转型升级外部环境的关键所在。

一、推进以服务贸易为重点的外贸转型

长期以来，在出口导向战略下，我国形成了重点支持货物贸易尤其是加工贸易发展的体制机制，这使我国成为"世界工厂"和工业大国。进入服务贸易时代，我国亟须推进以服务贸易为重点的对外贸易转型，推动"中国制造"向"中国智造"的转型升级，助推服务业主导的产业结构的形成。

1. 服务贸易成为对外贸易的"短板"

（1）服务贸易占比过低。2014年我国已经成为世界第二大服务贸易国、世界第二大服务贸易进口国和第五大服务贸易出口国，但服务贸易占对外贸易总额的比重仍然较低。2014年，我国服务贸易额占外贸总额的比重仅为12.3%，比全球平均水平低8.3个百分点。2014年，我国服务贸易额为6043亿美元，不足货物贸易额的1/7。我国货物贸易额在全球货物贸易总额中占比超过10%，而服务贸易额在全球服务贸易额中占比仅为6.2%。在世界前十大服务贸易国中，我国人均服务贸易额为448美元，是美国的12%、德国的6%、日本的16%。

（2）服务贸易仍以传统服务为主体。我国服务贸易出口主要集中在运输、旅游等比较传统的领域，金融、教育、医疗等现代服务贸易占比较小的格局仍未有很大改变。2014年，旅游服务、运输服务和建筑服务三大传统服务进出口占服务贸易总额的62.6%，而金融、保险、计算机和信息服务咨询分别仅占0.14%、0.86%、3.51%、8.89%，与服务贸易发达国家存在较大差距。

（3）服务贸易竞争优势不突出。1995—2014年，我国服务贸易连续20年逆差，并且逐年扩大。2007年，我国服务贸易逆差为76亿美元，2014年服务贸易逆差达到1980亿美元，扩大了26倍。2015年1—9月，我国服务出口额为1716亿美元，进口额为3237亿美元，服务贸易逆差达1521亿美元，同比增长30.9%。我国服务贸易竞争力指数远低于英国、美国、法国等服务贸易出口大国。美国是全球最大的服务贸易顺差国，服务贸易顺差2318亿美元。而我国则是全球最大的服务贸易逆差国，我国服务贸易的比较竞争优势主要集中在资源、劳动力密集型传统行业，在知识、技术密集型行业处于明显的竞争劣势地位。2013年，我国生产性服务贸易逆差为663.8亿美元，占当年服务贸易逆差的56.0%。作为推动"中国制造"向"中国智造"转变重要支撑的生产性服务业发展严重不足，使我国制造业在全球产业链和价值链中仍处于较为低端的位置。

（4）服务贸易开放程度明显低于货物贸易。当前，我国服务贸易限制指数（0.366）仍高于英国（0.140）、美国（0.180）、德国（0.180）、日本（0.230）、韩国（0.230）、法国（0.260）等世界主要发达国家水平。与其他金砖四国相比，我国服务贸易限制指数仅低于印度（0.660），但高于巴西（0.230）、俄罗斯（0.260）和南非（0.350）。一些行业仍对市场准入进行严格的限制，一些行业尚未开放。例如，快递、广播、空运、电信、法律、审计、保险、商业银行等领域的服务贸易限制指数分别为0.868、0.784、0.591、0.529、0.524、0.5、0.496和0.492，服务贸易限制相对较大，处于低度开放水平。

2. 实现2020年服务贸易占比达到20%

（1）把服务贸易占比达到20%作为"十三五"预期性指标。抓住新一轮服务贸易自由化的历史机遇，提高服务贸易比重，争取到2020年我国服务贸易占对外贸易的比重至少达到20%。为此，要确保"十三五"服务贸易实现14.5%~17%的增速，即至少保持略高于金融危机后的增长势头，才能使以服务贸易为重点的二次开放释放出与一次开放相当甚至更大的红利：到2020年，我国服务贸易总额占世界服务贸易总额的比重将由2014年的6.2%提高至10%；形成传统服务贸易和现代服务贸易均衡发展的贸易结构，争取在电信、信息技术、电子商务、健康医疗、教育等现代服务贸易领域形成竞争新优势。

（2）2020年形成以服务贸易为重点的对外开放新格局。在世界经济增长持续放缓、外部需求萎缩、国际贸易竞争更趋激烈的背景下，要实现服务贸易年均两位数的增长，以此形成以服务贸易为重点的对外开放新格局，既需要以服务贸易为重点加快国内自贸区建设，加快培育服务贸易竞争新优势，也需要以"一带一路"加快双边、多边自贸进程，扩大与贸易伙伴的服务业市场双向开放，为扩大服务贸易创造有利的市场环境。

3. 2020年服务贸易占比有条件达到20%

（1）消费结构升级和人口城镇化的带动。随着消费升级和人口城镇化进程加速，到"十三五"末城镇居民服务型消费占比有条件由目前的不到40%提升到50%左右。服务型消费的快速增长将带动服务贸易的增长。

（2）产业结构转型升级的带动。无论是制造业服务化，还是服务业自身的结构优化，都将带动服务贸易比重进一步提升。

（3）"一带一路"倡议的带动。例如，"十三五"期间，"一带一路"重大基础设施互联互通项目落地，将显著带动相关服务贸易增长。由此，"十三五"期间，服务贸易占比有条件每年提高1.5个百分点左右。

二、破题以服务贸易为重点的国内自贸区建设

应对全球贸易格局和规则变化的新趋势和新挑战，我国需要以服务贸易为重点加快国内自贸区建设，对更加开放的体制机制、更高标准的经贸规则进行先行先试，探索符合经济转型升级需要的最优开放模式，为我国推动全球自由贸易进程、参与全球贸易投资规则制定提供实践依据。

4. 国内自贸区建设重在破题服务贸易开放

（1）以市场开放促进服务贸易。服务业对外开放是上海、天津、广东、福建四大自由贸易试验区先行先试的重要内容。四大自由贸易区的开放试验有效拉动了服务贸易。以上海为例，2014年，上海服务贸易进出口额为1754亿美元，较2010年增长67.5%，年均增长13.8%，约占全国服务贸易规模的30%；服务贸易在对外贸易中的比重持续上升，由2010年的22.1%提升至2014年的27.3%，2015年前三季度服务贸易占对外贸易的比重已经超过30%。

（2）服务贸易开放空间仍然巨大。目前，国内4个自贸区在实施负面清单管理方面取得了明显成效，在服务业市场开放领域走在全国前面，尤其是上海自贸区在金融市场开放方面有重要突破。但与内外需求相比，自贸区在服务贸易开放上仍然限制较多，例如《自由贸易试验区外商投资准入特别管理措施（负面清单）》列出的122项的负面清单中，有80余项针对服务业。建议到2020年，负面清单中服务贸易项目缩减到40项以内，为其他地区实施负面清单管理提供可复制、可推广的重要经验。

5. 加快对服务贸易开放制度的先行先试

（1）实施服务贸易负面清单管理模式。进一步缩小投资准入的负面清单，实行更加开放的服务贸易市场准入机制，加快推动跨境服务由正面清单管理向负面清单管理转变，减少负面清单中的限制性措施；率先出台覆盖内外资的大负面清单制度。

（2）打破开业权、人员移动、技术性等服务贸易壁垒。打破开业权等技术性壁垒，取消与主要贸易成员国或地区自然人流动壁垒，推动学位、培训、执业资格认证等国家间互认，为专业人才和专业服务双向流动提供便利。

（3）采取与服务贸易特点相适应的通关管理模式。推动关检合作"三个一"和"单一窗口"建设，加快实现信息互换、监管互认、执法互助。探索全产业链保税监管模式，加快生产性服务业进口绿色通道建设，实行一站式通关。

（4）在试验基础上提出服务贸易新规则。以国内自贸区为平台，探索整合国内外规则，加快涉外经济体制改革，建立与国际接轨的市场开放和市场运行体制和政策体系。到2020年，初步形成中国版国际贸易规则特别是服务贸易新规则。对反倾销规则、全球供应链自由化、自然人流动、电子商务、对外投资保护等新议题进行压力试验和隔离试错。在试验的基础上，将全球价值链、基础设施互联互通、发展援助、电子商务、产业园区等纳入新的双边多边自贸协定。

6. 以服务贸易为重点优化自贸区布局

（1）实现沿海、沿边、内陆合理布局。在加快四大自贸区建设的基础上，选择在以服务业为主导、服务业发展较快的其他沿海、沿边和内陆地区建设产业侧重点不同的自由贸易试验区。

（2）推动一批边境合作区升级为自贸区。在"十三五"期间，应推动一批边境合作区升级为自贸区，创新开放模式，在服务贸易自由化和服务业市场开放上加大力度，形成特色鲜明的服务贸易基地，扩大我国与周边地区信息、金融、保险、物流运输等相关服务贸易，促进文化、中医药、软件和信息服务等新兴服务出口，培育服务贸易竞争优势，形成服务贸易出口新的增长点。

（3）与主要贸易伙伴合作建设跨境合作贸易园区。目前，我国企业正在投资建设69个具有境外合作贸易区性质的项目，分布于33个国家，涵盖加工制造、资源利用、商贸物流、科技研发等多种类型。应当把服务贸易特别是跨境金融服务作为境外经济合作区建设的重要任务，为我国服务业企业走出去搭建境外平台；结合当地需求，与当地政府协商，在境外合作贸易园区内推行服务贸易自由化便利化政策，便于企业的跨境投融资活动；推动本币交易，加快人民币与当地货币的合作，推进人民币国际化。

三、关键是服务业市场的双向开放

"十三五"期间，如果能够在服务业市场的双向开放上取得重大突破，我国就会抓住二次开放的历史机遇，就会形成以服务贸易为重点的对外开放新格局，就会形成经济转型升级的重要推动力。

7. 以服务业市场双向开放提升服务贸易比重

（1）服务业市场开放是扩大服务贸易的关键。服务业市场开放蕴含巨大的贸易投资空间。从发达国家的经验看，服务业市场开放大大促进了服务贸易发展。在存在有效需求的前提下，一个部门越开放，往往这个部门的贸易投资的规模越大。服务业外商直接投资（FDI）与服务贸易存在正相关，初步估算，服务业外商投资每增加1个百分点，服务贸易增长0.79个百分点。如果"十三五"能提高服务业开放程度，将大大促进我国服务贸易的发展。

（2）我国服务业市场对外开放滞后。当前，服务业市场已经成为最大的投资市场。2000—2014年，我国服务业实际利用外资占比由25.7%提高到55.4%。"十三五"期间，随着服务需求的持续释放，服务业引入外资的潜力和空间仍然巨大。有研究表明，开放对我国制造业增长的贡献约为28%，而对服务业增长的贡献仅为7%。由于我国服务业领域的对外开放严重滞后，服务业难以充分利用国际先进技术和管理经验，制约了服务业的有效供给，导致国内的教育、医疗等服务消费外流的问题比较突出。

（3）服务业双向市场开放面临许多障碍。加快新兴国家服务业市场开放，打破发达国家服务贸易出口管制，成为扩大服务贸易的"双重任务"。

——新兴经济体服务业市场开放不足。根据WTO《服务贸易总协定》的标准，印度仅承诺开放12项、占比21%的服务贸易市场，远低于欧盟承诺的开放42项、占比75%的服务贸易市场。

——发达国家对服务贸易出口管制还相当多。发达国家在电子技术、航空、信息通信技术、生命科学技术、能源环境等领域都处于领先位置，但尚未对发展中国家开放。尽管美欧等发达国家普遍采取负面清单模式，但仍可通过技术壁垒、国家安全审查等手段限制外国企业进入。美国的政府采购通过"提高技术标准"、"增加检验项目"和"技术法规变化"等技术壁垒政策，提高外国产品和服务的进入门槛，削弱外国产品竞争力。

8. 推动与自由贸易伙伴的双向市场准入

（1）加快建立双边和区域服务贸易协定。打破一些国家对我国服务贸易的壁垒，共同削减关税和非关税壁垒。率先在新兴经济体、欧洲等国家和地区取得突破。加快拓展与主要贸易国家在金融、信息、物流业等服务业领域的开放合作，把服务业开放和服务贸易自由化作为双边、多边合作的重点。

（2）签订投资相互保护和促进协定，支持企业"走出去"。适应我国产业转移的趋势，加快与周边国家签订投资保护和促进协定，为我国制造业企业"走出去"提供法律保障；加快与"一带一路"沿线国家签订投资保护和投资促进协定，推动我国企业与"一带一路"沿线国家企业进行产能合作和产业合作；加快与发达国家签订投资保护和促进协定，督促美国和欧盟承认我国市场经济地位，给予我国的企业和投资与其他市场经济国家企业和投资同等的地位和待遇，不单独设置针对我国企业的技术壁垒、国家安全审查制度等。

（3）推动政府采购市场互惠对等开放。发达国家政府采购的规模一般占年度GDP的10%左右，新兴市场的政府采购规模也在不断扩大。2014年，我国政府采购规模为17305亿元，占全国财政支出和GDP的比重分别为11.4%和2.7%，未来还有很大发展空间。"十三五"期间，我国应积极加入WTO《政府采购协议》（GPA），推动GPA例外条款的修改完善，减少外国政府采购对我国企业的歧视；完善国内政府采购法律法规，逐步减少政府采购对外资不合理的限制，提高政府采购的透明度；在双边和多边贸易协定谈判中，把政府采购市场的对等互惠开放作为重要内容，逐步扩大我国政府采购市场的开放范围。

9.有序扩大服务业对外开放

（1）降低外资准入门槛。加快推行准入前国民待遇和负面清单模式，缩小负面清单的限制范围。实行服务业外商投资登记备案制。在一般服务贸易部门，外国公司设立变更相关审批逐步改为备案管理。实行外商投资企业信息申报及共享公示制度。

（2）有序推进重点领域开放。推进金融、教育、文化、医疗等服务业领域有序开放，放开育幼养老、建筑设计、会计审计、商贸物流、电子商务等服务业领域的外资准入限制。

（3）向自贸协定伙伴优先开放。与加快实施自贸区战略相结合，在我国经济转型和产业升级急需的服务领域、与贸易伙伴优势互补的服务领域，优先向自贸协定伙伴开放。参照内地对香港服务贸易开放的办法，对自由贸易协定伙伴扩大服务贸易部门的开放，在更多以"商业存在"服务模式为主的领域给予自由贸易协定伙伴国民待遇，加快推进服务贸易的双边开放。

（4）大力发展服务外包业务。服务业外包逐步取代制造业外包成为全球化的新趋势。建议研究制定"中国国际服务外包产业发展'十三五'规划"：重点发展软件和信息技术、研发、设计、互联网、医疗、工业、能源等领域的服务外包；加快发展教育、健康护理、文化创意、金融、交通物流、科技服务等领域服务外包；着力提升服务外包业务的附加值，增加服务外包示范城市数量，培育若干个具有特定服务区域（特定对象国）和特色领域（特定产业）供应链整合能力的示范城市；尽快出台相关政策，在全国范围内普及推广示范城市品牌、技术、信用方面创建的成功经验，推动服务外包市场的规范和快速发展，充分利用服务外包提升全国服务业发展水平。

中国走向"二次开放"的战略选择

11条建议

（2017年3月）

改革开放40年来，我国在坚持独立自主、自力更生的基础上，始终坚持对外开放的基本国策，从"引进来"到"走出去"，从加入WTO到共商共建"一带一路"，成功实现从封闭半封闭到全方位开放的伟大转折。当前，经济全球化出现新变局，我国面临着贸易保护主义的严峻挑战。习近平总书记一再强调："中国开放的大门不会关闭，只会越开越大。"客观地看，作为开放大国，坚定地推动以自由贸易为主线、以服务贸易为重点的"二次开放"进程，不仅是经济转型升级的客观要求，也是应对经济全球化新变局的重要举措。

一、内外发展环境变化与"二次开放"

在经济全球化新变局的严峻挑战下，我国仍始终坚持互利共赢的开放战略。加快推进以服务贸易为主线的"二次开放"不仅会打开一个对外开放的新局面，而且将以实际行动推动经济全球化惠及各国人民。

1.经济全球化新变局下自由贸易的大趋势

（1）从短期看，自由贸易和经济全球化进程将经历一次重大调整。近两三年来，经济全球化逆潮涌动，一些国家贸易保护主义、单边主义、孤立主义倾向加剧，冲击国际经济政治秩序，经济全球化面临许多新的挑战。以二十国集团（G20）为例，其经济总量占到全球的85%。2009—

2017年，G20中8个发达国家实施的贸易保护主义措施达3946项，平均每个经济体为493.3项。[①]此外，英国脱欧、特朗普上台后采取的一系列贸易保护主义等事件，给经济全球化带来诸多的不确定性。

（2）从中长期看，在全球经济高度融合的背景下，自由贸易仍是个大趋势。诺贝尔经济学奖获得者迈克尔·斯宾塞与罗伯特·梭罗的研究表明，二战后年经济增长率达到7%或者更高水平，并且维持25年或更长时间增长的经济体，一个共同的特征就是开放。[②]实际上，经济全球化是市场机制内在作用的结果，自由贸易的本质是市场机制在跨境、跨区域及更大地理范围内发挥配置资源的作用。正如习近平主席在博鳌亚洲论坛2018年年会开幕式上的主旨演讲中强调的，"综合研判世界发展大势，经济全球化是不可逆转的时代潮流"。

2. 以自由贸易为主线、以服务贸易为重点的"二次开放"将使我国赢得国内经济转型与国际竞争的主动

（1）我国经济转型升级与全球化新趋势呈现历史交汇。把握好这个历史交汇，主动推进开放转型，不仅能为国内经济转型升级创造良好的外部环境，而且能有效提升我国在全球经济治理中的制度性话语权。例如，全球服务贸易发展与我国服务型消费需求增长相交汇。尽管全球货物贸易低迷，但服务贸易快速发展，成为经济全球化的重点。如果能够把国内消费结构升级和推动全球服务贸易便利化进程有机结合起来，就可以通过扩大开放推进国内的产业结构升级，释放出产业升级的巨大红利。

（2）以主动开放适应全球经济一体化的新趋势。当前，全球处于消费结构升级的关键时期，这是服务贸易快速发展的重要背景。我国主动推进服务贸易领域的开放，有利于抓住全球经济服务化的大趋势促进自

---

① 《新兴经济体增长势头良好　博鳌论坛呼吁协作抵御保护主义》，《经济参考报》2018年4月9日。
② 《发展中国家基础设施建设可以推动发达国家结构性改革》，《中国工商时报》2017年2月3日。

身发展。在经济结构调整上,全球普遍面临着需求不足的挑战。我国主动扩大开放,依托不断扩大的国内消费市场,不仅有利于促进国内经济转型升级,还能够为全球经济复苏提供重要动力。

(3)推进以货物贸易为主的"一次开放"转向以服务贸易为重点的"二次开放"。改革开放40年来,我国"把门打开",积极发展对外贸易,在实现货物贸易由小变大的过程中,推动了我国经济的高速发展,实现了由工业化初期向工业化后期的历史跨越。当前,适应经济全球化新特点与我国经济转型升级大趋势,我国以扩大开放赢得国内发展和国际竞争的主动,关键在于以自由贸易为主线、以服务贸易为重点加快开放转型,实现从"一次开放"向"二次开放"的跨越,如表8-1所示。

表8-1 从"一次开放"到"二次开放"

	一次开放	二次开放
起点	低收入水平 工业化初期(国内) 制造业全球化(国际)	中等偏上收入水平 工业化中后期(国内) 服务业全球化(国际)
外部环境	全球化的制度安排比较稳定	全球化的制度安排不稳定,面临变数
内部禀赋	劳动力无限供给,资本短缺	劳动力供给下降,资本剩余
开放重点	货物贸易 制造业市场开放	服务贸易 服务业市场开放
开放途径	融入既有的国际市场	通过"一带一路"主动开辟新市场
资本流向	"引进来"为主,净流入	"引进来"和"走出去"并重,净流出
开放路径	加入WTO	全面实施自由贸易战略
开放体制	构建外向型经济体制:围绕出口导向战略形成一系列鼓励和扶持出口型工业发展的体制机制	构建开放型经济新体制:以自由贸易为导向构建对外开放的体制机制
国际角色	国际规则的接受者、参与者、跟随者	国际规则的推动者、促进者

资料来源:参见迟福林《二次开放——全球化十字路口的中国选择》,中国工人出版社2017年版。

3. 近14亿人的消费大市场是我国扩大开放的突出优势

（1）近14亿人的消费结构升级是"二次开放"的最大优势。如果说过去"一次开放"，我国的最大优势是廉价劳动力成本优势、制造业低成本优势的话，"二次开放"突出的优势是我国拥有全球大市场。第一，我国可以依托全球大市场实现自身的经济转型升级；第二，我国从生产大国走向消费大国，将使经济发展建立在提高居民生活水平的基础上，并成为拉动全球经济增长的重要力量；第三，走向消费大国，为全球经济增长提供巨大空间，是我国推动经济全球化进程最大的优势所在；第四，如果"二次开放"能够充分发挥自身的内需优势，我国就能在应对中美贸易摩擦上把握主动权。

（2）我国将成为全球最重要的消费市场之一。数据显示，2017年，我国社会消费品零售总额达到36.6万亿元，消费品市场规模稳居世界第二。未来5~10年，服务型消费有望推动我国成为全球第一消费大市场。从实际情况看，我国服务型消费尽管起步晚，但绝大多数呈现爆发式增长，不少领域通过2~3年就达到市场规模全球第一。旅游市场、教育市场属于传统领域，与人口规模和经济发展水平有很大关系，一旦市场开放，很快就能成为全球规模第一的大市场。预计在服务型消费的拉动下，到2020年，我国的消费规模将达到50万亿元左右。

（3）我国消费升级将对全球经济增长作出重要贡献。近几年，我国最终消费对世界消费增长的年均贡献率已经是世界第一。2013—2016年，按照不变美元价格计算，我国最终消费对世界消费增长的年均贡献率为23.4%，而美国、欧元区、日本分别为23.0%、7.9%和2.1%。[1]据相关方面预计，2016—2021年我国消费增量将高达1.8万亿美元，相当于2021年英国的消费市场规模。[2]我国在2016—2021年的消费增量相当

---

[1]《2017年中国经济对世界经济增长的贡献率34%左右》，《人民日报》2018年4月3日。
[2] 阿里研究院：《中国消费新趋势——三大动力塑造中国消费新客群》。

于一个英国市场,这一市场开放将对全球经济增长产生重大影响,如图8-1所示。

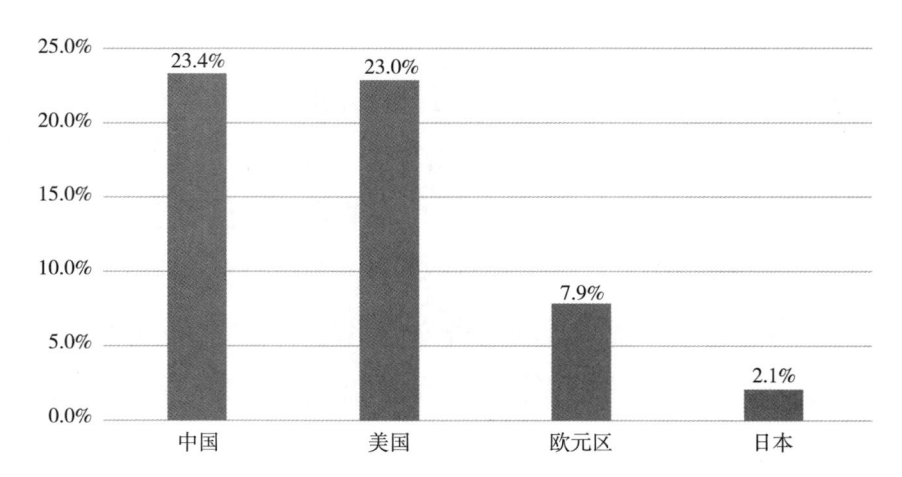

图 8-1　2013—2016年最终消费对世界消费增长的年均贡献率

数据来源:国家统计局综合司公布的数据。

二、把服务贸易作为"二次开放"的重点

从现实情况看,一方面,我国产业结构升级的方向是从工业主导走向服务业主导,破解服务有效供给不足的突出矛盾;另一方面,我国"二次开放"的短板集中在服务业领域,服务业领域的开放程度仍不及制造业。也就是说,新阶段加快形成全面开放新格局,推进贸易强国建设,重点和难点都集中在服务贸易。

4.服务贸易已成为全球自由贸易的重点与焦点

(1)全球服务贸易呈现加快发展的大趋势。数据显示,2010—2016年,全球服务贸易额由7.70万亿美元增加至9.70万亿美元,增幅为26%。服务贸易规模的不断扩大使得其在全球贸易中的占比不断提升。例如,2016年,全球服务贸易占全球贸易总额的23.8%,比2010年提高3.8个百分点,比2011年提高4.1个百分点,如图8-2所示。

(2)服务贸易成为全球多边、双边贸易投资协定的焦点与重点。从目前情况看,全球已有48个国家加入了《服务贸易协定》(TISA),覆盖全球70%的服务贸易。无论是区域全面经济伙伴关系、中日韩自贸区等多边自贸区谈判,还是中欧、中新自贸协定升级版等双边投资贸易协定谈判,相当一部分都涉及服务贸易。也就是说,服务贸易自由化和便利化水平很大程度上影响全球和区域自由贸易进程。

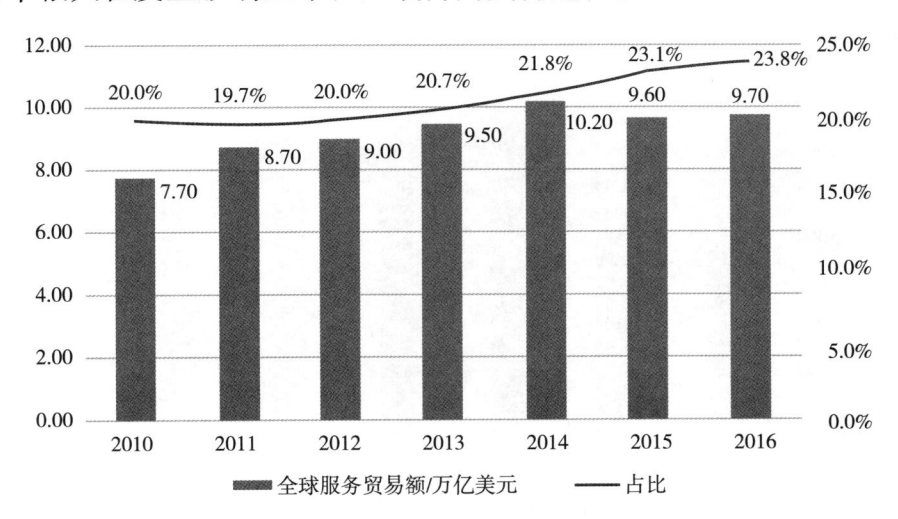

图 8-2 2010—2016 年全球服务贸易额及占比

数据来源:世界贸易组织统计数据库(UNCTAD)。

5.服务贸易已成为我国开放转型的重点

(1)服务贸易在我国对外贸易中的地位不断提升。近几年来,随着我国经济转型升级,服务业规模不断扩大,带动服务贸易进入快速发展期,服务贸易规模迅速扩大,服务贸易占对外贸易总额的比重不断上升。数据显示,2012—2017年,我国服务贸易年均增长7.7个百分点,高于货物贸易6.4个百分点;2017年,我国服务贸易总额达到6960亿美元,较5年前增长了44.8%;占服务贸易的比重达到14.5%,较5年前提升了3.4个百分点,如图8-3所示。可以说,服务贸易已经成为我国对外贸易发展的新引擎。

(2)服务贸易发展影响我国经济转型升级的实际进程。在"一次开放"中,我国抓住了全球货物贸易需求扩张和发达国家制造业转移的历史机遇,推动了我国经济快速增长,成为全球第二大经济体和第一大货物贸易国。当前,全球服务贸易快速发展与我国经济转型升级进程再一次形成历史交汇,国际市场和国内市场高度融合是个大趋势,国内经济转型升级与服务贸易发展的联系日益紧密。在这个大背景下,迫切需要抓住"二次开放"的重要历史机遇,通过发展服务贸易在短期提高服务型消费产品供给数量的同时,长期提升我国服务型消费产品的供给能力与供给水平。

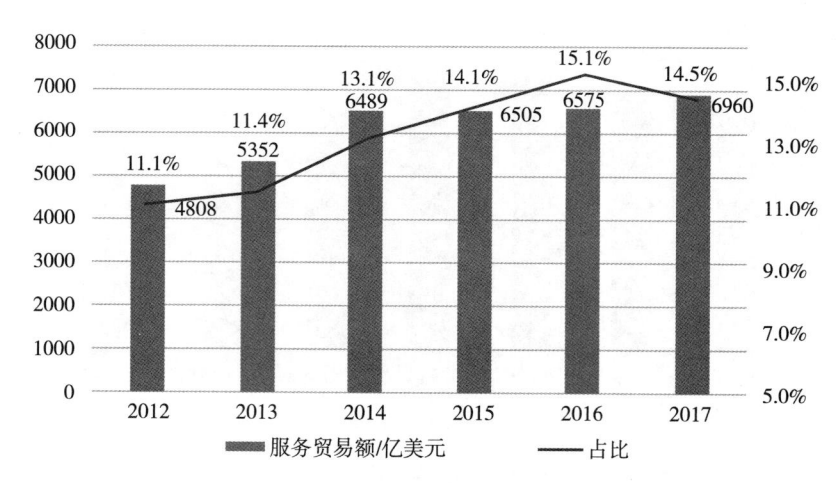

图8-3 2010—2017年我国服务贸易总额及占比

数据来源:商务部服务贸易和商贸服务业司公布的数据。

(3)我国服务贸易发展将为全球贸易持续增长注入新动力。据统计,2016年,我国服务贸易总额占世界的6.8%。未来几年,无论是消费结构升级还是制造业转型升级,都蕴藏着巨大的服务贸易需求。估计到2030年,我国将成为全球最大的服务进口国,占全球服务进口总额的13.4%,约为2016年的3倍,领先于美国(7.7%)和德国(5.8%)。[①]

6.加快形成以服务贸易为重点的对外贸易新格局

(1)服务贸易规模有望实现倍增。未来3~5年,如果考虑到服务业对外开放进程加快等因素,我国服务贸易有望保持年均10%左右的增长。到2020年,我国服务贸易额有望达到1万亿美元以上,有望实现倍增,占外贸总额的比重达到20%左右。

(2)不断优化服务贸易结构。随着"一带一路"、全球贸易进程

---

① 迟福林:《打造"一带一路"内陆开放新高地》,《北方经济》2018年第3期。

的不断深入，在提升传统服务贸易竞争优势的基础上，以优化服务贸易结构提升我国在全球服务贸易中的竞争力。到2020年，知识密集、技术密集和高附加值服务出口占服务出口总额的比重有望达到60%左右。

（3）提升我国在全球自由贸易规则重构中的话语权。适应全球自由贸易的新趋势，以服务贸易为重点，通过积极参与双边、多边和区域服务贸易协定，积极参与和引领全球服务贸易规则制定，主动推进全球贸易投资规则重构，实现我国由贸易规则的跟随者向开放、包容、共享的新贸易规则的引领者转变。争取2020年实现服务贸易额占全球服务贸易总额的比重达到10%以上。

三、实现"二次开放"的重点突破

适应全球服务贸易快速发展和国内经济转型的大趋势，加快推动以货物贸易为主的"一次开放"走向以服务贸易为重点的"二次开放"，形成新阶段自由贸易的制度安排，不仅牵动影响转型发展全局，更是推动我国形成全面开放新格局的重要基础。

7. 扩大服务业市场开放

（1）服务业市场开放滞后成为开放转型的突出短板。改革开放40年来，我国工业领域的市场开放程度达到90%以上，而服务业领域的市场开放程度只有50%左右。由于服务领域大多被市场垄断或行政垄断，从而导致服务供给短缺、价格不低、质量不高等突出矛盾，成为市场化改革的突出短板。

（2）同步推进国内服务业市场开放与服务贸易开放。党的十九大报告明确提出"推进贸易强国建设"。在服务贸易与服务业市场开放直接融合的新形势下，建设贸易强国的重点、难点和焦点大都在服务贸易以及服务业对外开放程度上。为此，一方面，适应国内消费结构升级的趋势，破除国内服务业行政垄断和市场垄断，推进服务业市场的便利化改革,使社会资本进入相关的服务领域,激发服务业领域的市场活力;另一方面,适应服务贸易快速发展的大趋势,有序推进服务业市场双向开放。

8. 推进"一带一路"产能合作与服务贸易开放融合的进程

(1)推进"一带一路"建设由产能合作扩大到服务贸易。据统计,2017年,我国与"一带一路"沿线国家和地区服务贸易额占其贸易总额的比重仅为8.2%。从趋势看,"一带一路"沿线国家和地区的经济互补性较强,尽管有些产能在我国富余,但是对发展中国家仍具有一定竞争力,所以我国绝不是简单的产能输出,而是输出一些有质量的、有发展前景的产能,并将产能合作逐步扩大到服务贸易领域。为此,需要在深化产能合作的同时,以服务贸易为重点,加大金融、科技、信息、文物保护、旅游、跨境电子商务、医疗等领域的合作,深挖服务贸易合作空间。

(2)适应"一带一路"产能合作的需求,需要进一步推进以金融为重点的服务贸易发展。从过去几年的情况看,金融业"走出去"不仅滞后于实体经济"走出去"的进程,也不适应"一带一路"产能合作对金融的实际需求。与发达国家发展服务贸易合作相比,我国与"一带一路"沿线国家和地区开展服务贸易合作具有相对优势。为此,在发挥好亚洲基础设施投资银行和丝路基金作用的同时,需要进一步推进金融领域的国际合作,以形成更多共建"一带一路"的融资机制。

(3)实行"一带一路"产业项下的自由贸易政策。支持具备条件的地区率先与"一带一路"沿线国家与地区实行旅游、健康、医疗、文化、职业教育等产业项下的自由贸易政策,走出一条开放转型的新路子。

(4)以服务贸易为重点加快构建多边、双边自贸区网络。未来几年,如果能在主动扩大开放的同时,加快推进与欧盟、日本、东盟等经济体的服务贸易自由化、便利化进程,既可以在短期内有效应对美国贸易摩擦,也将深刻影响全球贸易格局。

9.优化区域开放布局,推进区域经济一体化进程

(1)以西部大开放带动西部大开发。党的十九大报告明确提出,"优化区域开放布局,加大西部开放力度"。充分利用西部地区的资源能源优势,以"一带一路"建设为纽带,加强西部地区与"一带一路"沿线国家的经济合作。例如,推进能源矿产资源项下自由贸易区建设,以构建现代化交通运输体系为重点促进基础设施的互联互通。

(2)以扩大开放加快东北等老工业基地振兴。开放度不足是制约东北地区经济发展的突出短板,是产业结构调整滞后、体制机制改革难以破题的症结所在。新形势下,东北地区应加快融入"一带一路"建设,以中俄蒙经济走廊建设为抓手,以推进基础设施投资合作和互联互通为依托,以制造业产业园区为平台,以建立东北亚自贸区网络为目标,以发展生产性服务贸易和服务业市场开放为重点,加快构建东北对外开放的大通道、大平台、大布局,由此形成东北振兴的新动力。

(3)以扩大开放推动中部地区崛起。我国推进"一带一路"建设、长江经济带建设等新的重大发展战略,为中部地区发展带来了新的机遇。党的十九大报告指出,"发挥优势推动中部地区崛起"。抓住区域协调发展的重大战略机遇,以扩大开放形成中部地区发展的新动力,在积极发展货物贸易的同时,加快推动服务贸易开放,鼓励支持企业"走出去",加快打造内陆开放型经济高地

10.以服务贸易为重点打造对外开放新高地

(1)以服务贸易为重点加快国内自贸试验区转型。党的十九大报告指出,"赋予自由贸易试验区更大改革自主权"。适应经济全球化的新趋势,国内自贸试验区需要在服务贸易发展和服务业市场开放上发挥先行先试的重要作用,在自贸试验区内更大范围突破服务业开放的限制,对标国际服务贸易规则,先行先试。

（2）以粤港澳服务贸易自由化推进大湾区建设。2018年5月，国务院发布了《进一步深化中国（广东）自由贸易试验区改革开放方案》明确提出"深入推进粤港澳服务贸易自由化"。从现实情况看，体制壁垒成为制约粤港澳服务贸易自由化的突出障碍。例如，广东服务业尚未对港澳完全开放、人员在三地难以自由流动、粤港澳服务业标准不统一等。为此，需要尽快实现粤港澳服务贸易自由化体制机制的实质性突破。例如，率先实现广东服务业对港澳的全面开放，在管住货物的前提下全面放开粤港澳人文交流等。

（3）以服务贸易为重点，加快海南自由贸易港建设。这是中央着眼于内外发展大局，着眼于中长期作出的战略部署。海南要利用建设自由贸易港的契机，从国家对外开放的全局出发，加快推动服务业的全面开放，大力发展文化、教育、旅游、互联网、医疗健康、金融、航运、会展等现代服务业，加快服务贸易创新发展，尽快形成以服务业为主体的产业结构，在推动我国服务贸易开放方面发挥示范引领作用。

11. 适应消费结构升级，主动扩大进口

（1）主动扩大优质产品与服务进口。习近平主席在博鳌亚洲论坛2018年年会开幕式上的主旨演讲中强调："内需是中国经济发展的基本动力，也是满足人民日益增长的美好生活需要的必然要求。中国不以追求贸易顺差为目标，真诚希望扩大进口，促进经常项目收支平衡。"从现实情况看，服务型消费需求快速增长已成为人们对美好生活需要的突出特征。例如，加快推进医药和康复养老等优质服务的进口力度，取消服务进口领域不合理的限制措施，不断提高产品与服务进口的自由化、便利化水平。

（2）进一步降低高端消费品关税水平。适应新时代人们对美好生活需要全面提升的趋势，进一步降低奢侈品、日用消费品进口关税水平，让更多消费留在国内。

（3）取消部分进口药品和医疗产品的增值税。根据财政部2017年最新关税税率调整，我国进口药品最惠国税率为2%~4%，而进入销售还需要在此基础上征17%的增值税，较高药品税赋使得进口药品价格上升30%左右。①适时取消药品及常见病所使用的医疗器械进口增值税，为解决老百姓看病贵提供重要条件。

---

① 《下月起抗癌药等28项药品零关税，从税率调整看患者受益多少》，凤凰网，http://mt.sohu.com/20180425/n535786906.shtml。

以高水平开放形成改革发展新布局

16条建议

（2020年1月）

我国"十四五"建设更高水平开放型经济新体制，重在以高水平开放为主线形成改革发展新布局，推动高质量发展，赢得国际合作竞争的主动。总的思路是：以加快服务业市场开放为重点，主动对接高水平国际经贸规则，形成高水平开放下的有效政府治理，到2025年基本形成更高水平开放型经济新体制。

一、把握高水平开放三大趋势

1. 从制造业领域为主的开放走向服务领域为重点的开放

一方面，服务贸易成为全球自由贸易的重点、焦点。2008—2018年，全球货物贸易年均增长1.9%，低于服务贸易平均增速近2个百分点。2005—2018年，全球服务出口由2.66万亿美元增加至5.85万亿美元，增加了120%；2018年，全球服务出口占贸易出口总额的23.1%，比2005年提高近3个百分点，比2011年最低点提高了3.7个百分点。另一方面，服务贸易成为全球贸易规则重构的焦点。国际贸易规则的重点从货物贸易向"货物贸易-服务贸易-投资"转变，服务贸易在双边、区域贸易投资谈判中的比重逐渐增大，成为各国谈判和博弈的焦点。例如，中国-新西兰自由贸易协定谈判中，对服务业领域的开放程度已与TISA谈判要求基本相同；中韩自由贸易协定中，电信与金融领域的开放均有实质性突破。

2. 从商品和要素流动型开放走向规则等制度型开放

全球范围内的贸易保护主义和贸易摩擦多数来自规则和制度上的冲突。维护以规则为基础的多边贸易体制，对制度型开放提出新的要求。例如，"零关税、零壁垒、零补贴"逐渐成为国际经贸规则调整的重要趋势之一，但国内相关制度安排还难以达到这个要求。近年来我国设立的自由贸易试验区（港），主要探索制度型开放。以探索负面清单管理为例，重点是国内经济体制与国际规则相衔接。

3. 从经济全球化的参与者到经济全球化的推动者

当前，我国已经成为世界第二大经济体、第一大工业国、第一大货物贸易国、第一大外汇储备国。党的十八大以来，我国提出了"构建人类命运共同体"的倡议和共建"一带一路"倡议。共建"一带一路"倡议及其核心理念已先后被写入联合国、二十国集团、亚太经合组织（APEC）及其他区域组织等有关文件中。目前，我国在世界银行投票权升至第三位（从4.45%上升至5.7%），仅次于美国和日本（分别为15.87%和6.83%）；在国际货币基金组织的投票权份额从3.8%提高至超过6%，排名由第六跃居至第三。

二、"十四五"高水平开放的基本目标

4. 以加快服务业市场开放为重点

经济服务化是当前经济全球化的重要趋势，对外开放由工业领域为主转向服务业领域为主是经济全球化的时代特征。和工业领域一样，国家服务业领域的发展也难以"闭门造车"，需要以开放创新的形式获得国际竞争力。为此，一方面，推进服务业市场开放是加快服务贸易谈判、扩大服务贸易的重要前提。我国改善同欧美日等发达国家和地区之间的经贸关系，把握开放的主动权，关键在于服务业市场开放。另一方面，适应国内服务型消费升级的大趋势，推动教育、健康、文化、养老、信息等服务业市场开放，形成服务贸易不断扩大的新格局。

5. 主动对接高水平国际经贸规则

一方面，以实现竞争中性为例，按照国际经贸规则，促进各类企业公平竞争，本身就是我国加快经济转型升级、促进高质量发展的内在要求。另一方面，以服务业市场开放为例，它既符合国际经贸规则变革的大方向，也与我国市场决定资源配置的改革方向相吻合。"十四五"加快市场化改革，要按照竞争中性原则，遵循国际惯例建成国际社会普遍认可的高标准市场体系，形成开放与改革相互促进的新格局。

6. 加快形成高水平开放下的有效政府治理

政府是高水平开放最重要的推进主体和责任主体，要把完善政府治理作为建设更高水平开放型经济新体制的"重头戏"。一方面，适应竞争中性原则完善政府治理，从现实看，在高水平开放的背景下完善政府治理，关键是落实竞争中性原则。另一方面，形成高水平开放的政府治理，需要以市场监管转型为重点实现"放得开、管得好"。

7. 到2025年基本建成更高水平开放型经济新体制框架

（1）基本实现服务业全面开放，初步建成服务贸易强国。争取到2025年，我国服务贸易总额达到1.5万亿美元左右，占外贸总额的比重达到20%以上；知识密集、技术密集和高附加值服务出口额占服务出口总额的比重达到60%以上；服务贸易国际竞争力明显提升，服务贸易逆差占服务贸易的比重由目前的32.6%下降到20%左右，初步实现由贸易大国向贸易强国的转变。

（2）在投资贸易自由化上实现实质性突破。"十四五"初期，率先在海南自由贸易港实行"零关税、零壁垒、零补贴"政策；"十四五"中期，在国内各自由贸易试验区实行压力测试；"十四五"末期，初步建立"零关税、零壁垒、零补贴"的政策体制框架。

（3）基本形成内外资一视同仁的规则制度体系。以贯彻实施《外商投资法》为重点，对标国际先进水平加快对外开放法律的立改废释进程；争取到2025年，基本建成法治市场经济的制度框架，使高水平开放于法有据。

（4）"一带一路"自由贸易区网络建设取得重要突破，对外贸易多元化的格局初步形成。争取到2025年，我国对外贸易的国际市场结构更趋多元化，与新兴市场的贸易占比由2018年的57.7%提升到60%以上，基本实现对外贸易结构进一步优化的目标。

（5）我国在经济全球化进程中的制度性话语权明显提升。充分发挥亚投行、丝路基金的作用，提升我国在世界银行、货币基金组织中的地位作用，利用好G20、APEC、东盟"10+3"等国际及区域组织做好宏观政策协调，推动多层级国际宏观经济政策协调框架的建立，在区域和全球层面搭建互补国际宏观经济政策协调框架，避免大国间的战略误判及争端升级，降低贸易摩擦等因素对外贸产业链的负面影响，扩大我国在贸易、金融等领域的国际影响力和话语权。

三、"十四五"推进高水平开放的重大任务

8.以打破垄断为重点推进服务业市场全面开放

一是破除服务业领域的行政管制和行政垄断；二是服务业领域对外资和社会资本同步开放；三是形成服务业领域投资贸易自由化的制度安排。例如，破除服务业市场壁垒，彻底打破服务业市场分割和地区封锁，凡是法律法规没有明令禁入的服务业领域，都应该向异地社会资本开放，建立全国统一开放、竞争有序的服务市场体系；建立公平竞争的市场规则，实现包括市场准入、准入后和经营过程中民企、外资和国企享受同等待遇；全面清理制约服务业市场公平竞争的政策法规。

9.以强化竞争政策基础性地位为重点优化营商环境

一是强化竞争政策基础地位，从以产业政策为导向转向以竞争政策为基础，加快实现体制内外政策的平等；二是落实公平竞争审查制度，提升公平竞争审查的专业性、权威性，对接国际通行规则完善审查范围、审查标准和操作程序，实现审查于法有据；三是加快建立以事中事后监

管为主的现代市场监管体系；四是形成以管资本为主的国有资产监管体制，加快从"管企业"走向"管资本"进程，以发展混合所有制为重点鼓励社会资本参与，加快推进国有资本的战略性调整；五是加快探索和建立自由企业制度，全面实施企业自主登记与简易注销制度；六是强化财产权和知识产权保护的国际化、法治化，加快构建与高水平开放相适应的财产权保护法规制度体系，对标国际高标准投资贸易规则，完善知识产权保护和运用体系。

10. 以服务贸易为重点打造对外开放新高地

一是主动对标国际上最高水平开放标准，重点在制度型、结构性开放上聚力、发力；二是以服务贸易为重点推进自由贸易试验区转型升级，加快服务贸易开放的先行先试，在试验基础上提出服务贸易新规则，争取到"十四五"末，初步形成中国版国际贸易规则特别是服务贸易新规则；三是加快推进粤港澳服务贸易一体化，率先推进服务行业管理标准和规范全面对接；四是在海南自由贸易港推动"零关税、零壁垒、零补贴"的重大突破。

11. 立足长期重塑中美新型大国关系

一是以长期视角和战略思维化解中美经贸摩擦，防止在多边经贸形势上出现重大战略误判；二是积极争取与美国互降关税，推动中美零关税试点；三是以平等协商为原则尽快重启中美投资协定谈判；四是在维护多边贸易体制中拓宽解决中美经贸摩擦的空间，我国在条件成熟时积极考虑加入CPTPP；五是加快推进国际机构改革，推动建立国际经济政策协调机制，加强与美国在全球治理框架下的合作，中美应在全球治理框架、国际公共产品提供等方面达成诸多共识，维护共同利益。

12. 加快构建高标准双边多边自贸区网络

一是推动尽快完成中日韩自贸区谈判，采取灵活方式实现中日韩自贸区谈判的突破；二是加快推进亚太区域经济一体化进程，以包容、开放为基本导向，采用先易后难、灵活多样的方式开展谈判，尽快收获早期收益，并逐步向高标准过渡；三是以服务贸易为重点深化中欧经贸合作，建议以《欧盟-越南自由贸易协定》（EVFTA）为参考，宣布启动中欧自贸谈判，或至少启动中欧自贸区可行性研究；同时在中欧自贸谈判中加大服务贸易、数字贸易等新兴贸易的比重，并通过采用过渡期、实现产业项下自由贸易等多种方式，最终达成高标准、广覆盖的自贸协定。

13. 推进"一带一路"产能合作与服务贸易相融合

一是统筹产能合作与服务贸易融合发展，通过服务贸易合作带动我国制造业全球布局，进一步建立健全区域合作的供应链、产业链和价值链，推动转型升级；二是构建"一带一路"双边多边自由贸易网络，采取分类推进、灵活多样的自贸安排，打造多层次、多类型的自由贸易区；三是推进"一带一路"与京津冀协同发展、长江经济带发展、粤港澳大湾区建设、东北振兴、西部大开发、沿边地区开放发展等区域发展战略相融合；四是借助"一带一路"推进人民币国际化进程。

四、"十四五"加快推进高水平开放的行动建议

14. 加强建设更高水平开放型经济新体制的顶层设计

（1）建设更高水平开放型经济新体制是一项系统工程，具有深刻性和复杂性。涉及服务业市场开放、国有企业改革、财产权与知识产权保护、资源要素市场化、财税体制改革、金融体制改革等，是经济体制适应高水平开放的系统性重构。不仅涉及政府与市场关系、政府与社会关系、中央与地方关系等变革，还涉及现有法律法规体系的变革。

（2）尽快出台"十四五"建设更高水平开放型经济新体制的总体方案，明确提出我国作为新型开放大国，推进高水平开放的目标要求、重点任务和主攻方向。

（3）推动高水平开放的相关立法，使改革于法有据。一是以落实《外商投资法》为重点加快相关配套法律的立改废释。我国《外商投资

法》于2020年1月1日正式实施。与此相适应，加快修改《土地管理法》《专利法》《证券法》，制定资源税法等法律法规，使其与《外商投资法》一致。二是尽快出台知识产权法。参考《建立世界知识产权组织公约》与《与贸易有关的知识产权协定》，形成一部统一的知识产权法，并将现有的《著作权法》《专利法》《商标法》等纳入知识产权法中。三是制定专门的外国投资安全审查法，对有关外资安全审查机制的结构、运行模式、决策方式、监督机制等作出明确具体的规定。

15.赋予地方更大的对外开放试点权

在高水平开放上进一步解放思想，推行地方改革开放试点免责机制，克服地方干部在扩大开放、推动改革中的不敢为、不敢试。建立改革开放人才的选拔与培养机制：真正挖掘有闯劲、有创新思想的改革开放人物，并配置到改革的关键岗位上；增强各级干部的改革开放意识，形成改革人才的培养机制。一方面，赋予自由贸易试验区（港）更大开放自主权，强化自由贸易试验区（港）相关立法工作；另一方面，支持地方政府因地制宜实行产业项下自由贸易政策。

16.尽快破题高水平开放的政府治理

党的十九届四中全会审议通过的《中共中央关于坚持和完善中国特色社会主义制度、推进国家治理体系和治理能力现代化若干重大问题的决定》，对国家治理体系和治理能力现代化进行系统的部署。从我国全面融入世界经济的现实看，国家治理体系和治理能力现代化的实现路径，需要与高水平开放相适应。为此，建议以形成高水平开放的政府治理为重点，尽快出台"十四五"国家治理体系和治理能力现代化的行动方案，以形成高水平开放带动全面深化改革的新布局。

下 编
坚持以开放促改革

以高水平开放赢得未来

16条建议

（2021年11月）

面对经济全球化受到的严峻挑战，全球经济复苏与国际合作比以往任何时候都更加需要相互合作，需要相互开放市场，需要坚定维护以多边主义为核心的合作机制。我国致力于推进高水平开放，推动建设更高水平开放型经济新体制；致力于推动贸易和投资自由化便利化，深化区域经济一体化，巩固供应链、产业链、数据链、人才链，坚定不移构建开放型世界经济。

一、扩大开放深刻改变中国、深刻影响世界

改革开放40多年来，我国坚持打开国门搞建设，坚持以开放促改革促发展，既释放了巨大的发展潜能，促进了经济快速增长，也重塑了自身在全球经济格局中的地位。可以说，中国40多年的快速发展，重要密钥之一就是不断扩大开放。

1.在扩大开放中实现经济快速增长

1978年的改革开放开启了我国与世界的"合群"进程，由此中国在积极参与国际大分工中实现了经济的高速增长。1978年，我国国内生产总值仅为3679亿元人民币，2020年突破100万亿元人民币。1979—2019年，按不变价计算，我国GDP年均增长9.4%，远超世界平均增速（2.9%），占世界比重从1.8%提高至16%左右。[1] 2020年，世界经济下滑

---

[1] 根据世界银行数据库测算。

4.3%，我国经济逆势增长，实现了2.3%的正增长，稳居世界第二，占世界经济的比重提升至17%左右。①

2. 成为世界经济增长的主引擎

1961—1978年，我国对世界经济增长的年均贡献率仅为1.1%；1979—2012年，我国对世界经济增长的年均贡献率达到15.9%，仅次于美国，位居世界第二；2013—2018年，我国对世界经济增长的年均贡献率达到28.1%，居世界第一位；2018年，我国对世界经济增长的贡献率为27.5%，2019年、2020年超过30%。②

3. 成为全球投资贸易增长的重要力量

按美元计算，2001—2019年，我国货物进口平均增速达13.0%，③远高于世界平均增速。2020年，在全球贸易普遍下滑的背景下，我国货物进出口总额321557亿元，比上年增长1.9%。从对外投资来看，2019年我国对外直接投资1369.1亿美元，流量规模仅次于日本（2266.5亿美元），蝉联全球第二，流量占全球比重连续4年超过一成，占世界的比重达到10.4%；2019年末，我国对外直接投资存量达2.2万亿美元，次于美国（7.7万亿美元）和荷兰（2.6万亿美元），保持全球第三，存量占全球比重达到6.4%。④

4. 成为"世界工厂"和世界市场

我国加入WTO后，凭借全球规模最大、门类最全、配套最完备的制造业体系，深度参与国际分工和全球产业链体系，成为"世界工厂"。随着我国进入工业化后期，在消费结构升级和扩大开放的双重推动下，我国开始成为世界市场。例如，2019年，我国社会消费品零售

---

① 《国家统计局副局长盛来运：我国是全球唯一实现经济正增长的主要经济体》，环球网，https://baijiahao.baidu.com/s?id=1692905259078206032&wfr=spider&for=pc。

② 《国际地位显著提高 国际影响力持续增强——新中国成立70周年经济社会发展成就系列报告之二十三》，国家统计局网站，https://www.stats.gov.cn/sj/zxfb/202302/t20230203_1900437.html。

③ 根据UNCTAD数据计算得出，https://unctadstat.unctad.org/EN/。

④ 资料来源：《2019年度中国对外直接投资统计公报》。

总额达到5.96万亿美元，同期美国为6.22万亿美元，相差仅为2600亿美元；我国已成为仅次于美国的第二大进口国，进口规模占全球比重已由2001年的3.8%上升至2019年的10.8%，略低于美国占全球的比重（12.3%）。[1]

二、以扩大内需为导向推进高水平开放

未来5~10年，我国经济转型升级处于关键时期并蕴藏着巨大的内需潜力，成为我国推进高水平开放的独特优势和基本条件。构建国内国际双循环新发展格局，需要发挥超大规模市场优势，以内需为导向推进高水平开放，加快形成与大国经济相适应的开放体系。

5. 我国经济转型升级蕴藏巨大内需潜力

从消费结构看，2019年，我国服务型消费占比为45.9%，估计到2025年将达到52%左右，开始进入服务型消费社会。从产业结构看，2020年，我国服务业占GDP的比重为54.5%，估计到2025年，我国服务业占比有可能接近60%。从城乡结构看，随着城市化和城市群的发展，估计到2025年，我国常住人口城镇化率将达到66%左右。[2]

6. 内需潜力释放将支撑未来10~15年的中速增长

2020年，我国社会消费品零售总额（39.2万亿元）和全国固定资产投资（不含农户）（51.9万亿元）[3]合计已达到91.1万亿元，这个巨大的市场是我国经济中速增长的重要的动力。未来几年，我国服务业增加值年均增长速度将保持在6%左右，每年将带动经济增长2~3个百分点；加上人口城镇化、消费结构升级带来的增长叠加效应，经济增长速度在未来10~15年将保持在5%左右。

---

[1] 张茉楠：《打造中国超大规模市场优势须改革与开放相互促进》，《中国经济时报》2020年12月29日。
[2] 迟福林：《以高水平开放构建"双循环"新发展格局》，《经济参考报》2020年9月30日。
[3] 《中华人民共和国2020年国民经济和社会发展统计公报》，国家统计局网站，https://www.stats.gov.cn/sj/zxfb/202302/t20230203_1901004.html。

7. 立足扩大内需推进高水平开放进程

超大规模内需市场潜力的释放，将为我国实现高质量发展提供更大空间，也将为经济全球化注入更多正能量。初步测算，百万亿元级别的内需市场规模将为中国未来5~15年实现4%~5%的经济增长奠定重要基础。进入新发展阶段，扩大内需在引领高水平开放中的基本导向作用全面凸显。一方面，消费结构升级对世界多样化高品质的产品、服务产生更多需求。到2030年，我国累计商品进口额有望超过22万亿美元。[①]另一方面，随着我国经济全面深度融入世界，释放14亿人的内需潜力，需要以更高水平开放融入国际经济循环。例如，目前我国95%的高端专用芯片、70%以上的智能终端处理器及绝大多数存储芯片依赖进口。[②]中国提出的"双循环"是基于内需大市场作出的战略选择。以扩大内需为基本导向的高水平开放，就是要实现内外市场联通、要素资源共享，就是要构建更加开放的国内国际双循环。

三、以强大国内市场推动全球自由贸易进程

未来几年，依托强大国内市场，加快推进双边多边自由贸易进程，深化区域经济一体化，巩固供应链、产业链、数据链、人才链，有效应对贸易保护主义与单边主义，并为推动建设开放型世界经济与全球经济复苏注入新的动力。

8. 把握区域经贸合作的大趋势

（1）以区域合作为重点的自由贸易大趋势。多哈回合谈判陷入停滞以来，面对日益高涨的贸易保护主义，多边进程面临挑战，签订区域贸易协定（RTA）的国家数量激增。目前，WTO所有成员均签订了至少一个RTA，区域合作已成为世界各国推进自由贸易的重要方式。

---

① 习近平：《在第三届中国国际进口博览会开幕式上的主旨演讲》，《人民日报》2020年11月5日。

② 《依靠科技创新规避"卡脖子"风险》，中国经济网，http://www.ce.cn/xwzx/gnsz/gdxw/201910/31/t20191031_33480400.shtml。

（2）区域合作水平向更高标准、宽领域、强排他演进大趋势。从CPTPP、《日本-欧盟经济伙伴关系协定》（EPA）、《美墨加贸易协定》（USMCA）等最新签订的自由贸易协定内容看，条款在广度和深度上都超越了WTO。《服务贸易总协定》（GATS）以正面清单为主，而CPTPP、EPA及USMCA在服务贸易和投资领域均采用了负面清单模式，并在服务业部门实行准入前国民待遇。金融和电信业是服务部门开放的重点领域。此外，USMCA、EPA还加入了允许金融数据跨境转移的内容。电信服务章节对电信网络的接入和使用进行了规范和承诺。此外，区域自贸协定强排他的趋势明显。例如，CPTPP通过原产地规则等实现了对区域外其他国家的歧视，USMCA将"毒丸条款"引入，等等。

（3）新冠疫情冲击下区域合作需求进一步加强。2021年1—2月，全球区域货物与服务贸易协定通知数量达到49个，为历年最高。[①] 未来几年，各国为尽快实现本国经济复苏与贸易投资增长，推进高水平区域合作仍有很大可能是其采取的重要举措。

9. 立足内需深化区域经济一体化

（1）以推动RCEP为基础推进亚太区域经济一体化进程。按照RCEP的相关开放承诺，加快出台相关配套措施，并推动海关、监管、投资等国内相关政策、制度调整，以此推动RCEP的尽快落地实施。考虑到发达国家与发展中国家开放水平差异较大，亚太自贸区可考虑建立一个多层次的自贸协定，不同层次对应不同开放标准，并明确过渡期，以加快协商进程。

（2）以服务贸易为重点务实推进中日韩自贸进程。

——以服务贸易为重点加快中韩自贸区升级版谈判，在知识产权、文化旅游、电子商务、金融服务、研发、工业设计和数据处理等领域实现双边开放的重要突破，逐步推进双边服务标准的对接、服务市场的融合。

---

① 根据WTO RTA数据库统计得出。

——以医疗健康为重点深化中日合作，积极推进与日本医疗健康服务标准、监管规则的对接，提升我国医疗健康产业发展质量。

——强化制造业产业链供应链领域的合作，在汽车制造、电子通信、机械设备、工业机器人等制造业领域形成分工合作新机制，推动三国制造业向全球价值链的上游发展。

——以"中日韩+"模式拓展三国合作空间，推进东北亚区域经济一体化进程。

（3）排除干扰实现中欧经贸合作的重要突破。2016年，中改院课题组和欧洲政策研究中心就中欧自贸区开展研究时，提出中欧应尽快启动中欧自贸区可行性研究。当前，中欧双方应本着相互尊重、排除干扰的态度看待双边关系。总的来看，推动中欧投资协定尽快生效，不仅符合中欧双方的经济与战略利益，更对全球经贸格局与经济全球化进程产生重大利好。

（4）积极考虑加入CPTPP。2020年，习近平主席在亚太经合组织第二十七次领导人非正式会议上讲话指出，中方将积极考虑加入《全面与进步跨太平洋伙伴关系协定》。CPTPP是面向21世纪的高标准贸易协定，体现了全球新一代自由贸易规则演进的大方向。近两年我国推进高水平开放，要把加入CPTPP作为重点任务之一，在服务贸易、知识产权协定、竞争中立、电子商务、政府采购、国有企业和指定垄断、中小企业、投资者-国家争端解决机制（ISDS）等方面加快形成新的制度安排，以在新发展阶段国际产业合作中把握更大的主动权，并由此形成深化市场化改革的新动力。

10. 推动共建"一带一路"高质量发展

（1）推进"一带一路"公共卫生合作。加大对"一带一路"沿线发展中国家抗疫物资的支持，包括必要的卫生医疗设备、检测试剂、疫苗、应急物资和人员等；加大开展技术合作交流的力度，建立密切的技术沟通机制，分享相关防控和诊疗技术，携手共同应对疫情，真正体现你中有我、我中有你的人类命运共同体精神。率先建立"一带一路"公共卫生全球行动协调机制，使各国在面对公共卫生危机时共同采取更为及时、有效的措施和行动。

（2）统筹产能合作与服务贸易，形成"一带一路"产业链与供应链新布局。开展国际产能合作，要更加注重推动工程承包、研发设计、相关咨询、第三方认证、金融、保险、物流、采购等服务业企业"走出去"，以服务贸易合作提升产能合作水平，带动关联产业的上、下游国际市场需求。例如，通过技术服务贸易，促进制造业同信息技术密集型服务业高度融合，以服务型制造为核心的新业态参与全球产业链的结构再调整和价值链重构，把生产要素的国内合理配置提升到全球范围配置，促进形成制造业的全球布局，提升我国制造业的国际竞争力。

（3）构建多种形式双边区域自贸网络。充分考虑"一带一路"沿线国家和地区发展水平、发展需求、制度差异、承受能力。本着先易后难、循序渐进的原则，实行服务业项下、基础设施项下、制造业项下的自由贸易政策，探索建立多种形式的经济合作圈，重点深化公共卫生、数字经济、绿色发展、科技教育合作，促进人文交流。

四、以制度型开放推动构建高水平市场经济体制

"十四五"规划纲要提出，"全面深化改革，构建高水平社会主义市场经济体制"。作为14亿人口的大国，保持战略定力，办好自己的事，要把握开放与改革高度融合的时代特征，以构建新发展格局为基本要求，走出一条以高水平开放促进深层次市场化改革的新路子。

11. 高水平开放与高水平市场经济体制直接融合

高水平开放依赖高水平的市场经济，高水平市场经济的重要特征是开放竞争程度高。从高水平开放的实践看，无论是达成中欧投资协定，还是加入CPTPP，都对建设高水平市场经济体制提出新的要求。未来几年，我国实现高水平开放新突破重在加强制度性、结构性安排。所谓

"制度性"，其重点是开放市场、公平竞争，建立与国际基本经贸规则相衔接的开放型经济体系。所谓"结构性"，重点是扩大对外开放的领域和范围，即从一般制造业领域的开放扩大到以金融等为重点的服务业领域开放。这就需要加快推动以货物贸易为主向以服务贸易为重点的开放转型进程，需要加快推动由商品和要素流动型开放向规则等制度型开放转型进程。

12. 以制度型开放促进制度性变革

开放是最大的改革，制度性变革依赖制度型开放。推进规则、规制、标准、管理等制度型开放，是形成以服务贸易为重点的高水平开放新格局的基本需求，并成为服务业领域制度性变革的重大任务。"十四五"建设更高水平开放型经济新体制，需要在服务业领域的制度型开放和制度性变革上实现重大突破。一方面，要推进服务贸易领域规则、规制、管理、标准等更大程度与国际接轨。例如，率先在医疗健康、教育等社会需求较大的服务业领域引入国际先进管理标准。另一方面，要实质性推动服务业领域市场对内对外开放进程，尽快打破服务业领域的各类市场垄断与行政垄断。由此，既为释放民营企业的强大活力创造市场条件，又为外资企业发展拓展更大投资空间。

13. 以制度型开放与制度性变革全面激发市场活力

（1）推进服务业开放和服务贸易发展。适应经济全球化大趋势与国内经济转型升级的需求，协同推进强大国内市场和贸易强国建设，关键是加快补齐服务贸易发展的突出短板。"十四五"要同步推进生活性服务业和生产性服务业领域的服务贸易开放进程，争取到2025年服务贸易额占外贸总额的比重由目前的14.6%提高至20%以上；适应创新型国家建设进程，要实现知识密集型服务贸易占服务贸易比重的明显提升；要明显提升旅游、文化、健康、教育等生活性服务贸易及研发、设计、金融等生产性服务贸易的国际竞争力。

（2）深化以要素市场化改革为重点的深层次市场化改革。高水平开放有赖于高标准市场体系。建设高水平市场经济体制，核心在于深化要素市场化改革，充分发挥市场在资源配置中的决定性作用。例如，深化土地要素市场化改革，建立城乡统一的土地要素市场；着眼于释放人力资本活力，尤其是科研人员的活力，加快改革人才管理体制，建立以人为中心的科技创新激励机制，释放巨大的创新潜能；保护企业家产权，激发企业家潜能，充分发挥企业家在资源优化配置中的重要作用；打造市场化、法治化、国际化营商环境，在竞争中性、市场透明、知识产权、环保标准等方面加大制度安排，切实减少不必要的行政干预。

（3）强化竞争政策的基础性地位。

——明确产业政策应以不妨碍公平竞争为基本原则，改变以往以倾斜性的行政力量对市场资源的直接配置，大幅减少现有中央各部门、地方产业补贴与扶持项目，使市场在资源配置中真正发挥决定性作用。

——要强化对新出台产业政策进行公平竞争审查，建立投诉举报、第三方评估等机制，坚决防止和纠正排除、限制竞争行为，不得保护落后产业。

——突出产业政策的战略引导功能，制定适用产业扶持政策的负面清单，将产业政策严格限定在具有重大外溢效应或关键核心技术领域，并尽量通过政府购买、鼓励直接融资等市场方式支持其发展。

五、以高水平开放应对世界百年未有之大变局

面对世界百年未有之大变局，中国以高水平开放推动形成改革发展新布局，不仅对自身中长期发展有着重大影响，而且将给世界经济增长和经济全球化进程带来重大利好。

14. 在高水平开放中构建国内国际双循环新发展格局

以国内大循环为主体，绝不是自我封闭、自给自足，而是要坚持开放合作的双循环。一方面，我国已经成为世界第二大经济体、第一大工业国，并有望成为全球第一大消费市场，具备构建双循环新发展格局的

现实基础。另一方面，我国进入新发展阶段，需求结构和生产函数发生重大变化，生产体系内部循环不畅和供求脱节现象显现，"卡脖子"问题突出，结构转换复杂性上升。未来几年，加快构建双循环新发展格局，需要在高水平开放中强化开放合作，更加紧密地与世界经济联系互动。

15. 赢得更高层次国际合作竞争与全球治理的主动

（1）应对贸易单边主义与保护主义。近年来，单边主义与贸易保护主义抬头，并威胁全球自由贸易进程。2019年，全球货物贸易量同比下降0.1%，出现10年来的首次下降。[①] 2020年，在新冠疫情的冲击下贸易保护主义与单边主义势头进一步上升。面对单边主义、贸易保护主义挑战，面对新冠疫情的严重冲击，我国坚持改革开放不动摇，继续推出扩大开放的重大举措，对维护经济全球化大局、维护多边贸易体制、推进世界经济增长都将产生重大影响。

（2）以服务贸易和数字贸易为重点积极参与全球经贸规则制定。随着服务贸易与数字贸易的快速增长，其逐渐成为全球经贸规则重构的焦点。从推进全球自由贸易进程出发，积极参与和引领建设开放、包容、共享、均衡的区域性和全球性服务贸易协定，带动新兴经济体和发展中国家平等参与区域和全球服务贸易体系建设，提出符合发展中国家实际的服务贸易与数字贸易规则，释放全球服务贸易需求潜力。同时，积极参与构建开放包容的数字贸易规则，与其他数字贸易大国形成数字贸易项下的自由贸易政策安排。

（3）以推进WTO改革为重点积极参与全球经济治理。在坚持最惠国待遇、国民待遇、关税约束、透明度、特殊与差别待遇等世贸组织的基本原则和核心价值基础上，抓住争端解决机制这一关键，推进世界贸易组织上诉机制、贸易争端解决机制等方面的改革。同时，发挥G20在完善多边贸易体制与全球经济治理中的重要作用。

---

① 《去年全球贸易量出现十年来首次下降，新冠疫情正雪上加霜》，界面新闻网，https://www.jiemian.com/article/4030900.html。

（4）在广泛协商、凝聚共识基础上改革和完善全球治理体系。经济全球化遭遇逆流的重要原因之一在于经济全球化的发展红利并未被公平共享。经济全球化需要转向更加包容的新模式。从全球经济可持续增长的目标出发，构建包容性全球化的制度保障，坚持把共商共建共享贯彻到全球化和区域化制度安排中，使更多的国家、地区和群体能够参与到经济全球化进程中并公平分享红利，推动经济全球化朝着更加开放、包容、普惠、平衡、共赢的方向发展。

16. 赢得与世界共同发展、融合发展的未来

推进合作共赢、合作共担、合作共治的共同开放，建设开放型世界经济，是各国的共同责任。经济全球化的大势没有改变，各国走向开放、走向合作的大势没有改变。中国坚持高水平开放，主动推进双边多边自由贸易进程。例如，积极推动尽快签署RCEP，尽快完成中欧投资协定谈判，加快推进中日韩自贸协定谈判进程等。中国坚定不移全面扩大开放，坚定不移推进全球自由贸易进程，坚定不移地参与全球经济治理变革，将为国际社会注入更多正能量。

以制度型开放深化体制机制改革

6条建议

（2023年8月）

习近平总书记在中央全面深化改革委员会第二次会议上强调，以制度型开放为重点，聚焦投资、贸易、金融、创新等对外交流合作的重点领域深化体制机制改革。改革开放45年来，我国从打开国门到全方位对外开放，走出了一条新型经济开放大国之路。随着我国进入新发展阶段，开放与改革深度融合，开放是最大的改革。稳步推进规则、规制、管理、标准等制度型开放，成为新时代我国建设更高水平开放型经济新体制的重要标志；以制度型开放深化体制机制改革，成为新时期全面深化改革的重要动力。制度型开放与制度性变革相互促进，高水平开放与深层次市场化改革直接融合，成为中国在走向现代化进程中最鲜明的特征。

一、推进以服务贸易为重点的制度型开放

服务贸易不仅是衡量经济高质量发展的重要标志，也是推动产业链、价值链向中高端迈进的关键因素。进入新发展阶段，服务贸易开放成为我国高水平对外开放的重点、焦点与难点。推进制度型开放，关键是推动服务贸易的开放与创新发展。从全球看，服务贸易正在成为全球自由贸易的重点。2010—2019年，全球服务贸易额年均增长4.98%，是货物贸易额增速的2倍；2022年，全球服务出口额比2019年增长13.5%，占贸易总额的比重达到22.3%。从我国看，服务贸易正在成为我国对外贸易发展的新引擎。2016—2022年，我国服务贸易规模年均增长5.3%。

尽管遭遇新冠疫情的严重冲击，2022年我国服务贸易额同比仍然增长12.9%。而且，服务业已经成为吸引外资的重要领域，服务业领域的外商直接投资推动了服务贸易的较快发展。2022年，我国实际使用外资额同比增长6.3%，其中科技成果转化服务、研发与设计服务等领域实际使用外资增幅分别达到35%和26.4%。

1.服务贸易开放直接依赖制度型开放的突破

服务贸易主要是指向消费者提供服务的贸易行为，与货物贸易依赖"边境上"开放不同，服务贸易开放直接依赖"边境内"规则、规制、管理、标准等与国际衔接的程度。过去几年，我国服务贸易发展与制度型开放进程直接相关。2022年，我国市场准入负面清单下降到117项。其中，服务业领域83项，占比为71%。全国外商投资准入负面清单限制措施缩减至31项。其中，服务业领域23项，占比为74%。

进入新发展阶段，我国产业结构、消费结构转型升级直接依赖于服务贸易创新发展。为此，要稳步推进制度型开放，释放服务贸易发展的巨大潜力。预计到2030年，我国服务贸易额占外贸总额的比重将由目前的12.5%提高至20%左右；数字贸易占服务贸易的比重将提升至60%以上；知识密集型服务贸易占服务贸易比重明显提升。适应我国经济结构转型升级的客观需求，需要加快服务贸易创新发展与服务领域开放进程。例如，推进健康服务贸易发展，不仅需要放宽健康服务业的市场准入限制，更涉及健康领域的人员、物品、资金等要素的自由流动。为此需要进一步推进关于健康人才资格互认、物品标准互认及与之相配套的资金支付与转移制度等领域的创新与管理。

2.推进以服务贸易为重点的制度型开放，需要深化相关的体制机制改革

以制度型开放推进服务贸易发展，涉及多方面体制机制改革创新。例如，要加快制定并实行全国跨境服务贸易负面清单，减少和降低跨境交付、境外消费、自然人移动等"边境后"壁垒，对负面清单外的领域给予境外服务提供者国民待遇；要对标并形成与国际接轨的服务贸易标准等，率先在教育、医疗等境外投资者关注、国内市场缺口较大的领域引入国际先进标准，在倒逼企业转型的同时，提升服务监管的国际化水平；要制定探索符合我国实际的职业资格互认制度与资金安全审查制度，形成服务贸易项下人员、资金便利流动的制度安排；要在我国申请加入CPTPP、《数字经济伙伴关系协定》（DEPA）的进程中，着力支持国内自由贸易试验区、海南自由贸易港开展差异化的高水平开放压力测试，率先构建以服务贸易为重点的开放型经济新体制。

二、以制度型开放促进结构转型与结构性改革

经过改革开放45年的发展，我国总体上进入工业化后期，经济结构与改革开放之初相比有了质的变化。未来10~15年，我国经济结构仍有较大转型升级空间，并蕴藏着高质量发展的巨大潜力。从产业结构看，2000—2019年，我国服务业增加值年均增长15.8%，是同期世界平均增速的3.8倍，服务业已经成为第一大产业，成为服务贸易发展的坚实基础；从消费结构看，我国居民快速增长的服务需求，成为服务贸易发展的重要推动力。估计到2025年，我国城乡居民服务型消费支出占比将从2022年的43.2%提高至50%左右。由此带来约10万亿元的新增消费市场，为服务贸易和投资创造新的巨大空间。

3. 以制度型开放促进结构转型的重要突破

我国经济已深度融入世界，经济转型发展中面临的不少矛盾与问题需要在扩大开放的条件下解决，推进制度型开放已成为促进经济结构转型、体制机制变革的重要动力。例如，从产业结构看，我国生产性服务业发展仍然面临短板，一些"卡脖子"的问题主要在生产性服务业。这就需要进一步放开生产性服务业领域的市场准入，吸引国际高端要素进入我国生产性服务业领域，形成人才、资本、技术等要素的集聚，以尽快补齐生产性服务业发展的短板；从消费结构看，释放巨大的服务消费

潜力，关键在于扩大优质商品与服务进口，促进消费结构升级；从城乡结构看，要把打造国际消费中心城市作为城市群、都市圈发展的重大任务，释放城镇化的巨大红利；从科技结构看，推动科技自立自强，离不开科技开放创新，要推动国际科技创新领域的开放进程，从而提高各方对我国高新技术产业收益预期，促进技术进口来源多元化，集聚全球优质创新资源；从能源结构看，进一步优化能源国际合作布局，在扩大开放中提升进口多元化程度和安全保障能力，积极参与国际能源市场价格体系建设，提升定价话语权。

4. 以制度型开放深化结构性改革

我国结构转型进程中仍面临多方面的结构性矛盾与结构性挑战。这就需要以结构性改革破解结构性矛盾。一方面，以稳定经济增长预期为目标推进结构性政策调整，推动形成更具弹性的经济转型政策和社会发展政策；另一方面，推进与结构转型相适应的结构性改革，形成中长期经济增长的重要动力。这就需要以制度型开放深化结构性改革，需要适应产业结构、消费结构等经济结构转型趋势，以服务业市场开放为重点，着力打破市场垄断和行政垄断，促进现代服务业与先进制造业深度融合，并实现消费与供给的良性循环；适应科技结构升级趋势，深化科教体制、人才管理体制改革，完善企业投入基础研发的体制机制，明显增强企业在"硬科技"方面的国际竞争力；适应城乡结构转型，完善城乡基础设施投入体制，加快推进城市化进程。

三、以制度型开放促进高标准市场经济体系建设

以制度型开放促进高标准市场经济体系建设，关键是充分发挥市场在资源配置中的决定性作用，更好发挥政府作用。当前，我国经济增长中出现的一些矛盾与挑战与某些方面市场决定资源配置没有得到有效落实直接相关。从发展趋势看，要以开放的主动赢得深层次市场化改革的主动，在适应国际经贸规则重构中建设高标准市场经济体系。

5. 通过制度型开放，进一步深化要素市场化配置改革，激发高质量发展的动力和活力

在高水平开放中深化改革，核心是深化要素市场化改革。例如，深化土地要素市场化改革，建立城乡统一的土地要素市场；着眼于释放人力资本活力，尤其是科研人员的活力，加快改革人才管理体制，建立以人为中心的科技创新激励机制，释放巨大的创新潜能；保护企业家产权，激发企业家潜能，充分发挥企业家在资源优化配置中的重要作用；加快建立数据确权、交易、保护等制度，完善数据跨境流动管理制度；进一步优化营商环境，完善市场监管体系，提升市场监管的有效性等。

6. 通过制度型开放，进一步打造国际化、法治化、便利化的营商环境

当前，营造市场化、法治化、国际化一流营商环境，就是要对标 CPTPP 等高标准经贸规则，在公平竞争、反垄断、知识产权保护等方面明显强化制度性安排。为此，要以参与更高层次国际合作和竞争为导向，构建国际化、法治化、便利化营商环境。一是强化竞争政策基础性地位，在要素获取、准入许可、经营运行、政府采购和招投标等方面，对国企、民企、外企等各类所有制企业平等对待，推动产业政策转型，实现经济政策由产业政策为主向竞争政策为基础的转变；二是深化投资审批制度改革，优化政府事中事后监管，加强市场监管体系建设，实现由"重事前监管"转变为"事前、事中、事后"全过程监管，构建科学、高效的政府监管体系；三是强化知识产权保护的内外规则对接与合作，统筹强化知识产权保护与产权保护，严格规范行政机关和执法机关的执法行为，严格保护企业家和法人财产的取得、使用、处置、继承等权利及被依法征收时得到补偿的权利，完善平等保护产权的法律制度，稳定企业发展信心和预期。

第九章
优化高水平开放新布局

以高水平开放推动形成改革发展新布局，是中改院33年研究的基本探索。例如，2016年6月，形成了《中欧自贸区：深化中欧合作的重大选项（13条建议）》研究报告。这份报告首次对建立中欧自贸区的可行性进行了论证，主张把中欧自贸区作为深化中欧合作的重要选项，并建议尽快合并中欧双边投资协定（BIT）与FTA谈判，加快实施早期收获项目。2016年10月，形成《抓住机遇，加快构建"泛南海经济合作区圈"（50条建议）》。2017年3月，形成《"一带一路"为经济全球化开新局（17条建议）》。2022年1月，形成《合力建设全球最大自由贸易区（15条建议）》。2023年10月，形成《单边开放——实现中国-东盟自由贸易的重大突破（22条建议）》；2024年1月，中改院提出《抓住机遇 尽快实施向东盟单边开放的大国策（22条建议）》。

"一带一路"为经济全球化开新局

17条建议

（2017年3月）

"一带一路"倡议来自中国，但成效惠及世界。"一带一路"秉承共商、共建、共享原则，践行开放、包容、平等、互利的务实行动，成为反对贸易保护主义、推动全球经济治理变革的新引擎，成为打开包容性经济全球化新局面的新钥匙。

一、"一带一路"不断引领经济全球化

2013年以来，以"五通"为主要内容的"一带一路"建设，之所以能够赢得国际社会的广泛共识和积极参与，就在于其为区域和全球经济增长注入新动力，为世界经济走出阴霾带来新希望。

1. 推动全球经济再平衡

"一带一路"建设本质上是通过提高有效供给来催生新的需求，实现世界经济再平衡。例如，推动中国优势产能和高端装备制造"走出去"，与"一带一路"沿线国家和地区的工业化需求形成互补，不仅有利于提高有效供给满足消费需求，还能带动欠发达国家的技术进步，将有力推进联合国《2030年可持续发展议程》，从而实现发展再平衡。

2. 重塑全球经济治理制度

2008年，国际金融危机爆发以来，以发达国家为主导的全球经济治理机制作用在减弱，而中国发起设立的亚投行、丝路基金在推动全球经济治理变革中的作用不断提升，使新兴经济体和发展中国家有更多

机会参与到全球经济治理中来。随着G20、金砖机制、上合组织、亚投行、丝路基金、新开发银行等新型国际合作机制的发展,"一带一路"倡议不仅是对现有全球经济治理规则的补充与完善,增强新兴国家和发展中国家的话语权,更为重塑全球经济治理新格局注入动力。有分析认为,"一带一路"倡议不仅是一个宏大的经济计划,它还是全球关系与治理的一个典范,中国正引导全人类建设一个统一、和谐与繁荣的世界。

3.重构全球价值链

随着中国经济转型升级,制造业迈向中高端,部分劳动密集型产业和资本密集型产业正加快向"一带一路"沿线国家和地区转移,使处于工业化初期的欠发达国家有机会搭上新一轮经济全球化的列车,参与到世界经济分工中来,提高工业化水平。以纺织业为例,由于劳动力成本上升等因素,中国纺织业正加快向孟加拉国、塔吉克斯坦等国转移。孟加拉国已发展成为仅次于中国的全球第二大服装出口国。

二、"一带一路"承载经济全球化三大任务

以基础设施互联互通为依托,以产能合作和服务贸易为重点,以建立多层次、多种形式的自由贸易区网络为目标,这既是"一带一路"可持续发展的重要制度安排,也是"一带一路"推动经济全球化的重大任务。

4.以基础设施互联互通为依托

2014年11月,习近平主席在主持召开加强互联互通伙伴关系对话会上指出,今天,我们要建设的互联互通,应该是基础设施、制度规章、人员交流三位一体。基础设施互联互通是加快实施自由贸易区战略的重要保障,其本身也会带来大量的自由贸易和投资需求,需要积极探索实行基础设施项下的自由贸易政策,加快推进"一带一路"沿线铁路、公路、油气管道、电网、信息网等关键基础设施的"无缝衔接";

推进通关便利化，尽快实现大通道、大通关，为推进双边、多边自由贸易区建设创造条件。

5. 以产能合作和服务贸易为重点

目前，"一带一路"沿线国家和地区间的产能合作和金融合作已经展开。但总的来看，以金融业为重点的服务业企业滞后于实体企业"走出去"步伐，也滞后于产能合作的实际需求。在当前中国产能过剩、企业存在过度竞争的情况下，开展国际产能合作，尤其应该注重同时推动工程承包、研发设计、相关咨询、第三方认证、金融、保险、物流、采购企业"走出去"，把产能合作与服务贸易"两结合"作为推动中国走向服务贸易强国的重要途径。

6. 以建立自由贸易区网络为目标

一要以自由贸易区网络安排保障"一带一路"稳定性。未来"一带一路"面临的国际环境更加复杂，干扰因素将明显增多。不管形势如何变化，制度安排可以保障"一带一路"的稳定性，而多种形式的自由贸易区网络就是基本的制度安排。同时，通过构建"一带一路"自由贸易区网络，巩固中国与周边及沿线国家和地区的经贸合作关系，拓展国际合作领域，创新合作机制，使"一带一路"在全球经济治理中发挥重要作用。二要以自由贸易区网络安排防范风险。"一带一路"推进过程中面临的政治、经济、社会环境风险将明显增多，不确定性增强。一方面，要加强风险研判，建立预警和防范机制。另一方面，要加快构建自由贸易区网络，通过这一制度安排来有效规避风险，以不变应万变，推进"一带一路"倡议的顺利实施。三要以自由贸易区网络赢得国内发展和国际竞争的主动。以"一带一路"沿线国家和地区为重点，加快建立跨国、跨区域自由贸易区网络，探索对外开放新的路径和模式，有利于中国在国际经贸规则制定中赢得主动，有利于拓展经济转型空间，有利于创造更好的外部发展环境，有利于在新一轮全球贸易自由化进程中发挥更大作用。

三、推进"一带一路"自由贸易区网络建设

"一带一路"沿线国家和地区发展水平参差不齐,既有发达经济体,也有发展中经济体,很难用一个标准、一个规则、一个模式来建立自由贸易区网络,必须依据开放、包容、共享、均衡的目标要求,打造多层次、多类型、灵活多样的双边、多边、区域性、全球性自由贸易区,或实施多种形式的自由贸易政策,以点连线、以线带面,重点突破,务实推进,逐步形成"一带一路"自由贸易区网络。

7. 探索建立"一带一路"多边自由贸易区

建立上合组织自由贸易区。尽快确立上合组织自由贸易区的发展目标,显著降低关税和非关税壁垒,提升贸易投资便利化水平,在欧亚大陆次区域内形成统一市场。加快制度与机制对接,提高贸易便利化程度。加快推进贸易投资、市场准入、海关监管等方面的制度与机制对接,提升贸易投资自由化、便利化水平。

8. 推进中国-海合会自由贸易区进程

在"一带一路"框架下,推动国际产能合作与海合会的经济结构多元化战略对接,相互借力,推动经济结构加快优化调整,带动中国与海合会经济合作。以开展能源项下的自由贸易为重点,打造能源经济共同体。推动能源价值链合作,推动油田工程技术服务、设备贸易、行业标准对接。加强可再生能源和绿色能源开发和技术创新领域的合作。加快建立中国-海合会石油战略储备机制,建立能源安全合作基金等。

9. 把中国-中东欧合作("16+1合作")发展为多边自由贸易区网络

推进"一带一路"倡议与"16+1合作"机制的有效对接,加强在公路、铁路、港口、机场、电信、油气管网等基础设施建设领域的合作。促进中国和中东欧国家双向投资和贸易的便利化水平。探索实行产能项下和装备制造业项下的自由贸易政策安排。合作建设自由工业港区和自

由经济区。

10. 推进"一带一路"双边自由贸易区建设

推进已取得实质性谈判成果的双边自由贸易区进程，加快中国－斯里兰卡、中国－马尔代夫自由贸易区谈判进程。升级已有的双边自由贸易区，推动中国－东盟、中国－新西兰、中国－韩国、中国－澳大利亚、中国－智利、中国－秘鲁等自由贸易区升级版建设。启动与主要贸易伙伴的双边自由贸易区谈判。加快与巴西、墨西哥等拉美国家双边自由贸易区谈判。推动中国与以色列自由贸易区谈判，争取尽快达成中以双边自由贸易协定。启动中国与尼泊尔、孟加拉国等南亚国家自由贸易区进程，加快构建中尼、中国－孟加拉国自由贸易区。

四、实行"一带一路"的自由贸易政策

"一带一路"基础设施互联互通、国际产能和装备制造合作与灵活多样的自由贸易政策安排相结合，是务实推进"一带一路"自由贸易区网络的重要选项。

11. 以设施联通为目标推进基础设施项下自由贸易

依托中巴经济走廊，逐步将瓜达尔港打造成以能源资源储备加工为重点的自由贸易区；依托中蒙俄经济走廊，加快推进中国与俄、蒙毗邻地区跨境铁路、公路等基础设施互通互联，推进中俄、中蒙贸易投资便利化制度安排，推进以能源矿产电力等产业为重点的中俄、中蒙跨境自由贸易示范区建设；依托中印缅经济走廊，提速国家大通道建设，打造沿边自由贸易区；依托中国－中亚－西亚经济走廊，加快石油管道和天然气管道等能源基础设施互联互通，以实行自由工业港区发展模式为目标，积极开展能源项下自由贸易。把基础设施互联互通作为推进贸易投资便利化的重要内容，实行基础设施项下的自由贸易政策，获享关税优惠，带动中国机械、装备、零部件等相关产品出口及金融保险、研发设计、科技咨询、信息技术、现代物流等服务产品出口。

12. 以产能合作为重点推进能源项下自由贸易

与"一带一路"沿线能源生产国签订双边、多边能源自由贸易与产业合作协议。优先保障合作伙伴的石油供给，共同建立能源价格风险管理机制，共同建设石油合作战略储备基地，共同研究建立能源产业基金等，稳步推进能源项下的双边、多边自由贸易合作。在"一带一路"沿线国家和地区的能源通道节点城市，建设具有自由贸易区性质的能源加工园区、能源保税港区、新能源产业园区、能源跨境经济合作区、以能源为重点的工业港区等，对能源贸易和投资自由化、便利化的制度安排进行先行先试，打造区域能源贸易中心、能源共同储备基地、能源合作创新中心等。

13. 以在全球范围内配置资源为目标推进制造业项下自由贸易

推进与"一带一路"沿线国家和地区制造业项下的自由贸易与投资便利化，引导制造业向周边和沿线发展中国家转移，打造由中国主导的区域价值链，实现产业链的整体升级。利用中国在高端装备制造领域的优势，积极参与境外产业集聚区、经贸合作区、工业园区、工业港区、经济特区等合作园区建设，在合作区内实行自由贸易政策和相关制度安排，实现中国制造的全球布局和资源配置的全球化。

14. 开展多种形式的服务业项下自由贸易

与"一带一路"沿线国家和地区开展以教育、健康、医疗、旅游、文化、金融、免税购物、会展为重点的服务业项下的自由贸易试点。参照发达国家和国际上高水平自由贸易区的服务开放模式和标准，以"负面清单"管理模式推进服务业开放；通过放宽准入门槛和经营范围限制、拓展开放领域等，吸引境外服务业投资者进入国内市场，有效促进服务业竞争、提升服务水平。

五、建立"一带一路"多种形式经济合作圈

"一带一路"倡议重在推动沿线国家和地区在基础设施、制造业、服

务业、能源资源等多个领域开展广泛合作，为提振区域经济和世界经济注入新的动力。为此，通过建立多种形式的经济合作圈，对贸易和投资自由化、便利化的制度安排进行先行先试，打造区域贸易中心。

15.打造能源经济合作圈

在中国和"一带一路"沿线国家和地区的能源通道节点城市，建设具有自由贸易区性质的能源加工园区、能源保税港区、新能源产业园区、能源跨境经济合作区、以能源为重点的工业港区等。对能源贸易和投资自由化、便利化的制度安排进行先行先试，打造区域能源贸易中心、能源共同储备基地、能源合作创新中心等。共建中国-沙特-伊朗能源经济合作圈。构建"一带一路"能源治理新机制，深化能源双边多边合作，形成互利共赢的能源合作规则，促进公平可持续的区域和全球能源治理格局，以提高发展中国家和新兴经济体在全球能源定价中的话语权。

16.建立旅游经济合作圈

以旅游经济合作圈提升开放合作水平。借助"一带一路"基础设施互联互通建设，促进区域内旅游交通设施便利化；加强"一带一路"沿线区域旅游合作，充分发挥各地区位优势和旅游资源优势，共同打造边境、跨境、境外旅游合作区；在中国"一带一路"地区沿线旅游枢纽城市和港口城市，建设一批丝路国际旅游港。积极与周边和"一带一路"沿线国家和地区开展旅游项下的自由贸易，建立旅游产业贸易和投资自由化、便利化的体制机制安排。在"一带一路"有条件的国家和地区完善旅游签证政策，逐步实施落地免签、过境免签和旅游免签等便利化措施和政策，推行无障碍旅游，提高沿线国家旅游签证便利化水平。

17.建立医疗健康产业合作圈

加快建设以欧盟、东盟等为重点合作对象的医疗健康服务自由贸易园区。逐步对外资开放医疗服务业，吸引国际医疗服务机构、国际商业医疗保险机构进驻，推动中国医疗健康服务产业经济的升级和"一带一路"沿线国家和地区协同发展。通过建立健康产业基金、健康科技园区、健康服务业合作示范基地等合作平台，形成"资金、政府、科研"的合作体系，打造一批面向"一带一路"沿线国家和地区的国际化医疗保健机构。充分发挥中国传统医疗产业优势，与多国开展业务合作、推广中医文化，积极发展中医药服务贸易，拓展与"一带一路"沿线国家和地区的合作。

总的判断是：中国发展的内外部环境发生深刻变化。从外部环境看，发达国家贸易保护主义、孤立主义等倾向加剧，使经济全球化的不确定性上升；从内部环境看，中国经济转型升级的趋势基本形成，经济转型与国际经济格局变化交织在一起，转型的双向影响明显增强。"一带一路"反对贸易保护主义，提倡构建开放、包容、共享、均衡的全球经济，承载着以构建自由贸易区网络为目标、促进全球自由贸易进程的新使命。要以"一带一路"为总抓手，加快形成中国对外开放的大平台、大通道、大布局，进一步赢得国内经济转型和国际市场竞争的主动。

（1）"一带一路"外延的扩大。"一带一路"秉持的开放、包容、共享、均衡的理念，是一个开放式的倡议，将逐步跨越"一带一路"沿线国家和地区，成为包括发达国家在内的全球共商、共建、共享的大平台，由此在推进新的经济全球化中承担重要角色。就是说，在经济全球化的新背景下，"一带一路"是以65个国家为主体、以亚欧合作为重点，逐步扩大到全球的"65+"。

（2）"一带一路"内涵的升级。为什么"一带一路"倡议能赢得广泛的国际共识？重要原因在于，"一带一路"承载着推进新的经济全球化的重要使命。

一是以基础设施为依托。基础设施互联互通是实现"一带一路"倡议"五通"的关键点。"一带一路"沿线国家和地区基础设施建设需求巨大。有研究表明，2016—2020年"一带一路"沿线国家和地区基础设施合意投资需求至少达10.6万亿美元。巨大的基础设施建设不仅可以增加当地的就业与收入，而且对实现"一带一路"沿线相关国家、地区发展战略对接具有关键性作用。

二是以产能合作和服务贸易为重点。目前,"一带一路"沿线国家和地区间的产能合作和服务贸易合作已经展开。总的来看,服务贸易远滞后于货物贸易及企业"走出去"进程,滞后于产能合作的实际需求。2016年前三季度,中国与"一带一路"沿线国家和地区服务贸易额仅占贸易总额的10%,低于中国服务贸易占比18%的平均水平。重货物贸易而轻服务贸易,贸易自由化、便利化程度比较低,导致"一带一路"沿线国家和地区贸易成本居高不下。未来,在深化产能合作的同时,拓展服务业领域的合作,成为"一带一路"可持续发展面临的重大任务。

（3）以构建多层次的自由贸易区网络为目标。以"一带一路"沿线国家和地区为重点,加快建立跨国、跨区域自由贸易区网络,探索对外开放新的路径和模式,有利于拓展经济转型空间;有利于中国在新的国际经贸规则制定中赢得主动,创造更好的外部发展环境;有利于在新一轮全球贸易和投资自由化、便利化进程中发挥更大作用。

——实施制度化、便利化的安排。无论是建立双边自由贸易区,还是构建多边自由贸易区,或是开展多种形式的自由贸易,都需要尽快形成制度安排,在投资贸易便利化上实现重要突破。

——实现双方、多方的优势互补。构建"一带一路"自由贸易区网络,需要立足沿线国家和地区的基本情况,发挥各自的资源优势,实现优势互补、互惠互利,形成利益共同体、命运共同体。

——推进"一带一路"的可持续进程,增强各方对全球经济一体化的信心。在全球贸易保护主义抬头的特定背景下,推进"一带一路"自由贸易区网络建设,对促进全球经济一体化和改善全球经济治理结构有重要影响。同时,有利于增强各方对全球经济一体化的信心,共同反对各种形式的贸易保护主义。

（4）"一带一路"倡议地位的提升。"一带一路"既包括对新兴市场、发展中国家和转型国家的开放，也包括对西方发达国家的开放，而且将"一带一路"沿线国家和地区与中国区域开放开发直接融合。因此，"一带一路"不仅仅是国家区域性战略，更是一个引领开放、包容、共享、均衡的经济全球化大战略，有助于构建内外互动、相互融合的新发展大格局。

合力建设全球最大自由贸易区

15条建议

（2022年1月）

2022年1月1日，RCEP正式生效，标志着当今全球最大的自由贸易区正式起航。当前，在落实RCEP的同时，进一步推动区域经济一体化进程，在建设全球最大自由贸易区方面取得实质性成效，成为RCEP生效后的重大课题。为此，1月23日，中改院与中国日报社等合作举办"RCEP区域发展媒体智库圆桌论坛"，就合力建设全球最大自由贸易区开展研讨。在前期研究基础上，参考与会代表相关观点，提出以下建议。

一、发挥RCEP政策效应，打造更加稳定、更有韧性的产业链供应链

1. 用好"关税减让"与"原产地累积规则"政策，促进产业链供应链优化调整

一方面，利用中日首次达成双边关税减让安排的契机，积极布局面向日本的产业链供应链，支持企业扩大日本集成电路、半导体、医疗器械等新增"零关税"产品进口。另一方面，针对东盟、韩国等已具有自贸安排且关税减让幅度较小的成员国，建立区域性原材料采购交易市场与生产设备、中间产品交易大市场，并引导企业按照有利于获得"原产资格"的原则有效整合现有供应链，并积极开展采购、加工组装、制造等环节的多元化布局。

2.发挥"服务贸易与投资自由化便利化"政策效应,推动产业链供应链延伸

引导国内企业在东盟地区布局建设以农业、劳动密集型加工制造为主题的跨境产业园区,带动研发、设计、工程承包、信息通信等优势服务出口,并在强化金融、保险配套中提高企业对外投资安全性;支持国内企业加大对日本、韩国和新加坡等国家在汽车、信息技术、新材料等领域的双向投资,并积极开展研发设计、交通运输、咨询认证、信息推广等产业项下的自由贸易,推动日韩的研发技术及生产性服务、中国制造、东盟组装等的深度融合。同时,加大海南自由贸易港等服务贸易高水平开放压力测试,尽早实现服务贸易由正面清单向负面清单的转变。

3.重视疫情冲击下物流配送对稳定区域内产业链供应链的重要作用

例如,加大中央财政对海南、广西及山东等地港口基础设施建设的支持,打造面向RCEP成员国的物流大枢纽;依托与东盟及日韩交通部长级会议等协商机制,推动跨境物流规则、标准互认、检疫协同;鼓励国内物流企业在RCEP成员国内建立电商公共海外仓、物流仓、物流园区等,促进物流数字化转型;加快推动与泰国、越南、印度尼西亚、菲律宾等经认证的经营者(AEO)互认,并逐步实现RCEP成员国全覆盖。条件成熟时,共建RCEP港口联盟,推动实现通关标准统一、监管互认、信息共享,并利用电子锁等现代信息技术实现便利化信用通关。

4.加强对企业RCEP知识培训提高利用协定能力

建立面向企业的RCEP公共服务平台,为企业提供原产地规则利用、关税减让、产业链布局建议等信息咨询服务;借鉴日韩经验,以海关部门为主导建立RCEP大数据库,实现规则精准推广,为重点企业提供"点对点"精准服务;为小微企业开发原产地证书申领程序、业务流程等公共培训项目,明显提升其对RCEP利用能力。同时,以政府采购、公益基金等多种方式支持国内高校、智库等开设面向企业的专业化培训服务,

以专业化指导促进企业合理布局产业链供应链。

二、以RCEP生效为契机推动构建基于统一规则的区域一体化大市场

5.以高水平、制度型开放提升我国在构建区域一体化大市场中的引领作用

依托我国作为RCEP区域内第一大经济体和第一大消费市场的有利条件，加强与RCEP成员国在《世界贸易组织贸易技术壁垒协议》（WTO/TBT）委员会等平台上开展统一商品标准的协调沟通；开展RCEP成员国在服务业规则、规制、管理、标准的互认磋商，逐步实行服务业领域AEO制度，对符合条件的企业开展跨境投资与跨境服务等行为给予简化审批、提升资金汇兑额度等便利化支持；推进成员国市场监管与海关部门信息共享、多边互认。近期内，率先实现与日韩等服务业市场管理标准规则对接，制定面向日韩的企业差异化责任豁免目录，推动跨国法规协调，最大限度减少因标准差异而产生的企业成本。

6.合作开拓以东盟为重点的新兴消费市场

建立面向东盟的商品推广平台，为我国优质消费品制造商进入东盟市场提供商务咨询、法律事务、税务指导及金融、物流等专业化服务；加强与日韩合作，依托我国数字技术应用优势与日韩服务优势，通过"互联网+"等多种方式共同发展面向东盟中等收入群体的服务消费市场；鼓励专业资格机构与东盟相关机构开展对话合作，共同制定商品服务与专业人员资质标准体系与互认规则，进一步提升我国与东盟消费市场连通性。

7.率先推进农产品、服务业、数字经济等重点领域的共同市场建设

——依托RCEP农业开放政策及快速通关机制，支持企业开展农业投资、种植和加工合作，共建RCEP农产品大市场。

——加快我国服务贸易开放进程，推动旅游、医疗健康、文化娱乐

等区域内有发展基础、需求比较大的生活性服务业合作与标准互认，共建RCEP服务型消费大市场。

——在RCEP电子商务规则框架下，共建"跨境数字自由贸易园区""跨境数字经济合作园区"等，推动数据、数字技术、数字服务等便利流动，共同开拓区域内数字经济大市场。

——依托我国区域内第一大知识产权应用国地位，在RCEP知识产权规则框架下建立知识产权大市场，吸引区域内知识产权在我国开展定价、交易、融资、转化等。

——加强沟通，探索建立RCEP碳交易市场。

8. 发挥海南自由贸易港在RCEP一体化大市场中的枢纽作用

加大海南自由贸易港市场体系建设的资金与人才支持，加快在海南自由贸易港建立面向东盟的国际农产品、消费品、能源、大宗商品及知识产权、数据等交易场所；支持将海南自由贸易港打造成为我国企业面向RCEP成员国"走出去"的总部基地；支持海南自由贸易港在封关前参照RCEP相关规则拓展"零关税"清单覆盖度，并开展加工增值货物内销免关税政策创新；支持海南自由贸易港对标CPTPP制定更加精简透明的跨境服务贸易负面清单和更加便利的人员流动制度与资金跨境流动制度，并实现投资与服务贸易负面清单一体化管理。

三、开展相关条款后续磋商并适时推动RCEP扩容升级

9. 继续推进RCEP部分规则的磋商谈判

在推进开放措施尽早落地的同时，与RCEP成员国尽快开展原产地规则第四条第二款审议，实现"原产地累积"向"完全累积"的过渡，进一步拓展我国企业开展产业链供应链多元化布局空间；推动原产地认定程序简化，提升原产地自主声明便利化水平，逐步实现区域内海关信息共享基础上的信用通关管理；整合现有五张关税承诺表，实现由"国别关税减让"向"统一关税减让"过渡。发起设立RCEP发展基金，对区

域内最不发达的国家或因贸易受损的企业提供补偿，使RCEP合作红利普惠化。

10. 合作启动RCEP扩容相关工作

一方面，加强印度与成员国经济相互依赖度，特别是对我国的经济依赖度，具有重要战略意义。建议积极同日本、东盟等协商，通过更加优惠的规则安排吸引印度重返RCEP。另一方面，探讨域内外国家加入CPTPP的可能性，如推进中国香港、中国澳门作为单独关税区加入RCEP，发挥东盟、日韩等作用，吸引欧洲经济体加入，以此降低我国与欧洲国家贸易投资制度性成本。

11. 以RCEP为平台加快推进与东盟、日韩更高水平经贸协定谈判

——尽快启动中国-东盟自由贸易区3.0版建设。以《中国-东盟战略伙伴关系2030年愿景》为导向，在进一步拓展"零关税"商品覆盖范围的基础上，实现服务贸易、数字贸易自由化便利化的重要突破，并将其作为落实中国-东盟战略伙伴关系的重要举措。

——力争实现中日韩自由贸易区谈判的突破。采用包括"早期收获计划"、框架协议、多边投资协定等多种合作形式，各方共商共建灵活多样的自由贸易园区；适应我国消费结构升级大趋势，积极开展旅游、教育、文化娱乐等产业项下的自由贸易；适应中日韩共同面对的人口老龄化挑战，积极推进医疗健康养老产业项下的自由贸易。

——推进同CPTPP成员国的高水平双边合作。探讨与日本、新加坡、越南、马来西亚等CPTPP成员国进一步扩大开放的可能性，逐步提升我国与RCEP部分成员国双边、三边开放水平。

12. 发起设立RCEP合作秘书处

为RCEP运行和管理提供支持，如向媒体和公众发布信息，监测和分析区域贸易发展状况；为实施协定及相关合作项目提供便利服务；进一步增进RCEP成员国间合作关系，包括组织部长级会议等。同时，在东盟主导下推动尽快成立RCEP联合委员会及附属委员会。

四、发挥媒体智库在促进RCEP区域人文交流中的重要作用

13. 以建立RCEP媒体合作联盟为重点创造RCEP生效实施的良好舆论环境

——加强国内传统媒体、新媒体等的整合，借鉴亚洲新闻联盟的经验，发起设立RCEP媒体合作网络，设立"共同讲好RCEP故事"等项目，合作开展RCEP规则宣传、成果发布、联合调研等。

——加强媒体人员能力建设。通过组织培训和研讨会，帮助东盟和我国的媒体从业者更好地了解目标国家的文化、社会经济发展、当地法律法规等。

14. 支持建立RCEP区域智库联盟

支持国内智库同RCEP智库发起设立RCEP区域智库联盟，共建常态化交流机制与信息共享机制，消除知识和信息壁垒；通过合作研究、互派访问学者、合作开展人才培训、建立青年营等项目，促进以青年代表为重点的人文交流。同时，围绕RCEP落实及扩容升级的重大课题开展联合研究，在交流互鉴中为RCEP联合委员会及秘书处提供智力支撑。

15. 以智库为主体尽快在海南建立RCEP能力建设中心

2020年4月，新加坡前外交部长杨荣文在中改院举办的论坛上提出在海南建立RCEP能力建设中心。发挥海南自由贸易港地理区位优势与人员进出自由便利的政策优势，在海南建立以东盟为主导、我国政府支持的RCEP能力培训中心，就RCEP文本解读、RCEP规则利用、RCEP与更高水平经贸规则对接等开展专题培训，提升RCEP欠发达成员国政府官员使用经贸规则的能力。

坚定推进开放共享的RCEP进程

14条建议

（2022年6月）

当前，面对重重挑战，要把握大势、排除干扰，坚定推进开放共享的RCEP进程，充分释放各成员国经济活力，促进区域经济稳定增长，打造更加紧密、稳定的亚太区域经贸合作网络，进一步增强各国对维护和深化RCEP合作的信心与决心，形成东亚区域经济一体化不可逆转的大趋势。

一、以开放共享充分释放RCEP经济活力与增长潜力

1. 加快构建开放共享的区域一体化大市场

——在共同协商基础上，缩短关税减让过渡期，并进一步扩大零关税商品比例，建设更加开放的RCEP区域一体化商品大市场。

——加快放宽服务业市场准入进程，开展RCEP成员国在服务业规则、规制、管理、标准的互认磋商，降低各类显性和隐性市场壁垒，逐步建设RCEP区域一体化服务大市场。

——建立跨境资金、数据、人才、技术等要素流动合作白名单制度，提高非关税措施透明度，促进各类要素跨境自由便利流动。

2. 合力打造更加稳定、更有韧性的RCEP产业链供应链

——用好RCEP原产地累积规则，引导企业按照有利于获得"原产资格"的原则有效整合现有供应链，鼓励企业更多采购区域内原产地产品与中间商品，合作在重点国家或地区布局RCEP区域采购中心或交易

中心。

——尽快启动RCEP原产地规则第四条第二款协商审议，将非原产地产品中增值部分纳入累积范围实现"原产地累积"向"完全累积"的过渡。

——在共同协商基础上，逐步缩小国别关税减让差异，实现各成员国关税减让由"国别关税减让"向"统一关税减让"的过渡。

——根据各国实际发展实际与比较优势，协同推进RCEP区域内服务贸易开放，推动实现日韩的研发技术及生产性服务、中国制造、东盟组装等深度融合，推动区域内加工制造向更高附加值环节延伸，整体提升东亚在全球价值链中的地位。

3. 发挥中国市场开放在促进RCEP开放共享中的重要作用

——主动扩大向RCEP成员国内的农产品、原材料进口，积极布局面向日本的关键产品产业链供应链，支持企业扩大日本集成电路、半导体、医疗器械等产品进口。

——尽快实现跨境服务贸易由正面清单向负面清单过渡，主动扩大来自RCEP成员国内的服务进口。

——适应中国结构转型趋势与需求，推进旅游、医疗健康、文化娱乐等区域内有发展基础、需求比较大的生活性服务业合作与标准互认，降低服务进口壁垒。

——通过举办RCEP贸易与投资对接会、RCEP企业洽谈会、商品设备博览会，建设投资贸易"一站式"解决平台等，为RCEP成员国内企业开拓中国大市场提供公共服务。

二、完善RCEP经贸合作机制并适时推动RCEP扩容升级

4. 以提升包容性发挥RCEP在亚太区域合作中的协调器作用

——以RCEP整合亚太现有双边、区域合作机制，大幅简化区域内各类经贸协定、合作框架差异，打破亚太地区长期存在的"意大利面碗"

现象。

——通过能力建设项目援助、给予欠发达国家更多优惠措施待遇等方式，吸引欠发达国家深度融入RCEP产业链。

——更加重视降低中小企业利用RCEP门槛，通过公益培训、信息提供、精准服务等，将中小企业纳入区域供应链。

——发起设立RCEP发展基金，对区域内最不发达的国家或因贸易受损的企业提供补偿，使RCEP合作红利普惠化。

——以落实RCEP协定承诺与规定倒逼国内政策调整与制度变革，为区域内企业投资与要素流动提供友好商业环境。

5. 以数字经济与绿色经济为重点拓展RCEP合作空间

——强化RCEP区域数字基础设施合作，缩小RCEP成员国间数字基础设施差距，尽快落实RCEP数据流动规制等。

——建立RCEP框架下的产业数字化转型合作机制，支持相关企业在RCEP区域内开展服务业数字化改造，重点推进贸易、旅游、生产、文化、教育、健康等领域数字化转型，培育更多独角兽企业。

——适应RCEP区域内快速增长的货物贸易量，利用区域内跨境电商平台开发与之相适应的数字服务，以跨境电子商务带动RCEP数字贸易发展。

——拓展气候变化、绿色转型合作，在协商基础上制定RCEP框架下产业绿色转型、绿色技术推广、碳排放监测交易等合作机制。

6. 适时推进RCEP扩容并促进与CPTPP的对接融合

——通过优惠规则安排吸引印度重返RCEP；研究吸收亚太地区其他国家加入RCEP的可行性。

——在加快落实市场准入与关税减让规则基础上，促进服务贸易、电子商务、竞争政策、国有企业等领域的规则标准逐步对标CPTPP。

——坚持开放共享原则，支持成员国在RCEP框架下开展更高标准的双边、区域经贸合作，并对欠发达国家政策实施保持一定灵活性。

7. 尽快建立RCEP秘书处

支持成立RCEP秘书处，开展RCEP承诺和规定协调落实与日常管理、RCEP实施效果实时跟踪等；召开部长级会议、专业委员会等，进一步增进RCEP成员国间政治互信；开展RCEP能力建设项目，提升欠发达成员国政府官员使用经贸规则的能力与企业利用规则能力，协助地方和企业更快适应区域市场更加开放的环境、更加充分的竞争。

8. 发挥RCEP区域内智库与媒体的特殊作用

——支持建立RCEP智库联盟，打造区域内智库间常态化交流机制与信息共享机制，发挥域内智库合力；通过合作研究、互派访问学者、合作开展人才培训、建立青年营等项目，促进以青年代表为重点的人文交流。

——设立"共同讲好RCEP故事"等项目，合作开展RCEP规则宣传、成果发布、联合调研等；围绕新媒体理念、技术、产品制作、内容创新、传播方式、运营能力等加强交流、开展合作，共同探索、创新、丰富新媒体的传播和成效，构建RCEP叙事，建立RCEP话语体系。

——多层面开展媒体合作，如进行内容共享、稿件互换，编译发布与成员国相关的短视频、动画、图文稿件，译制播放成员国的优秀电影、电视、纪录片等作品，促进域内人文交流。

三、务实推进中国与东盟的经贸合作与人文交流

9. 推进中国-东盟以农业和数字经济为重点的产业合作

——依托RCEP农业开放政策及快速通关机制，支持中国企业到东盟开展农业投资、种植、加工合作和机械推广、农业信息基础设施建设等，共建中国-东盟热带农业产业链。

——与泰国、印度尼西亚、越南等共建农业为主题的自由贸易园区、跨境合作区等，进一步加强农业产业技术的交流和开放合作，按照有利于利用区域原产地累积规则的原则延长中国-东盟农业产业链。

——推进中国与东盟数字经济发展规划对接，合作制定大数据、区块链、人工智能、物联网等领域基础设施标准。在RCEP电子商务规则框架下，探索同东盟国家或地区签署数字领域的信任协定、认可服务经营商、争端解决机制协定等；同相关国家共建"跨境数字自由贸易园区""跨境数字经济合作园区"等，由局部到整体实现数字贸易规则对接。

——以"5G+远程"方式开拓中国–东盟消费大市场；共同开展智慧城市建设合作，推动中国区域中心城市同新加坡建立城市伙伴关系，加快推进智慧城市技术产业、重点应用领域、整体解决方案等的标准互认；支持新加坡企业参与中国重点城市的智慧交通、智慧环境、智慧公共服务等重大项目建设；等等。

——设立中国–东盟产业合作基金，为双方培育新兴产业创造必要条件。

10. 巩固并促进中国–东盟产业链供应链更深程度融合

——发展与产业合作相适应的服务贸易。例如，适应农业合作进程，发展农产品展示、农业技术贸易、种子研发、植物新品种权保护等农业项下的服务贸易；适应数字经济合作，发展能力建设、知识产权转化、数字技术交易等服务贸易。

——依托中国–东盟交通部长级会议等协商机制，推动跨境物流规则对接、标准互认、检疫协同；鼓励国内物流企业在RCEP成员国内建立电商公共海外仓、物流仓、物流园区等，促进物流数字化转型。

——以标准互认为重点强化中国–东盟软联通。例如，加快推动中国与东盟主要国家AEO互认，并逐步实现东盟国家全覆盖；鼓励专业资格机构与东盟相关机构开展对话合作，共同制定商品服务与专业人员资质标准体系与互认规则；共建中国–东盟港口联盟，推动实现通关标准统一、监管互认、信息共享，并利用电子锁等现代信息技术实现便利化信用通关。

11. 推动构建中国-东盟蓝色经济伙伴关系

——加强中国与东盟国家沿海地区间的港口等涉海基础设施建设与标准对接,加密现有运输航线,共建中国-东盟海上物流配送大走廊。

——推进深海养殖、远洋捕捞等合作,共建海上风险防范配套服务体系;推进与菲律宾间的海上油气资源共同开发,协商确立利益分配机制,研究与印度尼西亚、越南、马来西亚等国家间共同开发油气资源可行性;服务双方涉海企业金融需求,加强蓝色金融合作,探讨"蓝色债券"的发行与运作;条件成熟时,建立南海经济合作区。

——在RCEP框架下协商制定中国-东盟海洋生态环境保护规则,条件成熟时共同商讨签署"南海环保公约",建立"南海环境保护区";合作开展航运业减排工程与石化产业绿色转型工程、海洋塑料垃圾处理合作示范工程,探索海洋生态环境联防联治模式。

——从航行安全、人道救援、打击跨国犯罪、灾害应对等领域做起,逐步拓展安全领域合作范围;条件成熟时,探讨中国-东盟共同防务建设的可行性。

——围绕经贸合作与蓝色经济伙伴关系构建,合作举办常态化论坛;合作培养一批专业记者,引导和塑造地区合作舆论。

12. 深化中国-东盟人文交流

——积极构建中国-东盟的中学、大学合作网络,开展校际领导互访、学生与教师交换、学历互认等项目。

——共同开展中国政府支持的以农业、旅游业、数字经济、海洋渔业等为重点的技能型人才培养与培训。

13. 推进各具特色的中国与东盟间次区域与地方间合作

——支持海南与东盟国家的岛屿共建海上旅游联盟与清洁能源发展联盟;鼓励支持国内省份与东盟国家相关省份建立友好城市关系。

——支持云南、广西、海南等省份同东盟国家的地方共建以农业、数字经济、旅游、医疗健康等为主题的沿边、跨境经济合作区,加大沿边开放政策调整与制度创新力度,打造多个合作示范区与自由经济区。

——利用澜湄合作机制,加强与中南半岛在信息物流、旅游、公共卫生、减贫等领域的合作;加强与东盟东部增长区在资源共同开发、加工制造、能力培训提升等方面的合作。

14. 将海南自由贸易港打造成为中国–东盟全面战略合作的重要枢纽

——尽快将海南自由贸易港打造成为国内企业走向东盟的"总部基地"和中国与东盟商品要素中转、交易、服务基地;支持海南自由贸易港在CPTPP框架下推进与东盟部分国家间的经贸合作进程。

——将海南自由贸易港作为中国对东盟的公共卫生援助基地和RCEP区域内公共卫生监测预警中心,以此为平台加大对东盟国家公共卫生援助,并提供风险防控、疾病预防等区域性公共产品。

——支持海南自由贸易港与东盟国家沿海地区开展海洋资源共同开发、海洋环境共同防治、海洋安全共同保护等示范项目。

——条件成熟时,在海南率先放开菲佣并建立外籍劳务人员培训基地;支持海南通过创建东盟大学、建立能力建设中心等,吸引东盟国家学生、企业家、政府官员等到海南留学或接受专业化培训服务。

单边开放——实现中国-东盟自由贸易的重大突破

22条建议

（2023年10月）

单边开放是开放的一种重要形式，是指针对全部经济体或者特定经济体主动实施包括零关税在内的市场开放政策，而不要求经贸合作方同时实施对等的开放政策。

未来几年是中国深化与东盟经贸合作的战略窗口期。向东盟单边开放，是中国扩大高水平对外开放的战略选择、务实选择。这不仅将实现中国-东盟自由贸易的重大突破，也将赢得区域经济一体化的战略主动。

向东盟单边开放，迫切需要在贸易投资等政策与制度方面尽快破题：一是向东盟单边开放中国内需大市场；二是加快中国-东盟产业链供应链深度融合；三是在单边开放中推进与东盟市场管理规则、标准的衔接；四是建设适应单边开放的自由贸易大走廊；五是构建向东盟单边开放的政策与制度框架，并依托清迈倡议多边合作机制加快形成金融制度安排；六是形成与单边开放相适应的综合配套措施。

向东盟单边开放，建议采取"单边宣布、单边实施、先易后难、尽快拓展"的行动路线：一是率先在货物贸易领域实施，加快向服务贸易拓展；二是率先在陆域实施，加快向海洋领域拓展；三是率先在经贸领域实施，加快向社会领域拓展。同时，依托包括海南自由贸易港在内的国内部分省份的区位、发展、政策优势及现有合作基础，积极打造面向东盟单边开放的大通道。

向东盟单边开放，不可避免地会面临市场冲击、产业冲击及社会管理、公共卫生等某些风险与挑战。总体来看，这些风险与挑战可防可控。实施向东盟单边开放，宜早不宜迟，宜快不宜慢。

总的判断：适应大势、抓住机遇，向东盟单边开放，实现中国-东盟自由贸易的重大突破，是中国的战略选择、务实选择。

（1）向东盟单边开放是中国推进高水平开放的重大战略。综合考虑中国与东盟经济发展趋势与前景，跳出现有"互惠开放""对等开放"的合作框架，对东盟单边开放中国国内市场，且不对东盟做对等要求，以更加积极主动的开放举措务实推进中国-东盟自由贸易进程。

（2）向东盟单边开放是中国坚定维护经济全球化、推进区域经济一体化的重大举措。向东盟的单边开放，不仅将有力澄清国际社会对中国"承诺疲劳"等误解，也将进一步增强中国与东盟间的战略互信、经济联系、人文交流；不仅有助于东盟增长潜力的释放，也有助于有效破局某些大国挑起的"脱钩断链"和"小院高墙"。

（3）向东盟单边开放是中国作为经济大国的战略选择。从近现代经济发展史看，英国和美国都实施了80余年的单边开放政策，为其从经济大国走向经济强国奠定了重要基础。当前，推进向东盟的单边开放，是适应中国经济发展阶段变化的主动选择，将形成高质量发展的重要动力。

（4）中国向东盟单边开放的条件总体具备。英美两国在历史上实施单边开放，其基础条件主要包括两个：一是强大的工业生产能力；二是贸易结构的不断高级化。当前，中国整体上已进入工业化后期，拥有全球最完整的工业体系，且贸易结构不断升级。借鉴历史经验，以单边开放进一步深化同东盟的友好互信和利益融合，既有现实性，也有相当大的迫切性。

基于以上考虑，建议：立足短期、着眼中长期，形成向东盟单边开放的战略决策与顶层设计,并在尽早取得"早期收获"的同时,实现中国-东盟自由贸易的重大突破。

一、向东盟单边开放的战略机遇

总的判断:面对百年未有的变局加速演进的大趋势,面对美国战略竞争的严峻挑战,未来3～5年是中国与东盟深化经贸合作的战略窗口期。抓住战略窗口期,向东盟的单边开放,实现中国与东盟自由贸易的重大突破。

1.以向东盟单边开放提速中国-东盟自由贸易进程

从现实情况看,增量拓展、对等开放,难以实现中国-东盟经贸合作的重大突破。建议:超越传统以自由贸易协定为载体的互惠开放、对等开放,发挥单边开放的自主性与灵活性,针对不同国别、不同领域采取主动的单边开放政策,在提速中国-东盟自由贸易进程中有效应对"印太经济框架"(IPEF)冲击与干扰,实现两个最具活力经济体的进一步融合。

2.以向东盟单边开放推动区域经济一体化进程

向东盟的单边开放,有利于构建开放、包容、共享的地区合作秩序,将为RCEP的全面实施与不断升级注入重要动力,并为南海合作创造重要条件。

3.以向东盟单边开放促进全球经济格局再平衡

以单边开放破解区域内最终需求市场发展滞后的突出短板,增强"中国市场"在区域分工协作中的特殊作用,有利于促进东亚经济可持续包容增长和东亚生产网络的发展与安全。

4.适应东盟需求形成向东盟单边开放的总体思路

突出发展导向、主动让利、包容共享,以实现中国-东盟自由贸易的重大突破为目标,以提升产业链供应链融合度与可持续为重点,以现有区域、次区域合作机制与基础设施网络为依托,以分国别、分步骤推进为基本策略，降低东盟国家对中国因实力对比悬殊而产生的不适感，在错位发展、开放合作中不断增强地区内发展的整体实力。

二、向东盟单边开放的重大任务

总的建议：用好用足大国纵深广阔市场优势，推动向东盟单边开放，需要在贸易投资的政策与制度等方面尽快破题，使规模效应和集聚效应充分发挥。

5. 主动向东盟单边开放中国内需大市场

——向东盟单边开放中国最终消费品市场，争取到2030年成为东盟最大的最终消费品出口市场。

——将自东盟进口的"零关税"商品比例提升至99%。适应中国产业转型升级与关键原材料进口需要，对东盟制定实施差异化产品原产地规则，确定不同货物加工增值比例。

6. 加快中国-东盟产业链供应链深度融合

——在初级产品加工领域，加大在东盟的投资布局，引导国内企业重点完善生产性服务配套，鼓励国内企业同上下游东盟企业建立供应链联盟。

——支持东盟企业利用资金、市场等嵌入中国传统优势产业链；积极布局智能制造等高新技术产业链；向东盟全面放开创新成果应用市场，支持其在国内应用转化。

——支持国内企业在东盟设立面向全球的采购中心、转口中心等。

——密切关注东盟数字经济、绿色经济发展计划实施进程，依托中国综合优势，在加大对东盟数字公用技术援助的同时，深化与东盟数字经济、绿色经济合作。

7. 稳步推进向东盟的服务贸易与投资单边开放

——对东盟单方面实施跨境服务贸易负面清单及更加精简的外商投资准入负面清单。条件成熟时推动两张清单的合并。

——在具备条件的地区，率先对标CPTPP形成跨境服务贸易的境内规制，制定实施更加便利的资金支付和转移制度。

8. 尽快形成对东盟单边开放的金融制度安排

——提升中国-东盟间贸易投资人民币结算覆盖度。

——建立以人民币计价的国际债券市场，积极吸引东盟国家政府和企业在中国境内发行人民币债券。

——条件成熟时，建立以实缴资本为基础、具有法律地位和常设机构的基金实体，作为中国-东盟区域的"国际货币基金组织"。

9. 在单边开放中推进与东盟市场管理规则、标准衔接

——构建与东盟间市场管理规则协调机制，共同建立商品、服务、要素等领域的标准化体系。

——组建中国-东盟专业服务标准工作组，引导各类服务业企业特别是中小型服务企业获得服务认证。

——制定市场经营行为差异化责任豁免目录，探索实行面向东盟国家的职业资格单向认可制度。

10. 建设适应单边开放的自由贸易大走廊

——推进以陆海新通道为重点的陆路交通基础设施互联互通，加强中国与东盟各国在铁路标准建设上的沟通、协商、谈判，推进铁路技术标准统一。

——支持组建以企业为主体的港口联盟。

——支持内地枢纽机场联合开通、加密与东盟国家和地区间的直飞、中转国际航线。

三、向东盟单边开放的行动路线

总的建议：适应趋势、把握主动，采取"单边宣布、单边实施、先易后难、尽快拓展"的行动路线，并争取在未来3~5年实现向东盟单边开放的重大突破。

11. 货物贸易领域率先实施，并向服务贸易拓展

——率先向东盟全面开放非农货物进口。

——逐步向绿色经济的知识、实践和技术，及医疗健康、文化娱乐、教育培训等服务业领域拓展。

——在条件成熟时，推行人民币作为区域内的贸易投资主要结算货币与主要储备货币。

12. 陆域合作率先实施，并向海洋领域拓展

——率先向东盟单边开放制造业，强化对原产自东盟制造业中间品的采购。

——支持双方企业互设跨境合作平台，打造涵盖种子研发、种植、包装、运输、加工、储藏等的跨境农业产业链。

——有序向海洋领域的单边开放拓展，共建具有自由贸易区性质的海洋产业园区、海洋高端装备保税港区、海洋经济合作示范区等。

13. 经贸领域率先实施，并向社会领域拓展

——发起面向东盟的商务旅行卡计划，实现东盟国家商务人士入境免签。

——制定并持续拓展面向东盟国家的职业资格单向认可目录，放宽东盟人员参加职业资格考试范围。支持具备条件的地区开设东盟国家留学生来华实习、创业、就业的绿色通道。

——加快完善从政府到民间多层次、多元主体的沟通交流网络。例如，尽快建立中国-东盟渔民交流机制。

14. 以海南自由贸易港为重点建立更高水平单边开放大通道

——支持国内企业在海南自由贸易港建立投资东盟的总部基地，赋予总部企业以人民币或者外汇自由进出等政策。

——争取在3年内将非金融领域跨境服务贸易限制措施数量缩减至30项左右，并引入"棘轮机制"。

——全面实施中国在《中欧全面投资协定》（中欧CAI）中的开放承诺。

——在洋浦经济开发区全面实行油气项下的自由贸易政策；进口东南亚国家的海产品在海南进行精深加工，使产品增值30%以上再免关税进入内地。

15. 以云南、广西为重点建立澜湄单边开放大通道

——以正面清单模式，取消替代种植返销的进口配额，开展"边境贸易+跨境加工""边境贸易+互助组"等合作。

——支持云南、广西与澜湄国家建立地方间"水联盟"，主动向东盟最不发达国家分享水资源管理技术及流域水资源开发利用知识。

——放开主要应用学科的国际职业教育准入，支持在云南、广西共建农业人才培养实训和实习基地。

16. 以广东为重点建立中国－东盟东部增长区单边开放大通道

——根据广东高新制造业发展需求，制定采购东盟的零部件、原材料清单。

——开展数字技术、数字基础设施、数字服务等项下的自由贸易，推广中国数字制造标准。

——建设跨境绿色农业合作园区、绿色加工业合作园区等，促进绿色农产品和加工品的贸易投资。

四、向东盟单边开放的时机条件

总的判断：向东盟单边开放，不可避免会产生某些风险与挑战，但整体上可防可控。综合各方情况看，中国向东盟单边开放的时机与条件已经成熟。

17. 向东盟单边开放的条件总体具备

随着中国经济结构转型升级，将明显提升与东盟的经贸互补性，经贸合作潜力与资源配置效率也将逐步增大。

18. 向东盟单边开放的风险总体可防可控

——中国与东盟的工业发展处于价值链不同环节，向东盟工业制成

品市场单边开放，冲击有限。

——向东盟单边开放农产品市场的影响可控。以稻米为例。按现有规模计算，即使东盟四个主要产稻国对华稻米出口比重由目前的16.24%上升到50%，也仅占中国稻米总产量的3.27%。[①]

——在金融领域，可采取自由贸易账户（FT账户）管理方式甚至海南与横琴即将上线的多功能自由贸易账户（EF账户），由此做到"放得开、管得住"。

——通过"配额制＋标准制"，中国完全有条件防范东盟国家人员进入带来的相关风险。

19. 抓住时机以单边开放赢得全面战略合作的主动

中国向东盟单边开放，利大于弊。要抓住未来3～5年的窗口期，以务实的单边开放举措尽快取得"早期收获"。同步构建高效、精准、无感的风险防控体系，建立特定产业补偿救济制度。

五、向东盟单边开放的相关建议

总的建议：推进向东盟的单边开放，既需要中长期战略谋划，也需要适应不同阶段需求的务实行动；既需要发挥中央顶层设计、顶层推动的作用，也需要充分发挥地方的积极性。

20. 着眼长期，尽快形成向东盟单边开放的战略决策

建议把推进向东盟的单边开放作为中国高水平开放的重大战略，尽快宣布并实施对东盟单边开放的政策，研究制定"向东盟单边开放的行动方案"，建立向东盟单边开放的统筹协调机制。

21. 立足短期，尽快实施一批向东盟单边开放的特别之举

——在实行配额管理制度的前提下，率先在海南自由贸易港内放开菲佣等家政服务市场。

——明确宣布5年内全面落实RCEP开放承诺。

---

① 根据世界银行、亚洲发展银行及联合国粮农组织相关数据整理。

——实施原产于东盟的商品与服务的扩大进口行动。

——推出一批以资源共同开发为主题的海洋合作项目。

22. 充分发挥多轨外交在单边开放中增进共识、扩大影响的作用

——充分发挥中国国际进口博览会、中国国际消费品博览会、中国-东盟博览会、博鳌亚洲论坛等平台作用,专设向东盟单边开放单元。

——利用领导人、部长、高官等多层次对话机制,开展机制化的工作。

——发挥智库作用,通过多种形式的对话交流,了解参与方的利益诉求。

第十章
对标世界最高水平开放形态的海南自由贸易港

33年来，从研讨特别关税区到建言海南自由贸易港，中改院一直为海南走向"大开放、大改革"鼓与呼。无论是在建院之初形成的《建立海南特别关税区可行性研究报告》，还是世纪之交以来先后提出的"以产业开放拉动产业升级""海南国际旅游岛"，还是建省办经济特区30周年前夕形成的《以更大的开放办好最大的经济特区——关于海南全面深化改革（44条建议）》《建立海南自由港方案选择与行动建议（20条）》等，都在政策决策中发挥了重要作用。

特别是2018年4月13日，习近平总书记宣布"支持海南逐步探索、稳步推进中国特色自由贸易港建设"以来，中改院先后形成若干份建议报告，提出许多有价值的战略性、前瞻性和行动性的政策建议，在加快建设海南自由贸易港的实践中产生重要影响。例如，2018年，研究形成《海南自由贸易港总体设想的研究建议（60条）》，比较早的系统提出海南自由贸易港政策与制度体系；2019年，在全国人大常委会将制定海南自由贸易港法列入2019年立法工作计划的背景下，中改院先后研究形成并向全国人大提交《推进海南自由贸易港立法的总体思路性建议（30条）》等报告，积极服务海南自由贸易港法的立法决策；2020年以来，中改院聚焦"将海南自由贸易港打造成为引领我国新时代对外开放的鲜明旗帜和重要开放门户"的战略目标，先后形成《把海南打造成为中国与东盟全面战略合作的重要枢纽（18条建议）》等，有的直接为海南省委、省政府决策采纳，有的被用作制定政策的参考材料。

建立海南自由港方案选择与行动建议

20条

（2017年8月）

总的考虑是：

谋划海南未来30年的发展：要考虑海南在推进21世纪海上丝绸之路建设中独特的战略角色；要考虑全面深化改革开放对海南提出的战略要求；要考虑跨越式发展对海南扩大开放提出的迫切需求。海南建省办经济特区近30年的实践表明，建立海南自由贸易港，在海南实行比一般经济特区更为自由的投资、贸易、金融和人员进出等政策，实现生产要素的自由流动，是重大的战略选择。综合来看，这项决策的时机和条件成熟，关键在于战略判断。

一、建立海南自由贸易港的战略目的：争创中国特色社会主义实践范例的重大战略

建立海南自由贸易港，是在坚持党的领导、坚持中国特色社会主义发展道路的前提下，在经济领域实行高度开放的政策与体制，不断丰富和发展中国特色社会主义。在海南建立中国特色自由贸易港，是发挥社会主义优势，增强社会主义道路自信、理论自信、制度自信、文化自信的内在要求；是落实中央对海南改革、开放和发展的战略部署，争创中国特色社会主义实践范例的重大举措。

1. 建立第一个中国特色自由贸易港的重大探索

（1）建立海南自由贸易港是坚持中国特色社会主义发展道路前提下

的重大探索和创新。新加坡、中国香港等全球知名的自由港，都实行资本主义制度；社会主义从诞生到现在，各个国家的探索中，还没有建立过符合国际惯例的自由港。充分发挥海南独立地理单元的岛屿优势，借鉴自由港的一般经济政策、运行机制、管理制度，结合海南实际，建立第一个具有鲜明中国特色的自由贸易港，是新时期社会主义市场经济的拓展和提升，将成为新时期中国特色社会主义实践创新的一个重大突破。

（2）建立海南自由贸易港是完善社会主义市场经济体制的重大举措。未来几年是我国全面深化改革的关键时期，是完善社会主义市场经济体制的关键时期。建立海南自由贸易港，大胆闯、大胆试、自主改，推进投资与贸易的便利化，探索建立与国际通行规则相衔接的管理制度、运行机制和监管模式，尽快形成可复制、可推广的新体制、新机制、新制度，是完善社会主义市场经济体制的重大举措。

（3）建立海南自由贸易港是完善我国开放型经济新体制的重大举措。改革开放近40年来，我国探索和实践了各类开放形式，形成了开放型经济的大框架。在近40年实践的基础上，充分借鉴新加坡和中国香港等自由港通行规律、规则、模式，建立开放水平最高的海南自由贸易港，将为完善我国开放型经济新体制作出重大贡献。

2.建立全球最大自由港的重大举措

（1）建立全球面积最大的自由港。世界知名的自由港，面积都不大。新加坡为719平方公里，中国香港为1104平方公里。建立海南自由贸易港，意味着要在3.54万平方公里的全岛范围内实行自由港政策。这将是全球面积最大的自由港，远远超过全球目前任何一个自由港的地理范围。

（2）建立全球依托腹地最大的自由港。海南背靠着13亿多国人的大市场，这个市场的规模在不断扩大，结构在不断升级。海南依托这一大市场，形成连接内地与东南亚、整个泛南海地区乃至亚太地区巨大市场的枢纽，将形成全球市场空间和依托腹地最大的自由港。

（3）建立全球唯一包含城乡一体的自由港。目前世界主要的自由港，基本是城市经济形态，不包括农村经济形态。建立海南自由贸易港，既有海口、三亚等中心城市，也有广大的农村。建立海南自由贸易港，以更大的开放率先推动城乡一体化，把广大农村包括在自由贸易港建设之中，使农民共享改革开放红利，由此走出一条与其他自由港不同的发展道路，充分体现中国特色社会主义发展道路的优越性。

3.我国引领经济全球化的重大行动

（1）建立海南自由贸易港是我国推进和引领经济全球化的重大战略。面对经济全球化不确定性的加大，我国坚持经济全球化方向不动摇，提出"一带一路"倡议，通过构建开放型经济新体制，形成全方位对外开放的新格局。在这个特定背景下，我国在试点自由贸易区的基础上，建立第一个中国特色自由贸易港，不断扩大开放，是我国主动参与、引领贸易投资规则制定的重大举措，是推进经济全球化的"中国行动"，是有效应对贸易保护主义的一针"强心剂"。

（2）建立海南自由贸易港是我国引领全球贸易投资自由化的重大战略。建立海南自由贸易港，在坚持中国特色社会主义发展道路的前提下实行最大程度的投资贸易自由化，将大大拓展我国对外开放的广度和深度，进一步彰显我国作为全球贸易投资自由化便利化引领者的主动担当，进一步彰显中国"说到做到、言行一致"的负责任大国形象，进一步提升我国在全球经济治理新格局中的地位和作用。

（3）建立海南自由贸易港是加快推进"一带一路"倡议的重大战略。通过建立海南自由贸易港，实施更大程度的开放，将更好地发挥海南经济特区的区位优势和体制优势，在推进"一带一路"进程中发挥独特作用。

二、建立海南自由贸易港的战略需求：谋篇布局、经略南海的重大举措

海南地处南海要冲，面向东南亚，战略位置十分重要。依托海南的区位优势和海洋资源优势，建立海南自由贸易港，促进泛南海区域自由贸易区网络的形成，尤其是"泛南海经济合作圈"的形成，以更大程度的开放实现南海更大力度的开发，是我国与泛南海国家和地区共建21世纪海上丝绸之路的重大战略布局，是海南参与"一带一路"建设的战略担当。

4. 21世纪海上丝绸之路建设重在南海，难在南海，突破也在南海

（1）21世纪海上丝绸之路建设重在南海。作为亚太经济最具活力和发展潜力的地区之一，泛南海区域在全球经济格局中的重要性日益提升。特别是其地处两大洋和两大陆的交汇地带，交通区位重要，战略地位凸显。推进泛南海区域经济一体化，有利于增进该地区共同福祉，有利于把21世纪海上丝绸之路建成迈向"人类命运共同体"的重要通道。

（2）经略南海事关我国的和平崛起。南海问题直接涉及我国的主权、安全和发展等国家核心利益，是我国和平崛起绕不开的一道坎。在南海问题上，要采取更为积极有效的行动，"搁置争议，共同开发"，以此为我国未来30年发展赢得一个和平的空间，创造一个双赢和多赢的格局。

（3）经略南海重在打好"经济牌""开放牌"。在南海问题上，我国的突出优势在经济领域，战略筹码更多集中在经济领域，可施展的更大空间也在经济领域。实践证明，区域局势越是复杂严峻，越要高举区域开放与合作的旗帜，越要强化各方经济利益的连接纽带。避免南海问题出现多种力量全面较量的复杂局面，关键在于发挥我方在经济开发建设方面的经验和优势。海南作为南海中的最大岛屿，可以在泛南海区域开放合作方面发挥特殊作用，承担更大责任，在打好"外交牌"和"军事牌"的同时，更好地打出组合式的"经济牌"和"开放牌"。

5. 以构建"泛南海经济合作圈"破题21世纪海上丝绸之路建设

(1) 以构建"泛南海经济合作圈"促进南海和平、合作发展。消除分歧的根本出路在于做加法，扩大共同利益。构建"泛南海经济合作圈"，提高泛南海区域经济一体化的程度，扩大共同利益、推进结构互补，可以有效淡化南海争议、缩小有关主张分歧，打造以我为主、合作为主、高度融合的"利益共同体"。

(2) 重在加快形成泛南海自由贸易区网络。以开放性的次区域经济合作为导向，以海上基础设施互联互通为依托，以海洋产业和服务贸易合作为主题，以建立泛南海自由贸易区网络为重点，促进区域内生产要素和商品服务的自由流动，打造21世纪海上丝绸之路沿线国家和地区经济合作的新机制、新平台和新典范。

(3) 海南要主动承担在促进"泛南海经济合作圈"形成中的重大使命。海南的优势来自南海，海南的战略地位也来自南海，海南在建设21世纪海上丝绸之路中的特殊作用亦来自南海。发挥海南的独特作用，就是要突出海南在南海大开发中的新使命，以更大程度的开放推动南海更大力度的开发；就是要突出海南在服务国家海洋强国战略和经略南海的新使命，实现由海洋大省向海洋强省的升级；就是要突出海南在开放合作中的新使命，打造面向泛南海的开放新高地。

6. 把建立海南自由贸易港作为促进泛南海区域经济合作的重大任务

(1) 建立海南自由贸易港是促进"泛南海经济合作圈"形成的重大任务。合作开发南海，要有一个基地，要有一个枢纽，要有一个战略支点。在这方面，海南责无旁贷。依托区位优势建立自由贸易港，把海南打造成为泛南海区域经济合作的枢纽，促进泛南海区域自由贸易区网络的形成，加快推进泛南海区域"五通"进程，扩大区内各经济体的"利益交集"，形成泛南海区域"协同联动、开放共赢"的多边合作新格局，由此带来经济、政治、外交等多方面的正能量。

(2) 建立海南自由贸易港是加快南海资源大开发的重大任务。南海丰富的资源是我国新阶段能源资源供给的重要保障。建立海南自由贸易港，可以更加有效地发挥海南在经略南海中的独特作用，加大南海油气资源、矿产资源、渔业资源、旅游资源的开发力度，由此把海南打造成为我国南海资源综合开发的战略基地。

（3）建立海南自由贸易港是建设更为紧密的中国－东盟命运共同体的重大任务。东盟是亚洲区域经济一体化的积极推动者，是我国周边外交的优先方向。当前，中国－东盟自由贸易区升级版建设正处于"不进则退"的关键时期，需要尽快推出更高水平的开放举措。建立海南自由贸易港，是扩大与东盟国家多领域的交流合作、进一步扩大投资市场双向开放、推进投资便利化和自由化、创造更加透明公平投资环境的重大举措。这不仅有利于建设"更为紧密的中国－东盟命运共同体"，也有利于务实解决南海争端。

7. 建立海南自由贸易港的战略性、迫切性和现实性凸显

（1）服务我国转型改革发展大局。未来5～10年是我国经济转型与全面深化改革的关键时期。服务于这一大局，发挥"最大经济特区"的独特作用，就是要对标国际化，按照自由港的要求在经济体制、社会体制、行政体制等改革创新上率先试点，率先取得重大突破。由此使海南担负起全面深化改革排头兵的重要角色，为全国提供可复制、可推广的改革创新经验，为我国全面深化改革提供实践范例。

（2）满足新时期国家对海南的战略要求。30年前，中央决定在海南建省办经济特区，是希望把海南岛作为扩大开放的重要试验区，通过大开放、大改革，把海南从一个封闭半封闭的国防前哨迅速地发展起来。站在新的历史起点上，海南以开放促改革、促发展的目标更高、任务更重。建立海南自由贸易港，是以更大开放办好最大经济特区的重大举措；是把海南打造成为中国特色社会主义生动范例的重大举措。

（3）实现海南跨越式发展的要求。海南是典型的"两头在外"（市场和资源两头在外）的岛屿经济体，发展高度依赖对外开放的重大突破。

建省办经济特区以来，尤其是国际旅游岛战略实施近8年来，海南发生了重大变化。但是，海南的经济发展尚未达到全国平均水平，与广东等发达地区相比，经济发展差距有所拉大。这与中央对海南的要求还有一定的距离，在某些方面甚至有较大的差距。实践证明，海南要实现跨越式发展，主要不在于某一产业的进一步开放，也不在于某几块区域的进一步开放，而在于发挥海南作为南海最大岛屿的区位优势，建立高度开放的自由贸易港。

三、建立海南自由贸易港的方案选择：服务国家战略、实现特区发展目标的重大突破

办好最大经济特区，把海南岛的经济好好发展起来，希望和出路在于实行"大开放"的战略。海南的"大开放"，不是一般意义的对外开放，它是立足海南岛屿经济特点的全岛开放；是能够完全按照国际惯例办事的全方位开放；是服务国家"一带一路"建设进程、经略南海、率先构建开放型经济新体制的深层次开放。这个根本性战略措施，就是全省上下30年来不懈追求、长期探索的"海南自由贸易港"。

8.海南走向大开放重在服务国家战略、实现特区发展目标

如何推进海南更大程度的开放，使海南在我国对外开放全局中发挥更大的作用，各方有不同讨论，提出了不同的方案。概括起来主要是三种方案。

（1）"自由港"方案。对标新加坡和中国香港，在海南全岛范围实行全球最高水平的开放政策和制度安排，建立我国第一个中国特色自由贸易港。

（2）"局地开放"方案。对标上海等国内自由贸易试验区，选择岛内某些区域，如洋浦、海口综合保税区等特殊监管区，以及空港、海港等部分区域，实施自由贸易区政策。

（3）"产业开放"方案。在以旅游及相关服务业为重点的产业开放上

有重要突破，以产业开放带动产业转型升级，打造国际旅游岛升级版。

优先选择第一方案。就三个方案本身来说，都有其合理性。但选择哪个方案，不仅要考虑海南自身情况，更要适应经济全球化大趋势，服务我国改革开放大局，服务经略南海的战略需求。基于以上考虑，中改院认为，在海南建立我国第一个中国特色自由贸易港，是最优选择。

9. 推进泛南海经济合作进程与建立海南自由贸易港

（1）发挥海南在泛南海区域的特殊区位优势要求更大程度的开放。发挥海南在泛南海区域总体事务中的战略性作用，这是考虑海南未来30年改革发展的根本出发点，也是与30年前建省办经济特区最大的不同所在。在三个方案中，产业开放方案和局地开放方案，都是有限开放，对泛南海地区的辐射带动效应是有限的，难以使海南在泛南海区域中充分发挥国家所要求的重大战略性作用。建立海南自由贸易港，采取全球最高水平的开放政策，可以加快形成泛南海区域开放的新高地，可以发挥海南在泛南海区域的整体区位优势，由此更好地履行海南在泛南海区域的战略担当。

（2）以海南为重要基地推进"泛南海经济合作圈"形成，要求海南实施更大程度的开放。这就要求海南通过更大程度的开放尽快成为泛南海地区能源开发、资源配置、要素流通、服务保障的一个重要基地。无论是产业开放方案还是局地开放方案，都难以承担起这个重任。

——产业开放方案涉及面有限，难以满足泛南海区域各经济体之间深化经济合作的需求。

——局地开放方案只能发挥洋浦等个别地方的优势，其开发、配置、服务、保障功能要大大弱于全岛开放。

——只有全岛实行自由贸易港政策，依托海南优势，尤其是三沙的区位优势，才能够有效发挥海南在泛南海经济合作圈形成中的枢纽与驱动作用。

（3）建立泛南海区域岛屿经济联合体要求海南最大限度的开放。泛南海区域的一个显著特点是岛屿众多,新加坡、中国香港等岛屿都实施了自由港政策。海南如果采取产业开放或者局地开放的方案,很难进一步深化与这些岛屿的合作。只有采取自由贸易港政策,海南才能与这些岛屿站在同一个层次上在合作中竞争、在竞争中合作,由此实现经济要素有序自由流动、资源高效配置和市场深度融合。

10. 我国全面深化改革的战略布局与建立海南自由贸易港

(1)以更大开放办好最大经济特区要求海南采取最大限度的开放。"办好最大的经济特区",是海南建省的初衷。与内陆经济体不同,海南是一个岛屿经济体,很难走传统产业升级的路子。只有采取更大程度的开放,吸引岛外资源进入岛内,才能由此形成在某些领域的独特优势。从海南近30年的改革开放历程看,产业开放和局地开放有一定的效应,但效应有限,尚未达到预期目标。

——受制于大的体制机制,有限开放难以获得一个好的政策环境。例如,从实际效果看,洋浦保税港区在体制机制创新上的效应有限。

——某些产业开放受现行体制的制约,在实践中很难落地。例如,《国务院关于推进海南国际旅游岛建设发展的若干意见》提出建设国际购物中心的目标。但免税政策在某些部委的层面始终没有大的突破。"挤牙膏"式的政策松绑,很难做好"最大经济特区"这篇大文章。

(2)形成我国对外开放的新高地,打造开放型经济新体制要求海南以更大的开放发挥更加重要的战略作用。构建开放型经济新体制是我国适应经济全球化推进开放转型升级的重大任务。发挥海南在开放型经济新体制建设中的重要作用,仅推进产业开放或者局地开放,并没有超出现行开放试点的广度和深度,开放探索的意义有限。只有实施最高水平的自由港政策,在社会主义制度框架下建立第一个自由贸易港,实施不亚于新加坡、中国香港等的经济开放政策,在扩大开放上有重大突破,才能够有效发挥海南的独特作用。

(3)先行试点重大改革的"硬骨头",要求海南通过最大限度的开放增强改革动力。在全面深化改革新阶段，经济特区面临着如何进一步升级、进一步发挥先行先试作用的重大课题。海南要发挥最大经济特区的作用，需要在"啃硬骨头"上率先突破。例如，率先推进农村土地制度改革，率先通过税制改革调整税收结构，率先调整中央地方关系，率先建立城乡一体化的体制机制，等等。从过去的经验看，仅仅深化产业开放或者部分区域的开放，都无法实现重大领域和关键环节改革的突破。这客观上需要海南以更大的开放来形成改革攻坚的强大动力。

11. 实现海南高度国际化、现代化发展目标与建立海南自由贸易港

（1）对标新加坡，实现海南跨越式发展，要求海南采取最大限度的开放形式。从国际经验看，岛屿经济体如果没有大开放，就不可能有大发展。建省办经济特区30年来，尤其是海南国际旅游岛建设8年来，海南发展面貌发生了重大变化，但客观上并没有实现中央关于建省办经济特区的发展目标。与广东等发达地区发展水平相比，差距甚至有所扩大。究其原因，在于海南大开放这篇文章还没有做足、做透、做好。下一步，无论是继续产业开放还是继续局地开放，其力度、广度、深度都有限，对经济增长的拉动作用有限。到2050年左右，把海南建设成为高度国际化、现代化的岛屿经济体，实现跨越式发展，根本出路在于实行开放程度最高的自由港政策。

（2）全面提升海南国际化水平要求最大限度的开放。随着全国城乡居民消费结构的升级，人们对海南国际化的产品、服务需求越来越大。总的来看，海南的国际化水平偏低仍然是一个突出短板和软肋，尤其是国际化的营商环境仍有较大差距。要提高海南的国际化水平，关键在于实施最大限度的开放。这就要求按照国际惯例改革创新相关的体制机制；按照国际惯例完善相关的管理制度；按照国际惯例建立高效的服务体系。要实现这个目标，只有实行自由港政策，建立相关的体制机制，才能明显提升经济特区的国际化水平，才能释放经济特区的巨大发展潜力。

（3）着力改善全岛居民福祉要求推进最大限度的开放。海南建省以来，城乡居民生活得到明显改善，但仍未达到全国平均水平。根源在于，有限开放难以使红利外溢到本岛普通居民。例如，国际旅游岛建设以来，本岛普通居民难以享受到关税减免的优惠，反而承担了房价、物价上涨等压力。只有实施最高水平的开放，吸引更多要素流入岛内促进增长，同时又使海南本岛居民全面享受到包括免税购物在内的开放红利，明显提升本岛居民福祉。

12. 海南30年历史性变化与建立海南自由贸易港

（1）实现最大限度的开放是海南建省办经济特区的初衷。大开放是海南的希望所在，也是海南的初心与出路。海南建省办经济特区之初，就曾提出要建立"一线放开、二线管住"的"海南特别关税区"。为此，海南省委、省政府在1989年1月和1992年8月两次向中央提出请求，实行"境内关外"的特殊开放政策。近30年来，尽管遭遇了一些挫折，但海南全省上下探索大开放的方向没有变，推进大开放的决心没有变。

（2）建立海南自由贸易港的基础与条件与30年前相比不可同日而语。30年前建省办经济特区时，海南发展基础弱，管理能力有限。经过了近30年的发展，海南今非昔比：

——以基础设施为重点的硬环境明显改善。目前，海南已经形成了"四方五港"的港口布局，拥有44个万吨级以上港口泊位，拥有我国第一个10万吨级国际邮轮专用码头。

——以政府管理为重点的软环境水平明显提高。尤其是国际旅游岛建设8年来，在开放型经济的管理上积累了比较丰富的经验。

——海南经济总量明显提升，经济实力不断增强。在中央强有力的支持下，海南有能力应对各类风险。

（3）适应未来30年发展趋势，要求海南推进更大程度的开放。今天，经济全球化格局发生重大变化，"一带一路"成为引领经济全球化的主角。这更加凸显了海南实施更大开放的重要性。今天，建立海南自由贸易港，现实基础要好得多，时机要成熟得多，需求要大得多，意义要重要得多。

四、建立海南自由贸易港的战略定位：在国家改革开放全局中发挥特殊作用的重大使命

从服务国家改革开放大局出发，依托海南独特的区位优势、地理条件和产业基础，实行比一般经济特区与自由贸易试验区更为开放的投资、贸易、金融和人员进出等政策，将海南自由贸易港打造成为泛南海经济合作先导区、全国扩大开放先行区、全国改革创新试验区，使海南在我国改革开放发展大局中扮演更加重要的战略角色。

13. 打造"泛南海经济合作先导区"

（1）明确海南自由贸易港在推进"泛南海经济合作圈"中的角色定位。建立海南自由贸易港，就是要以开放增进交往合作，在泛南海区域形成由我国主导的合作开发新格局。为此，海南自由贸易港应尽快打造成为泛南海区域经济合作和文化交流基地；泛南海区域国际航运枢纽；泛南海生物产业研发、生产和出口基地；泛南海新能源开发基地；泛南海综合服务保障基地。

（2）率先实现"泛南海旅游经济合作圈"的重要突破。

——加快泛南海邮轮旅游发展。加快三亚凤凰岛国际邮轮母港、海口秀英港邮轮码头建设，完善港口功能；开辟以海南为中心的泛南海邮轮旅游航线；支持海南与台湾、济州等邮轮游客互换、资源共享、资格互认；实施与国际接轨的邮轮旅游通关便利化政策，如实行144小时过境免签。

——建立泛南海岛屿旅游经济合作体。借鉴APEC商务旅行卡的成熟模式，探索发起泛南海岛屿旅游卡发展计划，实现泛南海岛屿经济体之间旅游互通免签；率先建立海南岛-巴厘岛、海南岛-济州岛海洋旅游经济合作体，积极开展旅游业项下的自由贸易。

——把推进"泛南海旅游经济合作圈"上升为国家战略。建议对"泛

南海旅游经济合作圈"进行顶层设计，建立高层次协调机制，形成各方广泛参与的合力。

（3）推进海洋产业项下的自由贸易进程。

——扩大海洋产业开放。支持搭建南海资源开发投融资平台，形成以国有资本为主导，民间资本和国际资本共同参与的南海资源开发格局；支持海南与南海周边地区及印度洋、太平洋区域相关国家开展渔业捕捞合作。

——积极开展海洋能源、海洋渔业等产业项下的自由贸易。依托海南自由贸易港政策体制优势，建设涵盖现货、期货的国际石油石化产品保税交易中心、海产品保税交易中心与涉海金融服务中心。

——加大泛南海区域海洋基础设施合作。支持海南与泛南海国家与地区共同开展分布式能源系统、海水淡化和综合利用、海底光缆等基础设施建设。

（4）加快推进泛南海区域互联互通进程。

——加快建立以海南为基地的泛南海区域航运枢纽。充分利用亚投行、丝路基金、中国-东盟海上合作基金等，并调动央企、民企等多方面的力量，推动泛南海区域航运枢纽建设；加大港口开放力度，全面放开船舶登记制度；支持在海南建立集航运资讯、交易、金融等功能于一体的泛南海航运交易所。

——推动泛南海岛屿基础设施互联互通。组建港口联盟，进一步深化与泛南海沿线岛屿地区在港口、码头、邮轮客运等方面的合作；搭建"泛南海经济合作圈"信息和电子商务平台，实现信息互联互通。

——扩大与泛南海国家和地区间的人文科技交流。

（5）充分发挥三沙在推进泛南海经济合作中的前沿基地作用。

——以三沙为重点打造南海公共安全综合服务平台。支持三沙在南沙永暑礁、美济礁等岛礁建立基层政权和综合保障补给基地；建设海洋渔业基地，加快发展远海深水网箱养殖业。

——加快推进三沙旅游及相关服务业开放。适时开放港澳台地区游客和外籍游客赴西沙旅游；在三沙建设国家海洋公园，建议由国家海洋局牵头，海南参与配合，尽快编制三沙国家海洋公园的总体规划。

——在三沙设立海洋型海关特殊监管区。在南沙美济礁建立保税物流园区，实施自由贸易政策；鼓励金融机构在三沙设立网点，探索开展离岸金融业务；支持开展石油钻井平台、飞机、船舶等融资租赁业务。

——明确和落实海南"西南中沙海域管辖权"。扩大海南对三沙开放开发的管理权限，明确授予和落实海南渔业开发管理权；下放部分远洋捕捞审批权，下放西南中沙海域外国渔船的管理和处置权；明确授予和落实海南油气开发管理权。将南海油气开发权部分下放给海南；赋予海南对天然气行业统一管理的自主权；下放部分外交处置权，如下放西南中沙海域渔业合作的谈判权。

14. 打造"全国扩大开放先行区"

（1）加快推进服务业市场全面开放。

——率先实现医疗健康产业市场开放。支持海南尽快把博鳌乐城国际医疗旅游先行区的政策扩大到全省；将先行区内医疗急需、国外已批准上市但国内尚未批准的药品进口及使用审批权下放给海南；鼓励和支持社会资本以多种形式兴办医疗健康机构；加快发展医疗健康保险产业。

——推进教育市场开放。简化民办学校准入程序；支持在海南开展民办教育综合改革试点，扩大民办职业教育机构在招生、专业设置、收费等方面的办学自主权；扩大教育对外开放，在遵守教育法律法规的前提下，允许外商以独资、合资、合作等方式兴办各类教育机构；将中外合作办学的相关审批权下放至海南。

——推进文化娱乐产业市场开放。划定文化领域扩大对外开放的底线，实行文化开放负面清单管理；取消对外商设立文化娱乐场所及经营机构的股比限制与经营范围限制；加快引进国内外有实力的文化体育娱乐集团和世界通行的体育娱乐项目。

（2）实行更加精简的负面清单管理制度。

——制定更加精简的负面清单。对标新加坡、中国香港等自由港，实施极简负面清单管理，到2020年服务业负面清单数量限制在40项以内；明确负面清单只减不增，给投资者明确预期。

——加强相关法律法规的协调。更加精简的负面清单要真正落地，既涉及全国人大及其常委会制定的相关法律的调整，也涉及国务院及各部委制定的相关条例政策的调整。为此，需要统筹解决海南扩大开放涉及的法律法规问题。

（3）建立与自由贸易港相适应的贸易便利化政策。

——实行自由贸易港的海关管理政策。除战略物资、非法商品、危险性物品等三种物品实行进出口许可证制管理以外，海南与境外的资金、货物、人员进出基本放开；除对个别商品课征关税外，其余商品无论自境外进口还是自本岛出口均适用零关税；在保证海南与内地正常的生产、生活资料交流的同时，严格管理海南免税进口的外国商品输往内地。

——实行人员进出便利化政策。境外人员进出海南自由贸易港，继续执行"落地签证"政策，并扩大免签国家和地区范围；争取中央赋予海南境外人员在琼工作签证审批权和居住审批权，支持在海南设立外国人永久居留服务机构。

——有序推进人民币的自由可兑换。放宽境外投资汇兑限制，放宽个人外汇管理要求，在与内地金融市场严格隔离的前提下，在海南通过放松乃至取消外汇管制，实现货币的自由兑换，为商品、资本、劳务的自由进出提供必要条件。

15.打造"全国改革创新试验区"

（1）深化以全面改善营商环境为重点的市场化改革。

——全面扩大企业自主权。全面实施企业自主登记制度与企业简易注销制度；全面实施法人承诺制度；取消企业一般投资项目备案制；除少数规定外，企业境外投资项目一律实行备案管理。

——推进以混合所有制为重点的企业改革。鼓励非公有制企业参与国有企业改革，支持民间资本、外商资本参与国有企业改制重组，实现投资主体多元化、股权结构多元化；加快混合所有制员工持股改革。

——推进知识产权综合改革试点。建议将海南作为全国知识产权综合改革试点，加快构建有利于市场主体创新发展的知识产权服务体系，设立知识产权法院等，逐步将海南自由贸易港建成泛南海知识产权交易中心。

（2）建立与自由贸易港相适应的财税金融体制。

——率先推进税收结构转型。除实施零关税外，大幅降低所得税，建议将企业所得税从目前的25%降至15%，以增强吸引内外投资竞争力；争取中央支持，合并简化税种，形成以所得税为主的新税制；适时开征财产税、环境税，实现税收结构从间接税为主向直接税为主的转型；率先合并海南国税与地税系统，建立统一、高效的税收征管体制。

——全面提升企业投融资便利化水平。大力发展中小企业债券市场、各类产权交易市场等多层次资本市场，改变海南企业发展与资本市场脱节的现状；建立与国际接轨的企业评级制度，在对承销商严格监管的前提下，企业发行股票、债券由承销商根据企业评级进行审定并自主决定是否发行。

（3）深化以"多规合一"改革为重点的综合改革。

——按照"六个统一"合理布局，形成海南新优势。即统一规划、统一土地资源利用、统一产业布局、统一基础设施建设、统一环境保护、统一社会政策。

——统筹行政区划调整。按照"全岛一个大城市"的思路推进行政区划调整，逐步形成若干区域性中心城市；率先做大、做强、做优"大海口""大三亚"，优先支持两地行政区划调整，打破区域、城乡、部门间行政壁垒。

——取消城乡二元户籍制度，实施城乡统一的居住证管理制度。建立以身份证号为唯一标识、全省统一的居住证管理制度；打破人口服务管理的"条块分割"，加快建立以民政部门为主体，由公安、统计、卫生、工商、教育、社保等部门共同参与的人口综合服务系统，实现从人口管理向人口服务的转型。

——建立城乡一体的行政管理体制。对地处城乡接合部，与主城区联系比较密切的乡镇，撤销镇一级行政设置，并入主城区，改为街道办事处，作为区政府的派出机构；推进农村居民管理社区化，逐步将村委会改为社区居委会。

——建立城乡统一的建设用地市场。建立城乡统一的土地交易市场，实现不同所有制土地"同地同权同价"；深化农村土地"三权分置"改革，在提升农村土地价值、严格保护农民土地财产权的同时，允许农村宅基地使用权在集体成员之外流转；将海南农垦国有农场土地纳入全省土地统筹管理范围，以提高农垦国有农场土地使用效益。

（4）尽快建立适应自由贸易港的双重管理体制。

——探索自由贸易港建设的双重管理体制。新加坡在建立自由港的进程中，不仅发挥政府的有效作用，而且通过裕廊镇管理局等开发区体制加快自由港建设进程。借鉴新加坡经验，建立海南自由贸易港可以采取"全岛搞自由港，特定产业进开发区"的模式，把特定的产业集中到特定区域发展，实行专门的开发区管理体制。

——形成开发区负责经济发展、地方政府负责社会管理与民生改善的模式。在双重管理体制下，开发区重点负责产业发展，拥有相应的管理权限（或者代行政府某些经济管理职能），主要目的是促进相关产业跨越式发展；地方政府尤其是基层政府，主要责任是社会管理与民生改善。

——全省统筹设计、重新规划全岛开发区格局。海南各市县大都有开发区，导致资源分散，没有形成聚集效应。需要统筹设计、重新规划，以服务自由贸易港为目标整合全岛开发区。建议成立类似新加坡经济发展局的统一管理机构，负责全省的开发区管理；撤并级别过低的市县开发区，取消市县设置开发区的权限，以节约宝贵的土地资源；统筹考虑重要开发区的管理权限。

（5）以基本公共服务均等化为重点推进社会体制改革。

——率先实现基本公共服务均等化。将"六个统一"释放的土地等重要资源增值收益用于建立城乡统一的基本公共服务体制，实现城乡公共资源均衡配置，使海南成为我国第一个实现城乡基本公共服务均等化的省份。

——多种途径增加居民收入，让城乡居民共享改革发展成果。健全工资正常增长机制，提高最低工资标准；实行更低的个人所得税税率，减轻本岛居民税收负担；完善岛内基本生活物资保障制度，建立低收入群体价格补贴与物价上涨联动机制；落实农民土地财产权，使土地成为农民财产性收入的主要来源。

——以提高教育水平为重点加强社会环境建设。全面普及12年义务教育，提高全岛居民整体受教育程度；建立与国际通用职业资格对接的培训体系，加快引进国际化的职业培训课程与团队，培养中高端职业技能型人才。

（6）以简政放权改革为重点，深化行政体制改革。动态调整、完善各级政府的权利清单和责任清单，进一步厘清政府与市场、政府与社会及政府各部门之间的权责边界；把监管变革作为深化简政放权改革的重点，在海南率先建立"多管合一"的大市场监管体制；充分发挥行业组织的自律作用，运用"大数据"等信息手段提高市场监管效能；加快调整优化行政组织机构和运行机制，支持海南根据自由贸易港建设需求率先试点行政权力结构调整，为全国提供试点经验。

五、建立海南自由贸易港的顶层设计和务实行动：需要深入研究的重大问题

在海南建立我国第一个自由贸易港，是一项战略性综合性系统工程，

涉及央地、军地、省域等多方面的关系。这就需要中央的顶层设计、顶层协调与顶层推动,以形成各方共建海南自由贸易港的合力。

16.发挥党统一领导的政治优势

(1)建立海南自由贸易港重在探索经济领域体制机制创新和对外开放的重大突破。建立海南自由贸易港,目的是落实中央对海南改革、开放和发展的战略部署,把海南这块宝岛保护好、开发好、建设好,以更大的开放办好最大的经济特区。

(2)在党的统一领导下,规划部署和统筹推进海南自由贸易港建设。在海南建立第一个中国特色自由贸易港,不可避免地会遇到这样那样的挑战,会面临这样那样的风险。这更要突出党的领导、强化党的领导,发挥党统一领导的政治优势,对海南自由贸易港进行顶层设计,周密部署、统筹推进。

(3)发挥中国特色社会主义"集中力量办大事"的制度优势,加快建立海南自由贸易港。建立海南自由贸易港,是国家层面的重大战略,是完善中国特色社会主义开放型经济新体制的重大战略。这既需要发挥海南作为最大经济特区敢闯敢试、敢为人先的精神,也需要发挥中国特色社会主义"集中力量办大事"的制度优势,在较短的时间内建立面积最大、水平最高的社会主义自由港,充分体现社会主义制度的优越性。这就需要中央对建立海南自由贸易港作出顶层设计。

17.加强战略规划和统筹协调

(1)研究制定"海南自由贸易港建设发展总体规划"。建议国家相关部委会同海南省政府尽快启动专项调查研究,形成"关于建立海南自由贸易港的若干意见";在此基础上尽快制定"海南自由贸易港建设发展总体规划",明确海南自由贸易港建设的战略定位、发展目标、重大任务、实施路径等。

(2)统筹海南自由贸易港建设与内地省份发展关系。建立海南自由贸易港,涉及与内地省份发展的重大关系协调。既要发挥海南在改革开放上先行先试的重大作用,又要避免建立海南自由贸易港、实施高度自由的政策后对内地省份带来的某些风险与冲击。这就要求周密做好包括资金监管、物资监管等重要事项的准备。

（3）统筹推进海南自由贸易港和国防建设。建立海南自由港,涉及军地关系。从一些重要军事基地建设的经验看,扩大开放与推进军事建设可以并行不悖。例如,美国夏威夷既是著名的度假胜地,也是美国太平洋舰队大本营。建立海南自由贸易港,关键在于统筹好海南全面开放与国防建设的关系。重点是整合地方和军队的经济、技术、资本、市场等资源,加强军地战略合作,着力推进军民融合产业集聚发展、军民两用技术协同创新、军民信息及保障共享共用,创新军民融合发展体制机制,实现"一张图"规划、"一盘棋"布局、"一体化"实施,从而使海南成为军民融合示范区。

18.以严格的金融监管为重点防范风险

（1）适当控制金融开放进程,完善金融监管体系,防范金融风险。建立海南自由贸易港,最大风险在于资金"大进大出"对全国及海南经济发展的冲击。鉴于金融问题的复杂性和敏感性,在实现资金进出自由的同时,可以考虑：

——在全面开放投资、贸易的同时,适当控制金融开放步骤。投资贸易全面开放先行,金融开放适当控制。可设置10年的过渡期,有序推进,到2028年争取实现金融完全自由化。

——构建高规格监管体系。建议在海南自由贸易港设置国务院金融稳定发展委员会特派机构（或中国人民银行特派机构）,统一协调自由贸易港的银证保综合监管。重点对资金进出规模、结构、方向进行严格动态监控,做好风险预警与防范。

——加强对内地省份的金融监管。在海南有序放开金融的进程中,强化对其他省份资金进出海南的监管,避免某些资金把海南作为"大进大出"的平台；强化内地企业跨国并购监管,在支持国家政策导向并购的同时，重点防范"内保外贷"式的高杠杆并购，防范借并购之名行资产转移之实。

（2）严格管控房地产市场，防范炒房风险。为了防止海南自由贸易港相关设想引发土地和房地产非理性炒作，建议借鉴雄安新区建设经验，对海南的房地产市场实行严格管制，打击恶性炒房、哄抬房价行为，防止房价失控；建立多层次住房市场，保障基本住房需求。在特殊情况下，甚至可以在一定期限内行政性冻结房地产交易。

（3）严格海关监管，管住货物，放开人流。对货物实行"一线放开、二线管住"：除特别规定外，海南自由贸易港内的投资、资金、货物进出全面放开；严格管理海南免税进口的商品，防止偷运内地。同时，放开人员进出，实现人员自由流动。

19. 争取中央对海南自由贸易港建设的支持

（1）对海南自由贸易港进行专项立法。海南建省办经济特区以来，各部委对海南的改革发展给予了各方面的大力支持。但由于大体制尚未理顺，政策与体制"打架"的情况时有发生。这不仅使一些重要的开放政策难以落地，而且导致全国人大赋予海南的特区立法权难以落地。建立海南自由港，需要建立与完善相应的法治保障体系。建议全国人大出台相关立法，或者授权国务院出台专门条例或专项管理办法，保障海南特区立法权能够真正落地，赋予海南更加充分的经济自主权和更大管理权限。

（2）加大对海南自由贸易港的财政和投资支持。

——争取中央财政给予定期补助。建立海南自由贸易港，初期需要大量的资金投入。建议中央设立专项补助资金，重点支持海南改善基础设施等软硬环境。

——加大央企的投资力度。发挥央企政治性强、实力雄厚的优势，鼓励、支持央企参与海南自由贸易港投资建设。

——在重大项目安排上更多向海南倾斜。在推进海南基础设施建设的同时，统筹考虑岛内基础设施建设，将其通盘纳入国家基建的"大盘子"。

（3）支持海南更加灵活引进和使用人才。采取国际通行惯例建设和管理海南自由贸易港，需要更多的国际化人才。建议赋予海南更大权限引进和使用国际化人才。

——鉴于中国香港、新加坡等地区在自由港建设上有丰富的人才储备，可以在某些具体项目上委托中国香港、新加坡的专业人士经营管理。

——在海南率先试行双重国籍制度；试点实施"绿卡"制度，加快设立外国人永久居留服务机构；赋予海南境外人员在琼工作签证审批权和居住审批权。

——建立与国际接轨的高层次外籍人才招聘、薪酬、考核、管理和社会保障等制度，为其提供国际化的工作和生活环境。

20. 建立海南自由贸易港的时间表和路线图

（1）2018年4月，即海南建省办经济特区30周年之际，对国内外正式宣布建立海南自由贸易港。以此，作为落实党的十九大精神、全面深化改革开放的重大举措。

（2）用1~2年时间，即2018—2019年，完成筹备工作，初步形成海南自由贸易港框架。包括完成海关体制调整、全面实施服务业对外开放、率先在洋浦等保税港区全面实施自由港政策等。到2019年，形成海南自由贸易港制度框架。

（3）再用3年时间，即到2022年，初步建成海南自由贸易港。对标新加坡、中国香港，全面实现投资、贸易、金融、人员进出自由，实现生产要素自由流动，海南自由贸易港制度与体制全面建立。

（4）再用6年左右时间，即到2028年，基本建成全球知名的自由港。即建省办经济特区40周年时，海南自由贸易港的规范水平明显提高，国际化水平明显提高，成为泛南海区域最重要的自由港之一，成为全球知名的自由港之一。

（5）再用7年左右时间，即到2035年，总体实现经济繁荣、社会文明、生态宜居、人民幸福的中国特色社会主义美好新海南目标。

（6）再经过15年发展，即到本世纪中叶，在新中国成立100周年及海南建省办经济特区60周年之际，海南经济社会发展主要指标达到新加坡等发达岛屿经济体的水平，建成世界一流、现代化的国际旅游岛、生态岛、健康岛、长寿岛。

《海南自由贸易港法》立法的思路性建议

19 条

（2020年10月）

《海南自由贸易港法》是全国人大就中国特色自由贸易港建设制定的第一部法律。这部法律的出台，不仅将对海南自由贸易港建设产生决定性影响，也将在我国积极推进经济全球化、加快推进高水平开放进程中产生重大影响、发挥特殊作用。

《海南自由贸易港法》从服务于将海南打造成为引领我国新时代对外开放的鲜明旗帜和重要开放门户的战略目标出发，充分体现对标世界最高水平开放形态的基本要求，对自由贸易港建设涉及的重大问题提供原则性、基础性的法治保障。

一、明确《海南自由贸易港法》作为"母法"与"基本法"的定位

1.《海南自由贸易港法》是海南自由贸易港法治体系的"母法"

在海南目前法律体系较不完善、相关制度需要系统性调整的情况下，需要以《海南自由贸易港法》为基础逐步形成完善的与国际接轨的法律体系。从这个意义上看，《海南自由贸易港法》是海南自由贸易港法治体系构建的"母法"，其站位高度、相关内容等直接影响着以本法为基础出台的相关具体条例、政策的质量。

——要充分体现打造重要开放门户的战略目标。《海南自由贸易港法》的相关安排要有利于全面加强与东南亚交流合作，要有利于促进海

南与东南亚国家资源要素的自由流动，要有利于充分释放海南丰富的自然资源优势及独特的地理区位优势。

——要充分体现习近平总书记提出的"解放思想、大胆创新"的重大要求。《海南自由贸易港法》就是要形成具有国际重要影响力、竞争力的法律制度安排，促进海南解放思想、大胆创新，以此增强各方对我国改革开放的信心与海南自由贸易港建设的信心。

——要充分学习借鉴国际自由贸易港的先进经营方式、管理方法和制度安排。《海南自由贸易港法》，需要站在更高起点谋划相关制度，形成一部具有国际影响力、国际竞争力的法律。

2.《海南自由贸易港法》是海南自由贸易港建设的"基本法"

《海南自由贸易港法》就是要明确海南自由贸易港建设的基础性制度体系，并在国家层面形成支持海南全方位大力度改革和实行最高水平开放政策的法律保障，确保实现中央在海南建立自由贸易港的战略目标。从这个意义上看，《海南自由贸易港法》是海南自由贸易港建设的"基本法"。

——从法律上确定海南自由贸易港建设的战略目标、法律地位、基本原则等。

——将海南自由贸易港建设的制度体系以法律形式固化。这个制度体系不仅包括内外贸、投融资、财政税务、金融创新、出入境等经济领域，更涉及高效率行政体制与专业、高效、权威的立法、司法体制等领域的制度安排。

——规范海南自由贸易港建设中的中央与地方关系。要按照习近平总书记强调的中央和国家有关部门要从大局出发，支持海南大胆改革创新的要求，明确中央与地方在海南自由贸易港建设中各自的权限职能，以及海南自由贸易港建设的领导机构、决策机构、协调机构等。

——规范《海南自由贸易港法》与其他现行法律的关系。应当明确在海南全岛范围内，《海南自由贸易港法》的法律效力高于除《宪法》外的其他现行法律，确保港内特殊的制度体系和制度创新得到有效落实。如在《海南自由贸易港法》中可提出"在海南自由贸易港区域内，现有法律如与本法抵触，可依照本法规定的程序修改或停止生效"等相关表述。

——《海南自由贸易港法》"宜粗不宜细"。不仅要着眼当前，更要着眼长远，若将部分政策与制度安排规定过细，将压缩未来海南自由贸易港的开放空间与制度集成创新空间。

二、突出《海南自由贸易港法》作为"最高水平开放法"的基本要求

3.对标国际成功自由贸易港的通行做法

从国际经验看，成功的自由贸易港通过实施自由的贸易投资政策、以"零关税、低税率、简税制"等为突出特点的税收政策及行政、立法、司法体制的特殊安排，使其成为经济开放度全球最高的"境内关外"的海关特殊监管区域。《海南自由贸易港法》要以对标国际自由贸易港的通行做法为首要要求。

——对标贸易投资自由化便利化的通行做法。《海南自由贸易港法》要按照"境内关外"的基本要求，在贸易、投资、跨境资金、人员进出、运输、数据流动等领域对标国际成功自由贸易港的基本做法，形成贸易投资自由化便利化框架性法律安排。

——对标"零关税、低税率、简税制"的通行做法。《海南自由贸易港法》要在对《海南自由贸易港建设总体方案》中税收制度作出框架性安排的同时，明确提出"海南自由贸易港实行独立的税收制度"；且考虑到未来全球低税率趋势及围绕优质要素竞争更加激烈等因素，不宜将税率下限明确写入《海南自由贸易港法》。

——对标行政、立法、司法体制等领域的成功做法。《海南自由贸易港法》要充分学习借鉴新加坡高效灵活的行政体制经验与迪拜通过修

改宪法的方式成为"法律特区"的经验等,并从我国实际出发,对行政体制、立法体制、司法体制等的内涵、目标要求等形成框架性法律安排。

4.对标国际高水平经贸规则

《海南自由贸易港法》中的相关内容既要为对标当前高水平经贸规则提供法律保障,又要主动适应全球经贸规则重构趋势,为未来对标预留空间。

——对标CPTPP等国际高水平经贸规则。不仅要在"以准入前国民待遇+负面清单管理制度"为重点的经贸领域进行对标,明确提出相关标准,而且要在竞争中性、政府采购、生态环境保护等非经济领域进行对标。

——为对标全球未来高水平经贸规则预留空间。例如,对劳工政策、数据流动、透明度等一些条件尚不具备但符合全球经贸规则重构趋势的规则,采用原则性条款说明,为未来对标世界最高水平开放形态预留制度接口。

5.对标具有一流国际竞争力的营商环境

新加坡、中国香港、迪拜等经验说明,自由贸易港建设的成功离不开独特的地理位置和自然环境,但脱颖而出还要靠国际化法治化便利化的营商环境,以此吸引集聚全球优质生产要素,提升对全球资源配置能力和全球服务能力。

——明确提出产权保护与知识产权保护与国际接轨。建议在《海南自由贸易港法》中明确提出"海南应借鉴产权保护与知识产权保护领域的国际公约、条约及协定等制定海南自由贸易港产权保护与知识产权保护规则"等表述。

——明确提出竞争中性原则。并对竞争审查、产业政策要求、政府购买服务等形成原则性规定。

——明确提出市场在资源配置中的决定性作用。《海南自由贸易港法》应以负面清单形式细化政府直接干预经济的特定领域；通过"海南自由贸易港政府提供经济和法律环境，鼓励各项投资、技术进步并开发新兴产业"等表述明确相关主体。

三、突出《海南自由贸易港法》作为"创新法"的鲜明特点

6.围绕贸易投资自由化便利化的制度集成创新

《海南自由贸易港法》不仅要明确"五大自由+数据安全有序流动"及"零关税、低税率、简税制"等制度框架，而且要适应打造全球最高水平开放形态的基本要求，在关键性领域形成创新突破。例如，

——对货物贸易，除明确"零关税"的基本要求外，建议在《海南自由贸易港法》中提出"允许海南根据实际需要创新使用原产地政策及产业项下的自由贸易政策"。

——对服务贸易，建议在《海南自由贸易港法》中提出"适应海南自由贸易港建设需要采取不低于本国且与欧美日等对标的服务业管理标准"等降低"边境后"壁垒的表述。

——对投资，建议明确将"负面清单外无审批"等要求写入《海南自由贸易港法》。

——对跨境资金流动，建议在《海南自由贸易港法》中提出"根据金融开放与金融监管的需要，充分使用最新信息技术开展数字货币、数字金融监管等创新"。

——对税收，建议在《海南自由贸易港法》中提出"根据吸引优质要素需要，在海南实行不高于全球自由贸易港的相关税收政策"。

7.围绕高效灵活的行政体制的制度集成创新

借鉴新加坡等国际成功自由贸易港以"精简扁平的政府机构+专业高效灵活的法定机构"建立专业高效行政体制的普遍经验，加快建立以法定机构为主体的专业高效的执行系统。例如，

——在《海南自由贸易港法》中，建议明确提出建立"海南自由贸

易港经济委员会",在法定职权范围内依法开展相关业务,独立承担法律责任,在经费总额控制与职责明确的前提下享有充分的行政管理、人事聘用和财务自主权。

——在《海南自由贸易港法》中,建议明确提出扁平化行政层级的相关内容,"大部门决策+法定机构执行"的行政组织结构和运作模式及决策、执行职能相对分离的运行机制。

——在《海南自由贸易港法》中,建议明确"全面推行专业技术类公务人员聘任制"的要求,并对聘任制公务人员的管理制度作出原则性规定。

——在《海南自由贸易港法》中,建议明确"海南行政区划体制改革的基本导向和原则"等。

8. 围绕立法体制的制度集成创新

高度法治既是国际自由贸易港的一般特征,也是打造国际化、法治化、便利化营商环境的基本要求。《海南自由贸易港法》要围绕组建一支专业、高效的立法团队,形成创新性安排。例如,

——在《海南自由贸易港法》中,建议明确提出"将海南省人大法制工作委员会改为海南自由贸易港立法工作委员会"。按照因需立法的原则,向国内招录聘任知名法律专家组建专业性立法团队,以提升省人大常委会的立法质量与效率。

——《在海南自由贸易港法》中,建议明确提出"凡涉及投资、贸易、金融、仲裁、海关等领域的专业性法律法规,授权该机构制定"。

9. 围绕司法体制的制度集成创新

随着海南以贸易投资自由化便利化政策的逐步落实见效,各类民商事案件与国际性纠纷将会明显增多,迫切需要建立与最高水平开放形态相适应的司法体制。建议《海南自由贸易港法》以高效、权威、与国际相衔接为导向形成司法体制的创新安排。

——明确"以审判为中心推进刑事诉讼制度改革"的基本导向。建

议在《海南自由贸易港法》中明确"推进审判权和执行权分开"的要求；明确罗列民商事行为的罪名及处罚倾向。

——明确提出设立专业法庭的条件、程序、原则等。

——明确海南自由贸易港仲裁体制完善的基本要求与关键规则。在《海南自由贸易港法》中明确仲裁体制、仲裁法律效力等规定；明确提出"参考联合国国际贸易法委员会仲裁规则，建立海南自由贸易港的仲裁规则""尽快以'仲裁地'标准取代'仲裁机构所在地'标准"等关键性内容。

——对涉海司法体制改革等作出原则性规定。

四、突出《海南自由贸易港法》作为"授权法"的关键所在

10.赋予海南充分的经济管理自主权

具体包括对外经济合作自主权、经济政策制定自主权等。

——授予海南一定的税收政策制定自主权。建议在《海南自由贸易港法》中明确，海南自由贸易港参照国际自由贸易港的最新税收政策，自行立法规定税收宽免和其他税务事项。

——授予海南一定的财政政策制定自主权。例如，在《海南自由贸易港法》中明确"海南省可根据自由贸易港建设需要，自主决定政府债券发行规模"等。

——授予海南一定的金融政策制定自主权。例如，在《海南自由贸易港法》中明确"海南省根据监管水平与实际发展需要，自行制定金融开放的具体政策"等。

——授予海南一定的海关制度创新自主权。例如，在《海南自由贸易港法》中明确"海南省根据风险焦点与对外经济联系需要，自行制定海关的相关监管政策"等。

11.赋予海南行政体制改革自主权

建议在《海南自由贸易港法》中按照加快建立"结构优化、运转高

效"的行政体系要求，赋予海南实行特殊行政体制安排的权力，支持海南探索建立适应全球最高水平开放的行政体制。

——在《海南自由贸易港法》中，建议在明确海南自由贸易港行政体制与运行机制基本原则的前提下，赋予其省级政府机构调整与法定机构设置的自主权。

——在《海南自由贸易港法》中，建议在明确基本方向的前提下，赋予海南省逐步调整行政区划的自主权，如形成"允许海南省按照有利于最大限度释放资源价值优势的原则，分步调整现行行政区划体制"。

——在《海南自由贸易港法》中，建议明确提出"海南自由贸易港可在坚持《公务员法》的基本原则前提下，自行变通制定公务员管理制度"。

12.赋予海南更大的地方立法权

需要在《海南自由贸易港法》中明确规定地方立法的权限、领域及其法律效力。

——在《海南自由贸易港法》中，建议进一步明确并细化特区立法权的本质属性、地位和权限。

——在《海南自由贸易港法》中，建议明确对国家立法存在空白的区域，如知识产权保护、数字经济发展、离岸金融业务等，赋予海南先行立法权，在遵循国际规则基础上来填补空白，进行先行、创制性立法。

——《海南自由贸易港法》中，建议明确针对国家已有的立法，应当结合海南自由贸易港建设的实际，分析、研判其适用的有效性，如果现有规定与实际情况存在着较大的差距，无法满足、解决实践中出现的问题，则允许海南在基本原则前提下变通立法。

——在《海南自由贸易港法》中，建议明确授权海南可在遵循该领域相关法律基本原则的情况下，开展财税、海关、金融外贸、诉讼和仲裁制度等涉及中央事权的具体操作性法规。

——建议明确海南使用地方立法权出台的相关法律的法律效力位阶。

13. 赋予海南一定的司法管辖权

借鉴迪拜经验，在法律适用、司法制度创新等方面赋予海南更大的权限。

——赋予海南适用某些普通法系判例的特别权力。例如，考虑在金融等专业领域适度引进普通法系的相关判例；对国际民商事案件，建议以清单形式赋予相应的适用法律选择权。

——赋予海南自由贸易港独立的司法权和终审权。例如，在《海南自由贸易港法》中以负面清单的形式明确具体领域，并提出海南省对海南域内发生的清单内案件具有终审权。

——赋予海南自由贸易港在数字经济、知识产权、金融等专业性领域自行设置专业法院的权利。

五、借鉴国际经验，形成《海南自由贸易港法》框架性安排

14. 总则（序言）

《海南自由贸易港法》的总则（序言）部分，建议应包括基本概念解释、本法实施主体、实施范围、立法目的及海南自由贸易港的性质、战略目标、基本原则、法律地位、与其他现行法律的关系等纳入。

15. 自由便利的贸易投资制度安排

——建议将《海南自由贸易港建设总体方案》中关于企业经营、内外贸、投融资、财政税务、金融创新、出入境、数据流动、税收等领域内有关长期性的制度安排纳入；相关限制措施尽可能以"除……外"等负面清单方式阐述。

——按照打造世界最高水平开放形态的要求，对一些条件尚不具备但符合全球经贸规则重构趋势的贸易投资制度，采用原则性条款说明，为未来对标世界最高水平开放形态预留制度接口。

——尤其是要防止将短期过渡性政策纳入《海南自由贸易港法》，这既不利于增强各方预期，也不利于海南自由贸易港的中长期建设。

16. 灵活高效的行政体制安排

《海南自由贸易港法》中确立海南自由贸易港行政体制，重点应明确以下四个方面的内容：

——明确海南自由贸易港建设中的中央与地方关系，尤其要明确区分中央与地方政府在投资、财税、金融、海关、行政、司法、监管等方面的管理权限、职责功能。

——明确海南自由贸易港行政机构设置调整条件程序、行政机构框架及职责权限、行政机构运行机制、公务员管理制度、政府采购制度等。

——对法定机构的设立程序、权限、与政府部门的关系、运行机制等作出原则性、框架性安排。

——明确海南全岛行政区划体制调整的相关原则性安排。

17. 立法与司法体制安排

为了适应自由贸易港建设的需要，《海南自由贸易港法》需要对海南自由贸易港立法、司法体制作出框架性安排，并赋予海南更大立法权与特殊的司法权。

——明确海南自由贸易港地方立法体制与司法体制改革的基本原则、程序、方向等，在此基础上赋予海南一定的立法体制与司法体制的调整自主权。

——明确界定海南地方立法权与特区立法权，细分中央立法与海南自由贸易港立法的相关领域；明确海南自由贸易港地方法律的法律地位；明确海南自由贸易港地方创设性立法与变通性立法的条件、程序等。

——明确界定海南自由贸易港特殊的司法权限，尤其是要明确经济领域内国内法律豁免适用方面的特权；明确国际公约、国际惯例、国际判例及最新经贸协定中的相关规定在海南自由贸易港的适用条件、程序等。

18. 社会发展和社会治理的制度安排

按照打造共建共治共享的社会治理格局的基本目标，明确社会发展和社会治理的制度安排。

——明确海南自由贸易港常住居民与非常住居民的基本权利和义务。进一步明确对外籍人员居住、停留、入籍、管理等领域的原则性规定。同时，适应全球经贸规则重构趋势，对劳工权益作出原则性安排。

——对标新加坡等，对非政治类社会组织及行业组织的设立程序、运行机制、监管制度、职责权限等作出明确规定。

——将"在海南自由贸易港取消户籍制度"明确写入《海南自由贸易港法》，明确城乡统一的社会治理原则。

——对社会风险防控及生态环境保护作出原则性规定。

19. 附则

可考虑将前面未纳入的关键内容作为附则。具体包括：

——明确本法的解释权、修改权、修改提案权的行使主体。

——将"海南省人大可依照本法制定具体实施细则条例，以便推进自由贸易港建设"等写入，并明确依照本法制定相关条例的原则和要求及其法律地位。

——其他必要的事项。

海南自由贸易港着力建设"两个总部基地"

16条建议

（2022年3月）

以打造"重要开放门户"为战略目标的海南自由贸易港，应利用RCEP正式生效契机，以建设"两个总部基地"（建设国内企业进入东盟投资合作的"总部基地"；建设以东盟国家企业为主的面向中国大市场的"总部基地"）为重大任务，使自身在区域合作中发挥战略枢纽作用。建议在2025年封关运作前，率先实现"第一个总部基地"建设的重要突破，并为打造"第二个总部基地"做好各方面准备。

一、以打造"第一个总部基地"为重点的建议

1. 加快推进海南自由贸易港政策的全面落地

——全面落实"两个15%"的所得税政策，并将享受15%企业所得税范围由正面清单向负面清单过渡。

——允许在海南设立面向东盟区域性总部企业的相关人员，在东盟国家开展商务活动的时间视为在海南居住时间，享受最高不超过15%的个人所得税政策。

——明确"新增境外直接投资取得的所得，免征企业所得税"相关细则，支持企业采用投资办厂、控股参股、收购兼并等方式开展投资，并取消"2025年前"的时间限制，稳定企业预期。

——允许以海南自由贸易港为总部基地的企业，根据对东盟国家投

资的实际需求开展资金池业务，并对一定额度内资金进出实行信用监管。

——对加工制造企业，按照《海南自由贸易港法》提出的"海南自由贸易港加工增值达到一定比例的货物，免征关税"的要求，将加工增值比例下调至20%，并列入RCEP增值部分。

2.出台支持国内企业"走出去"的政策法规

——设立海南自由贸易港对外投资基金，对到东盟开展农业种植、资源加工等投资成本高、风险大的企业，给予一定的财政贴息或一次性财政资金支持。

——取消农业、加工制造、数字经济、文化娱乐等领域总部企业境外投资核准制与备案制，赋予总部企业境外投资自主权。

——出台"海南自由贸易港对外投资管理条例"，以正面清单方式引导总部企业对东盟投资，明确企业经海南自由贸易港对外投资的投资形式、管理制度、融资渠道、税收政策、管理部门等。

3.着力建设企业走向东盟市场的服务体系

——建立企业"走出去"服务联盟，吸引专业的担保机构、会计与律师事务所、投资咨询公司、资产评估公司等，合作对走向东盟的企业提供法律援助、投资保险、直接融资、信用评级等"一揽子"专业服务。

——搭建综合信息服务平台，为"走出去"企业提供东盟当地政策与法律查询解读、国别投资环境评价、境外合作项目推荐、各类风险预警等相关服务。

——参照RCEP及东盟规则，制定"海南自由贸易港对外投资与海外经营合规管理指引"，并形成定期更新机制，重点就当地的安全审查、行业监管、外汇管理、反垄断、劳工管理、环境保护等问题形成基础性规范。

——吸引华侨、华人、东盟留学生等人才在海南自由贸易港开展企业"走出去"的相关服务；设立"走出去"专家咨询委员会，建立跨国经营案例资料库，建设海南自由贸易港总部企业能力建设中心。

4. 实现农业与数字经济领域的实质性突破

——将农业纳入"新增境外直接投资取得的所得，免征企业所得税"实施范围；利用RCEP生效东盟部分国家农业开放政策，支持国内农业企业以海南自由贸易港为基地到泰国、越南、印度尼西亚等国家开展水稻种植、牲畜饲养、蔗糖加工、水产品加工等。

——协助国内互联网企业在东盟国家建立跨境或境外"数字自由贸易园区""数字经济合作园区""数字技术应用示范区""智能制造合作园区"等，积极开展数字技术、数字基础设施、数字服务等项下的自由贸易。

——强化对农业与数字经济领域"走出去"企业的金融支持，为相关"走出去"企业开展"信保+担保"融资。

二、以打造"第二个总部基地"为重点的建议

5. 大幅缩减跨境服务贸易负面清单

——按照《海南自由贸易港法》与《海南自由贸易港建设总体方案》要求制定更加精简的跨境服务贸易负面清单。力争在2025年前将非金融领域跨境服务贸易限制措施数量缩减至30项左右。

——出台"海南自由贸易港跨境服务贸易条例"，对标CPTPP形成海南自由贸易港跨境服务贸易相关国民待遇、国内规制、透明度、支付和转移制度等配套制度体系。

——强化市场管理标准规则对接，制定面向东盟的企业差异化责任豁免目录；允许具备国际执业资格的会计师、审计师等，经海南主管部门备案后，直接为海南自由贸易港外资总部企业提供商业服务。

6. 形成跨境资金自由便利流动与知识产权保护的制度安排

——明确在资金"电子围网"后，在海南自由贸易港的外国投资者的出资、利润及资本收益、资产处置等合法所得，可以依法以人民币或者外汇自由汇入、汇出，强化各方预期；近期内，建立总部企业资金出

境审批绿色通道。

——吸引海外优质金融机构和金融中介服务机构，在海南自由贸易港境内以跨境服务、商业存在等方式为外资总部企业提供包括风险对冲、保险、融资、供应链金融、财务管理、投资咨询等服务。

——制定出台海南自由贸易港知识产权保护指引文件，推动实现知识产权保护期、宽限期；商标、专利、未披露的数据和其他数据的保护；著作权和与著作权等相关权利与CPTPP相一致。

7. 借鉴新加坡、上海的经验制定出台具有国际竞争力的总部企业吸引政策与法规

——修订《海南总部企业认定管理办法》，实行以投资、结算、研发等核心业务实际开展情况为主的认定标准，取消跨国公司地区总部和总部型机构须为外商独资企业的限制，放宽跨国公司地区总部和总部型机构母公司总资产要求，取消跨国公司地区总部母公司实缴注册资本的限制；探索将内外资企业设立的符合一定条件的办事处视为总部企业。

——对标新加坡、我国上海等，制定"海南自由贸易港促进跨国公司区域总部发展条例"，通过税收返还、加速折旧、财政补贴、人才激励等多种方式将总部企业的实际税负降至10%以下。

——在借鉴穆迪、标准普尔、惠誉国际等评级系统基础上，着手建立海南自由贸易港总部企业信用评级方法与标准体系，打造以我为主、覆盖RCEP的企业信用评级系统。

8. 以建立与国际接轨的仲裁规则为重点营造吸引总部企业的司法环境

——尽快出台"海南自由贸易港国际商事仲裁条例"。

——赋予海南自由贸易港国际仲裁院在行为保全、证据保全、财产保全领域的权利，支持其探索线上仲裁的规则和制度。

——出台"海南自由贸易港总部企业域外规则适用条例"，赋予外资总部机构对法律适用的选择权及纠纷解决机制的选择权。

9. 率先实现泛南海旅游经济合作圈的实质性突破

——全面放开国际旅游业务领域的服务贸易限制。

——支持外资企业参与海南邮轮母港建设,通过在境内外发行人民币债券方式筹集建设资金。

——发起RCEP旅行卡发展计划,积极探索疫情后商务旅行与旅游人员免签入境管理模式。

——利用海南自由贸易港特殊政策,吸引国际知名邮轮公司、旅游服务企业等在海南自由贸易港设立运营总部、营销总部、设计总部及维修保养总部等。

——支持东盟主要旅游国家、城市或港口在海南自由贸易港设立办事处,专司旅游市场开拓、品牌打造等业务。

——吸引香港免税购物企业在海南设立免税品采购、分销等总部。

三、支持海南建设"两个总部基地"的建议

10. 赋予海南自由贸易港总部企业的相关政策更大制定权

——支持海南在符合《海南自由贸易港建设总体方案》和《海南自由贸易港法》的前提下,根据打造"两个总部基地"需要,制定财税、金融等优惠政策或地方性法规。

——支持海南对不利于打造"两个总部基地"的法律、法规相关条款在海南暂停适用、清理或修订。

——支持海南根据打造"两个总部基地"需要自主制定对接高水平国际经贸规则的相关政策,在服务贸易、投资、金融、电子商务等领域率先探索突破。

11. 封关运作的制度安排要与打造"两个总部基地"相适应

——监管制度设计应在"一线"放开中完善"二线"管住、管好的硬件与制度条件,切实防范因过度风险防控而造成海南与内地货物、资金等要素双向流动的制度性壁垒。

——资金流动方面，应在强化安全审查的基础上，按照最大限度便利企业境外收购、获取关键性资源要素等投资活动，设计相关规则和监管办法。

——货物流动方面，重点强化对海南自由贸易港"零关税"货物进入内地的监管，对海南自由贸易港"零关税"政策进口并进入内地的产品（非FTA零关税产品），实行信用监管的同时，建立跟踪识别机制。

12. 出台支持央企在海南自由贸易港设立国际运营总部的相关政策

——打造央企境外业务总部，以降低风险为导向支持其集中统一管理央企境外业务，并支持其按照国际通行规则开展对外投资业务。

——打造央企境外资金归集总部，对其在境外的资金实行集中管理，提高资金的安全性与使用效率，支持其建立离岸业务性质的资金池。

——打造央企境外产业回流总部，打造央企境外产业回流的重要平台。

13. 支持海南成为与国际交流尤其是与东盟交流合作的特殊区域

——以博鳌亚洲论坛为支撑，使海南成为疫情下我国国际交流、交往的"特区"。

——通过配额管理、完善社会治安管理制度等方式，在海南率先引入菲佣等技能型外籍劳工，为国际化人才和海南中高收入家庭提供优质家政服务。

——在59国免签政策基础上，形成商务人员临时入境清单，详细列明商业人员临时进入和停留的条件和限制，包括每类人员的停留时长等。

——支持海南自由贸易港创新土地供应制度，吸引境外大型企业集团、世界500强及行业协会（商会）、华侨华人、东盟-中国工商总会等在海南自由贸易港建设总部大楼、总部企业集聚区等。

14. 支持海南与东盟国家开展海洋领域的务实合作

——支持在海南自由贸易港注册的国内总部企业同南海周边国家围绕渔业、旅游等资源开展共同开发。

——支持开展海洋环境保护合作，争取在海南设立南海海洋生态环境管理办公室。

——支持开展南海海上安全合作，同相关国家的地方政府开展以维护航道安全为目标的海警合作，为开展国家间防务合作奠定基础。

15. 加快推进海南自由贸易港高水平开放压力测试

——确立竞争中立原则，组建海南自由贸易港公平竞争促进委员会，在市场监管部门指导下相对独立地开展竞争审查工作；完善竞争政策地方性法规，对承担国家安全或重大战略的国有企业以清单形式进行豁免；增加对反行政垄断与反选择性补贴的相关条款，率先探索国有企业改革新路径。

——支持海南自由贸易港探索可持续发展相关条款，率先开展绿色贸易与投资领域的立法，并提高省内渔业补贴透明度；争取将中欧投资协定中的劳动力保护条款在海南自由贸易港先行先试。

16. 以建立容错机制为重点形成海南自由贸易港"大胆试、大胆闯"的制度环境

例如，出台"海南自由贸易港容错纠错条例"，仅以程序合规为唯一评价标准，避免因过分强调实体规定对省内干部政策落实、制度创新、压力测试等方面的掣肘。

打造制度型开放新前沿

20条建议

（2024年4月）

总的考虑：

（1）开放是最大改革、最大发展、最大安全。当前，开放与改革直接融合、制度型开放与制度性变革直接融合、边境内开放与市场化改革直接融合。这是新阶段我国高水平开放的突出特点。

（2）制度型开放成为我国高水平开放的重大任务。推动规则、规制、管理、标准等制度型开放，是统筹开放与改革、国际与国内的战略举措。

（3）海南自由贸易港有条件成为我国制度型开放的先行区。对标世界最高水平的开放形态，海南自由贸易港要在深化制度型开放与制度性变革中成为我国主动参与和引领全球经贸规则重构的特殊区域。

一、主要目标：制度型开放新前沿

1. 全面实施已签署自由贸易协定开放承诺的新前沿

（1）全面实施我国RCEP开放承诺的新前沿。

——在率先实施RCEP关税减让承诺中实现中国与东盟自由贸易的重要突破。推动实现中国与东盟两个最具活力的市场融合，将形成打造全球经济增长中心的重要动力。从实际看，市场活力与发展潜力的释放需要释放RCEP"关税减让"效应，实现区域内商品要素的优化配置。依托海南自由贸易港"零关税"政策，率先实施我国在RCEP中的货物贸易开放承诺，不仅将发挥海南自由贸易港作为中国与东盟市场的交汇点与要素流动大通道的特殊作用，而且将有助于东盟打造增长中心。

——在率先实施RCEP原产地完全累积规则中稳定并增强中国-东盟产业链供应链韧性。RCEP原产地规则实施对推动形成紧密、稳定、韧性和有竞争力的区域产业链分工合作体系具有重大作用。率先在海南自由贸易港推进"原产地累积"向"完全累积"的过渡，并实现海南自由贸易港加工增值政策与RCEP原产地规则叠加，不仅将明显提升我国企业对原产地规则的利用率，有效应对IPEF的干扰，而且将使海南自由贸易港成为区域产业链供应链的重要枢纽。

——在率先实施RCEP通关便利化措施中实现我国与RCEP商品市场的更好联通。加快实施可预测、一致性和透明的海关监管便利化条款，将放大关税减让与原产地完全累积规则等开放政策效应。率先在海南自由贸易港落实海关监管一致性条款，实施对印度尼西亚、越南、马来西亚、泰国等主要东盟贸易伙伴的单边AEO安排。由此，大幅提升企业通关便利化水平，降低企业通关成本。

（2）全面实施中欧CAI开放承诺的新前沿。

——以主动实施我国在中欧CAI中的负面清单承诺形成服务业高水平开放的示范。这将进一步推动海南自由贸易港外商投资准入负面清单优化，也将为我国制定实施与国际接轨的"非禁即入"管理制度提供重要示范。

——以主动实施我国在中欧CAI公平竞争承诺带动投资监管规则变革。中欧CAI通过非歧视待遇、商业考虑和透明度义务明确了对以"涵盖实体"定义的国有企业的监管框架，并将补贴纪律从货物拓展到服务领域。率先在海南自由贸易港实施我国在中欧CAI国有企业监管规则，制定并细化禁止歧视性、禁止强制性技术转让及信息披露制度，将明显提升海南自由贸易港营商环境国际化水平。

——以主动实施投资便利化措施破除"边境后"制度性壁垒。例如，中欧CAI原则上允许与外资相关的资金和资本自由进出境，且外资企业管理者和专家将被允许一定期限内自由进出。海南自由贸易港要主动实施投资便利化措施，开展投资项下的资金进出、人员流动、资格要求等领域的规则探索。

2. 主动对接国际高标准经贸规则的新前沿

（1）在主动对接CPTPP重点议题中率先突破。

——主动对接CPTPP服务贸易开放规则，率先实现突破。目前，我国跨境服务贸易已进入负面清单管理阶段，但面临限制措施数量较多、"边境后"规则对接缓慢等矛盾问题。率先在海南自由贸易港对接CPTPP实施精简透明的跨境服务贸易负面清单，并参照CPTPP率先落实WTO服务贸易国内规制联合声明倡议，形成涵盖国民待遇、最惠国待遇、国内规制、承认、透明度、监管一致性等内容的具体可操作的"边境内"规制。

——主动对接CPTPP国有企业等条款，率先实现突破。CPTPP首次以专章规制国有企业，相较于中欧CAI而言形成了更加严格、更高标准的国有企业与指定垄断规则。海南在率先全面实施中欧CAI公平竞争条款基础上，进一步对接CPTPP国有企业与指定垄断条款，并倒逼形成国有企业改革、政府采购体制改革新路径，将促进海南自由贸易港尽快形成国际一流营商环境。

——主动对接CPTPP知识产权保护等深度一体化议题，率先实现突破。CPTPP形成了更大范围、更严格执法程序的保护规则，并将引领后《与贸易有关的知识产权协定》（TRIPS）知识产权规则演变进程。建议在海南自由贸易港率先对接CPTPP知识产权规则，完善以严格执法为重点的知识产权保护机制，实现与国际公约的全面接轨。

（2）在主动对接CPTPP、数字经济伙伴关系协定数字贸易规则上率先突破。

——在对接跨境数据流动规则上率先突破。数字治理已成为全球经济治理的重点，数字贸易规则也已成为全球经贸规则博弈的焦点。目前，我国电信市场开放仍然相对滞后，跨境数据流动与数据本地化等领域的规则尚未与国际接轨。海南自由贸易港要主动适应国际数字治理规则演变新趋势，形成符合自身实际的海南自由贸易港数据跨境流动、利用、保护、流转等方面规则体系。

——在数字信息保护规则上率先突破。在海南自由贸易港率先开展跨境数据自由便利流动与保障网络安全的平衡的探索试验，尽快形成可复制推广的实践案例。

3.探索实施劳工等新一代经贸议题的新前沿

（1）在劳工保护规则方面率先探索。根据WTO统计，目前各国签订的357份区域自由贸易协定中，包括劳工条款的协定占31.7%。其中，南南国家之间签订此类协定的比例已达到1/4左右。建议海南自由贸易港率先探索实施国内尚未批准的国际劳工组织公约，借鉴越南等做法，在党统一领导下的工会建设上探索改革，并加大对就业歧视、农民工等领域的权益保护执法力度。

（2）在ISDS机制方面率先探索。争端解决已经纳入世行即将公布的宜商环境指标体系。CPTPP首次成功将投资者-国家争端解决程序引入多边协议。尽管投资者在争议解决中是否拥有与国家实体对等的地位仍存在争议，但ISDS有可能成为下一代经贸协定的重要规则，且符合海南自由贸易港法治化国际化营商环境建设要求。建议海南自由贸易港抓住目前区域间ISDS尚未取得共识的窗口期，在对标CPTPP中加快建立和完善包括ISDS在内的多元化纠纷解决机制。

（3）在环境保护规则方面率先落实。海南作为我国生态环境保护要求最严的地区，有条件在绿色贸易认证、绿色供应链管理、更加严格的生态环境保护法规、强化企业社会责任等方面积极探索。

4.打造海南自由贸易港制度型开放新前沿的基本要求

（1）海南自由贸易港制度型开放的战略目标。成为引领我国新时代对外开放的鲜明旗帜和重要开放门户，是中央在海南建设自由贸易港的战略目标。实现这个战略目标，要求海南自由贸易港要在制度型开放中率先实现实质性突破，成为我国融入区域及全球经济体系的最前沿，引领示范国内制度型开放进程。

（2）海南自由贸易港制度型开放的阶段目标。

——到2025年：营商环境总体达到国内一流水平。按照《海南自由贸易港建设总体方案》要求的"到2025年，营商环境总体达到国内一流水平"，对标CPTPP开展贸易、投资、产权保护、竞争政策落实等领域的制度集成创新，并带动与之相适应的市场管理模式变革。

——到2035年：以自由、公平、法治、高水平过程监管为特征的贸易投资规则基本构建。对标CPTPP完善并细化"五个自由便利+一个安全有序流动"的政策体系，并在"零关税"、投资、服务贸易、数据跨境流动等领域尽快形成对接高标准经贸规则的政策措施与自由贸易港法规。在此基础上，通过持续完善运作模式、主动开展政策与制度更新迭代，加快形成具有国际竞争力的自由贸易港政策与制度体系，并在某些领域引领区域经贸规则构建。

（3）海南自由贸易港制度型开放的特别之举。

——主动实行单边开放政策。突出海南自由贸易港作为我国主动开放战略的灵活性，在对接CPTPP等国际高水平经贸规则中推进单边开放，彰显我国扩大高水平开放的决心和务实行动，也将明显提升海南自由贸易港在东盟区域内的影响力、辐射力。

——更加突出制度集成创新的重要特点。海南自由贸易港推进制度型开放，既需要贸易投资自由化便利化的规则对接，更需要在高效专业的行政管理体制方面开展制度创新，由此实现经济高水平开放、行政高效运转的相互促进。

——用好"超级立法权"等改革开放自主权。海南自由贸易港法治化建设，既需要对接国际成功自由贸易港形成较为完善的贸易投资自由化便利化的法规体系，也需要充分利用海南自由贸易港法规制定权，突破政策与体制的掣肘，在国际经贸规则前沿议题领域开展变通性立法、创制性立法、探索性立法。

二、重大任务：推进规则规制管理标准对接

5.以实施精简透明的负面清单推进服务贸易高水平开放

（1）制定实施不高于30项的跨境服务贸易负面清单。

——大幅缩减限制措施数量。2025年前后，将海南自由贸易港跨境服务贸易负面清单限制措施由70项缩减至30项以内。

——到2030年，达到与中国香港、新加坡大体相当的服务贸易开放水平。中国香港-澳大利亚自贸协定中，中国香港跨境服务贸易负面清单共16项限制措施；CPTPP中，新加坡跨境服务贸易负面清单共25项限制措施。争取到2030年，将海南自由贸易港跨境服务贸易负面清单限制措施进一步缩减至20项以内。

（2）形成"准入即准营"的服务贸易境内规制。

——明确细化国民待遇标准。明确海南自由贸易港范围内，对境外服务提供者的待遇不低于在相似情况下给予本国服务和服务提供者的待遇；以清单形式列明国民待遇的具体权利，包括准入阶段的管理权力、要素供给、融资方式、进出口权、税收政策、法律保护、司法救济等一系列细化的待遇标准。

——明确跨境服务贸易市场准入及当地存在标准。明确提出"除负面清单内规定的措施外，在海南自由贸易港内不得以数量配额、垄断、专营服务提供者的形式，对服务提供者的数量、交易额、人员数量等进行限制"；除负面清单规定的措施外，不得要求另一缔约方的服务提供者在海南自由贸易港内设立或维持代表处或任何形式的企业或成为居民，作为跨境提供服务的条件；等等。

（3）推进跨境服务贸易负面清单、外商投资准入负面清单与市场准入负面清单"三合一"。从海南自由贸易港跨境服务贸易负面清单内容看，金融、租赁商务服务业、文化体育娱乐业等领域的限制措施大多与投资相关或重叠，且市场准入负面清单仍存在较多的审批等壁垒。建议

将三张清单合并，大幅降低准入门槛，并在法律、会计、专利、咨询、调查、测绘、统计、建筑设计、教育、医疗、公证、出版、广播、电视、互联网信息服务等领域率先实现商业存在模式下的开放，并逐步向跨境服务开放过渡。

（4）建立跨境服务贸易负面清单"棘轮机制"。海南自由贸易港要尽快建立"棘轮机制"，明确负面清单限制措施"只减不增"。同时，借鉴CPTPP、USMCA等的通行做法，针对每条限制措施补充违背义务（国民待遇、市场准入、最惠国待遇、本地存在、高官与董事会）、政府层级（中央、地区、地方）、措施来源等要件，并进一步细化描述措施。特别是尽可能将"等""符合我国相关法律法规"等话语以举例方式详细列明，以减少投资者对负面清单的理解偏差。

6.对标中国香港、新加坡进一步优化市场开放规则体系

（1）实行与中国香港、新加坡同等的市场准入制度。中国香港与新加坡除电信、广播、交通、能源、酒制品、医药和金融等少数行业在商业登记的同时需要申请牌照外，对外资的运作基本没有限制。海南自由贸易港要尝试采取更加灵活的管理措施，探索外资特定条件下准入模式，通过渐进方式推动行业进一步开放。同时，实现投资准入与市场准入的一体化管理，即外资在投资准入放开的领域自主注册、自主经营、自主变更、自主注销等。

（2）实现负面清单外市场准入"无审批"。建议海南自由贸易港率先在旅游业、医疗健康、文化体育娱乐、批发零售等行业内，除确需保留行政许可的，一律实行企业法人承诺制。待投资完成或实际经营后，组织相关部门对企业实施协同监管。

（3）负面清单外给予国外投资者完全国民待遇。参照CPTPP标准进一步拓展投资保护范围；按照《外商投资法》要求，明确"含土地在内的各类要素按照被征收投资的市场价值及时给予补偿"；系统研究境外投资者与投资相关的资产、收益等可自由转移办法。

7. 推进以竞争中性为重点的"边境后"规则对接

（1）实行"竞争中性"原则。修订完善《海南自由贸易港公平竞争条例》，明确提出海南自由贸易港实行"竞争中性"监管原则；明确除涉及国家安全的领域外，各级政府不得制定差异化的准入程序，确保内外资企业在准入许可、经营运营、要素获取、标准制定、优惠政策、政府采购中的平等对待，并确保对民企与外企不低于国企的相关待遇。

（2）按照"竞争中性"原则规制国企行为。

——按照中欧CAI"涵盖实体"定义明确国企规制范围。中欧CAI从所有权、控制权、指定垄断三方面界定了"涵盖实体"的内涵，虽然扩大了国企外延，但规制标准相对温和，符合海南自由贸易港建设实际。建议对照中欧CAI"涵盖实体"，明确海南自由贸易港国企规制的外延，并建立公开透明的信息披露制度。

——建立部分国企"竞争中性"监管豁免制度。海南自由贸易港要充分利用自由贸易港立法权，明确规定对承担国家安全或重大战略的国企的"竞争中性"监管以清单形式进行豁免；对其他国企，明确其信息披露标准与格式，形成定期披露机制，市场监管部门根据其披露信息对其是否符合市场行为进行评估。

（3）按照"竞争中性"原则制定和实施海南自由贸易港政府采购规则。

——实现政府采购中的公平竞争。确保在政府采购中无条件对内外供应商（含国企）国民待遇与非歧视。

——扩大政府采购规制覆盖范围。争取试点允许境外主体参与全部或部分政府采购投标，设定等同于境内主体的政府采购制度，允许境外主体通过一定的方式参与政府采购。把公益性国企纳入政府采购范围。

——提升政府采购透明度和便利度。参照CPTPP政府采购程序要求，完善参与政府采购的供应商条件、公开招标的时限、管理机制、救济程序等有关政府采购程序规则。

（4）建立国际一流的产权保护制度体系。

——拓展投资产权保护范围。不仅包括传统的企业、股权、建设项目，还包括金融资产、特许权、租赁、抵押、知识产权等，实现投资者保护范围的明显拓展。

——加快建立与国际接轨的征收与补偿制度。按照《外商投资法》要求，明确"含土地在内的各类要素按照被征收投资的市场价值及时给予补偿"；系统研究境外投资者与投资相关的资产、收益等可自由转移办法。

——制定出台《海南自由贸易港知识产权保护条例》配套文件。重点突破上位法中保护期、宽限期等要求，实现与CPTPP一致；按照商标、专利、未披露的数据和其他数据的保护、著作权和与著作权相关的权利、执行、国际合作、数字知识产权保护等具体内容，形成具体化的指引文件。

8.以劳工标准为重点开展敏感领域压力测试

（1）稳妥开展劳工规则试点。

——率先实行中欧CAI中劳工保护条款。建议海南自由贸易港率先探索不以保护主义目的使用劳工。同时，加大对就业歧视、农民工等领域的执法力度。

——借鉴越南经验开展工会等条款探索。建议借鉴越南经验，在单一企业中试点职工组织。例如，对具体范围、人数、把关形式等在海南稳慎开展试点。同时，通过立法将相关劳工权利纳入政策实施范围。

（2）在环境保护规则领域全面探索。

——建立绿色贸易标准体系。加快建立绿色产品和服务分类与统计体系，推动制定环境产品清单和环境服务分类体系，明确环境产品和服务边界。在此基础上，参照CPTPP、欧盟等做法，建立有约束力的绿色产品信息披露机制，构建低碳贸易投资标准体系和绿色认证体系。

——在碳关税、碳市场（全国碳排放权交易市场）等领域作出超越

CPTPP环境规则的探索。注重数字技术在环境监管、环境评价等方面对绿色转型的赋能作用，推动"互联网+大数据"监管，试行企业环保码和产品环境足迹码，持续推动数字化转型和绿色转型协同增效。

——引导市场主体强化环境保护的社会责任。建立"政府补贴+第三方治理+税收优惠"联动机制，支持政府与社会资本开展绿色项目合作，支持金融机构发行绿色企业债券、碳中和债券，开展生态产品价值核算试点和绿色债券、绿色股权投融资业务试点。

（3）开展ISDS机制探索。建议参照欧盟做法，海南自由贸易港建立专门性的ISDS机构，重点强化仲裁员选择标准、仲裁法律效力、人才培养等。同时，完善行政复议和行政诉讼制度，发挥好行业协会的作用，及时回应外企关切，努力将矛盾和问题在境内化解。

三、布局重点：加强与东盟全面合作交流

9.率先实施面向东盟的单边开放政策

（1）加快推进向东盟商品市场单边开放进程。

——率先在海南自由贸易港全面实行RCEP"零关税"清单。RCEP框架下，我国将最终实现88.5%的商品"零关税"，达到CPTPP中生效后第一年86%的"零关税"商品比例。建议在海南自由贸易港立即实施我国在RCEP中对东盟国家的"零关税"商品承诺表，实施对象为包含东盟在内的全球经济体或单独关税区。

——对标新加坡等逐步将"零关税"商品比例提升至99%以上。全面"零关税"管理不仅是自由贸易港的基本要求，也是CPTPP的最终目标。经过3~5年的实践探索，海南自由贸易港实施对标中国香港、新加坡、迪拜的全面"零关税"政策，即除将酒类、烟草制品、石油类商品纳入海南自由贸易港进口商品征税目录外，对其他所有在海南本地消费的商品、本地自用的生产设备、基础设施原材料等全面实行零关税。

——打造面向东盟、服务国内的扩大进口基地。例如，充分利用海

南政策优势，主动扩大原产于东盟的大宗商品、原材料和农产品的进口，发挥东盟比较优势，保障我国产业链供应链安全；更加重视以最终消费品为重点的劳动密集型制成品进口，吸纳和消化东盟国家日益增长的工业生产能力，鼓励其制造业发展，并以此为抓手促进中国与东盟的贸易平衡；积极扩大旅游、家政等服务进口。

（2）尽快实现对东盟商品市场标准规则衔接转换。

——提升东盟商品及服务在海南自由贸易港认证的便利度。建立健全社会第三方服务认证认可制度，鼓励东盟服务业企业积极参与海南自由贸易港服务认证，引导各类服务业企业特别是中小型服务企业获得服务认证，帮助更多服务企业提升质量管理水平。率先在旅游、教育、健康医疗、文化娱乐、金融等服务业领域开展标准认证工作，对取得官方或国际协会认证的企业给予优先推介、税收减免等。

——实现对东盟认可经营商制度的全覆盖。参照CPTPP等制定AEO，允许符合条件的东盟企业备案后在海南自由开展自身业务范围以内的相关商品与服务供给业务。

——制定市场经营行为差异化责任豁免目录。例如，发挥海南自由贸易港的重要作用，在保证国家安全的前提下，允许境外企业在海南提供相关服务，最大限度减少因标准差异而产生的企业成本。

（3）尽快制定实施面向东盟的数字经济领域的单边开放政策。密切关注东盟数字经济、绿色经济发展计划实施进程，依托我国资本、技术、人才等优势，以海南自由贸易港为基地，加大对东盟公用技术援助的同时，实现与东盟间差异化合作。例如，对于缅甸、老挝、柬埔寨等欠发达国家，重点开展数字经济、绿色经济项下的基础设施合作及人才培养；对于新加坡、马来西亚等国家，聚焦技术创新、产业数字化绿色化转型、数字金融、绿色金融等领域开展合作。同时，加快建立数字经济、绿色经济项下的重点要素的一体化大市场，共同探索区域数字贸易、绿色贸易的治理规则体系。

10.加快建立我国企业投资东盟的"总部基地"

（1）实现特色产业总部基地的重要突破。

——建立热带农业总部基地。在高水平开放背景下，海南农业面临着高成本、低价格的双重挤压，且以初级农产品生产销售为主的农业发展方式难以与东南亚国家形成优势互补与差异化竞争。建议支持国内农业企业以技术、资金进入东盟农业产业发展，通过长期租赁等方式开展农业种植或简单加工，并在海南建设热带农产品保鲜、储藏、加工、包装、营销、集散中心。

——建立数字经济总部基地。依托海南"一线放开、二线管住"的特殊政策，取得同东南亚国家在跨境电商、数字支付等领域的"早期收获"；引导国内互联网企业在海南同东南亚国家共同建立跨境"数字自由贸易园区""数字经济合作园区""智能制造合作园区"等，积极开展数字技术、数字基础设施、数字服务等项下的自由贸易。

——建立旅游总部基地。鼓励中资旅游企业加大对区域海滨地区旅游资源的投资力度，挖掘东盟沿海国家和地区独特的自然风光、人文景观和丰富的旅游资源，并与当地政府或企业共同规划、开发旅游线路，开发建设新旅游景区。

（2）实行自由便利的"走出去"政策。降低企业"走出去"门槛，取消农业、加工制造、数字经济、文化娱乐等领域总部企业境外投资核准制与备案制，赋予总部企业境外投资自主权；出台"海南自由贸易港对外投资管理条例"，以正面清单方式引导总部企业对东盟投资；制定"海南自由贸易港对外投资救援办法"，对"走出去"企业遭受非商业风险给予资金补偿与维权援助；等等。

（3）制定实施更具国际竞争力的总部基地税收支持政策。

——创新"两个15%"的所得税政策。将享受15%企业所得税范围由正面清单向负面清单过渡，允许在海南设立面向东盟区域性总部企业的相关人员，在东盟国家开展商务活动的时间视为在海南居住时间，享受15%的个人所得税政策。

——借鉴新加坡《区域/国际总部计划》，出台"海南自由贸易港区域总部促进计划"。通过税收返还、加速折旧、财政补贴、人才激励等多种方式将总部企业的实际税负降至10%以下。

11. 打造中国-东盟蓝色经济一体化的重要枢纽

（1）推进以邮轮为重点的海洋旅游一体化。

——大幅放宽邮轮旅游航线审批门槛。开辟连接菲律宾、马来西亚、印度尼西亚、新加坡、越南等沿线国家的定期邮轮旅游航线；率先建立海南岛-巴厘岛、海南岛-新加坡邮轮旅游合作体，实现区域邮轮旅游客源的共享和互送、邮轮航线的联合营销、邮轮旅游危机管理合作等；与东盟国家沿海地区建立覆盖产业发展、港口安全、法规体系等在内的多边、双边邮轮旅游事务协调对话机制。

——形成海南独特的邮轮旅游合作发展政策体系。对有意愿参与海南自由贸易港邮轮基础设施建设、邮轮旅游航线开发等的国内外邮轮公司，设立专属邮轮度假区，给予其专属码头，由邮轮公司承担码头建设运营和实施独家管理；尽快在海南自由贸易港率先实现沿海运输权的部分开放，允许中资方便旗邮轮试点经营国内水路运输业务；探索实行RCEP成员国邮轮入境互免签证政策；吸引香港、深圳等合作共建邮轮游艇旅游自由港区，合作开发跨境邮轮旅游产品，共同发展面向东盟的邮轮市场。

（2）以洋浦港为依托，打造油气资源储藏、加工、交易中心。

——建立以油气资源合作为主题的自由工业港区。在洋浦经济开发区范围内，以自由工业港区为目标，打造以油气综合开发为主题的产业集群，努力把洋浦建成具有国际竞争优势的油气综合开发基地和新型工业基地。

——建设洋浦国际油品交易所。打造以人民币计价、以国际交易者为主体、涵盖现货期货的国际型交易所；对在洋浦开展油品交易的企业资质，按照国际惯例审批。争取商务部与国家发展改革委支持，放宽对注册在洋浦的油气贸易公司的配额限制；争取中国人民银行支持，授予洋浦油品交易所一定额度的美元交易权限。

（3）推进面向东盟的海洋渔业产业一体化。

——合作共建海洋牧场。支持海南与周边国家和地区开展跨国别跨地域海洋牧场建设；强化与越南、菲律宾、印度尼西亚等渔业大国间的海水养殖产业合作，探索合作发展生态型、高产值深水网箱、大型智能化养殖渔场。

——建设面向东盟的海产品进口、中转、保鲜、加工、交易基地。发挥海南自由贸易港的政策优势，主动扩大对东盟的海产品进口；推动海南自由贸易港政策与RCEP规则叠加，吸引国内企业在海南布局，深化水产品国际产业链供应链的分工合作；设立面向东盟的海产品采购中心、分销中心、储藏中心、加工中心。

——支持企业建立自由区性质的区域海洋渔业合作园。鼓励我国渔业龙头企业与印度尼西亚、菲律宾、马来西亚、泰国等在海南设立海上区域蓝色经济产业园，吸引相关国家和地区在园区内开展种质资源培育、渔业精深加工、技术技能培训等业务；立足不同海域特点与沿线国家海洋经济发展需求，推动构建海洋渔业自由贸易区，实行海洋产业项下的自由贸易政策。

（4）发挥海南自由贸易港在区域海洋环保规则构建中的作用。与东盟国家合作在海南自由贸易港建立区域海洋生态环境管理办公室，开展海洋生态环境动态监测、指导、预警；合作建立蓝碳交易市场，开展蓝碳研究、碳汇交易；支持海南同东盟沿海地区开展地方间海洋资源开发、生态环境保护修复等规则的磋商。

12. 实现海南自由贸易港加工增值货物内销免关税政策与RCEP规则的叠加

（1）率先实现与RCEP其他成员国间的完全累积。将RCEP其他成员国内所有生产和货物增值纳入累积的适用范围。即即使非原产材料在RCEP其他成员国经过加工仍未获得原产资格，但仍对其实现的加工和增值部分予以累积，再经过海南自由贸易港加工增值累积达到40%，即可享受"零关税"进入内地的政策。

（2）以差异化的加工增值比例政策吸引更多加工环节留在海南。根据产业发展实际与产业发展目标要求，确定不同货物加工增值比例。例如，对于粮食、珠宝、药品原材料、电机电气设备等仍实行相对较高关税的商品，适用较高的加工增值比例，使更多加工环节留在海南；对于其他进口关税税率较低的商品，则适用20%等相对较低的加工增值比例。

（3）将与加工相关的生产性服务环节纳入增值计算范围。着眼于海南自由贸易港加工产业发展相对滞后的现实情况和发展现代服务业的实际需求，建议将研发设计、信息技术、节能环保、检验检测认证等与加工制造紧密相关的生产性服务投入及增值纳入加工增值计算范围。

（4）借鉴RCEP、CPTPP丰富海南自由贸易港价值增值计算公式。引入RCEP中的累加法和CPTPP中的净成本法，以便于各类企业根据自身的业务特点、材料成本及商品生产成本管理方式自主选择不同计算方法提交加工增值证明。

（5）率先全面实行RCEP原产地自主声明制度。在海南承认RCEP成员国进口商、出口商、生产商出具的原产地声明文件，与签证机构签发的原产地证明文件具有同等效力，大幅降低相关货物享受"零关税"政策的制度成本。

四、政策突破：实现资金、数据等要素自由便利

13.形成跨境资金进出自由便利的政策安排

（1）率先制定实施更加便利的资金支付和转移制度。依托EF账户，对实体企业对外投资、跨境服务贸易等，除开展事中事后真实性审查和额度管理外，按照最大限度便利服务贸易企业开展跨境服务业务，探索

在服务贸易企业跨境支付领域实行法人承诺制；对区域性总部企业的资金汇出需求，按照余额管理模式，如允许其一定比例的投资增量资金自由汇出。

（2）推进自由贸易港账户创新。参考新加坡亚洲货币单位（ACU）等经验，建立一套完全独立于既有在岸系统、能够充分体现全岛封关运作后海南离岸性质财产权利及其交易特征的海南跨境资金单位（HCU）。海南自由贸易港以双账户运行为重点，实现资金进出自由，并在海南实现自由兑换；经过较长时间的运行，逐步过渡到单一账户。

（3）以"监管沙盒"方式开展资本项目开放与离岸金融业务试点。对注册到沙盒内的金融企业，暂时放宽对测试产品和服务的法律监督，在事先提交申请的条件下，被允许从事可能与现行法律和法规发生冲突的业务，并对其进行全流程动态监管。

14. 实施跨境数据流动"负面清单"管理

（1）制定实施跨境数据流动"负面清单"。要以影响国家主权、公共安全、公共利益为基本原则，制定数据出境监管负面清单（即需要纳入数据出境安全评估、个人信息出境标准合同、个人信息保护认证管理范围的数据清单），对于负面清单外的数据，免予适用三大数据出境监管流程，实现数据出境自由便利。

（2）出台海南自由贸易港跨境数据流动黑白名单。借鉴欧盟"充分性认定""充分保障措施"等模式，以国家地域为主要认定准则，形成"以数据保护水平为原则加若干例外情况"的认定方法，编制出台"海南自由贸易港跨境数据流动白名单"，将部分国家和地区纳入可自由接收数据的目的地清单。同时，编制实施"海南自由贸易港跨境数据流动黑名单"。对内，依托信用体系，将跨境数据流动过程中存在过违法情况的主体纳入"黑名单"，实施重点监管，限制或者禁止其继续处理数据的资格；对外，对于曾经窃取或意欲窃取我国公民数据、危害我国国家安全的数据控制者、数据处理者，将其纳入"黑名单"，限制或禁止向其提供数据。

（3）合理制定数据本地化限制措施。借鉴欧盟《非个人数据自由流动条例》对不属于个人数据的产业信息的自由流动作出规定，在评估明确数据属性的基础上，减少不合理的数据本地化限制措施，放宽数据本地化要求，确保数据自由流动。

（4）建立海南自由贸易港跨境数据交易中心。对从事数据交易的平台实行持牌管理；明确交易规则，重点健全交易规则体系，对数据来源、交易主体、使用目的、使用范围、使用时间、交易过程、平台安全保障等加以规范，完善数据清洗、数据挖掘、产权界定、价格评估、流转交易、担保、保险等配套服务体系。

（5）建立跨境数据流动认证机制。在率先落实RCEP电子商务相关规则的同时，以物联网、人工智能、区块链、数字贸易等重点领域数据出境为突破口，开发与《通用数据保护条例》（GDPR）、跨境隐私规则（CBPR）等对接的认证机制，使海南自由贸易港获得认证的企业与GDPR成员国、CBPR成员国的认证企业间的数据传输自由。

15. 实施更加自由便利的人员流动政策

（1）以便利化为重点优化现行59国免签政策。逐步扩大免签国家范围，在严控风险的前提下，适时将有潜力的客源国列入免签国家范围。例如，将已开通直达航线的柬埔寨、老挝、缅甸等东盟国家纳入免签国家范围，率先实现入境免签对东盟国家全覆盖。

（2）制定并实施商务人员临时入境政策。率先实施RCEP规则下商务人员临时入境政策；参照CPTPP，制定海南自由贸易港商务人员临时入境清单，详细列明商业人员临时进入和停留的条件和限制，包括每类人员的停留时长等。

（3）完善中高层次人才工作签证制度。设立综合的职业技能打分制度，探索开展职业技术移民积分制。取消对获得工作签证的外籍人员的就业限制。取消对专业技能人才申请永久居留的最短居住时间限制；借鉴美国、新加坡等职业紧缺名单制，根据上一年度劳动力需求和经济发展形势制定海南重点引才目录，并为外国高层次人才申请永久居留开辟绿色通道。增设自雇投资类别，对于可以拉动海南就业的商业性投资者给予永久居留许可。

（4）实施更加开放的职业资格单向认可制度。扩大对CPTPP成员国职业资格单向认可范围，允许取得境外职业资格的相关技术人员经认定后提供跨境服务；放宽境外人员参加职业资格考试范围，尽快将旅游、交通运输、租赁和商务服务、科学研究和技术服务、文化体育娱乐等领域纳入允许参加职业资格考试范围。

（5）实施外国人工作许可负面清单管理制度。建议尽快发布实施《海南自由贸易港外国人工作许可特别管理措施（负面清单）》。将特别管理措施区分为禁止类和限制类，并从岗位条件、人员条件两方面提出不同岗位、行业的特别管理措施；明确将可能产生经济社会安全风险的行业、岗位纳入负面清单管理。

16. 实施"零关税"与高度便利的通关政策

（1）出台极简海南自由贸易港禁止、限制进出口的货物、物品清单。降低许可类商品进口门槛。近期，重点聚焦许可类、配额类等限制类货物，结合海南自由贸易港产业发展和实际需要，在部分货物的许可审批程序上简化；服务于岛内生产、消费需要的货物配额上适当放宽，并逐步取消主动的进出口配额限制；减少或取消非安全准入类贸易管制。例如，除因履行国际义务及维护安全原因（武器、毒品、食品卫生等）等需要对贸易实行必需的管制外，取消对其他货物的进出口贸易管制。

（2）对标新加坡全面提升海关监管与通关程序自动化水平。一是推动"单一窗口"功能由口岸通关执法环节向前置和后续环节拓展，以贸易供应链的各个参与方为对象，提供贸易便利化与增值服务。二是率先采用国际普遍适用的数据协调和技术标准，以确保平台各项数据的录入和使用能够畅通无阻，同时引入移动互联技术，实现移动"单一窗口"

等。三是实行舱单申报。

（3）实行以信用管理为核心的便捷通关制度。尽快实行RCEP快速通关机制。在率先实现RCEP货物48小时内通关要求的基础上，加大企业AEO认证力度，优化、细化预裁定和抵达前处理等便捷通关流程，精简预提交材料，率先在海南自由贸易港"一线"口岸全面实行易腐货物和快件、空运货物、空运物品，6小时内放行便利措施。同时，对标中国香港、新加坡，实行以信用管理为核心的便捷通关制度，如"认可经济营运商计划""企业自主声明+规定期限备案+抽检"等管理模式。

五、环境建设：形成制度集成创新的重要突破

17. 以立法与司法体制改革打造国际一流法治环境

（1）用好海南自由贸易港法规制定权开展变通性立法与创制性立法。

——尽快明确海南自由贸易港法规制定权内涵、范畴及权限。一是海南自由贸易港法规制定权的属性及范围，重点是在法律上界定贸易、投资及其管理活动的范围。二是通过海南自由贸易港法规制定权制定的地方性法规，其在自由贸易港建设中的法律效力，尤其是其与国内现行法律法规冲突时的适用问题。三是行使海南自由贸易港法规制定权的具体工作流程和方案方法及相关合法性审查机制，重点是明确备案类、审批类的范围，形成具体清单。

——以《海南自由贸易港法》为"母法"开展变通性立法。根据《海南自由贸易港法》提出的贸易、投资、产业发展等原则性条款，在坚持上位法基本原则的前提下，主动对接国际高标准经贸规则和中国香港、新加坡等法律体系，开展变通性立法，尽快形成与最高水平开放形态相适应的地方性法规体系。

（2）加快推进立法体制机制创新。

——推进立法体制创新。在海南省人大新设海南自由贸易港立法工作委员会，向国内招录聘任知名法律专家组建专业性立法团队，组建若

干立法小组，以提升立法的质量效率。

——推进立法机制创新。借鉴新加坡经验，善于运用国际公约及国际示范性条款，实现与国际经贸规则对接；充分调动各方积极性，积极利用委托立法或吸引知名法律专家参与立法的立项、起草、论证、协调、审议、分析评估等环节。

（3）加快建立海南自由贸易港国际仲裁规则。

——参照《香港国际仲裁中心机构仲裁规则》，出台"海南自由贸易港国际商事仲裁条例"。从源头提升海南本地仲裁机构的水平。

——进一步强调商事仲裁裁决的法律效力。杜绝司法机关对仲裁程序的不当干预，谨慎撤销仲裁裁决，确保仲裁结果的权威性。

——完善法律服务人才政策。放宽国际仲裁员、调解员等法律服务人才出入境限制，将仲裁员办案所得纳入工资薪金范围享受15%的个人所得税政策优惠。

（4）允许外资企业在商事领域自主选择法律适用。出台"海南自由贸易港总部企业商事法律适用条例"；赋予在海南自由贸易港注册或设立总部的港资、澳资、台资及外商投资企业对法律适用的选择权；吸引香港国际法律人才落户，为岛内企业提供国际法律诉讼、维权、合规指导及仲裁人员国际业务水平培训；加强在琼律师提供国际法律援助的能力，特别是加强在琼律师对普通法、国际商业习惯等的能力建设。

18. 以监管体制改革为重点打造公开公平的市场环境

（1）建立内外资一致的监管标准与规则。聚焦货物、资金、人员、数据、投资、税收监管，兼顾促进贸易投资自由化便利化与风险防控，对相关领域现有监管标准、规则进行系统梳理，对与海南自由贸易港高水平开放及专业、高效、智能监管要求不相适应的规则、标准予以清理。同时，尽快在相关领域形成与国际接轨、符合海南自由贸易港建设实际的监管标准、规则体系。

（2）组建专门的公平竞争委员会。确定为法定机构，相对独立地开展竞争政策审查工作。依托其更加灵活的优势，吸引国内外竞争政策领域的专家、执法人员、企业、裁决人员及国际组织等参与，确保公平竞争审查的专业性。

（3）全面实施企业自主声明机制，实现"无事不扰"。全面实施企业产品与服务标准自我声明机制，将企业服务标准纳入企业自我声明公开范围；企业在销售产品或提供服务之前，通过自我声明公开企业产品与服务标准，并确保公开的企业产品与服务标准真实、合法，符合相关强制性标准要求。在遵守行业标准的基础上，通过税收减免、财政补贴、优先推介等多种方式鼓励企业按照欧美日等发达国家的行业管理标准进行承诺，在探索高标准方面率先实现重要突破。

（4）以强化行业自律为重点创新体制机制。对于本土和外资企业注册后的运营监管，在最大限度降低政府对企业经营行为的直接干预前提下，主要通过完善的法律法规体系、行业协会等行业自律组织来规范和约束企业行为，以信用体系建设为重点，大幅提升企业违规失信成本，强化企业自律，且对内外资监管一视同仁。

19.以行政体制改革打造专业高效的政务环境

（1）成立法定机构性质的海南自由贸易港经济委员会。主要负责内外贸易、国际经济合作、招商引资、总部经济、产业促进和口岸运营等。海南自由贸易港经济委员会实行"理事会-职能部门"的扁平层级组织架构。出台"海南自由贸易港经济委员会条例"，实现海南自由贸易港经济委员会权责法定。

（2）建立以法定机构为主体的开放政策执行系统。省级现有的经济、社会、行政管理部门中，专业性较强的机构尽可能推进法定机构化改造，尽快形成法定机构体系。当前，要聚焦贸易投资自由化便利化，尽快在专业性要求比较强、自由贸易港建设需求急迫的领域设立法定机构，作为海南自由贸易港经济委员会的具体执行部门，实行企业化管理、市场化运作，但不以营利为目的。

（3）按照《海南自由贸易港建设总体方案》要求推动"大部门制"改革。按照该方案提出的"进一步推动海南大部门制改革，整合分散在各部门相近或相似的功能职责，推动职能相近部门合并"要求，以公共服务与社会管理为重点，最大限度地整合分散在不同部门相近或相似的职责，尽快形成"大部门制"的行政架构，打造精简、扁平的政府机构与决策、执行职能相对分离的行政运作模式。

20. 以自由便利的封关运作安排形成制度型开放的重要条件

（1）封关运作是制度型开放的重要机遇。全岛封关运作后，海南贸易、投资、金融、人员、财税、海关等政策制度将进一步升级，以贸易投资自由化便利化为重点的自由贸易港政策与制度体系更加全面、高效落地，对政策对接具有重要促进作用。同时，全岛封关运作，将形成清晰的"境内关外"制度边界，有利于开展其他地区难以做成的敏感领域的压力测试，对规则对接具有重要促进作用。

（2）明确"一线放开"的首要目标。"一线"是海南自由贸易港的关境线，承担着与其他关境自由便利联通的职能；"二线"是自由贸易港的制度分线，是国内国际双循环的交汇线，承担着与内地经济联通的重要职能。全岛封关运作，需要适应全球经贸规则重构新趋势，在率先实施国际高标准经贸规则中形成具有国际竞争力的开放政策和制度。

（3）形成自由便利的封关运作分线管理的制度安排。一是"一线"管人不管物。即货物经"一线"自由进出自由贸易港，除极个别货物外，其他货物进口不征税、出口不设限（进出口管制措施仅限于履行国际义务和知识产权保护需要）；人员经"一线"通过申领签证（进入许可证）进入自由贸易港。二是"二线"管物不管人。即对经"二线"进入内地的"零关税"货物实施海关监管，重点对进口"零关税"货物、进口许可管理货物等经海南自由贸易港进入内地进行海关管理；对经"二线"进出内地的国内居民仍按国内流通管理。

结语

第一，2025年底封关运作是海南自由贸易港建设由起步探索阶段向实质性运作的重要标志。以"一线放开"为首要目标、自由便利为重大原则的封关运作，既对海南自由贸易港制度型开放提出新的要求，也为实现制度型开放的重要突破创造新的条件。

第二，全岛封关运作的海南自由贸易港，要将实现制度型开放的重要突破作为封关运作后海南自由贸易港的重大任务，以制度型开放的重要突破形成具有国际竞争力的开放政策和制度。

第三，海南自由贸易港要充分利用与内地将形成清晰的"境内关外"制度边界，解放思想、大胆创新，集中攻关其他地区难以做成的敏感领域的压力测试与规则对接，在积极服务国内制度型开放进程的同时，打造我国深度融入全球经济体系的前沿地带。

"双港"经贸合作交流协议

18条建议

（2023年12月）

海南作为全球面积最大的自由贸易港，具有高水平开放政策及自然资源丰富、地理区位独特、背靠超大规模国内市场和腹地经济等优势。香港不仅是全球知名自由贸易港，也是国际金融中心、国际贸易中心、国际航运中心、亚太区国际法律及争议解决服务中心等。新形势下，海南自由贸易港与香港不仅共同承载着服务我国高水平开放的战略任务，也蕴藏着巨大合作交流空间。为进一步加强新形势下"双港"经贸合作与交流，经协商，达成如下协议。

一、合作原则

1.服务全局

在主动服务我国高水平开放中强化合作，打造高水平开放的重要平台。要加快培育国际合作和竞争新优势，在合作中促进"双港"成为国内国际双循环的重要支撑区。

2.优势互补

推动实现海南自由贸易港地缘优势、资源优势与香港发展优势、开放优势、国际网络优势的叠加放大，围绕"双港"产业发展的主攻方向，充分发挥市场化机制的作用，实现琼港产业链供应链协同，合力提升区域影响力、辐射力。

3. 务实创新

立足"双港"需求，谋划实施一批可操作、能落地的合作项目，尽快取得"双港"经贸合作交流的"早期收获"。同时，重视"双港"规则衔接、机制对接。

4. 互利共赢

充分发挥香港独特优势，在促进海南自由贸易港高水平开放中，合力开拓面向东盟的区域性大市场，实现"双港"联动发展新格局。

二、合作内容

5. "双港"金融合作

（1）支持香港金融机构在海南自由贸易港发展。支持符合条件的港资银行在海南自由贸易港设立分支机构，支持港资金融机构参股海南地方银行。支持香港保险机构在海南自由贸易港设立财产险、人身险、再保险公司及相互保险组织和自保公司。支持"双港"金融机构立足产业发展共同需要，合作创新金融产品，促进融资、保险类金融产品互认。设立港资金融机构准入事项快速审批通道。

（2）支持香港金融机构参与海南自由贸易港金融市场建设。支持在港金融服务机构与海南合作建立并运营国际能源、航运、大宗商品、产权、股权、碳排放权等国际交易场所，允许在港企业、个人等参与交易和开展资金结算业务。支持"双港"金融机构以数字金融、绿色金融为重点，共同开发面向东盟的金融产品。

（3）实行总部企业金融项下的"海南承接+香港服务"。支持港资企业参与本外币合一跨境资金池业务试点、合格境外有限合伙人（QFLP）试点、合格境内有限合伙人（QDLP）试点等政策。支持在港金融机构以商业存在、跨境交付等方式为海南自由贸易港"总部企业"海外经营活动提供融资、保险、风控、结算等金融服务。依托改造后的FT账户，建立"双港"金融机构跨境资金清算机制，鼓励海南自由贸易港"总部企业"跨境资金进出的交易结算端布局在香港，实现"总部企业"在一定额度内资金进出无因划转、实时支付。

（4）共推国际财资中心建设。聚焦跨境财富管理和跨境资金运营，以自由贸易港账户体系资金池试点为切入口，推动跨国公司和"走出去"企业在海南设立跨境资金运营机构。支持在港金融机构经备案后在海南自由贸易港发行面向个人的理财产品、证券期货经营机构私募资产管理产品、公募证券投资基金、保险资产管理产品等资产管理产品。

（5）务实推进"双港"离岸人民币合作。以服务人民币国际化为导向，支持海南自由贸易港"总部企业"将香港作为首选融资、保险服务平台，在香港开展直接间接融资及相关保险业务。支持在港金融机构为海南自由贸易港"总部企业"发行面向境外机构和个人的人民币债券。"双港"合力建设离岸人民币债券流通市场，支持境外离岸人民币债券在"双港"流通交易。

（6）稳步推动"双港"金融市场一体化。建立"双港"金融管理规则差异化豁免机制，允许符合一定条件的金融机构经备案后直接在两地开展相关金融业务。明显扩大海南自由贸易港对香港金融人才的单向认可范围，支持香港金融人才在海南自由贸易港更加便利地开展业务，并率先在债券、保险等风险较低的领域制定实施"双港单一通行证制度"，实现监管标准对接，并逐步拓展。

6."双港"医疗健康合作

（1）合作设立"双港"医疗健康双向"飞地园区"。支持香港医疗健康机构在海南自由贸易港设立以试验、诊疗、转化、应用等业务为重点的"飞地"；支持海南自由贸易港内相关企业在香港设立以研发为重点的"飞地"，聘请当地研发人员开展相关活动，打造"香港研发+海南应用"的产业链整合模式。

（2）建立"双港药械通"机制。对已在香港上市，但尚未在内地上市的药品，允许在博鳌乐城使用；借鉴香港经验，制定药械认可国家或地区清单，对清单内两个或以上的国家或地区注册后的药械可在博鳌乐城上市使用。对自香港进口的药械生产材料、零部件、元器件、设备整机等实行信用监管或单证认可；对港籍医师实行多次往返免签。

（3）合作建立境外药品国内转化机制。支持在港医药研发机构与海南自由贸易港内相关机构合作，使用国内生物医药数据开展面向国内的药品转化研发；支持企业利用"双港"医药研发机构合作实验数据开展国内医药注册。

（4）合作设立高端生物医药创新研发中心。瞄准生物医药国际化、高端化发展目标，聚焦癌症基因疗法、脑科学、干细胞、高端医疗器械等，合作在博鳌乐城设立国际高端生物医药创新研发中心。鼓励内地与香港有专利技术、有研发资源的企业和个人通过独资、合资、合作等多种方式开展生物医药研发活动。合作设立"双港"生物医药研发基金。

7."双港"免税及零售业合作

（1）设立"双港"免税购物合作园区。探索"海南以土地形式入股，香港出资建设和招商运营"的建设模式和合理的利益分享机制，在海南设立"琼港免税购物合作园区"，合作开展免税消费品保税物流、保税展示、免税消费品包装制造与加工维修等业务。

（2）促进"双港"免税产业链协同。发挥香港国际网络广泛、免税供应商合作紧密等优势，积极开展招商引资、免税商品采购、市场推介策划、供应链金融与品牌建设等相关业务；发挥海南土地等资源优势，积极开展免税商品的分拨分拣、加工配送、保税仓储与中转、拆装箱、分装、包装、换装、再包装、理货、组装、贴标、分拣、商品测试、检验、物流配送等增值服务。

（3）促进"双港"免税产业规则对接。支持香港零售企业进入海南自由贸易港免税市场，允许在香港已经销售且符合海南免税购物政策的相关商品制造商、供应商，经备案后为海南免税商店提供供货服务。推进"双港"免税商品海关与市场监管标准互认、执法互助、快速通关、信息互换、数据共享。合作制定"双港"免税购物职业资格、服务标准、行业管理等制度，促进"双港"免税购物市场一体化进程。

（4）合作建立以消费品为主体的综合平台。支持香港企业参与海南国际消费品博览会。以中高端免税商品与日用消费品为重点，合作建立国际消费品交易中心，引入国际商品交易规则，积极开展消费品信息发布、交易、展示、集散、金融、保险、会计、法律等业务。

8."双港"专业服务业合作

（1）支持"双港"专业服务机构深度合作。支持香港律师事务所在海南自由贸易港设立代表机构，开展非诉讼业务。支持香港国际仲裁中心在海南自由贸易港设立分支机构，依据在港仲裁规则开展涉外商事仲裁业务。以机构联营等方式开展"双港"法律、会计、审计、咨询、评估、税务等合作，重点开展涉外专业服务。

（2）探索推进专业服务业管理规则与标准对接。合作制定实施"双港"认可专业服务商计划。对符合标准的会计、审计、咨询、评估、税务等专业服务机构，在两地经备案审核后直接开展相关经营与业务活动。允许具备国际执业资格的在港会计师、审计师等，经海南主管部门备案后，直接为海南非居民企业提供记账报税、审计验资、资产评估等会计服务。

（3）合作设立国际化专业服务平台。鼓励"双港"企业建立跨领域多资质的综合性专业服务机制与服务联盟，为"总部企业"境外投资经营提供全过程、全链条、跨领域、高品质的综合性专业服务。建立"双港"专业服务机构双向沟通平台，支持举办发布会、论坛、专业培训、企业对接会等活动，鼓励海南企业使用香港有关的专业服务。

（4）建立跨境专业服务贸易便利机制。在深化落实《内地与香港关于建立更紧密经贸关系的安排》的服务贸易协定与《海南自由贸易港跨境服务贸易特别管理措施》框架下，制定实施"双港跨境专业服务贸易特别管理措施"，鼓励支持海南企业通过跨境交付、自然人移动等方式使用香港专业服务。

9. "双港"运输合作

（1）深化"双港"港口、机场合作。推动建立港口联盟，逐步实现港口实行"一次报关、一次查验、一次放行"。加密并优化海南与香港之间的班轮航线，探索建立大宗散货经海口、洋浦和香港港口运输合作机制，实现一张单证联运合作。鼓励香港离岸贸易商将贸易流布局在海南。加强海南与香港的机场合作，鼓励香港航空公司利用海南自由贸易港第五、第六、第七航权开放政策增加来往两地的航班及中转联运航班，拓展海南与香港之间的客货空运通道。

（2）开展双港港口、机场管理机制协同。选择海南"一线"口岸，通过组建"双港"运营集团等方式，吸引香港港口运营机构参与运营管理。开展海口、三亚机场与香港机场管理局的合作，在投融资模式、基础设施建设等方面双方共同创新合作机制。

（3）合力发展航空航运产业。支持海口、三亚机场在香港设立国际航空创新合作平台，充分利用香港世界级国际航空枢纽优势，助力海南自由贸易港招引国际性航空航运公司及高端公务机、航空船舶维修等产业运营商，合作拓展航空航运高新技术应用场景建设；支持香港航空、航运、邮轮公司在海南自由贸易港布局租赁、融资、保险、法律及争议解决等业务。

（4）促进运输领域人才培养合作。支持海南省内高校与香港国际航空学院合作，合作开设运输管理高等课程及机场管理相关培训；支持"双港"港口、机场建立人员互派机制。实行航运领域的人才单向认可制度或互认制度。

10. "双港"旅游及文化娱乐合作

（1）开展"双港"文旅会展合作。支持香港企业参股海南国际文化艺术品交易中心建设及管理运营。促进"双港"会展产业合作，引进顶级专业会展公司，参与举办国际商品博览会、国际品牌博览会、国际电影节、国际时装周、国际音乐节等大型国际展览会和世界级节事活动。

支持海南文化、旅游、非遗文创等企业赴港参加"香港国际授权展"等，依托香港专业国际展会，积极支持两地文化交流及展览策划。吸引港资会展企业参与海口国际会展中心的运营管理。

（2）促进"双港"旅游服务体系的对接融合。合作开发"海南+香港"旅游产品线路，提升服务质量，联合策划相关产品的市场推广方案。开展面向以东盟国家为重点的泛南海邮轮旅游合作，共同打造建设"一程多站"式国际邮轮旅游航线。支持"双港"旅游协会共建旅游联盟，推动实现客源共享和互送、旅游产品联合营销、旅游危机管理合作、旅游人才联合培养等。

（3）谋划打造一批国际化文旅项目。支持"双港"各类艺术团体、院校和文博机构互相开展交流展演。支持港资在海南试点设立并经营的演出经纪机构，在海南省内经批准的文化旅游产业集聚区设立演出场所经营单位并开展演出业务。合作打造标志性的演出节目与标志性旅游设施设计；合作开展旅游人才培训交流，合作建设双语人才培训基地与旅游教育培训基地。

11. "双港"农业研发合作

（1）合作建设农业生物技术创新试验中心。发挥香港人才优势与海南资源优势，合作设立农业生物技术创新试验中心，共同申请设立国家重点实验室，开展基因组及遗传学、作物抗逆性及逆境信号传递、植物细胞学等热带育种细化行业研究。

（2）建立"双港"农业研发成果转化应用机制。合作建立"双港"南繁科研成果转化应用示范园；支持香港农业研发机构将海南作为科研成果转化首选地，强化产、学、研对接融合，提升科研成效。

12. 加强"双港"青年交流

（1）策划机制性青年交流项目。设立"双港"青年交流基金，并引导社会资本每年支持一定数量的海南、香港青年开展交流实践。放宽相关行业对香港青年的开放，鼓励支持香港青年在海南学习、实习、就业等。策划实施"双港"青年创业项目，支持香港青年在海南创业，主动对接创业补贴、项目资金、人才政策等，为香港青年提供"一站式"落地服务。采取薪资、住房三方共担机制，吸引香港青年在海南就业创业。

（2）合作开发青年人才联合培养项目。支持海南大学、海南师范大学等与香港高校开展"2+2"联合培养项目；通过教师互访、教授互聘、学生互换、学分互认和学位互授等形式，加强"双港"国际合作与交流。

（3）搭建多元化青年人才交流平台。互设以青年为重点的人才服务机构，为两地人才交流及创新创业提供政策咨询、就业信息发布引导、政务事项代办、法律咨询和培训等方面服务。围绕创新科技、绿色经济、信息技术、创新创业等青年关注的热点问题进行对话交流。

13. 加强人才与公务员交流

（1）实行对香港更加便利化的人员出入境政策。推动两地出入境管理机构合作建立"双港"一体化出入境管理系统，实现"两地一检"。对在海南自由贸易港从事科研、文教、卫健、金融、法律、税务、高新技术等领域的人才实施3~5年不等的签注政策。鼓励企业开通"双港"两地"朝发夕至""夕发朝至"的海上快艇旅游航线（含港牌随行车辆），加密"双港"航线，合作开通常态化运营的气垫船，打造"双港"间的水上巴士。

（2）推进"双港"公务人员常态化交流。探索"双港"两地公务员互换"挂职"，建立"双港"公务人员定期交流机制；允许符合条件的香港公务人员或专业管理人才在海南担任重点园区内的法定代表人或领导职务，实质性参与园区管理运营。加强海南人才局与香港公务员事务局间的沟通交流，共同制定面向公务人员的联合培训交流计划。

14. 深化学术交流

（1）探索在海南设立双港区域合作论坛。探索在海南设立"双港"区域合作论坛，邀请专家学者就两地产业合作、协同治理、人文交流、战略对接等议题展开研讨。

（2）合作举办"全球自由贸易港论坛"。"双港"政府联合新加坡等国际知名自由贸易港、国内相关机构联合设立"全球自由贸易港论坛"，并将其打造成为全球自由贸易港创新发展的"策源地"。

（3）支持两地高等院校、科研机构等合作交流。以高等院校、科研机构等为平台，通过合作举办国际学术会议、联合开展课题研究、组织科研团队参加境外学术交流等方式，加强两地人才交流互访。

15.便利港人在海南自由贸易港发展

（1）对持海南居住证的港人在基本公共服务方面享有与海南居民同等待遇。在海南持居住证的港人在义务教育、基本公共就业服务、基本公共卫生服务、公共文化体育服务、法律援助和其他法律服务、国家及居住地规定的其他基本公共服务方面享有与海南本地居民同等待遇。

（2）打造服务在琼港人"一站式"咨询服务平台，就不同便利措施提供政策解答。

三、合作机制

16.建立"双港"多层次领导执行机制

（1）高层协调机制。成立"双港"合作交流领导小组，由两地首脑共同担任领导小组负责人，统筹协调推进相关工作，承担重大政策制定、综合指导、统筹协调和督促检查等。

（2）合作执行机制。在领导小组下设立主要经贸部门参加的联席会议制度，加强统筹协调和相互配合，定期或不定期召开会议，研究解决办法，制定相关配套政策措施或提出政策建议。同时，根据具体合作领域，两地分别组建由相关业务部门组成的合作专班，促进合作项目落地实施。

（3）合作评估机制。根据实际需要，通过定期回顾交流合作、开展第三方客观评估等方式，总结上一阶段合作成效，并明确下阶段的合作重点。

17.建立"双港"产业转移跨区域合作机制

（1）建立科学合理的利益分配和补偿机制。坚持市场为主、政府为辅的基本原则，充分运用政府转移支付、税收分成及生态补偿等财政工具，建立有效的利益协调和共享机制，实现各方利益主体的互利互惠、互利共赢。

（2）建立产业转移的选择机制。建立健全包含产业转移审核制度、产业退出机制等在内的科学的产业转移管理制度，提高产业转移承接实效。同时，支持智库为两地承接产业提供战略分析、政策分析、项目论证、规划评估及区域合作研究等咨询服务。

18.建立区域内合作资金保障机制

合作设立区域合作发展基金，支持区域内重大科研项目联合攻关与重大合作项目、基础设施建设，鼓励支持"双港"金融机构和社会资本共同出资并参与基金的运营和管理。发挥香港金融开放优势，支持海南自由贸易港内地方政府、企业在港开展债券融资，重点用于基础设施建设、重大科研项目支持等。

以产业一体化为重点实现港湾"相向发展"的重要突破

12条建议

（2024年4月）

2024年4月13日，在习近平总书记发表"4·13"重要讲话六周年之际，中改院指导、海南自由贸易港研究院主办以"港湾融合、相向发展"为主题的研讨会。来自广东、海南、香港、北京的政府、学术机构、企业代表160余人围绕相关议题展开交流研讨。与会代表认为，以产业一体化为重点促进港湾海南自由贸易港、粤港澳大湾区"相向发展"，实现两大国家战略的叠加，不仅将破解港湾开放发展的突出掣肘，而且将对我国构建新发展格局产生全局影响。

一、促进港湾"相向发展"是国家重大战略

1. 以"相向发展"打造新发展格局的重要战略支点

"港湾融合、相向发展"已超越省际间或区域间合作范畴，是两大国家战略的叠加，将形成战略联动的新亮点，也将在我国以高水平开放构建新发展格局中发挥重要战略支点作用，并成为推动区域经济一体化的制高点。

2. 关键是在"优势互补"中形成与东盟合作交流的合力

港湾互补性远远大于竞争性。港湾"相向发展"，要以服务中国-东盟全面战略合作为导向，以优势互补为基本原则，共同开展对东盟的经贸合作交流，逐步构建起与之相适应的生产分工体系和经贸合作秩序。

3. 适应趋势，共同服务国内企业在东盟的投资布局

一方面，依托海南自由贸易港政策，吸引广东企业以海南自由贸易港为"走出去"总部、品牌营销总部等，开展对东盟的投资布局。另一方面，依托海南自由贸易港加工增值政策及"零关税"政策，吸引广东企业在海南自由贸易港利用东盟原材料开展加工、组装等，以更低成本开拓国内大市场。

二、以"广东研发+海南应用""广东产业+海南政策"推动港湾产业一体化

4. 以"广东研发+海南应用"释放海南自由贸易港资源价值潜力

——依托南繁、深海等特色资源，吸引广东农业、海洋科技研发企业在海南开展试验、转化、推广。

——实现广东数字技术与海南农业、旅游、医疗等既有产业嫁接。例如，在旅游领域，率先推广高等级自动驾驶、高阶智能网联汽车、智能出租等商业应用场景，打造智能汽车商业闭环。

——合力促进港湾对海洋风能等清洁能源的共同消纳，合作发展虚拟电厂等能源产业新业态。

5. 以"广东产业+海南政策"增强港湾产业发展的内生动力

——依托加工增值30%货物内销免关税政策，支持广东农业龙头企业将进口、加工、保鲜、包装、研发等业务布局在海南，并建设冷链集配中心、深加工中心、交易中心等。

——依托离岛免税及"零关税"政策，支持广东企业在海南布局高端消费品生产和加工产业园，共同开拓国内及东盟高端消费市场。

——依托新增境外直接投资免征企业所得税政策，吸引广东企业将海南自由贸易港作为"走出去"总部。

——依托海南自由贸易港跨境数据安全有序流动政策，吸引企业以海南为总部，开展同东南亚国家在数字技术、数字基础设施、数字服务

等项下的自由贸易。

6. 制定实施精简透明的港湾跨境服务贸易负面清单

——在《内地与香港关于建立更紧密经贸关系的安排》（CEPA）框架下对标CPTPP，制定实施港湾服务贸易负面清单，并实现港湾投资与服务贸易负面清单一体化管理。

——以金融、法律、会计为重点，制定"港湾市场认证标准"，实现"一次认证"、港湾全域自由经营。

——扩大海南、广东对香港金融、法律、医疗等领域人才的单向认可范围，支持香港人才在海南、广东经备案后自主开展相关业务。

三、以政策衔接形成港湾高水平开放的新优势

7. 推动港湾加工增值政策与RCEP原产地规则叠加

——将加工增值30%货物内销免关税政策拓展至粤港澳大湾区，并实现完全累积。

——实现海南自由贸易港加工增值货物内销免关税政策与RCEP原产地规则叠加，率先实现从部分原材料累积向完全累积过渡，即对RCEP其他成员国增值部分予以累积。

——对于进口关税税率较低商品或高新技术产业，把海南自由贸易港加工增值比例从30%缩减为20%。

——将研发设计、信息技术、节能环保、检验检测认证等与加工制造紧密相关的生产性服务投入及增值，纳入加工增值计算范围，便利粤港澳大湾区企业嵌入海南自由贸易港加工环节。

8. 在拓展海南自由贸易港政策应用场景中合力推进高水平开放政策迭代更新

——推进港湾产业开放政策对接，如将香港研发、广东制造的创新药物纳入海南"创新药械"适用范围，合力推动其尽快在国内上市。

——建立以仲裁为重点的港湾司法服务对接机制，支持企业在商事

领域自主选择两大法系与仲裁模式。

——创新海南自由贸易港59国免签政策，允许以免签方式进入海南的商务人员，在特定期限内自由进出粤港澳大湾区。

——对接香港建立公平竞争的监管政策与自由企业制度。

9.建立"产业飞地"

——针对海南研发环境不完善的行业，支持将研发、生产环节配置在广东并设立"创新飞地"，使其享受海南自由贸易港的相关政策。

——支持粤港澳大湾区企业在海南自由贸易港重点产业园区设立以科技成果转化应用为主题的"飞地"。

四、以加强高层协调为重点，形成港湾"相向发展"的体制保障

10.建立港湾"相向发展"的联席会议制度

——成立港湾四地主要领导组成的"相向发展"联席会议，负责统筹协调港湾"相向发展"的重大政策制定、综合指导、统筹协调和督促检查等工作。

——借鉴纽约湾区、旧金山湾区等经验，合作成立法定机构性质的产业一体化、基础设施一体化、公共服务一体化等执行小组，负责制定专项规划及落实重点项目。

11.探索建立港湾合作的干部与人才交流机制

——建立港湾跨区域干部轮换机制与晋升激励制度。允许符合条件的大湾区公务人员或专业管理人才在海南担任重点园区的法定代表人或领导职务。

——建立港湾人才交流机制与一体化服务保障机制。推进高层次人才在就业、社保等领域公共服务一体化。

12.加强协调，推进琼州海峡基础设施一体化

——尽快实现琼州海峡两岸港口资源整合，以加强顶层协调为重点，

明确各大港口功能及业务布局,在统一规划基础上实现"统一建设、统一运营、统一管理、统一标准"。

——在徐闻等地合作设立"飞地"性质的保障物资仓储基地、集散基地,大力发展集中拼装运输业务。

——合作打造琼州海峡救助队伍与信息发布中心,整合应急救援资源,实现应急救援统一指挥、联合行动。

实现高水平开放的突破

16条建议

（2024年8月）

当前，世界百年未有之大变局加速演进，海南自由贸易港的挑战大于机遇。处在"关键当口"，能否吸引有实力的国内外企业进入，能否增强各方良好预期，是建设更高水平开放型经济新体制的首要关键。

一、争取实现"早期收获"的某些突破

1. 将博鳌乐城国际医疗旅游先行区、陵水黎安国际教育创新试验区的部分政策推向全岛

这不仅有利于充分释放政策效益，也将带动形成全岛产业发展的优势。建议将博鳌乐城除"干细胞临床研究"外的其他医疗开放政策扩大到全岛；对标高精尖国际医疗与公共卫生水平，把博鳌乐城国际医疗旅游先行区定位为"国际性医疗硅谷"；取消"医疗机构限于合资"相关规定；将"理工农医"类高校独立办学政策拓展到全岛；等等。

2. 放宽境外专业人才在海南的执业准入

取消金融、会计、税务、仲裁等专业人才需要考试取得资格后才能提供服务的相关规定，改为备案制；贯彻落实党的二十届三中全会提出的有序扩大劳务市场对外开放的要求，率先引入技能型外籍劳工，建立面向东盟的国际劳务市场；等等。

3. 实施岛内居民购买进境免税商品正面清单

这是降低本岛居民生活成本、增强对自由贸易港发展信心的重要举

措。建议封关的同时要明确岛内居民购买免税日用消费品的相关政策；有序放开免税市场准入，使各类免税经营主体在充分竞争中降低价格、提升服务质量；支持企业与香港联合共建免税购物产业链、供应链，降低某些免税商品价格，提高服务质量。

4.实现数据领域有序开放

作为封关运作的重要举措，要实现国际互联网政策由重点园区向全岛推广；制定实施具体行业层面的数据出境规则，以企业数据应用场景为导向形成更有针对性、可操作的数据出境管理制度；在逐步扩大数据领域开放进程中，明确数据安全的监管重点，完善监管条件。

5.与香港合作实现金融开放的某些突破

例如，依托EF账户发展离岸人民币债券市场；与香港在海事保险、自保、再保险、健康养老保险等领域出台具体合作举措；出台吸引港资基金管理机构参与海南自由贸易港产业投资基金的相关运营管理规定；尽快明确EF账户准入标准，形成内外企业对金融开放的预期；力争实现数据开放与金融开放的叠加，尽快形成数字金融发展的某些优势。

二、推出具有较强吸引力的举措

6.将海南自由贸易港跨境服务贸易负面清单缩减至30项左右

海南全面深化改革开放的最大重点是服务业市场开放。2023年6月，中改院形成了海南自由贸易港跨境服务贸易负面清单缩减的具体建议。在尽快缩减限制措施的同时，借鉴CPTPP将外商投资准入负面清单与跨境服务贸易负面清单合并。

7.谋划海南自由贸易港政策与RCEP规则的叠加方案

例如，实现RCEP的40%原产地规则与自由贸易港加工增值30%免关税政策叠加，使企业在RCEP和海南自由贸易港加工增值累计超过30%，就可享受"零关税"进入内地的政策。在此基础上，争取支持将海南的加工增值30%免关税政策缩减至20%，就会增强对企业的吸引力，发挥海南自由贸易港在RCEP与我国大市场中的重要枢纽作用。2024年8月27日，中改院与博鳌亚洲论坛秘书处将在曼谷召开"RCEP：亚洲经济新未来"高层论坛。

8. 出台总部基地建设的相关政策

例如，创新总部企业对外投资管理模式，对符合条件的总部企业，取消对外直接投资审批，实行备案制；灵活执行"居住满183天"等政策要求，可考虑把在东盟国家开展商务活动的时间视为在海南居住时间；支持企业建立"走出去"服务联盟，对走向东盟的总部企业提供法律援助、投资保险、直接融资、信用评级等"一揽子"专业服务；等等。

9. 实现市场体系建设的重要突破

发展市场、放活市场、做大市场，关键是市场体系建设要有新的突破。例如，研究设立具有海南特色的面向东盟、服务内地的现货期货交易所，并引入国际交易服务体系。

10. 出台打造制度型开放新前沿的落地方案

作为自由贸易港，海南有需求、有条件率先在全国扩大制度型开放，这是海南建设更高水平开放型经济新体制的重中之重。例如，形成重点服务业标准与国际对接的方案，使海南自由贸易港成为国内外标准对接的"窗口"；实行与中国香港、新加坡同等的市场准入制度，实现负面清单外市场准入"无审批"；出台使用"海南自贸港法规制定权"的相关举措；等等。

三、"十五五"需要深入研究的几个问题

11. 把提升资源利用效益作为"十五五"的重要事项

可考虑在暂不调整行政区划的前提下，在全省规划统一的基础上，实现"土地利用统一、基础设施统一、产业布局统一、城乡发展统一、环境保护统一、社会政策统一"；尽快将农垦土地纳入全省统一管理。由此，既可明显提升土地利用效率，又可增加中长期财政来源。

12. 研究出台蓝色经济的行动方案

2023年海南单位海岸线海洋经济密度仅为广东的28.3%，若"十五五"提高到广东2023年50%的水平，海南海洋产业生产总值将达到4500亿元左右。就是说，海南发展蓝色经济的潜力还相当大。要以打造中国-东盟蓝色经济一体化的合作基地为目标，研究出台海南自由贸易港蓝色经济行动方案，在尽快做大海洋经济的同时，在中国与东盟蓝色经济伙伴关系中发挥重要枢纽作用。

13. 形成"十五五"海南、广东两省合作的行动方案

运用海南自由贸易港的政策优势，充分发挥广东产业基础较好、企业实力较强的突出优势，主动务实推进两省合作进程。例如，"十五五"两省的"飞地园区"要实质性运作，明确落实主体与时间表；加强职能部门的主动对接，在琼粤战略合作框架下，以海洋、农业等产业一体化为重点制定"十五五"海洋经济发展的行动方案。

14. 研究出台行政体制改革调整方案

加快建设海南自由贸易港，需要处理好特殊政策与制度环境的关系。2020年，中改院曾建议在省级层面建立海南自由贸易港经济委员会，并打造以法定机构为主体的专业、高效、灵活的政策执行系统。目前，需要研究提出与海南自由贸易港建设相适应的高效率行政体制的改革方案。

15. 增强各方对洋浦开放的信心与预期

从调研情况看，儋洋一体化与预期目标的落差较大。建议从洋浦未来发展目标出发，研究调整方案。

16. 充分利用博鳌亚洲论坛提升国际影响力

2025年是博鳌亚洲论坛成立25年，也是海南自由贸易港封关运作的关键年。2025年博鳌亚洲论坛年会，在主题议题设计等方面将有某些重要调整。抓住明年的重要时间节点，把"全球自由贸易港发展论坛"办出层次、办出影响。同时，征得博鳌亚洲论坛秘书处支持，与香港特区政府联合发起"双港"合作高层论坛。

专题

专 题

改革跑赢危机的行动路线

30条建议

（2013年5月）

我国改革正处于深水区和攻坚阶段。与以往相比，改革的深刻性、复杂性、艰巨性前所未有：转型与改革交织融合，经济转型、社会转型、治理转型都直接依赖于重大改革的突破；利益失衡的矛盾日益突出，改革需要在调整重大利益关系上取得进展；转型倒逼改革，改革的时间和空间约束全面增强。在这个特定背景下，改革与危机赛跑的特点突出，尽快形成"改革跑赢危机"的行动路线至关重要。

一、以化解风险和危机为导向的改革攻坚

我们的思路性建议是：客观把握全面转型的大趋势，抓住突出矛盾和问题，以化解风险和危机为导向，形成未来3~5年改革攻坚的行动路线。

1. 经济转型到了关节点，改革重在形成公平可持续的市场经济体制

（1）经济矛盾和风险日益凸显。例如，以投资消费失衡为主要特征的结构性矛盾凸显，内生增长动力远未形成；产业结构转型升级缓慢，服务业比重长期徘徊在40%左右；资源环境约束全面加大，环境危机因素增多；创新能力严重不足。

（2）经济转型到了向消费主导转变的关节点。如果说前一阶段投资拉动增长还有战略回旋余地的话，那么在欧美等外部市场需求萎缩呈现中长期趋势、国内产能过剩的今天，回旋余地已大大缩小。在这种形势

下，继续靠投资拉动经济增长，不仅会导致投资边际效益下降，还会加大产能过剩的危机。出路在于：增强国内消费需求对经济增长的拉动作用；释放服务消费需求的巨大潜力；推进消费主导的经济转型与改革。

（3）依靠政府主导和政策刺激拉动增长难以为继。过去长期实行的政府主导型经济增长方式，例如，以追求GDP增长为首要目标、以扩大投资规模为重要途径，成为投资消费失衡的体制性根源及政府债务风险加大的重要因素。经济转型的关键在于理顺政府与市场关系，在更大程度、更广范围发挥市场在资源配置和扩大内需中的基础性作用。

2. 社会转型处于临界点，改革重在建立有效协调利益关系的体制机制

（1）利益关系失衡日益突出，社会道德危机、信任危机问题突出。贫富差距仍有扩大的趋势，基尼系数长期居高不下；一些企业为追逐利润而造假，威胁到食品、药品安全，引起全社会的严重关注。

（2）社会转型到了能否有效化解利益冲突的临界点。20年来，群体性事件增加了10倍，其中因土地征用、房屋拆迁、环境污染等利益冲突引发的群体性事件占80%以上。这种利益矛盾的群体冲突协调不好，将激化其他社会矛盾，并使社会冲突有所升级，甚至成为局部性、全局性危机的导火索。

（3）社会结构不合理的矛盾突出。按有关分析，目前我国中等收入群体规模只占总人口的23%左右。中低收入者难以向上流动，是社会利益冲突和社会危机事件增多的特定因素。社会转型的关键在于破题收入分配改革，尽快提高中等收入群体的比重。

3. 治理转型到了关键点，改革重在建立有效解决腐败的体制机制

（1）腐败正在成为引发危机的导火索。相比于其他经济社会矛盾，腐败更容易成为社会不满情绪的"催化酶"，容易把"低级别、低烈度"的利益冲突催化为"高级别、高烈度"的社会危机。

（2）治理转型到了有效解决体制机制性腐败的关键点。在"增长主义"倾向下，某些部门和行业的官员拥有的权力，与转型时期政府掌控

重要资源结合在一起，形成比较突出的体制机制性腐败，成为治理转型的难点和重点。

（3）"把权力关进制度的笼子里"。从现实生活来看，腐败问题的形成与发展，根源在于权力运行缺乏严格有效的体制机制约束。治理转型，就是要有效约束权力、监督权力、问责权力，提高政府公信力。

二、以理顺政府与市场关系为重点的改革攻坚

我们的思路性建议是：抓住扩大内需的战略机遇，释放人口城镇化的最大潜力，关键在于以市场化改革为最大红利，形成以拉动消费支撑7%~8%中速增长的体制格局。

4.以理顺资源要素价格为重点，深化价格改革

建议1~2年内，推进成品油、天然气市场价格形成机制改革；加快完善煤电价格联动机制；全面实行水电气梯级价格制度；加快资源税改革。2~3年内，建立完善的碳源碳汇监测与调控机制，逐步扩大碳交易范围，适时建立全国性碳交易市场体制；全面开展排污权交易。

5.以利率、汇率市场化改革为重点推进金融体制改革

（1）加快推进利率市场化进程，实现各类市场主体平等使用金融资源。建议1~2年内，在稳定存款利率的同时尽快放开贷款利率下限；2~3年内，以大额可转让定期存单为重点，逐步放开存款利率；5年左右，基本实现以上海银行间同业拆放利率为基准的市场化利率。

（2）加快汇率形成机制改革。建议1~2年内，重点改革外汇市场交易机制，减少行政干预；2~3年内进一步放宽汇率浮动空间，将汇率弹性提高1~2倍，引导市场形成人民币汇率双向预期和双向波动；未来5年，基本取消结售汇及其他外汇管制措施。

（3）加快人民币国际化进程。扩大人民币在跨境贸易投资中的使用；拓展人民币使用的地域范围；推进在岸市场开放与离岸市场培育，稳步推进资本项目开放。

6.以放开市场、引入竞争为重点推进垄断行业改革

建议2~3年内，对铁路、电力、电信、石油、民航、邮政等行业，将自然垄断和竞争环节切实分开。竞争性的对民间资本全面放开；自然垄断的吸纳民间资本广泛参与。对城市公用事业，尽快健全特许经营制度，形成合理的价格形成机制，积极引导民间资本参与。对食盐等政企分开滞后的领域，在加快政企分开、实行管办分离的基础上对民间资本放开。建议开征垄断利润调节税。

7.以公益性为目标优化国有资本配置

（1）明确国有资本提高普遍福利的目标。进入发展新阶段，面对公共产品短缺的突出矛盾，国有资本公益性严重不足。建议1~2年内，出台新的国有资本布局调整优化方案，推动国有资本从一般竞争性领域退出，重点配置到义务教育、基本公共医疗及基本住房保障等公共产品领域；建议3年内划拨20%~30%的上市公司国有股权到社保体系。

（2）对短期内难以退出一般竞争性领域的国有资本，逐步提高收租分红比例。减少并逐步取消特殊优惠和特殊保护，建立常态化的国有企业收租分红机制，确保"十二五"末期不低于30%。

8.加快农地物权化制度创新，建立城乡统一的土地市场

（1）尽快完成土地确权，保障农民土地用益物权主体地位。建议2~3年内，基本完成全国范围的农村土地确权登记；尽快叫停一些地方"土地换社保"等不合理做法；尽快修改《物权法》，将农村土地使用权明确列为可抵押的财产权。

（2）落实土地承包关系保持稳定并长久不变。建议尽快修改《土地管理法》，赋予农民长期而有保障的土地占有、使用、收益和处置权利。

（3）建立城乡统一、同权同价的土地市场。完善土地交易市场，尽快形成农民承包土地和宅基地使用权的抵押、入股的制度安排；完善征地补偿的法律规定，对失地农民实行公平补偿；严格限定公益性征地范围，主要通过盐碱地、荒地等改造而非占用耕地获得增量建设

用地。

9. 以服务业开放带动新的全面开放

（1）适应社会需求变化加快服务业全面开放。在银行、证券、保险、电信、邮政快递等行业进一步放开市场准入，取消经营范围限制；在教育、医疗、文化等行业扩大开放试点的同时，调整服务业用地政策，创新服务业政策体系。

（2）加快实施双边与多边自由贸易区战略。在多哈回合受阻、发达国家急于经济复苏的背景下，推进自由贸易区谈判已成为许多国家的现实选择。

（3）加强与新兴经济体的全面合作。以金砖国家为重点，拓展与新兴经济体在双边贸易、能源、清洁能源经济、信息技术发展等方面的全面合作；充分利用新兴经济体合作平台，积极参与全球治理重构，在世界经济再平衡与世界经济秩序重建中发挥更大作用。

三、以协调利益关系为重点的改革攻坚

我们的思路性建议是：以民富优先为导向，以扩大中等收入群体为重点，以创新社会管理为关键，尽快形成常态化的利益诉求表达机制、利益协调机制、利益共享机制。

10. 把中等收入群体倍增作为协调利益关系的重大任务

中等收入群体是多元化社会中利益矛盾与冲突的天然缓冲器和自然稳定器。未来5～10年，全面协调利益关系的重中之重，是形成中等收入群体为主体的橄榄型社会结构。建议2014年出台"中等收入群体倍增国家规划"，明确提出中等收入群体倍增的目标：即每年占比提高2个百分点左右，争取到2020年达到40%；人口规模从3亿人扩大到6亿人左右。

11. 尽快破题收入分配改革

（1）推动建立工资协商谈判机制，形成劳动报酬正常增长的保障机制。建立健全由政府、工会、企业主三方代表组成的薪酬委员会，在工

资谈判中发挥经常性作用，使劳动报酬随劳动生产率的提高而同步提高。

（2）改革个人所得税制，实质性降低工薪阶层税负。加快建立综合与分类相结合的个人所得税制度，实质性降低工薪阶层税负，加大对资本所有者、富裕阶层的税收调节力度；改革以个人为单位申报的做法，逐步过渡到以家庭为单位申报；对中低收入家庭，实行"即征即免"政策。

（3）规范收入分配秩序，提高收入分配透明度。在党政机关、事业单位和国有企业中全面实施阳光工资制，提高收入透明度，清理、规范各类津贴、补贴、福利，取消实物分配，消除灰色收入；监管和调控垄断行业国有企业高管的过高收入要有实招；尽快建立覆盖全民的财产登记制度。

12. 以制度统一为重点加快基本公共服务均等化进程

建议2~3年内，重点推进城乡居民养老保险、医疗保险的"二险合一"；3~5年内，实现城镇职工基本养老保险制度的统一，解决长期存在的职工养老保险"双轨制"弊端。

13. 按公共资源优化配置的要求深化财税体制改革

（1）推进以直接税为主的税制转型。在推进"营改增"改革的同时，建议修订《消费税暂行条例》，由向企业征收改为向居民征收，由"价内征收"转向"价外征收"；以房产税、遗产税和赠予税的开征为重点健全财产税体系。

（2）加快调整财政支出结构，尽快形成公共财政基本格局。争取到2015年，用于教育、医疗卫生、社保就业、保障性住房四项基本公共服务的支出占国家财政总支出的比重由2012年的35%提高到50%左右，占GDP的比重由8.48%提高到不低于12%。

（3）建立公共服务导向的中央地方财税关系。建议3~5年内，基本理顺央地财税关系：继续推动财政体制扁平化改革，争取使五级财政框架扁平化到三级财政框架；提高地方政府增值税分成比例，将财产税作为地方税收体系的重要支柱；结合服务业增值税改革统筹考虑国税地税合并。

14.尽快改变城乡二元户籍制度

（1）出台农民工市民化的国家规划。建议在国家城镇化规划中明确提出2020年总体实现农民工市民化的大目标；2~3年内，初步实现有条件的农民工市民化；3~5年内，基本解决存量农民工的市民化；到2020年总体实现农民工市民化。

（2）明确户籍制度改革的目标与时间表。建议1~2年内，剥离户籍的福利分配功能，在中小城镇全面取消户籍制度，建立人口登记制度；3~5年内，除了个别特大城市外，其他大中城市的户籍制度基本放开，全面实施人口登记制度；5~8年内，全面实行以身份证代码为唯一标识的人口登记制度。

15.以强化公益性、专业性、独立性为重点深化事业机构改革

（1）突出公益性。教育、医疗等事业机构重在保障基本公共服务的公平供给，尤其要扭转基本公共服务"逆向转移"的格局。

（2）强化专业性。全面取消事业机构行政级别，减少政府对事业机构不适当的干预，建立以专业技术评价为导向的事业机构激励机制。

（3）提高独立性。加快公共服务机构的立法进程，明确公共服务机构的设立、变更等法律程序，形成政事分开、管办分离的新机制。

16.向社会放权，着力推进社会组织发展

（1）加快发展公益性社会组织。建议1~2年内，全面推行社会公益组织备案制，鼓励支持社会公益组织的发展；加快农村合作组织发展；尽快形成社会组织的税收优惠制度，逐步提高公益捐赠扣除比例。

（2）推进官办社会组织转型。建议分三步走：第一步，加大官办社会组织的公开透明度，包括善款筹集与使用、内部运行公开；第二步，利用社会需求和社会压力，加强专业化，改革内部治理机制，提高运行效率；第三步，逐步推进"去行政化"，最终实现社会组织"领导人自选、活动自主、经费自筹"。

（3）鼓励社会组织参与公共事务。加快社区自治进程，扩大社区决

策的民主参与范围，形成社区建设合力；提高社会自治程度，把政府从繁杂的社会事务中解放出来。

17. 以改革信访制度为重点建立利益协调机制

（1）尽快研究、统筹部署司法体制改革与信访制度改革的行动方案。建议1~2年内，建立法律援助机构与政府信访部门的协作机制，使法律援助机构成为信访的"第二窗口"；3~5年内，加快司法体制改革，扩大诉讼范围，使更多的信访案件纳入司法轨道中解决；5~8年内，在全社会树立司法的最终裁判权威，使信访制度转变为化解社会矛盾的辅助渠道。

（2）建立健全公共政策社会参与制度，形成多渠道的利益协商对话机制。开门搞决策，凡涉及群众切身利益的公共政策，要让群众参与讨论；进一步完善听证会制度，使之成为公众表达利益诉求、监督权力运行的重要平台。

四、以着力解决体制机制性腐败为重点的改革攻坚

我们的思路性建议是：加快政府向市场和社会放权，以权力公开透明为重点推进政治体制改革。通过3~5年的努力，实现权力运行规范化、公开化，走出一条权力约束权力与社会监督权力有机结合、有效抑制腐败的新路子。

18. 全面深化行政审批制度改革

（1）加大政府放权力度。建议全国人大或者国务院尽快建立行政审批法律审查机制和量化管理机制，提高行政审批改革的透明度。建议1~2年内，削减1/3以上行政审批权，提前实现本届政府的预期目标。

（2）全面削减生产经营活动中的审批事项，尤其是大幅度减少服务业的投资审批。最大限度缩小投资项目审批、核准、备案的范围；最大限度减少审批事项；最大限度将审批权下放给省市两级政府。

19. 推进干部人事制度改革

把反腐败与遏制不断扩大的特权相结合，重在推进干部人事制度改革。建议尽快全面建立公务员的聘任制，打破"铁饭碗"，形成包括领导干部在内的公务员正常上下、退出机制；改革干部考核体制，切实把公共服务实现度和群众满意度作为评价、考核、奖励、问责干部的重要标准；从新退休干部开始，争取通过5年左右的努力取消待遇终身制。

20. 推进公共资源配置的市场化、公开化

建议尽快出台"公共资源监管法"，明确界定公共资源市场化配置的范围和监管程序。自然资源方面，在确保公共利益的前提下，完善土地、矿产资源"招拍挂"制度；社会资源方面，推进各类公共工程承包经营权配置的市场化，在城镇公用事业领域特许经营权的出让上全面引入竞争机制；行政资源方面，在完善政府采购的同时，加快推进行政系统服务资源配置的市场化；公共资源方面，加快建立公平公正的有形交易市场。

21. 全面推进政务公开

（1）将政务公开扩展到整个公共服务领域。建议本届政府任期内，按照《政府信息公开条例》要求，制订全国统一的政务公开指导目录，划分自动公开和核准公开的范围，详细规定政务公开的内容与程序，以形成社会监督问责的基础。

（2）提高财政预算公开透明度。建议尽快成立隶属国务院的国家预算委员会，专司预决算编制，形成"预算委员会编制－财政部门执行－人大监督"的格局；以"三公"经费的全公开、可查阅、可质询为重点，逐步把政府所有收支全部纳入预算管理；建立健全政府公共预算、政府性基金预算、社会保险预算、国有资本预算，推进四套预算一体化，实现全口径预算公开。

22. 分步推进官员财产公开

（1）加快从内部申报转向外部公开。建议尽快形成国家层面的行动

计划，争取2~3年内推动重要官员及其直系亲属的财产、就业、出国情况从内部申报转向外部公开。

（2）制定官员财产公开的过渡性改革方案。在操作上可实行三个"率先"：一是新当选或新任命官员率先公开；二是新任官员中领导干部率先公开；三是财产中不动产率先公开。

（3）逐步完善官员财产公开的技术体系。加快完善官员财产公开制度相关的社会诚信体系、信息统计体系及完善预防资金外逃的技术条件。

23. 按司法权公正、独立行使的要求深化司法体制改革

（1）扩大和规范司法公开的事项、内容。以司法文书公开为重点，从审判公开的规范化入手，将司法公开纵深扩展到立案、庭审、执行、听证、审务等各个环节。

（2）探索建立中央地方双重法院体制。建议由中央层面的法院体系，专门负责土地、税收、金融、破产、涉外和知识产权等领域的经济案件审理，以克服经济领域司法的地方保护主义；一般民商事案件与治安刑事案件、家庭婚姻继承案件、青少年犯罪案件仍由地方法院受理。

（3）探索法院系统省级垂直管理。建议基层法院和中级法院由省、自治区和直辖市垂直管理；铁路、林业、农垦法院等专门法院全部并入地方法院系统。

（4）强化司法权的独立公正行使。建议设立独立的行政法院、破产法院、治安法院等专门法院；在法院内部权力配置上，实现行政与业务相分离，推进审理权与裁判权合一的改革；建议司法经费独立预算，并由中央财政专门拨付。

24. 强化人大监督职能

（1）落实人大对政府财政预决算的审议和监督职能。尽快出台"预算监督法"，明确人大预决算监督权的范围、内容、程序和操作方法；调整相应的机构设置和人员配置，强化人大对财政预算的审查权和最终批准权。

（2）将审计等部门划归到人大。建议将审计监督部门划归到人大，建立大监督体系；建议逐步撤销地方统计局，建立自上而下的统计垂直管理体系，强化地方调查总队职能。

五、把握改革的主动权

我们的思路性建议是：在改革进入全面调整利益关系的背景下，实现改革突破，不仅需要顶层设计，更需要顶层协调，合理选择改革突破口，以把握改革的主动权。

25.营造良好的改革氛围

我国正处在经济转型、社会转型、治理转型的关键时期。未来5~8年，促进转型、跑赢危机才是改革的硬道理。一些国家"中等收入陷阱"的教训至为深刻。转型发展的关键时期，需要继续解放思想，形成改革共识，在"以改革促进转型、化解危机"上排除各种干扰，以强化中央在重大改革决策上的权威。

26.短期改革与中长期改革兼顾

转型改革会有阵痛，但不转型、不改革将会使矛盾和问题积累下来，中长期将面临更为严峻的危机挑战。当前，尤其需要防止以增长取代转型，以政策调整取代改革，以小修小补的改革取代深层次改革。既要充分考虑改革的可行性，也要考虑社会可接受度，给社会良好的改革信心和预期。建议优先部署和推进最直接、最有效化解危机的改革及具有广泛社会共识的改革；对于社会有期待、一时难以实施的改革，要明确提出时间表，积极创造条件尽早推出。

27.把政府改革作为突破口

政府改革牵一发而动全身，应作为新阶段全面改革的主攻方向。建议以优化权力结构为主线，把政府改革与党的改革相结合，以务实推进政治体制改革的新突破；以政府向市场放权为重点转变政府经济职能，带动市场化改革的新突破；以政府向社会放权为重点转变政府社会职能，带动社会体制改革的新突破；按照决策权、执行权、监督权既相互制约又相互协调的要求，破题大部门体制改革。

28. 自上而下的改革与自下而上的改革相结合

对于全国层面的改革，需要中央明确目标、原则、方向，由中央出台专项规划统一部署；充分授权地方在多个领域做超前、大胆的改革创新，鼓励地方改革探索与试点；推行"开门搞改革"，建立改革的公共参与机制，充分利用互联网等新技术广泛吸收民间智慧完善改革方案。

29. 改革先行先试与立法推进相结合

改革既需要通过行政权威推动，也需要法律权威推动；既需要通过试点探索突破，也需要在试点的基础上形成法律法规。对一时拿不准、难以"一刀切"的重大改革，鼓励地方、各类主体先行先试；对有试点基础、有广泛共识的重大改革，尽快进入立法程序，给社会明确的改革预期，降低改革的社会风险。建议用法律的形式将改革目标上升为国家意志，强化法律约束性；加强改革程序立法，逐步将改革的社会参与、改革程序的透明等纳入法治化轨道。

30. 加强改革的顶层协调

建议在中央或国务院设立改革领导小组。由中央或国务院主要领导直接领导，设立办公室，具体负责改革的顶层设计、统筹规划和协调指导。新成立的改革协调机构不宜设置为一般的议事机构或部际协调机构，应定位为高层次工作机构，以统筹各项改革的顶层设计，协调重大改革的具体实施，发挥中央、国务院领导全面改革的参谋助手作用。

附录

中国（海南）改革发展研究院政策研究建议

（1991年11月—2024年8月）

序号	建议报告	年份
1	海南要实行"大开放"方针（4条建议）	1991年11月
2	中国社会保障制度改革的建议	1992年1月
3	关于股份制改革的若干问题——全国股份制实践研讨班提出的主要问题和建议	1992年5月
4	建立海南特别关税区的方案（26条建议）	1992年5月
5	建立海南特别关税区（4条建议）	1992年7月
6	建立海南特别关税区，大胆进行社会主义市场经济的先行试验（9条建议）	1992年10月
7	完善社会主义市场经济新体制，实现海南经济高速增长（11条建议）	1992年10月
8	率先建立新型社会保障体制（30条建议）	1992年11月
9	完善海南省社会保障管理体制改革方案（4条建议）	1992年12月
10	以放手搞活和发展企业为目标加快推进各项改革的建议（9条）	1993年3月
11	当前经济形势的判断与对策建议	1993年7月
12	从国有企业向国有资本过渡（8条建议）	1993年11月
13	建立完善适合海南实际的市场经济体制（41条建议）	1994年1月
14	对亚太区域合作网络项目的若干建议	1994年2月
15	发展海南产权交易市场（5条建议）	1994年3月
16	海南旅游业：战略行动纲领——旅游超常规发展（5条建议）	1994年11月
17	以开放带动旅游，以旅游促进开发（16条建议）	1994年11月
18	加强和发展琼台农业合作（10条建议）	1994年12月
19	发展海南现代农业的建议报告	1994年12月
20	发展海南旅游业的建议报告	1994年12月
21	市场机制作用在经济快速增长中有效抑制通货膨胀（50条建议）	1994年12月
22	"以建立国有控股公司为重点深化国有企业改革"的建议	1995年1月
23	关于平稳今年农产品市场供求的几点估计和建议	1995年3月
24	关于深化农村经济改革（60条建议）	1995年3月

续表

序号	建议报告	年份
25	全面推进琼台经济合作（10条建议）	1995年3月
26	海南经济特区向新目标过渡的建议（6条）	1995年4月
27	我国经济特区进一步发展（22条建议）	1995年5月
28	从整体上搞活国有经济（20条建议）	1995年5月
29	中国转型时期区域经济发展（20条建议）	1995年5月
30	以解决不良债务为重点加快商业银行体制改革（30条建议）	1995年12月
31	关于海南经济特区进一步扩大对外开放（23条建议）	1996年1月
32	关于我国经济转型时期实行职工持股计划（20条建议）	1996年5月
33	我国经济转型时期反贫困的建议（20条）	1996年5月
34	关于我国经济特区发展战略目标（14条建议）	1996年12月
35	利用资本市场　加快国企重组——中外专家关于"资本市场与国有企业改革"的建议	1997年5月
36	关于利用资本市场加快国有企业战略重组（20条建议）	1997年5月
37	关于实行琼台农业项下的自由贸易（10条建议）	1997年7月
38	关于我院转轨经济研究的建议	1997年8月
39	以国有大型企业为重点，积极稳妥地推进股份制改革（22条建议）	1997年12月
40	对我国下一步经济改革研究的建议	1998年1月
41	中国经济转轨时期加快政府改革（25条建议）	1998年1月
42	东南亚金融危机的启示（12条）	1998年2月
43	保持经济增长防范金融危机（10条建议）	1998年2月
44	关于实行琼台农业项下自由贸易的建议（26条）	1998年3月
45	关于建设三亚国际化旅游城市的建议（18条）	1998年5月
46	关于确定洋浦经济开发区为出口加工区的建议（16条）	1998年5月
47	加快形成有效的反贫困治理结构（20条建议）	1998年6月
48	赋予农民长期而有保障的土地使用权（18条建议）	1998年7月
49	基础领域：扩大投资和加快改革同步进行（20条建议）	1998年7月
50	我国经济转型时期发展大型企业集团的若干问题	1998年9月
51	当前我国通货紧缩下的宏观经济政策（12条建议）	1998年10月
52	完善公司治理结构，加快建立现代企业制度（30条建议）	1998年12月
53	世纪之交：中国金融开放和金融安全（20条建议）	1999年4月
54	世纪之交：全球金融挑战下的中国宏观经济政策	1999年5月

续表

序号	建议报告	年份
55	尽快制定农村土地使用权法（15条建议）	1999年5月
56	热带高效农业发展之路——海南发展热带高效农业的政策建议	1999年7月
57	加强我国基础领域改革（22条建议）	1999年11月
58	打破垄断：引入竞争的基础领域改革（22条建议）	1999年11月
59	建立具有我国特色的职工持股制度（25条建议）	2000年1月
60	关于正确处理经营者激励机制建设中若干重要关系的建议	2000年1月
61	农村土地使用权立法（15条建议）	2000年1月
62	21世纪初期我国经济改革亟待解决的十个问题	2000年4月
63	企业职工持股立法建议报告（大纲）	2000年8月
64	以产业开放拉动产业升级的建议（13条）	2000年10月
65	服务于海南产业开放的改革措施的建议（24条）	2000年10月
66	促进非国有经济参与我国基础领域改革的建议	2000年11月
67	建设生态经济省，实现可持续发展（12条建议）	2000年11月
68	关于修改《公司法》增补职工持股相关条款的建议	2000年12月
69	未来5—10年海南电力产业发展的建议报告	2001年4月
70	把海南省天然气发电建设重点放在洋浦开发区的建议	2001年4月
71	新形势下赋予农民长期而有保障的土地使用权尤为重要	2001年4月
72	我国企业职工持股需要统一规范	2001年4月
73	加入WTO我国经济改革面临十大问题	2001年5月
74	加快海南油气综合开发利用（22条建议）	2001年8月
75	重视非国有经济在西部大开发中的作用（22条建议）	2001年7月
76	加快海南高等教育改革与发展（15条建议）	2001年8月
77	WTO条件下加快基础领域反垄断（19条建议）	2001年11月
78	加快建立中国自由贸易区的建议	2001年12月
79	建立海南国际旅游岛（框架建议）（15条）	2001年12月
80	建立和完善社会主义市场经济体制（15条建议）	2002年1月
81	我国产权制度改革面临的十大问题	2002年2月
82	农民土地使用权立法再建议（15条）	2002年2月
83	洋浦经济开发区应成为海南油气综合加工产业集中发展的新兴地区（11条建议）	2002年3月
84	承认并实现创业型企业家价值的框架建议（22条）	2002年4月

续表

序号	建议报告	年份
85	WTO与中国自由贸易区——建立中国自由贸易区（8条建议）	2002年5月
86	积极稳妥地推进结构性改革（11条建议）	2002年5月
87	中国加快建立"世界工厂"的建议	2002年8月
88	以开放促改革促发展，步入海南经济持续快速增长的新阶段——关于我院落贯彻十六大报告精神，加快经济发展若干建议（要点）	2002年12月
89	关于加快发展混合所有制经济的建议	2003年1月
90	给农民全面的国民待遇（7条建议）	2003年1月
91	海南市场化改革要继续走在全国前列的建议（7条）	2003年1月
92	关于洋浦开发区几个重要问题的建议	2003年4月
93	全球化与政府突发事件应对机制建设（8条建议）	2003年5月
94	从"经济建设型政府"转向"公共服务型政府"（14条）	2003年6月
95	关于海南"三农"问题（10条建议）	2003年6月
96	为农民提供基本而有保障的公共产品（8条建议）	2003年8月
97	为农民提供基本而有保障的公共产品，推进城乡协调发展（12条建议）	2003年8月
98	处在十字路口的基础领域改革（28条建议）	2003年11月
99	我国改革新阶段加快基础领域改革的建议（28条）	2003年10月
100	建设公共服务型政府对我国改革进程有决定性影响的建议	2003年11月
101	加快建设公共服务型政府（24条建议）	2003年12月
102	全面取消农业税、统一城乡税制的建议	2004年2月
103	海南高尔夫产业发展框架性研究建议	2004年3月
104	建立三亚旅游经济区的建议（9条）	2004年3月
105	建设海南旅游经济特区（研究框架）	2004年4月
106	树立以人为本的改革观若干建议（14条）	2004年5月
107	全面推进以政府转型为重点的结构性改革的建议（12条）	2004年7月
108	以宏观调控为契机，加快建设公共服务型政府的建议（18条）	2004年11月
109	进一步加快中小企业发展的建议（15条）	2004年11月
110	实现阶段性开发向长远性开发的转变——对西部大开发的几点建议	2004年11月
111	积极稳妥地推进农民组织建设的建议（18条）	2004年12月
112	南海开发计划与海南战略基地建设——对我国"十一五"规划的建议（18条）	2005年3月
113	以改革为动力奠定长期性开发西部的制度基础（18条建议）	2005年3月
114	关于建立和完善改革协调机制的建议	2005年3月

续表

序号	建议报告	年份
115	对海南"十一五"规划的两点建议	2005年4月
116	建设洋浦自由工业港区（18条建议）	2005年4月
117	把海南作为我国南海开发战略基地的建议（4条）	2005年6月
118	对海南改善投资环境的建议（5条）	2005年7月
119	以政府转型为重点建设和谐社会（16条建议）	2005年7月
120	改革攻坚的进程与建议	2005年7月
121	推进我国民间组织健康有序发展（16条建议）	2005年10月
122	适应我国公共需求变化，加强政府社会再分配职能（20条建议）	2005年12月
123	合作共建"博鳌亚洲论坛研究院"的框架建议	2005年12月
124	"十一五"时期着力推进政府行政体制改革的建议	2006年2月
125	以统筹城乡发展为重点推进新农村建设的建议（21条）	2006年4月
126	整合高校资源创建"双高基地"建设"211工程"大学——建设海南省属国家级高水平大学的建议	2006年4月
127	整合旅游资源，加快建设旅游强省的建议	2006年7月
128	加快建立社会主义公共服务体制（18条建议）	2006年8月
129	以基本公共服务均等化为重点调整和改革中央地方关系（9条建议）	2006年11月
130	推进以基本公共服务为主线的农村综合改革（13条建议）	2006年12月
131	以人口计生网络为重要平台，加快构建农村公共服务体系（11条建议）	2007年1月
132	推进以落实科学发展观为目标的行政管理体制改革（20条建议）	2007年1月
133	突出"特"字 推进以开放为主题的海南综合改革——构建具有海南特色的经济结构和更具活力的体制机制（4条建议）	2007年2月
134	建立可持续发展的体制保障（16条建议）	2007年5月
135	推进海南国际旅游岛的行动建议（6条）	2007年6月
136	加快推进基本公共服务均等化（12条建议）	2007年10月
137	以统筹城乡发展为目标推进新阶段的农村综合改革（12条建议）	2008年1月
138	推进大部门制的具体建议（6条）	2008年2月
139	加快基本公共服务均等化的制度建设（16条建议）	2008年3月
140	关于建立琼台自由贸易区的建议（9条）	2008年3月
141	以加快建立自由贸易区为重点，更好发挥海南改革开放排头兵作用的重大课题研究建议	2008年4月
142	广东率先实现基本公共服务均等化的建议	2008年5月
143	推进海南国际旅游岛建设的几点建议	2008年6月

续表

序号	建议报告	年份
144	让基本公共服务惠及13亿人（32条建议）	2008年7月
145	新阶段改革开放的走势及建议	2008年9月
146	以基本公共服务拉动消费需求（4条建议）	2008年11月
147	拉动农村消费重在基本公共服务（6条建议）	2008年12月
148	加快建立我国紧急救援体制（8条建议）	2008年12月
149	以国际化为目标推进国际旅游岛建设（3条建议）	2009年2月
150	以改革应对危机难题的建议（24条）	2009年2月
151	建立海南消费品免税区的建议（3条）	2009年3月
152	"推动海南国际旅游岛综合改革试验"建议	2009年4月
153	海南国际旅游岛政策需求与体制安排（16条建议）	2009年6月
154	实行绿色发展战略——率先在全国建立第一个环保特区（15条建议）	2009年6月
155	建立城乡统一的户籍政策（9条建议）	2009年6月
156	海南省城乡一体化体制机制与政策（19条建议）	2009年6月
157	推进以政府转型为主线的行政管理体制改革（10条建议）	2009年8月
158	以发展方式转型为主线——"十二五"改革的研究建议（21条）	2009年9月
159	实现海南基本公共服务均等化（21条建议）	2009年11月
160	以发展方式为主线的二次转型（9条建议）	2010年2月
161	关于海南国际旅游岛中长期发展规划（18条建议）	2010年3月
162	尽快制定并实施国民收入倍增计划（12条建议）	2010年4月
163	把海南建设成为南海综合开发战略基地（62条建议）	2010年4月
164	推进以城镇化为主线的省直管县改革（13条建议）	2010年5月
165	以政府转型为重点的"十二五"改革——关于"十二五"改革重点任务的建议	2010年7月
166	推进"十二五"改革（6条建议）	2010年8月
167	推进"十二五"时期改革（21条建议）	2010年9月
168	让农民工成为历史（9条建议）	2010年8月
169	加快推进"十二五"海南行政体制改革思路建议	2010年10月
170	按照发展方式转变的要求 推进收入分配制度改革（16条建议）	2010年12月
171	以理顺收入分配关系为目标推进"十二五"财税体制改革（4条建议）	2010年12月
172	以缓解收入分配差距为目标提速基本公共服务均等化（4条建议）	2010年12月
173	促进港澳（台）参与海南国际旅游岛建设（6点建议）	2011年1月

续表

序号	建议报告	年份
174	从国富优先走向民富优先（8条建议）	2011年2月
175	民富优先的二次转型与改革（9条建议）	2011年2月
176	关于"十二五"规划（5条建议）	2011年3月
177	把海南作为全国城镇化综合改革试点（13条建议）	2011年3月
178	在海南建立国家环保特区（3条建议）	2011年3月
179	海南国际旅游岛建设重大课题研究建议	2011年3月
180	以民富优先为导向的发展转型（10条建议）	2011年6月
181	以公共服务体系建设为目标的事业单位改革（11条建议）	2011年7月
182	走向公共服务型政府（25条建议）	2011年12月
183	推进海南"十二五"重点领域改革（26条建议）	2011年12月
184	关于国际旅游岛建设重大政策突破的框架建议（16条）	2012年1月
185	着力推进消费主导的转型与改革（5条建议）	2012年3月
186	关于西咸新区发展定位问题的几点初步建议	2012年4月
187	以公益性为目标优化国有资本配置（16条建议）	2012年5月
188	关于促进三沙市经济社会发展的若干意见	2012年6月
189	把建立"南海资源开发和服务基地"上升为国家重要战略——以设立三沙市为契机加快建设海南海洋强省（20条建议）	2012年6月
190	推进国际旅游岛建设重大政策突破（27条建议）	2012年3月
191	支持海南加快"国际购物中心建设"（4条建议）	2012年3月
192	以公益性为重点调整优化国有资本配置（16条建议）	2012年5月
193	以三沙市设立为契机，加快推进"南海资源开发和服务基地"建设（30条建议）	2012年8月
194	在破题改革中把握主动权——对十八大后转型改革的几点建议	2012年12月
195	努力形成6亿中等收入群体（13条建议）	2012年12月
196	深化行政体制改革的几点建议	2013年1月
197	关于推进政府改革的几点建议	2013年1月
198	建立高层次改革协调机构（9条建议）	2013年1月
199	支持海南成为全国服务业综合改革试点（5条建议）	2013年3月
200	推进人口城镇化的政策与体制创新（8条建议）	2013年5月
201	国际旅游岛建设的新机遇、新突破、新要求（23条建议）	2013年5月
202	改革跑赢危机的行动路线（30条建议）	2013年5月

续表

序号	建议报告	年份
203	推进海南新型城镇化的几点建议	2013年8月
204	海南全面深化改革的重点突破（50条建议）	2013年12月
205	以类欧盟为导向加快打造中国–东盟自贸区升级版（12条建议）	2014年2月
206	消费增长乏力与宏观经济：风险、根源与建议	2014年3月
207	以"市场决定"促进新兴产业发展的建议	2014年3月
208	以激活社会资本的改革促发展、提信心（8条建议）	2014年3月
209	关于推进国家治理体系和治理能力现代化的几点建议	2014年3月
210	由物质型向服务型消费转型（15条建议）	2014年4月
211	走向消费新时代的转型与改革（12条建议）	2014年5月
212	"依法监管，建设法治化市场环境"的建议	2014年6月
213	关于大外交战略的几点建议	2014年7月
214	以处理好政府与市场关系为主线的"十三五"改革（20条建议）	2014年8月
215	建设21世纪海上丝绸之路的"南海基地"（13条建议）	2014年10月
216	关于"十三五"规划编制（4条建议）	2014年11月
217	关于深化简政放权的几点建议	2015年1月
218	海南"十三五"需要重点研究的6大课题（研究讨论大纲）	2015年2月
219	"十三五"加快推进服务业市场开放的建议	2015年2月
220	放开服务业市场：深化市场化改革的重大任务（15条建议）	2015年2月
221	把服务业占比作为"十三五"规划约束性目标的建议	2015年3月
222	弘扬特区精神 加大国际旅游岛开发开放力度的框架性（16条建议）	2015年4月
223	关于海南稳增长、促转型（10条建议）	2015年5月
224	"十三五"加快形成服务业主导的经济结构（25条建议）	2015年6月
225	"十三五"：构建海南开放型经济新体制（11条建议）	2015年6月
226	"十三五"：以农村互联网金融为突破重塑农村金融新格局（10条建议）	2015年7月
227	以"多规合一"改革形成海南发展新动力（26条建议）	2015年7月
228	以监管转型为重点深化简政放权改革（24条建议）	2015年9月
229	建立海口国家级新区（16条建议）	2015年7月
230	推动简政放权改革向纵深发展（15条建议）	2015年8月
231	关于海南"第十三个五年规划建议"的修改建议	2015年11月
232	制定国家"十三五"规划纲要（5条建议）	2015年12月
233	建立海南"消费品免税区"（18条建议）	2015年12月

续表

序号	建议报告	年份
234	贯彻落实十八届五中全会精神,支持海口作为省会城市加快发展的建议(讨论稿)	2015年12月
235	以减少制度成本为重点深化简政放权(10条建议)	2016年1月
236	以服务贸易为重点形成对外开放新格局(9条建议)	2016年2月
237	以建立现代金融监管框架为目标组建国家金融监管总局(12条建议)	2016年3月
238	由工业主导向服务业主导转型(11条建议)	2016年3月
239	以居住证制取代城乡二元户籍制度(16条建议)	2016年3月
240	打好"健康海南"这张"王牌"(20条建议)	2016年4月
241	扩大中等收入群体,跨越中等收入陷阱(8条建议)	2016年6月
242	中欧自贸区:深化中欧合作的重大选项(13条建议)	2016年6月
243	建立"南海自贸区"研究报告	2016年8月
244	在二次开放中推进自由贸易与全球治理变革(12条建议)	2016年9月
245	在"二次开放"中推进全球贸易与全球治理变革(12条建议)	2016年9月
246	抓住机遇,加快构建"泛南海经济合作圈"(50条建议)	2016年10月
247	关于中国-印尼共建"泛南海经济合作圈"的建议	2016年11月
248	以开放转型赢得国内发展和国际竞争的主动(5条建议)	2017年2月
249	以落实农民土地财产权为重点推进城乡关系变革(8条建议)	2017年2月
250	赢在2020转折点的改革行动(30条建议)	2017年3月
251	"一带一路"为经济全球化开新局(17条建议)	2017年3月
252	关于支持海南开展旅游、健康医疗、职业教育等服务业项下自由贸易(4条建议)	2017年3月
253	尽快落实农民土地财产权(4条建议)	2017年3月
254	供给侧结构性改革 重在处理好政府与市场关系(5条建议)	2017年3月
255	加快推进政府监管变革的行动建议	2017年3月
256	推进以服务贸易为重点的开放转型(5条建议)	2017年3月
257	中国走向"二次开放"的战略选择(11条建议)	2017年3月
258	以国有资本多元化为重点加快东北国企混合所有制改革(12条建议)	2017年4月
259	打造海南国际旅游岛升级版(15条建议)	2017年6月
260	加快建设邮轮母港,实现泛南海旅游经济合作圈的重要突破(38条建议)	2017年6月
261	推进"一带一路"中欧合作(5条建议)	2017年7月
262	以更大的开放办好最大的经济特区——关于海南全面深化改革(44条建议)	2017年7月

续表

序号	建议报告	年份
263	建立海南自由港方案选择与行动建议（20条）	2017年8月
264	形成广东全面开放新优势（3条建议）	2017年11月
265	横琴有条件成为粤港澳服务贸易一体化的先行示范区（5条建议）	2017年12月
266	尽快建立海南自由贸易港（4条建议）	2018年2月
267	关于海口推进自由贸易港建设（4条建议）	2018年4月
268	更好发挥岛屿经济体智库网络作用的建议	2018年4月
269	未来5年左右海南全岛全面推广使用新能源汽车（12条建议）	2018年4月
270	关于海南扩大开放、深化改革（15条建议）	2018年4月
271	尽快形成海南自由贸易港总体方案（20条建议）	2018年6月
272	高标准高质量建设自由贸易试验区——建设海南自由贸易港的基本要求和重要基础（10条建议）	2018年6月
273	以服务贸易创新发展为主导研究设计海南负面清单的框架建议（10条建议）	2018年6月
274	以极简负面清单为重点打造对外开放新高地（16条建议）	2018年6月
275	以深化改革释放巨大的内需潜力——应对中美贸易摩擦的思考及对策（10条建议）	2018年7月
276	以扩大内需为导向完善社会主义市场经济（24条建议）	2018年8月
277	着力解决火电企业大面积亏损的困局（12条建议）	2018年8月
278	海南全面实施企业自主登记制度的方案（36条建议）	2018年8月
279	形成海南房地产平稳健康发展（16条建议）	2018年9月
280	高标准高质量建设海南自由贸易试验区（4条建议）	2018年11月
281	推动海南海洋经济发展的几点建议	2018年12月
282	海南自由贸易港总体设想的研究建议（60条）	2018年12月
283	实行服务业项下的自由贸易——加快探索建设海南自由贸易港进程（9条建议）	2019年3月
284	各方携手共建泛南海海洋命运共同体（6条建议）	2019年5月
285	以深化"多规合一"改革为主线推进海南行政区划体制改革（10条建议）	2019年6月
286	加快探索建设海南自由贸易港进程 实行特殊的行政体制安排（9条建议）	2019年7月
287	以健康中国为目标重构公共卫生体系（30条建议）	2019年7月
288	加快探索建设海南自由贸易港进程实行特殊的行政体制安排（9条建议）	2019年7月
289	中马率先携手共建泛南海经济合作圈（5条建议）	2019年8月
290	携手推进、加快形成"泛南海经济合作圈"（5条建议）	2019年10月

附 录

续表

序号	建议报告	年份
291	务实推进高水平开放进程——加快探索建设海南自由贸易港进程的几点建议	2019年10月
292	以"早期安排"取得"早期收获"——加快海南自由贸易港建设进程（3条建议）	2019年10月
293	推进海南自由贸易港立法的总体思路性建议（30条）	2019年11月
294	赋予海南充分的经济自主权——推进海南自由贸易港立法的总体思路（16条建议）	2019年12月
295	以扩大国际化产品与服务供给为重点提高旅游国际竞争力——加快推进海南国际旅游消费中心建设的重大任务（13条建议）	2020年1月
296	以高水平开放形成改革发展新布局（16条建议）	2020年1月
297	以"健康海南"的特别之举形成疫情后自贸港开局的新亮点（8条建议）	2020年2月
298	广东省加强公共卫生体系改革与建设（5建议）	2020年2月
299	"十四五"深化要素市场化配置改革的重大任务（15条建议）	2020年7月
300	探索适应海南自由贸易港建设的立法体制、司法体制改革（6条建议）	2020年7月
301	加快建立海南自由贸易港经济委员会（8条建议）	2020年7月
302	关于起草《海南自由贸易港法》的几点建议	2020年8月
303	赋予海南充分的改革开放自主权——关于海南自由贸易港立法的建议	2020年8月
304	将海南自由贸易港打造成为泛南海经济合作的重要平台（16条建议）	2020年8月
305	加强海南自由贸易港与东南亚国家的交流合作（4条建议）	2020年9月
306	加强海南自由贸易港与东南亚国家的交流合作——打造"重要开放门户"的重大任务（15条建议）	2020年9月
307	尽快形成"一线放开"的"早期安排"（30条建议）	2020年9月
308	推进海南自由贸易港与东南亚区域合作进程（15条建议）	2020年9月
309	中菲携手推进南海共同家园建设（4条建议）	2020年10月
310	《海南自由贸易港法》立法的思路性建议（19条）	2020年10月
311	海南自由贸易港法建议（讨论稿）（50条）	2020年11月
312	全面实行企业法人承诺制（24条建议）	2020年12月
313	关于《海南自由贸易港法》的若干建议	2020年12月
314	关于实行"选择性退休"（14条建议）	2020年12月
315	实行政府政策承诺诚信制度（28条建议）	2020年12月
316	关于《海南自由贸易港法（草案）》（18条建议）	2021年1月
317	关于《海南自由贸易港法（草案）》的修改建议	2021年1月

续表

序号	建议报告	年份
318	形成一部"最高水平开放法"——关于《中华人民共和国海南自由贸易港法（草案）》的几点建议	2021年1月
319	优化调整东北国有经济布局（20条建议）	2021年1月
320	关于在海南建立面向东盟的区域性市场（18条建议）	2021年4月
321	高水平开放下的政府治理（26条建议）	2021年4月
322	推进消费导向的经济转型（9条建议）	2021年5月
323	推进消费导向转型的结构性改革（11条建议）	2021年5月
324	在高水平开放中赢得未来（16条建议）	2021年5月
325	RCEP框架下深化海南自由贸易港与东南亚区域合作（16条建议）	2021年5月
326	以企业需求为导向加快自由贸易港政策落地（22条建议）	2021年6月
327	营造海南自由贸易港法治环境（18条建议）	2021年6月
328	以企业需求为导向加快自由贸易港政策落地（22条建议）	2021年6月
329	以农业和旅游业合作为突破口建立面向东盟的区域性市场	2021年8月
330	中国与东盟国家海上合作的几点建议	2021年8月
331	应对高龄少子化挑战（20条建议）	2021年10月
332	以高水平开放赢得未来（16条建议）	2021年11月
333	推进构建蓝色伙伴关系的重要突破（14条建议）	2021年11月
334	应对高龄少子化的结构性政策体制创新（16条建议）	2021年11月
335	充分发挥《海南自由贸易港法》的最大优势（18条建议）	2021年11月
336	打造国内国际双循环重要交汇点——构建新发展格局中海南自由贸易港建设的重大任务（16条建议）	2021年11月
337	以RCEP生效为契机实现中日韩自贸协定谈判的重要突破（8条建议）	2022年1月
338	合力建设全球最大自由贸易区（15条建议）	2022年1月
339	努力实现中俄东北-远东地区经贸合作的新突破（8条建议）	2022年2月
340	抓住RCEP机遇在深化中日韩合作中推进东北振兴（15条建议）	2022年2月
341	以统筹安全与发展为目标推进东北经济一体化（16条建议）	2022年2月
342	海南自由贸易港着力建设"两个总部基地"（16条建议）	2022年3月
343	强化海南自由贸易港知识产权法治建设（10条建议）	2022年4月
344	把海南打造成为中国与东盟全面战略合作的重要枢纽（18条建议）	2022年5月
345	坚定推进开放共享的RCEP进程（14条建议）	2022年6月
346	琼港合作共建海南自由贸易港（8条建议）	2022年8月

续表

序号	建议报告	年份
347	以稳定消费预期为重点促进消费结构升级（18条建议）	2022年8月
348	建设全球最大免税消费市场（13条建议）	2022年8月
349	以稳定消费预期为重点促进消费结构升级（18条建议）	2022年8月
350	对标世界最高水平开放优化海南自由贸易港跨境服务贸易负面清单管理制度（18条建议）	2022年9月
351	加快建设海南自由贸易港"总部基地"（14条建议）	2022年11月
352	在RCEP框架下务实推进中日韩经贸合作（12条建议）	2022年11月
353	放开"一线"、用好"一线"——海南自由贸易港封关运作的几点建议	2022年11月
354	深化中国-东盟蓝色经济务实合作（5条建议）	2022年12月
355	打造中国与东盟市场交会点的重要举措（15条建议）	2022年12月
356	以稳定预期为重点做好2023年经济工作的几点建议	2022年12月
357	促进琼港青年人才交流（29条建议）	2023年2月
358	琼港经贸合作的研究（21条建议）	2023年2月
359	统筹推进东北经济一体化（12条建议）	2023年3月
360	实现海南自由贸易港政策与RCEP规则叠加——形成高于RCEP开放优势的务实行动（16条建议）	2023年4月
361	务实推进RCEP进程（8条建议）	2023年5月
362	优化海南自由贸易港跨境服务贸易负面清单（20条建议）	2023年5月
363	海南自由贸易港跨境服务贸易负面清单缩减的具体建议	2023年5月
364	封关运作的关键是明确"二线"（12条建议）	2023年6月
365	双港经贸合作重点领域清单（建议稿）	2023年7月
366	将农垦土地收归省政府统一利用（18条建议）	2023年7月
367	推动共建"一带一路"高质量发展中的智库作用（4条建议）	2023年7月
368	以制度型开放深化体制机制改革（6条建议）	2023年8月
369	加强双港合作的几点建议	2023年9月
370	促进双港经贸合作交流（36条建议）	2023年9月
371	单边开放——实现中国-东盟自由贸易的重大突破（22条建议）	2023年10月
372	以高水平开放推进蓝色经济发展进程（5条建议）	2023年11月
373	主动与大湾区融合发展，加快形成海南自由贸易港建设的重要力量——港湾融合发展的几点建议	2023年12月
374	"双港"经贸合作交流协议（18条建议）	2023年12月
375	抓住机遇 尽快实施向东盟单边开放的大国策（22条建议）	2024年1月

续表

序号	建议报告	年份
376	自由便利——海南自由贸易港封关运作的重大原则（12条建议）	2024年3月
377	务实推进海南自由贸易港与济州合作交流（12条建议）	2024年5月
378	关于《民营经济促进法》的几点建议	2024年3月
379	推动中国-东盟蓝色经济一体化——深化中国-东盟经贸合作的战略选择与务实行动（16条建议）	2024年4月
380	将海南打造成为中国-东盟蓝色经济一体化的重要枢纽（20条建议）	2024年4月
381	以产业一体化为重点实现港湾"相向发展"的重要突破（12条建议）	2024年4月
382	打造制度型开放新前沿（20条建议）	2024年4月
383	以理顺政府与市场关系为重点构建高水平社会主义市场经济体制（9条建议）	2024年7月
384	实现高水平开放的突破（16条建议）	2024年8月